本书得到中国科学院重点部署项目"东北地区全面振兴关键基础能力评估与战略研究"(KFZD-SW-314)资助

开发区：东北新成长空间

杨 宇等 著

科学出版社
北 京

内 容 简 介

本书从开发区与新成长空间的关系入手，系统、全面地梳理与总结了东北各类开发区的基础资料，从"新成长空间"的视角审视与评估各类开发区的发展状态，进一步聚焦东北的国家级新区、国家经济开发区、国家高新技术产业开发区、省级开发区，分类解析其设置历程、空间布局、产业发展特征及典型案例。

本书可为从事城市与区域规划、开发区规划、建设和管理相关研究或具体实践工作的科研人员提供借鉴，也可以为一般社会公众了解东北的开发区提供参考。

图书在版编目（CIP）数据

开发区：东北新成长空间／杨宇等著. —北京：科学出版社，2019.6
ISBN 978-7-03-061169-7

Ⅰ. ①开… Ⅱ. ①杨… Ⅲ. ①开发区建设–研究–东北地区 Ⅳ. ①F127.3

中国版本图书馆 CIP 数据核字（2019）第 086693 号

责任编辑：李 敏 杨逢渤／责任校对：樊雅琼
责任印制：吴兆东／封面设计：无极书装

科学出版社 出版
北京东黄城根北街16号
邮政编码：100717
http://www.sciencep.com

北京建宏印刷有限公司 印刷
科学出版社发行 各地新华书店经销

*

2019年6月第 一 版　开本：720×1000　1/16
2019年6月第一次印刷　印张：21 1/2
字数：450 000
定价：238.00 元
（如有印装质量问题，我社负责调换）

撰 写 分 工

总体设计　杨　宇
序　　言　金凤君
第 一 章　李小云　洪　辉
第 二 章　何　则
第 三 章　康　蕾　杨　宇
第 四 章　周彦楠　杨　宇
第 五 章　周彦楠
第 六 章　何　则　洪　辉
第 七 章　易　红　杨　宇
第 八 章　周彦楠
第 九 章　郭　越　杨　宇
第 十 章　易　红　杨　宇
第十一章　何　则　杨　宇
图件处理　周彦楠
图文核对　王志辉　李小云　何　则　周彦楠

序　言

　　自 20 世纪 80 年代以来我国设立了经济特区、经济开发区和高新技术产业开发区①，以及 21 世纪以来推开的国家级新区和冠名的各类"示范区"，作为各种改革开放与创新政策的载体，是优化地区产业结构、促进新兴产业发展的增长极和改革创新的示范引领区。历史的发展证明这些政策工具在促进我国经济快速发展中发挥了举足轻重的作用，也为体制机制创新方面积累了一系列经验。东北地区为响应国家政策，相应地设立了"开发区""新区""实验区""示范区"等各类政策功能区，希冀分享国家的政策红利，促进经济增长，赶上国家经济发展的大潮。

　　东北老工业基地是我国重要区域经济板块，自 20 世纪 80 年代起就在转型发展的征途上探索，这涉及产业结构的调整升级与新兴产业的培育、体制机制的深化改革、区域发展战略与政策的调整等诸多方面。上述各类开发区和示范区等是施策的最好抓手，也是形成区域发展新动能的重要载体。它们是否发挥了相应的作用，就东北地区而言，鲜有研究进行比较系统的总结。在中国科学院重点部署项目"东北地区全面振兴关键基础能力评估与战略研究"的支持下，杨宇研究员从"新成长空间"视角，对东北地区 3 家国家级新区、22 家国家经济开发区、16 家国家高新技术产业开发区、18 家海关特殊监管区与边境经济合作区、184 家省级开发区（合计 243 家）的发展状态和作用进行了评估，形成了《开发区：东北新成长空间》这本专著。这一研究成果较全面地总结了上述五类类功能区的设置历程及空间特征，剖析了其产业特征，总结了经济发展的状态和作用，甄别了发展存在的问题，提出了未来发展与优化的方向。

　　这一研究是一项非常重要却辛苦的基础性工作，其价值可为未来东北地区的发展战略设计和政策调整提供决策依据，为精准施策提供选择载体。本书的突出的特点有以下三方面：一是从"新增长空间"视角对东北的各类开发区的发展进行了审视与评估；二是比较系统全面地对各类开发区基础资料的梳理与总结提

---

　　① 高新技术产业开发区可简称"高新区"。同时，如无特指，开发区统计的数量和年代等数据仅指我国境内 31 个省（自治区、直辖市）。

炼；三是对家国家级新区、国家经济开发区、国家高新技术产业开发区、省级开发区等分类解析具有非常重要的价值。此外，作为一个研究成果，在研究深度和针对性方面，也还有提升的空间。东北地区作为我国的老工业基地，各类开发区除了培育新的增长动能外，还要承担消弭老工业基地历史遗留问题的任务，这增加了开发区发展的难度，也是区别其他地区开发区的特殊性。

在全面振兴的过程中，建立符合工业化发展规律的空间政策，将资源、资本、技术、政策有效整合在一定的空间内，形成新的增长动能和动力，推动地方经济发展，是精准施策的主要方向，各类功能区无疑是最有效的依托平台。未来东北地区的发展应进一步依托国家级新区、国家级自主创新示范区、经济开发区和高新技术产业开发区等，探索体制机制的模式与路径，推动新技术、新产业、新业态加快成长，形成引领带动作用，逐步推进整个东北地区的机制创新。尤其应与东北老工业基地的特殊情况相结合，用有限的人力、财力建设成为新动能强劲的产业增长空间，成为新型工业化发展的引领区、高水平营商环境的示范区、大众创业万众创新的集聚区、开放型经济和体制创新的先行区。

金凤君
2019 年 2 月 23 日

目　　录

第一章　开发区的基本认知 ·· 1
　第一节　开发区的概念、类型及功能 ···································· 1
　第二节　开发区的发展历程 ··· 8
　第三节　开发区与新成长空间 ··· 16
第二章　我国开发区的分布、发展成效与产业特征 ···················· 26
　第一节　我国开发区分布的基本情况 ································· 26
　第二节　国家级开发区的主要作用与贡献 ··························· 40
　第三节　我国开发区的产业集聚及其驱动因素 ······················ 50
第三章　东北经济成长的新空间 ··· 62
　第一节　东北经济发展的特征与问题 ································· 62
　第二节　党的十八大以来东北区域性发展政策 ······················ 70
　第三节　开发区与东北"新"的经济增长 ····························· 87
第四章　东北开发区的设置历程及空间特征 ···························· 93
　第一节　开发区的总体状况 ··· 93
　第二节　开发区空间特征 ·· 101
第五章　东北开发区的产业特征 ·· 117
　第一节　东北开发区产业组织模式 ·································· 117
　第二节　技术密集型产业空间分布 ·································· 123
　第三节　资本密集型空间分布 ······································· 139
　第四节　劳动密集型产业空间分布 ·································· 144
　第五节　东北开发区产业发展的主要问题 ·························· 145
第六章　东北国家级新区 ·· 147
　第一节　国家级新区的战略定位与功能布局 ······················· 147
　第二节　国家级新区的建设管理与发展情况 ······················· 162
　第三节　国家级新区发展面临的挑战、机遇与策略 ··············· 174
第七章　东北国家级经济技术开发区 ··································· 183
　第一节　设置时序与空间特征 ······································· 183
　第二节　国家级经济技术开发区的经济与产业特征 ··············· 189

第三节　国家级经济技术开发区的典型案例 …………………… 196
　　第四节　国家级经济技术开发区发展存在的主要问题与对策 …… 209
第八章　东北国家级高新技术产业开发区 ………………………………… 215
　　第一节　设置时序与空间特征 …………………………………… 215
　　第二节　国家级高新区的经济与产业特征 ……………………… 218
　　第三节　国家级高新区案例 ……………………………………… 232
　　第四节　国家级高新区存在的主要问题与对策 ………………… 244
第九章　东北海关特殊监管区与边境经济合作区 ………………………… 249
　　第一节　设置时序与空间布局 …………………………………… 249
　　第二节　海关特殊监管区与边境经济合作区的经济发展与产业特征 …… 255
　　第三节　海关特殊监管区与边境经济合作区与典型案例 ……… 259
　　第四节　海关特殊监管区与边境经济合作区存在的问题与对策 …… 265
第十章　东北省级开发区 …………………………………………………… 272
　　第一节　设置时序与空间特征 …………………………………… 272
　　第二节　省级开发区的经济与产业特征 ………………………… 276
　　第三节　省级开发区的典型案例 ………………………………… 283
　　第四节　省级开发区存在的主要问题与对策 …………………… 292
第十一章　国内外开发区的典型模式及经验借鉴 ………………………… 297
　　第一节　国外开发区的典型模式及经验借鉴 …………………… 297
　　第二节　国内开发区的典型模式及经验借鉴 …………………… 310
　　第三节　国际产业合作园区的典型案例及经验借鉴 …………… 317
附表 …………………………………………………………………………… 321

第一章 开发区的基本认知

2018年是改革开放40周年，过去40年，我国经济社会发展取得了举世瞩目的成就。开发区作为我国经济体制改革的试验田和对外开放的窗口，是引领我国从传统农业国向工业国转变的重要载体。时至今日，虽然全国乃至全球范围内已经积累了大量关于开发区建设的实践经验，但是开发区依然没有严格意义上的统一定义，各国政府或学术界也缺乏相对统一的认知。为此，本章将从最基本的概念入手，综合已有定义，从理论层面提出我们对开发区的独立思考，梳理、归纳开发区的常见类型，挖掘其在经济社会发展过程中承担的角色和功能，对开发区这一宽泛概念形成系统认知。同时，在全面阐释开发区的发展历程、内涵及功能特征的基础上，结合时代背景重新审视开发区的意义、存在的问题及未来发展趋势，以深化对开发区的基本认知，挖掘开发区的时代价值。

第一节 开发区的概念、类型及功能

一、开发区的概念

通常意义上，开发区是经济技术开发区、高新技术产业开发区和保税区等诸类功能区的统称，因而可类比特殊功能经济区的概念，即为达到一定经济目的，通过特定的经济政策或手段开辟出的与其他地区相区别的特别经济区域。有研究者将开发区看成一种典型的区位导向型产业政策（即国家通过政策优惠和补贴等方式推动经济发展及提升社会福利），认为是在国家逐步开放过程中由政府主导而形成的一种产业集聚。将以上两类典型观点及已有学者对开发区的认知相结合，不难发现"区域"和"政策"是开发区最核心的内涵；开发区具有一定的"特区"属性，是承载特殊政策意图的区域或者产业化政策的核心空间载体（表1-1）。

发区，如旅游度假区、保税物流园区、互市贸易区、台商投资区等。

省级开发区主要有三种类型，即经济技术开发区、高新技术产业园区及工业园区。其中，经济技术开发区和高新技术产业园区分别对应于国家级经济技术开发区和高新技术产业开发区，而工业园区则是以发展各类工业/产业项目为主要目标（表1-2）。

表1-2 国内开发区的主要类型及特征

级别	类型	目标/特征	功能
国家级	经济技术开发区	生产活动以制造加工业为主，依靠外商投资企业发挥带动作用	吸引国外资金和技术以发展外向型经济、增加经济产出
	高新技术产业开发区	促进高新技术创新和发展	吸引国内外的先进生产技术，并转化为实际生产力
	保税区	享受保税制度，通常设立在对外交通枢纽区域，如港口和机场	仓储、出口加工和贸易
	出口加工区	依托于沿海港口建立或者位于国家边境附近	制造、加工和装配出口商品
	边境经济合作区	为了增强中西部内陆地区的对外开放程度	促进边境贸易和出口加工
	其他	旅游度假区、保税物流园区、台商投资区、互市贸易区等	
省级	经济技术开发区	对应国家级经济技术开发区	
	高新技术产业园区	对应国家级经济技术开发区	
	工业园区	以发展各类工业/产业项目为主要目标	

2. 国外开发区的常见类型

从承担功能及发展目标的视角，国外开发区常见的类型主要有自由区、科技产业园区和综合开发区三类。

（1）自由区

自由区即一个特定区域，通过自主开发方式为进入该区域的货物免除或退还进口税，以鼓励对外贸易和促进国际贸易的广泛发展，具有"境内关外"的特性，多设于海港、内河港、航空港及具有相似区位优势的地区。自由区设立的自主性、便利性和目的性都很强，在称谓、功能设计、区域选择等方面也相对灵活，具有明显的区域特色。欧洲和南美洲国家多称其为自由港或自由区，美国常称其为对外贸易区（分区），而我国则称其为保税区/港区、物流园区、出口加工区等。

自由区的核心功能有四个。一是仓储，充分利用自由区进行货物进出口贸易，具备不征收关税、不受进口配额限制、通关简便、可缩短进仓时间及仓储费用低廉等优势。二是转运，在区内将商品储存、整理、分装加标签或改换标志后再进行转运，由此可免除货物进口再出口等申请通关报验等烦琐手续，缩短货物运送时间，与仓储功能相辅相成。三是加工，区内企业进口机器、原料、零件免征关税和所得税，货物及资金进出自由，借此可吸引大量企业到区内投资加工和制造。四是金融中心，区内的外汇资金管理不受制于国内既有的外汇管理办法，是独立的金融体系和外汇操作系统，减少了区内银行业的多种限制，由此吸引大量的国内外金融活动。

(2) 科技产业园区

科技产业园区又称"高科技园区""高技术园区""工业园区"等，反映了开发区发展的新动向和新趋势。尽管各国或地区对科技产业园区称谓不同，但其内涵基本一致，即为鼓励科技产业发展，在科研机构和名牌科技大学集中、居住和教育环境优越的大城市附近开辟出一块地方，通过提供优惠地租和税率吸引国外资金和高技术人才集聚，研究和开发高精尖技术产品，打造"科学–技术–生产"的综合体，以促进科技和经济发展的特定区域。

简言之，科技产业园区是使投资者和研究人员紧密结合，使教育、科研与生产融为一体，发展技术密集型产业的基地，是高技术的聚焦点，是知识经济时代的创新窗口。北美是科技产业园区的发源地，以美国为典型代表，科技产业园区主要集中在智力密集地区，有众多大学和科研机构。西欧的科技产业园区比较密集，以发展本土高科技为主要特征，是应对美国挑战的产物。东亚地区是科技产业园区发展最快的地区之一，其中日本和韩国的科技产业园区最为集中。

(3) 综合开发区

综合开发区是在地理条件比较优越的地区，实施出口加工、商品贸易、旅游、金融、农牧和房地产及其他第三产业综合发展的经济性开发。综合开发区与其他开发区形式没有严格区别，目前各国有些以自由港、自由贸易区或出口加工区命名的开发区实际上已具备综合经济功能，可以看成综合开发区。韩国的济州岛、埃及的开罗是综合开发区的典型代表。综合开发区具有多行业、多部门和多功能的优势，能够灵活适应国际经济调整和波动，并在激烈的竞争态势下不断创新，从而具备较强的竞争能力与应变能力。世界范围内的综合开发区为数不多，但代表了开发区未来的主要发展方向（图1-2）。

国外开发区主要类型

自由区
- 特定区域，免除或退还进区货物各税，鼓励贸易，具有"境内关外"的特征
- 核心功能：
  · 仓储
  · 转运
  · 加工
  · 金融中心

科技产业园区
- 吸引国内外资金和高技术人才集聚，打造"科学-技术-生产"的综合体
- 使投资者和研究人员紧密结合
- 使教育、科研与生产融为一体
- 开发区的新趋势

综合开发区
- 具有综合经济功能的区域
- 拥有多行业、多部门和多功能的优势，能够灵活适应国际经济调整和波动
- 具备较强的竞争能力与应变能力
- 开发区未来的主要发展方向

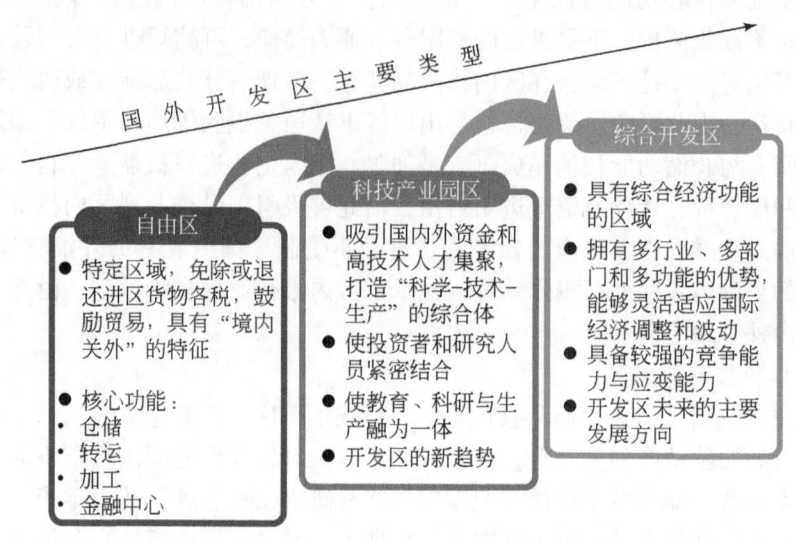

图1-2　国外开发区的主要类型及特征

三、开发区的核心功能

开发区的功能因其类型不同而各异。从实践视角，开发区的具体表现形式在动态演变中不断丰富多元化，呈现出由最初单一的工业生产功能向工业生产、居住和商业等综合性功能转变的总体特征。"源于产业开发，兴于产业集聚，转于产城融合"，浓缩了我国开发区发展演变的核心特征，也凝练了开发区在国家现代化进程中的核心功能定位。摒除开发区的类型差异，单纯从理论视角分析，开发区在区域经济社会发展中承担的核心功能可以概括为以下三种。

1. 增长极功能

开发区的本质决定了它可以在特定的区域通过前期大量的基础设施建设投入吸引企业入驻，并进一步通过政策激励、要素纽带及比较优势等机制帮助企业跨越最小阈值，解锁集聚经济和规模经济，进而成为地区经济发展的高地，同时发挥吸纳剩余劳动力的功能，成为区域发展的增长极。由此，开发区成为我国由落后、封闭的农业大国转变为开放、繁荣的工业强国的核心带动力量。

2. 示范区功能

开发区诞生于改革开放的前沿阵地，自此一直充当着新政策和战略方法的"排头兵"和"试验田"。实践表明，金融、法律、劳动力，甚至价格改革等方

面的政策在大范围的复制推广之前，大多会先引入开发区进行测试，对内不断推进体制改革与创新，对外不断强化国际国内资本和商品流通循环。因此开发区还承担着试点新的政策和方法的功能，成为我国逐步推广落实改革开放政策及其他发展战略的重要参考源。

3. 扩散源功能

开发区作为现代国家治理方式的重大创新，不仅仅是本地发展之锚，还是地方融入全国甚至全球经济及治理体系的重要节点。开发区具有优先承接高梯度地区产业转移、吸引核心要素的优势，借助于产业链的前后向关联效应及要素外溢等方式，又可将试点政策、知识及技术等要素通过邻近扩散或者跳跃点扩散的方式转移到其他区域，进而支撑更广泛的经济发展及改革。开发区已经成为国家西部大开发、中部崛起、东部率先发展、东北老工业基地振兴等一系列区域发展规划和战略布局的重要支撑点和扩散源（图1-3）。

图1-3 开发区的核心功能

专栏1-1 案例：开发区对地区经济发展的影响

（1）多米尼加共和国以开发区为载体，实现了农业向工业的顺利转型。多米尼加共和国的特区是直接从传统农业发展来的，美国财团海湾和西部公司于1968年购买了甘蔗种植园和糖厂。为避免糖厂工人工资需求不可持续，公司决定在糖厂附近建立一个工业自由区，以便为这些工人的配偶和家人提供就业机会，并且将这些流失的劳动力吸收为现代化糖厂的一部分。海湾和西部公司游说政府来支持这些激励措施。为了启动开发区，海湾和西部公司将一些美国制造企业的子公司转移到了该地区。许多美国企业纷纷效仿，在拉罗马纳建立装配厂。结果令人振奋，在短期内，当地经济经历了大规模的就业增长。20世纪70年代初，圣佩德罗和圣地亚哥的城镇也依赖其农产品（糖、咖啡、烟草）试图建立自由区。80年代，政府准许了这一请求，自由区大范围扩张的基础工作逐步展开，改变了岛上的经济面貌。

（2）马来西亚以开发区为载体盘活了经济基础，引领了半导体产业从无到有、从有到强。马来西亚于1972年开放第一个开发区，之后迅速吸引了大量海外公司，特别是劳动密集型的电子产品组装厂。自20世纪70年代，出口加工区的生产规模年均增长13.3%，到1995年区内已入驻超过400家企业，到2003年区内总共雇用近100万名工人。其中，马来西亚的电子工业从无到有，电器和电子行业也曾排到世界第三位，现在的半导体产品生产量仍然占据世界10%左右。

（3）中美洲的多个国家均以开发区为载体吸引大量外来资本，增强了自身发展能力。尼加拉瓜和哥斯达黎加分别于1976年和1981年建立了生产导向的出口加工区。20世纪90年代初，洪都拉斯和萨尔瓦多等国利用与美国达成的新贸易协定和出口加工区在轻工制造业（主要是服装）上吸引大规模投资，雇用了成千上万的工人。哥斯达黎加成功吸引了英特尔的投资，这也是一个通过出口加工区来吸引高附加值制造业的成功范例。

第二节 开发区的发展历程

开发区既是一个经济范畴，也是一个历史范畴，作为促进国家和地区经济及国际贸易发展的特殊区域，从全球视野来看，开发区经历了400多年的发展历程。不同形式的开发区顺应时代背景和发展不断演进，是国家及区域经济发展到一定历史阶段的必然结果。

一、世界开发区的发展

开发区最早以自由港和自由贸易区的形式问世，之后为顺应国际经贸关系演变为以出口加工为主体的优惠政策区。随着全球化背景下经贸、生产、资本等多种要素及产品的国际合作深化，自由贸易区和出口加工区的发展模式开始融合，并逐渐纳入金融、旅游和服务等新的产业类型。围绕全球价值链的生产，开发区开始向多样化、综合化和高级化方向发展，综合型和高新技术型开发区成为新兴模式。随着生态文明建设及低碳集约发展理念的落实，产业开始升级换代，开发区也进入全新发展阶段，生态型开发区成为各国争先探索的新模式。从全球视角，开发区的发展历程中存在四个相对明显的阶段特征（图1-4）。

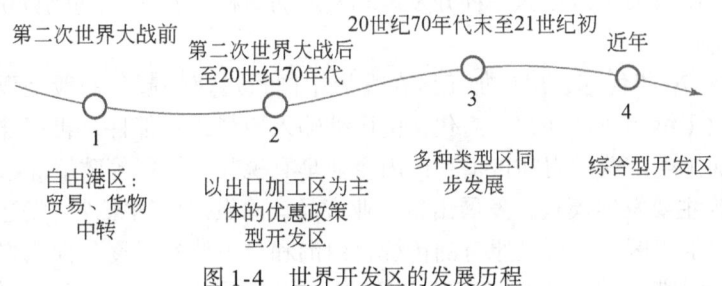

图1-4　世界开发区的发展历程

1. 第二次世界大战以前，以对外贸易和转运贸易为主要形式的古典、传统开发区

开发区的出现与商品经济及对外贸易相联系，最早可追溯古希腊时代的自由港区。17～19世纪，欧洲的贸易大国先后在一些主要港口创办了自由港和自由贸易区。这些港区利用优越的地理位置，采取免除进出口关税等措施，吸引外国商品到此转口，扩大对外贸易。此时，开发区主要发挥商品集散中心的作用。

从自由港区问世到第二次世界大战前夕，开发区的发展特点是：从量的角度来看，开发区数量和规模均有限，以自由港和自由区为主，分布地域狭窄，绝大部分集中在发达国家，且发展缓慢；从质的角度来看，通过免除关税等有利政策，方便了商品进出口，促进了对外贸易和转口贸易的发展。但是，自由贸易区经营活动相对单一（主要从事对外和转运贸易）。从布局来看，这一时期的开发区主要分布在世界海运要冲和过去的殖民地国家港口。从优惠政策来看，体现出经济殖民的特点，殖民者享受国家和地区的进出口免税政策，财富大量集聚。

2. 第二次世界大战后至20世纪70年代，以出口加工区为主体的优惠政策型开发区

第二次世界大战后，世界生产力得到迅速发展，各国经济相互依赖，联系日益紧密，商品、劳务、资金、技术等生产要素在全球范围内联结流转，有力地促进了国际分工。同时，部分殖民地和附属国家相继独立，要求发展民族经济的呼声日益高涨，在探索中，这些国家和地区最初设立的"替代进口"战略因缺乏资金和技术及国内狭窄的市场而被"出口替代"战略取代。在这种形势下，很多国家建立兼有工业生产与出口贸易两大功能的出口加工区，即在国内划出特定区域，对外开放、对内隔离，并以当地丰富廉价的劳动力、各种特殊的财税优惠政策和其他优越条件吸引外商投资和技术，发展面向世界市场的制造业，以达到利用外资、扩大出口、增加就业及吸引国外先进技术、增长经济管理经验的目的。由此，出口加工区作为一种开发区和发展的新模式，于20世纪60年代开始登上历史舞台。

20世纪70年代起，出口加工区在发展中国家迅速崛起，一般是设立于港口附近，行政手续相较区外大大简化，由区外输入原料或零部件，再以非技术劳动力来组装加工生产获取附加价值，区内企业享有税收及投资等政策优惠，以"两头在外"为主要发展模式，发展出口工业产品。除发展中国家外，发达国家也竞相增设出口加工区，主要是原有的传统自由港和自由贸易区逐步向出口加工区转变。70年代末期，全球出口加工区数量已达到240多个。发展中国家和地区凭借异军突起的出口加工区作为经济起飞的"助跑器"，大量引进外资，发展出口工业，成功缩小了与发达国家的差距，步入新兴工业化国家/地区行列，带动本国/本区经济高速发展。这个时期，开发区数量上由少到多，规模上由小到大，经营上转变为以生产型、优惠政策型和外向型为主的发展模式。这些均标志着开发区发展进入一个崭新阶段。

3. 20世纪70年代末至今，以综合化、高级化和产业化为特征的多种类型开发区

20世纪70年代末，全球石油危机和紧随其后的世界经济危机结束了第二次世界大战后资本主义发展的黄金时期，也使出口加工区失去了赖以迅速发展的国际经济基础，促使其发展模式转变。在全球化浪潮下，贸易、生产、资本国际合作不断深化，发达国家产业转移日益加速，发展中国家工业化进程迅猛推进，全球开发区之前的出口加工区由"一枝独秀"向多样化、综合化和高级化转变。综合开发区是自由贸易区和出口加工区两种模式混合、交融发展后升级换代的结果，其规模大、经营范围广，不仅重视出口工业与对外贸易，还兴办金融、旅游、服务和商业等（我国的深圳、珠海等经济特区也属于综合开发区）。综合开发区经营多样化、经济效益好，对影响和带动周围地区的经济发展具有重要作用。自由贸易区、出口加工区都呈现出向综合开发区发展的明显趋势。

20世纪70年代末80年代初期，顺应世界新技术革命引起的产业结构调整浪潮，全世界兴起了建设高新技术型开发区的风潮。特点是以大学和科研单位为依托，把科研、生产和教育紧密结合在一起，把运用最新科技成果生产和出口高技术产品及培养一流的专业人才作为办区主要目标，具有较强的国际竞争力。我国也是较早建立高新技术型开发区的国家，从80年代后期开始筹建高新技术型开发区。目前全世界的高新技术型开发区已达到1000多个，分布在48个国家和地区。总体来说，这一阶段全球开发区向纵深方向发展，由货物的存储、包装和转运等相对简单的形式向商贸与产业相结合的多功能综合模式转变，并更加注重利用科学技术、生态环保等因素发展经济。

目前，全球大多数开发区都具有进出口贸易、转口贸易、仓储、加工、商品展示、金融等多种功能，大大提高了开发区的运行效率和抗风险能力，不仅反映出世界经济发展的大趋势，也反映出开发区适应经济发展的强大生命力。具有环境友好、资源节约及综合运用先进技术等特性的生态型产业园区可能会成为第四阶段（综合型）开发区的发展方向。

二、我国开发区的发展

开发区作为区域经济发展战略的重要组成部分，其建设和发展过程浓缩了经济增长的"中国模式"，迄今已演变成为一个种类繁多、规模庞大的体系。截至2018年，我国已批准建立的各类国家级开发区有552家，包括国家级经济技术开发区219家、国家级高新技术产业开发区156家、海关特殊监管区135家、边境/跨境经济合作区19家及其他类型开发区23家（包括国家旅游度假区、科技工业园、台商投资区等）（表1-3）。而各地以工业园区、产业园区、高教园区乃至新区、新城等名义开发的开发区项目更是名目繁多，其中仅列入《中国开发区审核公告目录》（2018年版）的各类省级开发区的总量高达1991家。

表1-3 国家级各类开发区的数量演变

年份	国务院批准设立的开发区	数量	年份	国务院批准设立的开发区	数量
2006	经济技术开发区	49	2018	经济技术开发区	219
	高新技术产业开发区	53		高新技术产业开发区	156
	保税区	15		海关特殊监管区域（包括保税区和出口加工区）	135
	出口加工区	58			
	边境经济合作区	14		边境/跨境经济合作区	19
	其他类型开发区	33		其他类型开发区	23
	总计	222		总计	552

与国际经济"由贸易领域向生产领域再向高新技术领域"演变的发展历程相对应，我国开发区类型的演变也经历了"经济性特区—自由贸易区—出口加工区—科学工业园区"演变的总历程。在该历程中存在两个明显的阶段特征：第一，以增加开发区数量为主的大量审批阶段；第二，以提升开发区质量和级别（省级开发区提升为国家级开发区）为主的严格审批和整顿阶段。这两个阶段的特征贯穿于我国"从无到有，从萌芽、盲目扩张到逐步回归理性和有机整合"的开发区发展历程中。

1. 初步萌芽阶段（1984~1992年）：开发区的地理雏形诞生

1984年国务院转批《沿海部分城市座谈会纪要》，开启了我国设立经济技术开发区的重要节点。按照改革开放的形势要求，首先在14个沿海开放城市设立了国家经济技术开发区。1985~1992年，为应对世界高新技术革命的挑战，先后设立了多个高新技术产业开发区，并于1990年设立15个国家保税区。如此，不同类型的国家级开发区相继落户于沿海城市，成为我国开发区的地理雏形（表1-4）。

表1-4　第一批国家级经济技术开发区

序号	名称	批准时间（年.月）
1	大连经济技术开发区	1984.9
2	秦皇岛经济技术开发区	1984.1
3	天津经济技术开发区	1984.12
4	烟台经济技术开发区	1984.1
5	青岛经济技术开发区	1984.1
6	连云港经济技术开发区	1984.12
7	南通经济技术开发区	1984.12
8	宁波经济技术开发区	1984.1
9	福州经济技术开发区	1985.1
10	广州经济技术开发区	1984.12
11	湛江经济技术开发区	1984.11
12	闵行经济技术开发区	1986.8
13	虹桥经济技术开发区	1986.8
14	漕河泾经济技术开发区	1988.6

2. 盲目扩张阶段（1992~2003年）：开发区的数量成倍数增长

20世纪90年代中后期，从东南沿海到内陆省会，甚至到各市、县、镇等行政单位,都纷纷兴办各种各样的开发区。同时国家级开发区也逐步扩展,经济技术开发区的数量在1993年和2000年经历了两次大幅度增加,基本遍布全国主要大中城市,省级开发区也基本形成一县(市/区)一区的空间格局,加上民营经济园区、大学科技园、出口加工区等建设,一城多区的现象逐渐出现,开发区发展进入了盲目扩张期。主要表现在开发区数量迅速增加,类型不断丰富,层级日益多元,规模迅速扩张,功能相互交叉,空间相互靠近,竞争日益激烈。其核心特征是:在空间上扩散和遍布,几乎城市各发展方向和次级行政单元都至少有一个开发区;在规模上膨胀,原有开发区管辖范围和开发空间迅速扩张,形成新的城市外围环路系统。同时,由于各开发区基本政策及投资环境趋同,开发区之间出现了激烈的恶性竞争。

3. 有机整合阶段(2003年至今):提质控量,综合发展模式

开发区的爆发式扩散、扩张,打乱了城市空间的整体布局,也导致城乡矛盾激化、人地关系失调等一系列问题。2003年8月国家下发了《国务院办公厅关于清理整顿各类开发区加强建设用地管理的通知》,标志着开发区发展进入理性整合阶段。主要表现为:一是开发区数量的核减和规模压缩。据《国家发展和改革委员会、国土资源部、建设部关于全国各类开发区清理整顿工作总结报告》(2007年),2003~2006年,全国开发区数量由6866家缩减合并到1568家,核减掉77.2%,规划面积由3.86万 km^2 压缩到9949km^2,减少74.2%。与此同时,各地逐渐停止审批设立新的开发区或扩大已有开发区。二是开始产城融合的发展模式。为了协调外围开发区和所在社区的关系,开发区从准行政区向行政区转变,与所在社区进行行政整合,实行开发区和城市新区合规发展的模式,区、城矛盾得到部分缓解。三是随着城市外扩步伐减缓,为适应城镇化,满足城市容量提升、集约用地和产业升级、建设创新型国家和城市的需要,部分城市开始重视旧城区空间和人才资源的利用,一些新兴开发区如软件园、大学科技园、都市工业园、文化产业园、创意产业园等在旧城区开始发展,开发区不仅成为新城区建设的主体,也和旧城区更新开始有机结合。随着"互联网+""一带一路"倡议等推进,智慧园区、中外合作产业园、产城融合示范区、"区中园"等新业态和新模式将不断涌现。

21世纪以来,许多城市先后以开发区为依托,集中投资扩展城市功能,逐渐发展成为功能完善的综合型新城新区。例如,天津滨海新区就是以天津经济开发区和天津港保税区为基础,经过十多年时间发展起来的。近年来,随着资源环境瓶颈出现,开发区发展进入转型与再开发的战略期。开发区导向的城市郊区化,一种全新具有中国特色的"边缘城市"类型正在或已经形成,体现出大城市多中心发展的战略选择,也是大城市区域理性蔓延的一种全新模式。

总体来说，从最初单纯以经济产出为目标的各类工业园区，到强调产城融合的综合型产业新城，我国的开发区在不断自我发展和完善的过程中，已经逐步成为推动城镇化、解决城市问题及实现大城市体系结构和功能优化的重要载体（图1-5）。在空间布局上，也从单纯的开发区个体发展进入具有密切经济社会联系的开发区群综合协调发展的新时期。未来，在国际产业发展潮流及中国和平崛起的战略背景下，探索全球经济治理新秩序、推动我国开发区继续演进的新型科技园区将成为开发区的新方向。

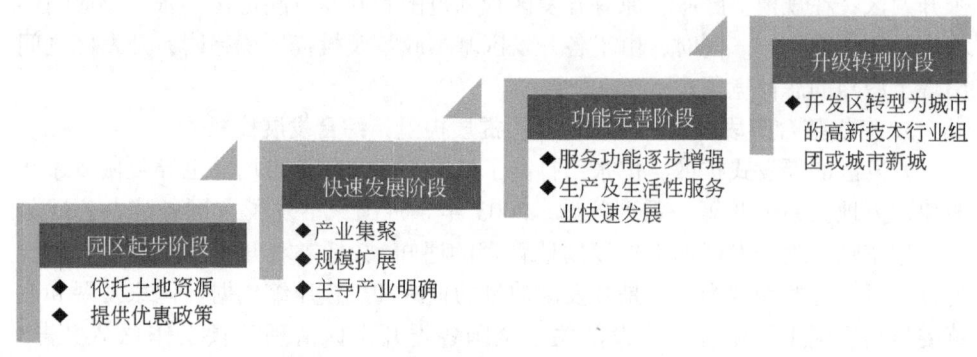

园区起步阶段
- 依托土地资源
- 提供优惠政策

快速发展阶段
- 产业集聚
- 规模扩展
- 主导产业明确

功能完善阶段
- 服务功能逐步增强
- 生产及生活性服务业快速发展

升级转型阶段
- 开发区转型为城市的高新技术行业组团或城市新城

图1-5 国家级开发区的发展阶段及特征

三、国内外开发区发展对比

由于政治体制及发展环境不同，国内外开发区既有共性也有差异。从全球来看，开发区在400多年间经历了从单一的贸易功能（自由港或自由贸易区），向工业、贸易双重功能（出口加工区），再向多种功能（科技产业园区、综合开发区）不断发展完善的过程，成为各国创新升级的发动机。与西方国家相对悠久的开发区发展历程相比，我国开发区建设起步较晚，但却得到迅猛发展，这和中国政府对开发区建设的高度热情和积极性密不可分。目前外向型经济（跨国公司、外商直接投资）依然是推动开发区发展的强劲动力，但开发区已经从单纯利用外资和技术的外向窗口转变为内外资并重、引进技术与自主创新相结合的战略支撑点，利用地方生产与全球网络的交互作用，开发区向深层次和综合方向发展，这是国内外开发区的共同之处。而两者的差异集中体现在以下几个方面。

1. 主导开发区发展的核心力量不同

开发区的发展受到政府政策引导和市场力量内生驱动的共同作用。其中，市场的力量体现在，企业按照市场规则在不同开发区之间配置不同的资源，既强化了开发区之间的产业联系，也带来了开发区之间的竞争。在欧美等发达国家，由于地方政府力量相对薄弱，市场竞争机制成为推动各类经济特区发展的关键，集聚经济效应和人力资本外溢被认为是其主要理论基础。在这一背景下，政府在开发区发展相关研究中往往被视为次要因素。而在我国，无论是开发区本身还是其所处区域（县域、城市、城市圈、全国）的建设和发展，政府往往起到决定作用；基础设施投资、公共服务配套、税收政策及土地要素的供应和定价等都是政府进行城市资源分配和引导开发区发展的重要手段，政府甚至直接参与资源的空间配置。

2. 带动本土经济增长和就业的效果差异较大

已有研究表明，欧美发达国家依托政策建设的经济特区，对城市经济增长的带动作用并不明显。但是，我国开发区的建设对经济增长的带动作用已经通过大量的统计数据和实证数据得到了验证。2017年，苏州工业园区的经济产出占苏州市的近14%；天津经济技术开发区的GDP占天津市的17.3%。从全国来看，2017年219家国家级经济技术开发区共实现地区生产总值9.1万亿元，占该年全国GDP的比例为11%，年度增幅超过全国平均水平3个百分点。从带动就业来看，大多数英美国家开发区对劳动力市场的研究没有得到积极的效果。而在我国，开发区在创造经济效益的同时也带来了巨大的社会效益，逐渐成为吸纳就业人口的主要力量。2016年底，我国219家国家级经济技术开发区实现就业人数2418万人，占全国从业人员总数的3.1%。我国开发区作为城市内集聚经济的制高点，显著促进了其所在地区就业密度的提升和劳动力工资水平的提高。

此外，引领边缘城市发展的产业结构迥异。早期伴随工业郊区搬迁而建设的开发区，成为大城市郊区的新兴产业空间。相比北美以服务业为主导的边缘城市，我国郊区的开发区承担更多的是大城市边缘以制造业为主的经济开发区职能。同时，与其他国家和地区不同的是，开发区除了承载产业开发的重任外，更是推进中国以新型工业化为动力的新型城市化的重要增长极。

专栏 1-2　政府政策演变对我国开发区发展的影响

从20世纪80年代兴建经济特区、经济技术开发区以来，我国开发区建设已历经近40年的发展。随着改革开放推进，我国开发区空间格局已由最初的散点式布局演变为依托重要经济重心集聚发展的新时代格局。但是与西方国家工业化时期城市空间的"自发性"扩展方式不同，我国现代城市的空间扩展更多是政府有目的地"自主性"规划的结果（图1-6）。

我国开发区的发展始终受到政府、市场（全球化）和企业及城市空间演化等多种力量的共同影响。尤其是政府政策引导，几乎每一次的宏观政策方向调整，都会带来一批新的开发区类型，形成不同内涵的"开发区热"。例如，1992年南方谈话、改革开放纵深推进后，全国形成设立经济技术开发区的热潮；此后，中国加入WTO，掀起建设出口加工区的热潮；建设创新型国家目标提出之后，各地建设科技城和高技术园区的热潮凸显；而大力发展服务业、提升产业结构的政策出台又带来创意产业园区、都市经济园区等的大力发展。另外，地方政府依托开发区招商引资、发展经济和建设新城也对开发区的膨胀扩展起到了决定性作用。开发区"遍地开发"，开发区政府则"以地生财"滚动发展，促使开发区规模不断扩大。

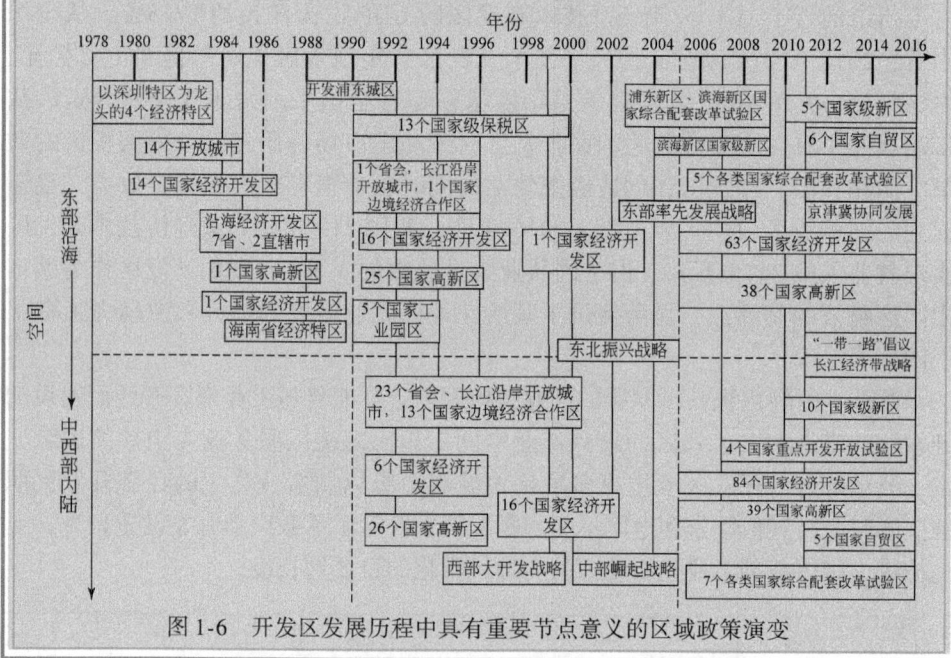

图1-6 开发区发展历程中具有重要节点意义的区域政策演变

第三节 开发区与新成长空间

在供给侧改革和全面深化改革的新时代背景下，国内大多数区域的经济发展模式和产业结构面临转型升级的挑战，发展空间被极大地压缩。作为区域经济的增长极、政策改革的试验田及国家重点扶持的核心产业承载体,开发区在探索新一轮的经济及产业布局中承担着不可或缺的责任。开发区的发展模式已被多个国家和地区的发展实践证实,是一种高效的资源整合和经济发展策略。在规模工业、产业集聚和形成技术创新优势等方面,开发区依然具备无可取代的优势。从未来开发区的发展空间、政策导向及基础设施配套建设等多方视角来看,开发区仍具有巨大潜力。但是面临国内外发展环境变革,开发区发展也进入"二次创业"和转型升级的崭新阶段。以此为契机,充分发挥市场和政府的双重力量,探索推广更加灵活的体制机制,挖掘利用开发区的功能和特性,开发区依然可以被培育成为区域革故鼎新的新土壤,拓展区域发展的新成长空间。

一、开发区的时代意义

1. 响应全球产业变动,拓展产业发展新空间

为有效利用全球资源、降低生产成本,跨国公司在全球范围内调整产业布局的周期约为 20 年。我国沿海地区成为全球制造业中心,并正在经历着国际第四次产业转移,即从我国沿海地区向内陆地区及东南亚等周边亚洲国家转移。与此同时,战略性新兴产业成为新的经济增长点,也是世界各国竞相培育以抢占新的国际竞争制高点的战略核心。2010 年,我国也出台了《国务院关于加快培育和发展战略性新兴产业的决定》,战略性新兴产业在我国迅猛发展。作为产业发展载体及体现国家意图的开发区,能够及时应对全球及我国产业格局变动,是我国深度融入全球化、参与国际竞争、推进区域经济发展、建设创新型国家的战略棋子,也有利于我国由全球一般制造业基地转为发展战略性新兴产业的前沿阵地。以战略性新兴行业为抓手,以开发区为载体,盘活产业组织、疏通产业链条,将为区域产业发展开拓广阔空间。

2. 利用市场和政府双重力量,拓展经济发展新空间

改革开放 40 多年来,我国经济持续高速增长,2010 年成为世界第二大经济体,成功步入中等收入国家行列,实现这一经济奇迹的核心在于正视了市场经济和政府的力量。但由于社会主义初级阶段的基本国情及在探索中前进的社会主义市场经济体制,我国在政府和市场力量的平衡处理上仍存在许多不足,加上国际国内发展环境不断变化,近几年来开始出现经济"新常态",旧生产模式渐显疲软,供需错位拉大,实体经济低迷,产业结构问题凸显等现象愈演愈烈。转换升级、培育新动能成为区域经济持续发展的重中之重,经济体制改革和供给侧结构性改革等措施成为破解这些问题的重点方案,而改革的核心在于正确处理政府和市场的关系。作为一种政策工具,开发区不仅承载着国家及地方政府"计划经

济"的意图，同时因其成长于市场经济的时代背景下，还受限于"市场经济"规则，是市场和政府合力形成的发展空间。这一特性使开发区成为政府和市场优点与局限性的生动映照，也是新时期体现改革意图及验证改革效果，探索政府行为和市场功能最优结合点的绝佳选择。全面改革的时代背景下，可以在开发区实施更加灵活的体制机制，其是区域经济持续发展最具培养潜力的动力源泉。

3. 顺应产城融合趋势，拓展城镇化发展新空间

城镇化是国家现代化的重要内容，既是发展的手段，也是发展的目的。在城市外围土地增量资源有限的现实背景下，改造旧城的难度因存在产权纠纷等问题通常大于"以区建城"。同时，以房地产开发为主导的新城建设由于缺乏必要的产业支撑，变成"空城""卧城""鬼城"。而对开发起点低、空间容量大、区位条件优、产权矛盾小的开发区建成区而言，进行适度合理的二次开发，有可能探索出一条中国特色城市精明增长和低碳发展之路。2011年出台的《关于加快推进新型工业化新型城镇化互动发展的意见》中也释放出"产城共融"的战略导向信号。因而，以开发区为载体推进城镇化是中国特色当代城镇化模式之一。开发区可以承接和分担城镇功能，对主城的人口疏解、功能疏散提供一定支撑。通过融合最新的发展理念和战略意图，提供完善的综合配套发展环境，逐渐演变成为以发展工业为主的具有相对综合功能的新型城区。同时，通过推进城市外向型和内向型产业融合，推进城市化与周边地区融合，开发区成为城市中最具经济活力和最宜居的区域。助推以人为本的新型城镇化战略落实，拓展未来城镇化的发展空间。

二、当前开发区面临的困局

经过40年发展，开发区在改革创新、增加就业、经济规模、科技研发、参与区域及国际合作等方面确实取得了骄人的成绩。但是，外资依赖严重、经济发展缓慢、资源瓶颈显化、环境成本增加等因素正在成为我国开发区面临的主要难题。与此同时，开发区自身的资源利用效率低下、圈地运动兴盛（空壳开发区）、受虚拟经济冲击较大、产业结构雷同、无序竞争大于有序合作、建法立法滞后等正在成为影响开发区转型升级与持续发展的核心问题。

1. 空间扩张冲动难以遏制

数量迅速增加，用地规模盲目扩张一直是我国开发区建设中存在的突出问题。针对这一问题，国家部委自2003年开始清理整顿开发区建设，并于2007年发文，要求严禁开发区擅自调整范围，未通过规划审核、未经公告的开发区不准以开发区的名义对外招商引资（《国家发展和改革委员会、国土资源部、建设部关于全国各类开发区清理整顿工作总结报告》）。然而，从现实情况来看，这一要求并未被严格贯彻落实，开发区盲目扩大用地的现象仍屡禁不止。不少被清理的地方开发区，以"一区多园"、转换"身份"等方式继续存在。更为严峻的是，开发区空间扩张不仅仅是产业扩张带来的结果，诸多非产业因素，如土地储备制度、土地预征制度，导致开发区的土地扩张和产业开发出现"二元化"，且土地开发通常超前于产业开发。开发区运转经费多依靠商住用地土地出让收益，导致开发区又以房地产建设的名义变相扩张。

2. 圈地运动兴盛，资源浪费严重

为吸引外资，国家曾赋予地方政府在开发区项目审批、融资、税收、土地开发等方面较大的自主权。然而，在我国分权体制下，地方政府要承担较多的经济和社会发展责任，滋生了地方政府的逐利行为。在以 GDP 为导向的政绩考核机制下，土地成为地方政府吸引投资和获取利税的重要资源，各级政府在开发区建设初期通常会预先大面积圈占土地。然而，由于招商引资进度难以控制，土地征而不用、久征不用就成为常态，且开发区建设征用土地中多为耕地，有些耕地占用比例甚至高达80%以上，造成土地资源的严重浪费。与此同时，自2008年金融危机以来，受国内外经济形势持续影响，在未能成功完成产业转型升级、无法扭转效益衰退的情况下，开工率低、厂房大量闲置的"空心化"开发区大量出现，又进一步恶化了资源浪费现象。

3. 引资质量不高，规划执行率偏低

开发区建设的初衷是引进外资和先进技术，通过培育增长极带动整体区域发展。然而，现实中多数开发区的发展存在主导产业不明确或引资效果与发展目标不相符，进而被动调整发展目标等现象。例如，连云港经济技术开发区预期培育的主导产业是医药、化纤、海洋及港口物流，但由于招商引资不理想，不符合开发区准入条件的企业也先后入园，实际形成以粮油、重化工、集装箱制造等产业为主导的发展格局，与原始定位差异较大。宁波石化经济技术开发区初期规划发展的技术含量和附加值较高的高分子和精细化工类21个招商项目，仅有5个项目得以实施，规划执行率不足25%，偏离了开发区定位发展的精准性和严肃性，进而削弱了开发区在区域整体发展中的功能定位和引导作用。

4. 开发秩序混乱，缺乏统筹规划

开发区是我国最具代表性的区位导向型产业政策，因集聚效应和产业关联效应，开发区建设将使区域空间结构、产业结构甚至生态格局都发生明显改变。从空间布局上看，开发区重复建设、园区产业结构雷同、无序开发和竞争等现象屡见不鲜。从时间延续性来看，现行的政绩考核和分税体制导致了地方政府行为的趋利性和短期性，这与城市发展战略的可持续性和长期性相悖而行。各届政府在城市规划、开发区功能变更等方面采取差异化策略，加剧了开发区建设和管理的混乱。同时，缺乏合理的统筹规划，导致基础设施和公共服务的缺失或过度、布局混乱等现象明显，进而导致开发区在发展过程中经常出现产业、人口集聚力度不足等问题。此外，目前开发区的功能还是集中在发展经济，以人为本的宜居性和环境效益考虑较少，产业低端和环境污染成为产城融合的主要掣肘，以开发区为导向的产城融合发展依然存在一定的盲目性。

5. 法治研究滞后，法制保障不足

我国开发区是经济转型升级、创新发展和对外开放的重要载体，应当先行先试市场规则，探索各种改革创新举措。但是目前，开发区的发展以政策安排为主导，法治相对滞后，表现出政策调整频繁、统一立法缺失、立法政策化等态势。以促进经济和产业为目标的"软法"（指导性、号召性、激励性、宣传性的非强制性规范）是目前开发区核心的"法治"模式，招商引资普遍存在"政策洼地"，以税收返还、土地低价甚至零地价等方式变相减免税收亦不鲜见，严重影响了国家税制规范和市场公平竞争，成为腐败高发区。此外，跨园区建设和协调合作缺乏法制保障。我国产业园区法制建设主要集中于单个园区，未能充分拓展到园区与园区之间。跨园区的建设、协调与合作缺乏法制保障、机构建设和制度配套。一旦涉及跨园区事务，往往囿于体制、管理和行政区划的边界而难以有所作为。这种现状，非常不利于未来园区间合作发展进而形成产业集群和经济带。

6. 政策依赖过强，造血能力欠缺

开发区发展重在依靠产业集聚以提高产业开发效率和效益，而我国开发区具有明显的政策引导特征，低廉的土地价格和优惠的税收政策成为其吸引大量外资企业入驻的关键，开发区的本质逐步扭曲为地方政府以"政策租"[①]的竞争方式来扎堆企业，而非真正意义上的产业集聚。由此，也滋养了地方开发区管理者以通过寻求上级管理者政策支持、入驻企业来套取地方政府支持为核心目标的怪象，而非集中精力拓宽市场及研发技术。尤其是，我国一些地方性开发区，发展太过于依赖优惠政策支持，缺乏在国内外的大市场环境中提升自我造血能力的积极性。随着诸多政策优惠力度减弱，内在的市场机制逐步取代政策外力成为影响开发区发展的主导力量，上述开发区的自我发展能力不足，因而面临着巨大的挑战（图1-7）。

---

① 即政策寻租。为获取相关的政策帮扶而在某一区域集聚，并非基于内在产业关联的真正集群。

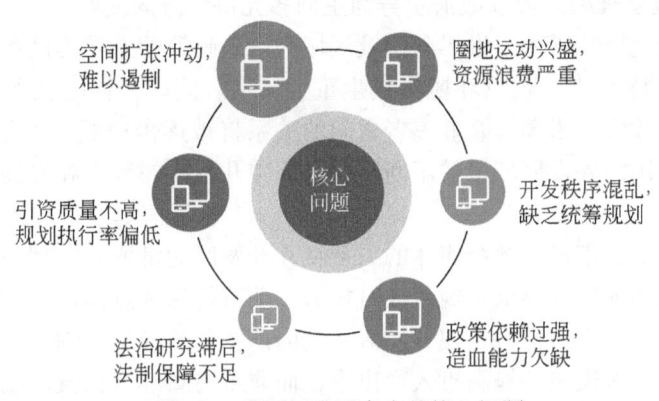

图 1-7　我国开发区存在的核心问题

三、未来开发区的发展趋势

开发区的诞生及发展有其特定的时代背景，未来随着国内外环境不断演变，相关的政策引导力度及方向也将变化，影响开发区发展的要素及机制也渐显复杂。综合判断，未来开发区可能的发展方向如下。

1. 功能和形态由单一向高级、综合方向发展

纵观开发区的发展历程，其数量由少到多，发展迅速。设区范围由西欧扩展到全球，功能从单纯贸易型到工贸结合型并向综合型发展，经营内容从商品的交换到商品的生产并扩展到商品的研制，生产结构从劳动密集型向资金、技术和知识密集型调整。进入 21 世纪，经济全球化正在引发新一轮国际产业结构调整，全球服务业日益从发达国家向新兴经济体和发展中国家转移。在此背景下，服务业的空间转移将促使开发区的功能和形态持续演变，开发区将经历二次开发，作为纯粹生产活动聚集区的功能将成为大多数开发区的"过去时"。

未来总体趋势是由初级、单一形态向高级、综合形态发展，某些综合性开发区甚至会进一步发展成为充满活力的新兴城市或功能强大的现代化城市新区，成为承接和分担城市功能的重要载体。主要有两种形式：一是通过生产功能的升级转型，开发区依然延续工业生产职能，但将以产业整合和开发区群等相对复杂的新产业区形态提升集群效益，而非依赖"政策租"；二是向功能相对均衡的综合性新城转型，形成外向型工业新城或以外资密集、现代工业为主导，具有明显城市特征和相对独立的城镇地域单元。

2. 发展及管理模式由以政府引导为主向多元协作方向发展

伴随全球化持续深入，世界各国及区域间产业政策的差异程度将被减小，开发区生存的"特区性"政策环境将发生重大转变。同时，伴随我国经济体制改革不断深化，政府、市场、企业三者之间的关系将被逐步理顺，"政策租"的效应将被弱化。国内外发展环境的不断转变，促使开发区的管理和发展模式产生重大变革。

管理模式上，市场及社会团体的力量将在开发区的发展和管理中发挥重要作用，将按照市场导向的要求来规范政府权力，政府行为重点体现在调节经济、弥补市场功能失灵方面，也将出现开发区及其内部企业的退出机制，开发区管理者的发展重心将更多聚焦于提高投入产出率，而非跑马圈地。在发展模式上，市场的均衡机制将促使开发区从"招商引资"走向"招商选资"，并引导产业的转移（地理意义上的转移）、转型（产业结构的变动）和升级（产业内部技术含量和层次的提高），"非政策性"集聚效应成为提升开发区经济绩效和集群效益的核心模式，并由此带动开发区群及经济带的形成和发展。

3. 产业融合发展成为开发区产业创新方式

产业融合，即不同产业或同一产业内部的不同行业之间在技术融合的基础上相互交织和渗透，逐渐融为一体形成新的产业形态或产业属性。信息化时代，日臻完善的通信和信息技术作为创新技术整合的催化剂和黏合剂，促使信息产业与传统产业之间融合发展成为全球产业发展的新浪潮。全新的产业融合体系正在冲击并改变着传统产业结构，引领未来产业发展方向。

开发区产业结构调整和转型升级的实际需求，基于技术创新、跨国公司发展、多元经济模式、多样化和个性化消费需求及管制放松等现实基础，以信息技术和信息产业为平台，以关联产业互动和融合为主要发展形势。这将成为开发区的未来发展方向，也是开发区适应供给侧结构性改革的创新发展方式（表1-5）。

表1-5　产业特征转变及产业融合发展

产业特征对比		产业融合的动因	产业融合的方式	产业融合的预期效应
传统产业	新兴产业			
特定产品专业化和标准化	多样化和个性化	内在驱动：技术创新。重大技术创新在不同产业间扩散导致了技术融合，并成为不同产业的共同技术基础，引发产业间边界趋于模糊	高新技术向传统产业渗透，提升传统产业的附加值和技术层次，是传统产业向高新技术产业发展的关键，如IT渗入制造业中，催生智能制造	产业优化。融合促进了传统产业创新，推进了产业结构优化与发展

续表

| 产业特征对比 ||产业融合的动因|产业融合的方式|产业融合的预期效应|
传统产业	新兴产业			
可塑性和多样性带来高昂成本	可塑性和多样性带来额外利润	企业动因：竞争合作压力及多元经济发展需求。企业通过产业融合发展，可在减少产业间进出壁垒和交易成本的同时，迎合社会经济发展多样化和个性化需求，而获取更广阔的市场和更大的效益	产业间融合。多源自产业链互补和延伸，多出现在服务业向第一、第二产业的延伸和渗透中，形成产业新体系联动发展模式。例如，广告、法律、培训等在第二产业中的比例提升	竞争拓展。融合促使市场结构更加合理。产业融合引发的产业企业合并、并购等活动激发了市场结构和活动更新，促使资源配置更加合理，为企业扩容、创新提供机会
集中化大型工厂和车间、流水线生产	分散形式的加工能力，重塑生产体系	助推剂：跨国公司发展。跨国公司是产业融合的主要载体，将产业划分转为产业融合，将传统的"国家生产"产品变为"公司生产"	产业内部重组融合。多表现为以信息技术为纽带，产业链的上下游产业重组融合	组织效应扩大、竞争力提升。融合导致企业组织间产权结构调整，引发企业组织内部结构创新。提升企业组织效率和生存能力
标准产品设计模式、库存管理	大量定制化产品模式、按需生产	外部条件：管制放松。为增强企业竞争力，国家改制、取消对部分规制产业的价格、进入、投资和服务等方面的限制	—	区域经济一体化。打破传统企业和行业间的界限和区域间壁垒，改善区域空间二元结构，扩大区域中心极化和扩散效应，推进区域一体化制度建设

4. 产城融合发展成为开发区转型升级新途径

产城融合，即把以产业发展为主体的开发区完全融入所在城市的整体运行当中，逐步淡化其原有的特区属性，将区域的产业空间和社会空间整体衔接，统一规划和建设，实现1+1>2的组合效益。对开发区而言，随着"以人为本"的发展理念逐步渗入生产、生活各个领域，产城融合是趋势，也是开发区向城市新区转型升级的核心目标。对城区而言，整个城市也将借助开发区的发展实现自身功能的强化和整体地位的提升。

引导开发区向具备综合功能的"边缘城市"（亦可称为"新兴城市""城市

新区""城市副中心")转型升级成为新形势下我国经济发展及空间整合的战略选择和重要手段。在此过程中,开发区的社会服务功能将被提升,人居环境将被改善,进而可吸引更多人才进入开发区生活,改善地方社会网络,增强地方文化认同,促进开发区成为创新的黏滞空间,为开发区转型升级奠定坚实基础。目前,开发区"退二进三"、园区与社区的互动乃至产业新城的建设等现象已崭露头角。伴随"三为主、一致力"到"三为主、两致力、一促进"方针转变的逐步实施,我国最先起步的东部沿海地区开发区的人口密度、设施水平、功能分区等日益趋近一般意义上的城区(图1-8)。

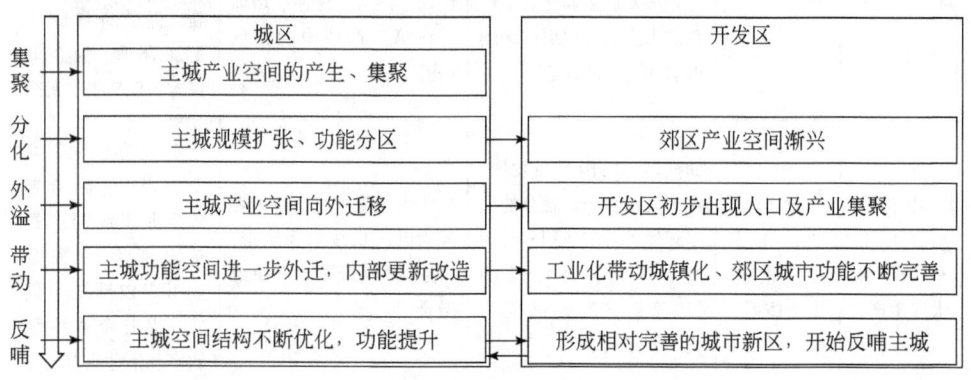

	城区		开发区
集聚	主城产业空间的产生、集聚		
分化	主城规模扩张、功能分区		郊区产业空间渐兴
外溢	主城产业空间向外迁移		开发区初步出现人口及产业集聚
带动	主城功能空间进一步外迁,内部更新改造		工业化带动城镇化、郊区城市功能不断完善
反哺	主城空间结构不断优化,功能提升		形成相对完善的城市新区,开始反哺主城

图1-8 开发区与城区的互动关系及发展阶段

资料来源:王兴平,等.2013.开发区与城市的互动整合——基于长三角的实证分析[M].南京:东南大学出版社

专栏1-3 开发区发展方针的调整转变

自开发区成立以来,不断适应国家战略方针调整,先后形成"三为主、一致力""三为主、二致力、一促进""三并重、二致力、一促进"的发展方针,具体如下。

1984年成立初期,"三为主、一致力":以工业项目为主,以吸引外资为主,以出口加工为主,致力于发挥高新技术。

2004年12月,"三为主、二致力、一促进":以提高吸收外资质量为主,以发展现代制造业为主,以优化出口结构为主;致力于发展高新技术产业,致力于发展高附加值服务业;促进国家级经济技术开发区向多功能综合性产业区转变。

2011年11月,"三并重、二致力、一促进":先进制造业与现代服务业并重,利用境外投资与境内投资并重,经济发展与社会和谐并重;致力于提高发展质量和水平,致力于增强体制机制活力;促进国家经济技术开发区向以产业为主导的多功能综合性区域转变。

2014年,国务院办公厅印发《国务院办公厅关于促进国家级经济技术开发区转型升级创新发展的若干意见》,提出努力把国家级经济开发区建设成为带动地区经济发展和实施区域发展战略的重要载体,成为构建开放型经济新体制和培育吸引外资新优势的排头兵,成为科技创新驱动和绿色集约发展的示范区。

第二章 我国开发区的分布、发展成效与产业特征

在我国改革开放的过程中，开发区在促进体制改革、改善投资环境、引导产业集聚、发展开放型经济等方面，一直发挥着不可替代的作用。以开发区为载体推动工业化和市场经济，是我国改革开放取得显著成就、由落后封闭的农业大国转变为开放繁荣的工业强国的重要手段。了解我国开发区的分布状况、主要作用、贡献与产业特征，对整体把握我国开发区的具体情况具有重要的基础作用，同时也是客观、恰当地定位东北地区各级、各类开发区的前提。因此，本章在梳理国家级和省级开发区类型、数量与空间分布基本特征的基础上，选取数量最多、分布最广的两类国家级开发区——经济技术开发区和高新技术产业开发区，剖析了其主要作用与贡献；同时，以国家级经济技术开发区为例，论述了开发区的产业分布与地理集聚特征，并探索影响开发区产业集聚的驱动因素及其空间异质性。

第一节 我国开发区分布的基本情况

根据《中国开发区审核公告目录》（2018年版），截至2018年我国已批准建立的开发区共有2543家，分为国家级与省级两个级别。其中，国家级开发区有552家，包括经济技术开发区、高新技术产业开发区、海关特殊监管区、边境/跨境经济合作区和其他类型的开发区5类；省级开发区多达1991家，分布于全国31个省（自治区、直辖市）[1]。由于不同省（自治区、直辖市）对省级开发区的定位与命名规则不同，省级开发区类型和名称的多样性远高于国家级开发区，主要类型涉及经济技术开发区、经济开发区、高新技术产业开发区、工业园区、工业集中区、工业示范基地、边境经济合作区、口岸加工区和工业港等。总体来看，我国开发区的具有分布区域上的差异性、发展历程上的阶段性、类型分布与发展目标上的多样性等特征。

---

[1] 由于数据有限，书中涉及的省（自治区、直辖市）数据暂不含港澳台地区。

一、区域分布的不均衡性

开发区的区域分布极不均衡,主要分布于华东与华中地区。从开发区的区域分布来看,华东和华中地区开发区数量占全国开发区的比例为47.89%,是我国开发区建设与发展的优势地区。分区域来看,以华东地区开发区总量最多,达836家,占全国开发区的比例为32.87%;其次为华中地区,分布有382家开发区,占开发区的比例为15.02%。再次为西南和华北地区,西南和华北地区的开发区占全国开发区的比例均超过10%,分别分布有330家和313家开发区;而东北、西北和华南地区开发区的数量占全国开发区的比例均不足10%,分别为240家、238家和204家(表2-1)。

表2-1 全国开发区的区域分布

区域	国家级+省级开发区 数量(家)	比例(%)	国家级开发区 数量(家)	比例(%)	省级开发区 数量(家)	比例(%)
东北	240	9.44	56	10.14	184	9.25
华北	313	12.31	49	8.88	264	13.26
华东	836	32.87	235	42.57	601	30.19
华南	204	8.02	50	9.06	154	7.73
华中	382	15.02	58	10.51	324	16.27
西北	238	9.36	55	9.96	183	9.19
西南	330	12.98	49	8.88	281	14.11
总计	2543	100	552	100	1991	100

国家级开发区空间差异更为显著。华东与华中地区分布的国家级开发区占全国国家级开发区总数的比例高达53.08%。其中,华东地区分布有235家国家级开发区,占全国国家级开发区总数的42.57%;华中地区分布有58家国家级开发区,占全国国家级开发区总数的10.51%。首先,华东与华中地区多港口,水路陆路交通便利、劳动力资源充沛、市场广阔等,构成了其建设和发展国家级经济技术开发区的先天条件;其次,良好的先天条件决定了建设和发展开发区的历史较早,并逐步形成了先发优势;最后,区域内部城市基础设施完善、城市经济水平高、投资环境优越和科技发达等,是其建设和发展国家级经济技术开发区的助推条件。

各区域的省级开发区数量,奠定了开发区区域分异的基本格局。省级开发区的数量远多于国家级开发区,一般来说一个区域的省级开发区分布越多,其开发区总数也将越多。从省级开发区的区域分布来看，华东地区首位度同样最高，分布有省级开发区 601 家，占开发区总量的 30.19%；其次为华中地区，分布有省级开发区 324 家。其他依次为西南、华北、东北、西北和华南地区，其数量分别为 281 家、264 家、184 家、183 家和 154 家。

东北地区在国家级开发区的数量分布上，具有较好的发展基础。单纯从开发区总数的区域分布状况来看，东北开发区总数占全国的 9.44%，排在华东、华中、华北、西南地区之后，仅多于西北和华南地区，其开发区数量并不占优势。究其原因，正是因为东北地区的省级开发区数量，相比其他地区明显偏少。然而，从国家级开发区区域分布来看，东北地区仅次于华东和华中地区，其国家级开发区占全国的比例达 10.14%。综合两方面说明，东北地区在国家级开发区的发展上，具备较好的发展基础；但在省级开发区的建设与发展上，与其他区域相比，存在一定的不足。

二、省（自治区、直辖市）分布的差异性

从各省（自治区、直辖市）开发区的分布情况来看，开发区数量超过 100 家的省（自治区、直辖市）共 10 个，依次为山东省、江苏省、河北省、河南省、四川省、广东省、湖南省、浙江省、安徽省和湖北省。其中，排名第一位的山东省开发区总数为 174 家，排名第十位的湖北省开发区总数为 103 家，相差 71 家。而开发区数量排名后五位的省（自治区、直辖市）分别为西藏自治区、海南省、青海省、宁夏回族自治区和北京市，其数量分别为 5 家、7 家、15 家、17 家和 19 家。排名第一位的山东省的开发区总量约为排名最末位的西藏自治区的 35 倍（图 2-1）。

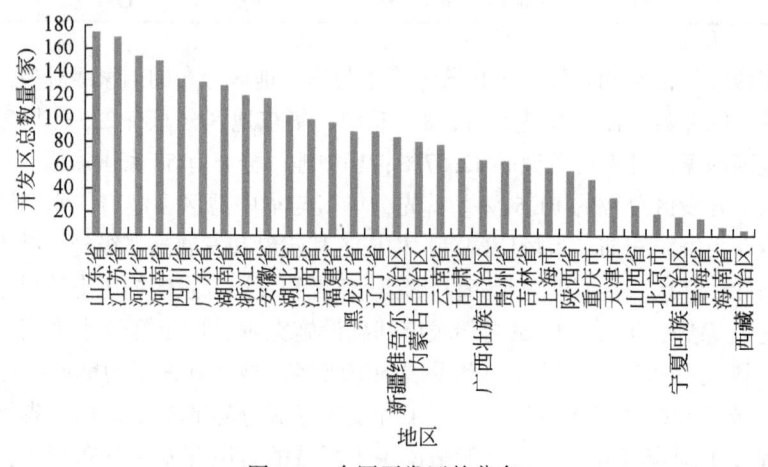

图 2-1 全国开发区的分布

◎ 第二章 我国开发区的分布、发展成效与产业特征

从国家级开发区分布来看，数量超过50家的省（自治区、直辖市）只有江苏省，开发区数量为30~49家的省（自治区、直辖市）有4个，分别为山东省、浙江省、广东省和福建省；而开发区数量为20~29家的省（自治区、直辖市）有6个，分别为辽宁省、新疆维吾尔自治区、安徽省、江西省、湖南省和上海市；河南省、湖北省、四川省、黑龙江省、陕西省、河北省、云南省、广西壮族自治区、吉林省、内蒙古自治区和天津市分布的国家级开发区总数在10~19家；其余各省（自治区、直辖市），其国家级开发区的数量均不足10家，其中以西藏自治区最少，仅有1家。国家级开发区数量排名靠后的省（自治区、直辖市）中，除了北京市、海南省和山西省外，其余均位于西北地区（图2-2）。从省级开发区的分布来看，排名前十位的省（自治区、直辖市）依次为河北省、山东省、河南省、四川省、湖南省、江苏省、广东省、安徽省、湖北省和浙江省；排名倒数十位的省（自治区、直辖市）依次为重庆市、陕西省、上海市、天津市、山西省、北京市、宁夏回族自治区、青海省、西藏自治区、海南省（图2-3）。

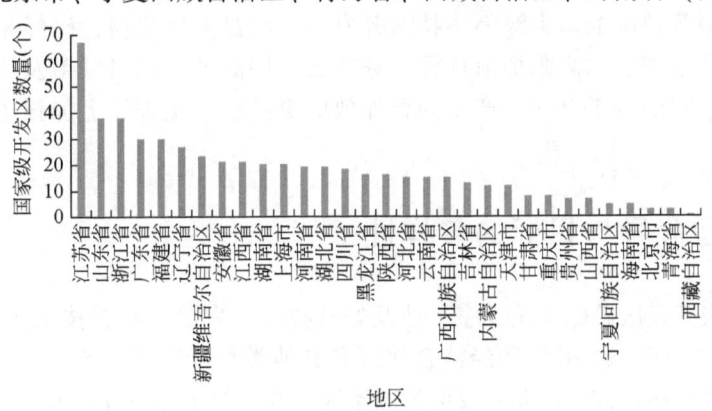

图 2-2　全国国家级开发区的分布

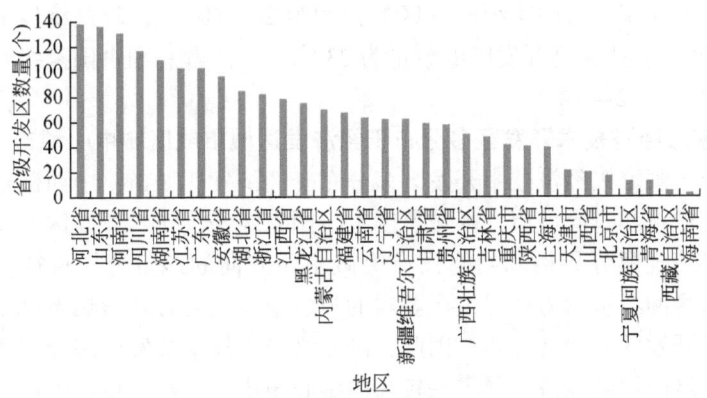

图 2-3　全国省级开发区的分布

综合来看，山东省、江苏省、广东省、安徽省不论是国家级开发区还是省级开发区数量，都排在前十位，且这些省均分布在华东与华中地区。天津市、重庆市、北京市、山西省、海南省、宁夏回族自治区、青海省和西藏自治区等省（自治区、直辖市），无论是国家级还是省级开发区数量均远少于其他省（自治区、直辖市），尤其是与排名前十位的省（自治区、直辖市）差距达数倍乃至数十倍。但具体来看，开发区数量垫后的省（自治区、直辖市），大致可分为两种情况：其一，北京市、天津市和重庆市作为直辖市，其国土空间与发展腹地，在一定程度上限制了开发区的数量增长，并且这些城市开发区的发展阶段，也不同于其他开发区，已经到了追求质量而非数量的阶段；其二，诸如山西省、海南省、宁夏回族自治区、青海省和西藏自治区等，其开发区数量较少，与其经济发展所处的总体状态和阶段具有较好的耦合状态。深居西部内陆城市的国家级经济技术开发区，虽有国家宏观经济政策的支持，但因局限于区位因素与海内外资本、创新理念和高技术人才等，发展的原动力相对不足，发展的差异仍客观存在。而华东、华中等地区的国家级经济技术开发区，经过多年发展，已经是现代制造业、高新技术产业和高附加值现代服务业的发展高地，同时城市及国家级开发区跨越城市间的分工合作，产生的叠加效应更是在一定程度上加强了这种分化格局。

三、类型分异与目标的多样性

国家级开发区总数为552家，涉及经济技术开发区、高新技术产业开发区、海关特殊监管区、边境/跨境经济合作区和其他类型开发区共5类。其中，经济技术开发区和高新技术产业开发区为国家级开发区的主要组成部分，这两类开发区数量分别为219家和156家，占国家级开发区的比例为67.9%。海关特殊监管区的数量为135家，占国家级开发区的比例为24.5%。边境/跨境经济合作区的数量为19家，其他类型开发区的数量为23家，后两者总和占国家级开发区的比例不足10%（图2-4）。

1. 国家级经济技术开发区多分布于经济发达城市或区域中心城市

东部地区国家级经济技术开发区多分布于经济发达城市，中西部地区多分布于区域中心城市和省会城市。区域尺度上，国家级经济技术开发区的相对经济规模和绝对经济规模分异格局始终没有突破东西方向的地带分异规律。城市层面上，城市自身的经济活力和对生产要素的吸引集聚能力有效影响着城市层面国家级经济技术开发区的宏观分布。因此，国家级经济技术开发区多分布于经济发达的城市及区域内社会经济发展水平较高的中心城市、省会城市，中西部地区经济

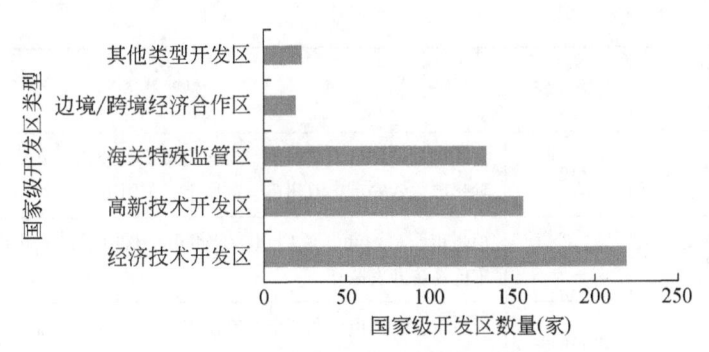

◎ 第二章 我国开发区的分布、发展成效与产业特征

图 2-4 不同类型国家级开发区数量

技术开发区的选址基本位于省会城市，表现出明显的特大城市和大城市偏好，具有明显的首位城市指向性（表2-2）。

表 2-2 全国国家级经济技术开发区数量与城市分布

省（自治区、直辖市）	数量（家）	区域
北京市	1	北京市
天津市	6	天津市
河北省	6	石家庄市、唐山市、秦皇岛市、邯郸市、沧州市、廊坊市
山西省	4	太原市、大同市、晋城市、晋中市
内蒙古自治区	3	呼和浩特市、呼伦贝尔市、巴彦淖尔市
辽宁省	9	沈阳市、旅顺市、大连市、锦州市、营口市、盘锦市、铁岭市
吉林省	5	长春市、吉林市、四平市、松原市
黑龙江省	8	哈尔滨市、双鸭山市、大庆市、牡丹江市、海林市、绥化市
上海市	6	上海市
江苏省	26	南京市、江宁区、锡山区、宜兴市、徐州市、苏州市、吴中市、淮北市、吴江市、常熟市、张家港市、昆山市、太仓市、南通市、海安市、如皋市、海门市、连云港市、淮安市、盐城市、扬州市、镇江市、靖江市、宿迁市、沭阳县
浙江省	21	杭州市、萧山区、富阳区、宁波市、温州市、嘉兴县、嘉善市、平湖市、湖州市、长兴县、绍兴市、金华市、义乌市、衢州市、丽水市

续表

省（自治区、直辖市）	数量（家）	区域
安徽省	12	合肥市、芜湖市、淮南市、马鞍山市、铜陵市、安庆市、桐城市、滁州市、六安市、池州市、宣城市、宁国市
福建省	10	福州市、福清市、厦门市、泉州市、东山市、漳州市、龙岩市、东侨经济开发区
江西省	10	南昌市、萍乡市、九江市、赣州市、龙南市、瑞金市、井冈山市、宜春市、上饶市
山东省	15	青岛市、胶州市、东营市、烟台市、招远市、潍坊市、威海市、日照市、临沂市、德州市、聊城市、滨州市、邹平市、明水市
河南省	9	郑州市、开封市、洛阳市、红旗渠、鹤壁市、新乡市、濮阳市、许昌市、漯河市
湖北省	7	武汉市、黄石市、十堰市、襄阳市、鄂州市、荆州市
湖南省	8	长沙市、宁乡市、浏阳市、湘潭市、岳阳市、常德市、娄底市
广东省	6	广州市、增城区、珠海市、湛江市、惠州市
广西壮族自治区	4	南宁市、钦州市
海南省	1	儋州市
重庆市	3	万州区、重庆市区、长寿区
四川省	8	成都市、德阳市、绵阳市、广元市、遂宁市、内江市、宜宾市、广安市
贵州省	2	贵阳市、遵义市
云南省	5	昆明市、嵩明县、曲靖市、蒙自市、大理白族自治州
西藏自治区	1	拉萨市
陕西省	5	西安市、汉中市、榆林市
甘肃省	5	兰州市、金昌市、天水市、张掖市、酒泉市
青海省	2	西宁市、格尔木市
宁夏回族自治区	2	银川市、石嘴山市
新疆维吾尔自治区	9	乌鲁木齐市、库尔勒市、库车县、奎屯市、阿拉尔市、五家渠市、石河子市、昌吉回族自治州

2. 国家级高新技术产业开发区是高新技术产业的主要基地，体现了产业发展的前瞻布局

截至2019年6月，国家级高新技术产业开发区的数量为168家，占国家级

◎ 第二章 我国开发区的分布、发展成效与产业特征

开发区的比例为 26.97%，为国家级开发区的重要组成部分。国家级高新技术产业开发区是高新技术产业的主要基地，体现了国家对产业发展的前瞻性布局。分布有国家级高新技术产业开发区的城市，大多已在珠三角、长三角、环渤海区域形成空间集聚态势，在长江经济带、丝绸之路经济带也已成为重要节点。从国家级高新技术产业开发区的空间布局情况看，除西藏自治区和港、澳、台地区外，我国其他的 30 个省（直辖市、自治区）均设有 1 家以上的国家级高新技术产业开发区。其中，江苏省、广东省和山东省的国家级高新技术产业开发区数量分别为 17 家、14 家和 13 家，在全国所有省级单元中分列前三位。国家级高新技术产业开发区在贯彻国家推进西部大开发、振兴东北老工业基地、促进中部崛起、鼓励东部地区率先发展的发展战略中，均发挥了重要作用，体现了我国区域发展正逐步实现从"单极突进"到"多轮驱动"的转变，从非均衡发展向协调发展转变（表 2-3）。

表 2-3 国家级高新技术产业开发区分布情况

省（自治区、直辖市）	数量（家）	区域
北京市	1	海淀区（中关村）
上海市	2	浦东新区（张江）、闵行区（紫竹）
天津市	1	滨海新区
黑龙江省	3	哈尔滨市、齐齐哈尔市、大庆市
吉林省	5	长春市、吉林市、延吉市、长春市、通化市
辽宁省	8	沈阳市、大连市、鞍山市、营口市、辽阳市、本溪市、阜新市、锦州市
河北省	5	石家庄市、保定市、唐山市、三河市（燕郊）、承德市
内蒙古自治区	3	包头市、呼和浩特市、鄂尔多斯市
河南省	7	郑州市、洛阳市、安阳市、南阳市、新乡市、平顶山市、焦作市
山东省	13	威海市、济南市、青岛市、淄博市、潍坊市、济宁市、烟台市、临沂市、泰安市、枣庄市、莱芜市、德州市
山西省	2	太原市、长治市
陕西省	7	西安市、杨凌市、宝鸡市、渭南市、榆林市、咸阳市、安康市
江苏省	17	南京市、徐州市、苏州市、常州市、泰州市、昆山市、无锡市、武进市、江阴市、南通市、镇江市、盐城市、连云港市、扬州市、常熟市、淮安市、宿迁市

续表

省（自治区、直辖市）	数量（家）	区域
安徽省	6	合肥市、蚌埠市、芜湖市、马鞍山市、铜陵市、淮南市
湖北省	12	武汉市、襄阳市、宜昌市、孝感市、荆门市、随州市、仙桃市、咸宁市、黄冈市、荆州市、黄石市、潜江市
湖南省	8	长沙市、株洲市、湘潭市、益阳市、衡阳市、郴州市、常德市、怀化市
江西省	9	南昌市、新余市、景德镇市、鹰潭市、赣州市、宜春市、抚州市、吉安市、九江市
浙江省	8	杭州市、宁波市、绍兴市、温州市、衢州市、萧山市、湖州市、嘉兴市
福建省	7	福州市、厦门市、泉州市、漳州市、莆田市、龙岩市、三明市
广东省	14	中山市、广州市、深圳市、佛山市、惠州市、珠海市、东莞市、肇庆市、江门市、河源市、清远市、汕头市、湛江市、茂名市
广西壮族自治区	4	桂林市、南宁市、柳州市、北海市
四川省	8	成都市、自贡市、绵阳市、乐山市、泸州市、内江市、德阳市、攀枝花市
云南省	3	昆明市、玉溪市、楚雄市
贵州省	2	贵阳市、安顺市
重庆市	4	重庆市区、璧山区、荣昌区、永川区
甘肃省	2	兰州市、白银市
海南省	1	海口市
青海省	1	西宁市
宁夏回族自治区	2	银川市、石嘴山市
新疆维吾尔自治区	3	乌鲁木齐市、石河子市、昌吉回族自治州

本表基于中国开发区网（http://www.cadz.org.cn/index.php/develop/index.html）

3. 海关特殊监管区旨在承接国际产业转移、联动国内国际两个市场

海关特殊监管区通过对商品的加工、存储、出口、保税、物流等，旨在承接国际产业转移、连接国内国际两个市场。海关特殊监管区的总数为135家，包括出口加工区27家、综合保税区78家、保税区10家、保税物流园区4家、

◎ 第二章 我国开发区的分布、发展成效与产业特征

保税港区14家和边境/跨境经济合作区2家；其中，位于珠海市的珠澳跨境工业区、新疆维吾尔自治区霍尔果斯市的中哈霍尔果斯国际边境合作中心中方配套区，是海关特殊监管区内仅有的边境工业与经济合作区。

综合保税区主要分布于内陆城市。综合保税区共有78家，是海关特殊监管区最主要的组成部分，比例为57.78%。综合保税区是设立在内陆地区的具有保税港区功能的海关特殊监管区域，由海关参照有关规定对综合保税区进行管理，执行保税港区的税收和外汇政策，集保税区、出口加工区、保税物流区、港口的功能于一身，可以发展国际中转、配送、采购、转口贸易和出口加工等业务。分布于北京市、石家庄市等71个内陆城市，其中，西安市是我国拥有综合保税区最多的城市，分布有3家；苏州市、常州市、郑州市、武汉市、重庆市5个城市均分布有2家综合保税区，上述6个城市之外的65个内陆城市，每个城市各分布有1家综合保税区。

保税区、保税物流园区与保税港区功能互动，主要布局于沿海城市。保税区也称保税仓库区，级别低于综合保税区，是经海关批准注册、受海关监督和管理的可以较长时间存储商品的区域，享有"免征、免税、保税"的政策，实行"境内关外"运作方式。全国共有保税区10家，占海关特殊监管区的比例为7.41%，主要分布于天津市、大连市、上海市、宁波市、福州市、厦门市、广州市、深圳市、珠海市、汕头市10个沿海发达城市。保税港区叠加了保税区和出口加工区税收和外汇政策，在区位、功能和政策上优势更明显。保税物流园区共4家，分布于天津市、厦门市、上海市和广州市4个城市。保税物流园区的实质在于"区港联动"，是在保税区与保税港区之间划出专门的区域，并赋予特殊的功能政策，专门发展仓储和物流产业，达到吸引外资、推动区域经济发展、增强国际竞争力和扩大外贸出口的目的。

出口加工区是国家划定的专门制造、加工、装配出口商品的特殊工业区，常享受减免各种地方征税的优惠。全国共有国家级出口加工区27家，占海关特殊监管区的比例为20%，分布于天津市、秦皇岛市和呼和浩特市等21个城市，其中，上海市分布有6家，青岛市分布有2家，其他城市各分布有1家。这些城市具备了较好的经济发展基础、便捷的交通运输条件、相对优势的对外贸易条件以及外向型的产业布局等基本条件。保税港区共14家，分布于天津市、大连市和上海市等14家城市。这些城市中，除了重庆市外，其余均为沿海城市（表2-4）。

表 2-4 海关特殊监管区概况

类型	数量（家）	比例（%）	所处的城市
综合保税区	78	57.78	北京市、天津市、石家庄市、曹妃甸区、廊坊市、太原市、鄂尔多斯市、满洲里市、沈阳市、营口市、长春市、哈尔滨市、绥芬河市、上海市、南京市、无锡市、江阴市、徐州市、常州市（2）、苏州市（2）、吴中区、吴江区、常熟市、昆山市、太仓市、南通市、淮安市、盐城市、扬州市、镇江市、泰州市、嘉兴市、金义市、舟山市、合肥市、芜湖市、马鞍市、泉州市、南昌市、赣州市、济南市、东营市、潍坊市、威海市、临沂市、郑州市（2）、南阳市、武汉市（2）、长沙市、湘潭市、衡阳市、岳阳市、郴州市、广州市、深圳市、南宁市、凭祥市、海口市、重庆市（2）、成都市、贵阳市、遵义市、贵安市、昆明市、红河哈尼族彝族自治州、西安市（3）、兰州市、银川市、乌鲁木齐市、阿拉山口市、喀什地区
保税区	10	7.41	天津市、大连市、上海市、宁波市、福州市、厦门市、广州市、深圳市、珠海市、汕头市
保税物流园区	4	2.96	天津市、上海市、厦门市、广州市
保税港区	14	10.37	天津市、大连市、上海市、张家港市、宁波市、福州市、厦门市、青岛市、烟台市、广州市、深圳市、钦州市、洋浦半岛、重庆市
出口加工区	27	20	天津市、秦皇岛市、呼和浩特市、大连市、吉林市、上海市（6）、连云港市、杭州市、宁波市、慈溪市、合肥市、福州市、九江市、井冈山市、青岛市（2）、武汉市、广州市、深圳市、北海市、绵阳市、西安市
边境合作区	2	1.48	珠海市（珠澳跨境工业区）、霍尔果斯市（中哈霍尔果斯国际边境合作中心中方配套区）

注：括号内数字为一市多区

4. 边境/跨境经济合作区促进沿边开放与跨境经济发展及贸易合作

边境/跨境经济合作区一共19家，沿边开放是我国中西部地区对外开放的重要一翼，自1992年以来，经国务院批准的边境/跨境经济合作区有19家，占国家级开发区比例的3.44%。边境/跨境经济合作区主要分布于我国的东北、西北和西南边境城市（地区），包括了满洲里市、二连浩特市、丹东市、珲春市、和龙市、绥芬河市、黑河市、东兴市、凭祥市、临沧市、河口瑶族自治县、西双版纳傣族自治州、畹町镇、瑞丽市、博乐市、伊宁市、霍尔果斯市、塔城地区、吉木县等19个城市或地区。边境/跨境经济合作区对促进我国与周边国家和地区的

◎ 第二章 我国开发区的分布、发展成效与产业特征

经济贸易及睦邻友好关系、繁荣少数民族地区经济，具有非常重要的积极作用。

5. 其他类型的开发区数量虽少，但均具有一定的独特功能

其他类型的开发区包含了国家旅游度假区、科技工业园、台商投资区等，共23家，不足国家级开发区的5%。满洲里中俄互市贸易区、中德（沈阳）高端装备制造产业园和中俄东宁-波尔塔夫卡互市贸易区，在我国对俄罗斯、对德合作方面，发挥了重要作用。另外，福州台商投资区、福州元洪投资区、厦门杏林台商投资开发区和厦门集美台商投资开发区，是台商在内陆投资、促进两岸经济合作、深化两岸商缘的重要载体，沈阳海峡两岸科技工业园和南京海峡两岸科技工业园是两岸携手发展科技产业、促进两岸交流与共同繁荣的重要依托。大连金石滩国家旅游度假区、上海佘山国家旅游度假区和无锡太湖国家旅游度假区等11家国家旅游度假区，是由国家旅游局批准并设立的、面向海内外并以旅游度假为主要职能的国家级开发区，对促进和引领我国旅游行业由观光型向休闲度假型转变影响深远，主要分布于大连市、上海市、无锡市、苏州市、杭州市、莆田市、武夷山市、青岛市、北海市、三亚市和昆明市，这些城市的旅游资源丰富，客源基础较好，交通便捷，对外开放工作已有较好基础（表2-5）。

表2-5 其他类型的开发区概况

功能	数量（家）	比例（%）	开发区名称
国际贸易合作	4	17.39	满洲里中俄互市贸易区、中德（沈阳）高端装备制造产业园、中俄东宁-波尔塔夫卡互市贸易区、上海陆家嘴金融贸易区
对台合作	6	26.09	沈阳海峡两岸科技工业园、南京海峡两岸科技工业园、福州台商投资区、福州元洪投资区、厦门杏林台商投资开发区、厦门集美台商投资开发区
旅游度假*	11	47.83	大连金石滩国家旅游度假区、上海佘山国家旅游度假区、无锡太湖国家旅游度假区、苏州太湖国家旅游度假区、杭州之江国家旅游度假区、莆田湄洲岛国家旅游度假区、武夷山国家旅游度假区、青岛石老人国家旅游度假区、北海银滩国家旅游度假区、三亚亚龙湾国家旅游度假区、昆明滇池国家旅游度假区
经济开发	2	8.69	喀什经济开发区（含新疆生产建设兵团片区）、霍尔果斯经济开发区（含新疆生产建设兵团片区）

* 根据国家文化和旅游局2019年5月的数据，国家级旅游度假区已增至30家。此处根据《中国开发区审核公告目录》（2018年版），仍以11家为准进行分析

6. 省级开发区名目繁多，以产业发展为核心，兼具资源禀赋与地方特色

省级开发区总数为1991家，分布于全国内地31个省（自治区、直辖市）。

037

由于不同省（自治区、直辖市）对省级开发区的定位与命名规则不同，省级开发区类型和名称的多样性远高于国家级开发区，主要类型涉及经济开发区、工业园区、工业集中区、经济技术开发区、高新技术产业开发区、工业示范基地、边境经济合作区和工业港等诸多类型。需要说明的是，第一，尽管这些省级开发区的名称存在差异，但绝大多数的省级开发区的命名，均是以产业发展为核心，并兼顾了资源禀赋、地方特色和发展目标；第二，省级开发区类型与命名存在明显的不符合规范的问题。按照规定，经济技术开发区和高新技术产业开发区是国家级开发区可以使用的名称，省级开发区则只能用经济开发区、高新技术产业园区和工业园区，且要在名称开头注明省份。

经济开发区、工业园区是省级开发区中最重要的类型，我国有29个省（自治区、直辖市）以这两种类型之一或组合类型为主，仅上海市、河南省是两个例外。上海市的省级开发区，多以高新区—一区多园（每个分园相当于一个省级开发区）的模式出现，在一定程度上该模式也是当前及下一阶段开发区组织的新模式。河南省则以产业集聚区为主要类型。此外，在各省诸多类型的省级开发区中，开发区的命名往往带有区位特性，如临空、空港；带有产业特征，如能源产业园；带有经济发展导向，如循环经济产业园区；以产业集中为直观表述，吉林省、湖南省、陕西省、云南省和甘肃省的省级开发区中以工业集中区居多；也有以产业发展与演替的基本规律为主，如广东省多以产业转移工业园区命名（表2-6）。

表2-6 各省（自治区、直辖市）的省级开发区数量分布及类型统计

省（自治区、直辖市）	数量（家）	省级开发区的类型
北京市	16	经济开发区、工业园区、旅游开发区、临空经济区
天津市	21	工业园区、经济开发区、民营经济示范基地、工业园、产业园
河北省	138	经济开发区、工业园区、高新技术产业开发区
山西省	20	工业园区、产业园区、经济开发区
内蒙古自治区	69	工业园区、经济开发区、产业园区、高新技术产业开发区、产业转移示范区、循环经济园区
辽宁省	62	经济开发区、产业园区、循环产业经济区、临港产业区、高新技术产业开发区、沿海产业基地、能源化工区、滨海经济区
吉林省	48	经济开发区、循环经济示范区、产业园区、能源产业开发区、工业集中区

◎ 第二章 我国开发区的分布、发展成效与产业特征

续表

省（自治区、直辖市）	数量（家）	省级开发区的类型
黑龙江省	74	工业新区、经济开发区、工业园区、产业园区、工业示范基地、加工园区、能源产业园
上海市	39	高新区分园区、高新技术产业园区、工业园区、空港工业园区、经济开发区
江苏省	103	经济开发区、工业园区、软件园、高新技术产业园区、陶瓷产业园区、临港经济开发区、港口经济开发区
浙江省	82	经济开发区、工业园区、产业园区、高新技术产业开发区
安徽省	96	经济开发区、工业园区、高新技术产业开发区、产业园、工业园
福建省	67	经济开发区、工业园区、高新技术产业园区
江西省	78	经济开发区、工业园区、工业区、产业园、高新技术产业园区
山东省	136	经济开发区、工业园区、产业园区、高新技术产业园区
河南省	131	产业集聚区、经济开发区、经济技术开发区、工业园区、高新技术产业开发区
湖北省	84	经济开发区、工业园区、高新技术产业开发区、产业园区
湖南省	109	经济开发区、工业集中区、高新技术产业园区、工业园区、产业园区
广东省	102	工业园区、经济开发区、产业园区、产业开发区、产业园、（跨区域）合作特别试验园、合作示范园
广西壮族自治区	50	经济开发区、工业园区、高新技术产业开发区、经济技术开发区、工业集中区、工业区、工业园、示范园
海南省	2	经济开发区、工业园区
重庆市	41	工业园区、经济开发区、产业园区、高新技术产业开发区
四川省	116	经济开发区、工业园区、工业集中发展区、高新技术产业开发区、产业园、工业港、经济园区
贵州省	57	经济开发区、高新技术产业开发区、经济技术开发区
云南省	63	工业园区、产业园区、经济开发区、工业集中区、边境经济合作区
西藏自治区	4	工业园区、工业园、高新技术产业开发区
陕西省	40	经济开发区、工业集中区、工业园区、经济技术开发区、高新技术产业开发区、科技产业园
甘肃省	58	经济开发区、工业园区、工业集中区、产业园区
青海省	12	工业园区、工业园、产业园、临空综合经济园、生物园区

039

续表

省（自治区、直辖市）	数量（家）	省级开发区的类型
宁夏回族自治区	12	工业园区、经济开发区、产业基地、开发区、产业园
新疆维吾尔自治区	61	工业园区、产业园区、经济开发区、经济技术开发区、高新技术产业开发区、产业园

第二节　国家级开发区的主要作用与贡献

一、促进经济发展的增长极

1. 国家级经济开发区的经济贡献在10%以上，但面临着转型升级的内外压力

设立国家级经济开发区是为实现国内外劳动力优势、技术优势的互补，为国家与地区的经济快速发展创造条件，是我国经济发展的重要助推力量。从近年来的发展趋势看，国家级经济开发区主要经济指标普遍高于全国平均增幅。从经济总量的贡献率来看，基本稳定在10个百分点以上。2016年，219家国家级经济开发区的地区生产总值达8.31万亿元，占国内生产总值的11.2%。2010~2012年，国家级经济开发区在数量上快速增长了115家，对我国经济总量的贡献从2010年的6.5%快速提高到2012年的10.0%。2014年国家级经济开发区对我国经济总量的贡献高达11.9%。此后，尽管国家级经济技术开发区数量上持续增加了9家，但其对国家经济总量的贡献小幅回落，回跌至2015年的11.3%。从增量来看，2010~2016年我国名义国内生产总值共增加了33.06万亿元，其中约17%来自国家级经济开发区的贡献。尤其是2013年，国家级经济开发区对国内生产总值年增量的贡献率高达27.6%，达到顶峰。此后，国家级经济开发区对国内生产总值年增量的贡献反向而行、一路下跌，2014年国家级经济开发区对国内生产总值年增量的贡献回落至15.4%，2015年更是一度跌至2.4%。国家级经济开发区在国家经济总量与增量中的贡献逐渐萎缩的严峻现实，无不表明了国家级经济开发区面临结构调整与增长方式转变的内在需求与外在要求（表2-7）。

表 2-7　国家级经济开发区对我国经济发展的贡献

年份	国内生产总值（万亿元）	国内生产总值增长速度（%）	国家级经济开发区地区生产总值（万亿元）	国家级经济开发区地区生产总值同期增长（%）	国家级经济开发区地区生产总值占国内生产总值的比例（%）	国内生产总值年增量（万亿元）	国家级经济开发区年增量（万亿元）	国家级经济开发区年增量占国内生产总值年增量的比例（%）
2016	74.36	6.7	8.31	7.1	11.2	5.45	0.55	10.1
2015	68.91	6.9	7.76	1.4	11.3	4.51	0.11	2.4
2014	64.40	7.3	7.65	10.7	11.9	4.88	0.75	15.4
2013	59.52	7.7	6.91	28.0	11.6	5.48	1.51	27.6
2012	54.04	7.7	5.40	30.4	10.0	5.11	1.26	24.7
2011	48.93	9.5	4.14	54.5	8.5	7.63	1.45	19.0
2010	41.30	10.6	2.68	25.2	6.5	6.39	0.55	8.6
2009	34.91	9.20	2.14		6.1	2.96		

资料来源：商务部商务信息统计，http://ezone.mofcom.gov.cn/article/n/，《中国统计年鉴》(2016)

国家级经济开发区发展质量与增速下降的问题，与其数量上的快速增加与高速发展有不可分割的关系。2010 年国家级经济开发区扩批 60 家，2011 年再次扩批 15 家，2012 年和 2013 年又分别增加了 40 家和 39 家，2014 年后国家级经济开发区的数量增长趋于平缓。2009~2013 年国家级经济开发区的增加总量高达 156 个，是 1984~2008 年增量的近 3 倍。国家级经济开发区日渐暴露出数量繁多、布局失调、定位趋同、产业不强、重复建设、恶性竞争、与母城联系不足等一系列问题；尤其是随着部分国家级经济开发区内设机构的不断增多，其改革与创新的力度渐减，精简高效的优势存在日渐丧失的危机。从内外部环境来看，随着全球经济产业格局变化、中国经济发展步入新常态与改革开放的逐步深入，传统的粗放型工业化驱动的发展模式难以适应新时代的发展要求，经济开发区的各项优惠政策的普惠化与均等化导致其综合竞争力逐渐被弱化。为此，国务院于 2014 年发布了《国务院办公厅关于促进国家级经济技术开发区转型升级创新发展的若干意见》，开启了国家级经济开发区进入转型发展的新时代，转型升级成了此后一个时期的核心命题。

2. 国家级高新区发展的规模与质量均在不断提升

在经济新常态下，国家级高新区在经济规模高基数的基础上仍保持了较高增长速率，同国家级经济开发区一起为我国经济高速增长发挥了重要作用。"十二五"期间，146家国家级高新区实现年均增长17.4%，其中有18家年均增速在20%以上。"十三五"开局之年，国家级高新区总数达到146+1[①]家，国家级高新区园区生产总值（全口径）达到89 827.9亿元，占全国生产总值（744 127亿元）的比例为12.1%（图2-5）。2016年国家级高新区入统企业数达到了9.4万家的新高，其中高新技术企业有4.0万家，上市企业有1596家。国家级高新区入统企业实现营业收入、工业总产值、工业增加值分别达到28.1万亿元、20.1万亿元和4.08万亿元，企业获得净利润和上缴税额分别达到1.89万亿元、1.59万亿元。这些指标均说明，国家级高新区整体经济规模，尤其是经济效益规模在持续扩大，发展的数量与质量均在不断提升（图2-6）。

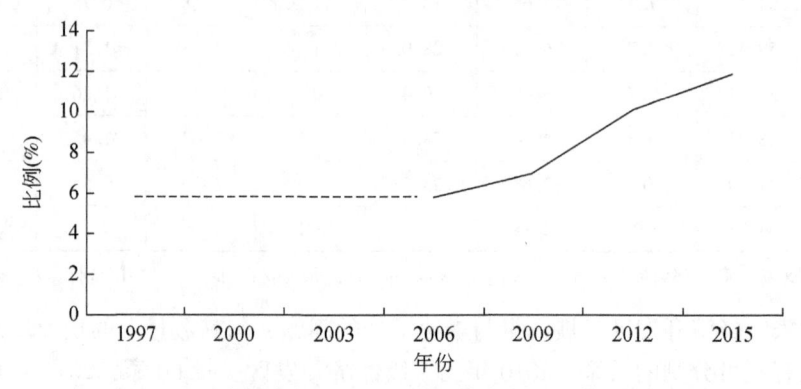

图2-5 国家级高新区园区生产总值占全国生产总值比例
虚线表示1997~2006年缺少相关数据
资料来源：《中国火炬统计年鉴》（2008~2016年）、《中国统计年鉴》（2016年）、国家高新区综合发展与数据分析报告（2011~2016年）

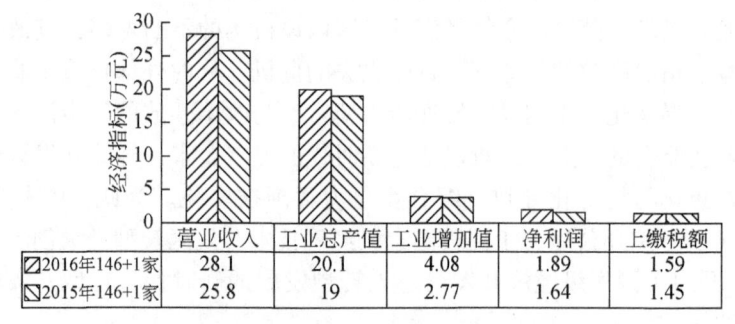

	营业收入	工业总产值	工业增加值	净利润	上缴税额
2016年146+1家	28.1	20.1	4.08	1.89	1.59
2015年146+1家	25.8	19	2.77	1.64	1.45

图2-6 国家级高新区主要经济指标及变化
资料来源：2017国家高新区创新能力评价报告

---

① 即146家国家级高新区和苏州工业园区。

二、深化双向开放的新高地

1. 国家级经济技术开发区吸引外资的比例为 40%，是世界 500 强企业的集中投资区

国家级经济技术开发区是我国"引进来"战略中的重要一环，是地方吸引国际资本、实现自身经济繁荣的重要手段。"十一五"期间（2006~2010 年），国家级经济技术开发区吸引外资占全国外资投资总额的 20%~30%；"十二五"期间（2011~2015 年），国家级经济技术开发区吸引外资占全国外资投资总额的 40% 以上；"十三五"开局之年（2016 年），尽管国家级经济技术开发区吸引外资的比例有所回落，但是仍然占全国的 39%（图 2-7）。

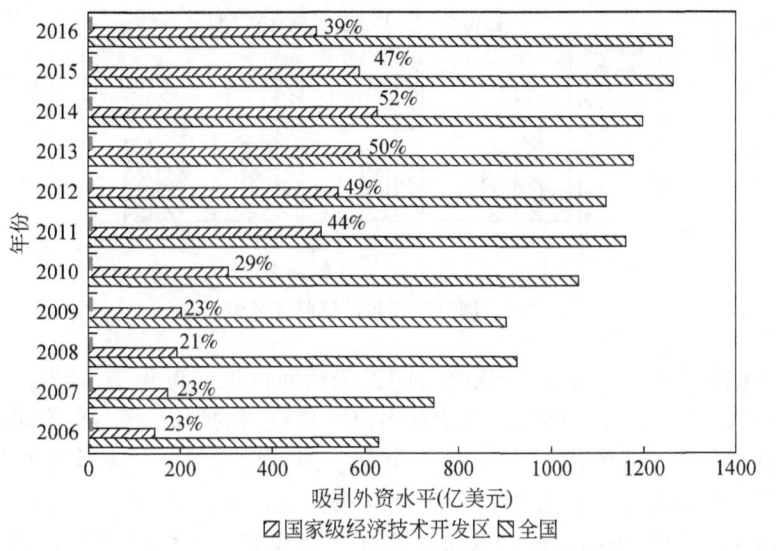

图 2-7 国家级经济技术开发区的吸引外资水平

国家级经济技术开发区作为对外开放的先行区，率先参与国际产业分工体系，是我国最具竞争力的国际产业转移承接地。2015 年世界 500 强跨国公司中，约有 470 家已在华投资，而国家级经济技术开发区则成为世界 500 强跨国公司投资最为集中的地区。其中，仅苏州市、天津市、广州市及上海市的开发区就有近百家 500 强跨国公司投资设厂。通过建立国家级经济技术开发区，我国引进了适宜在我国学习的生产、技术和管理系统，吸引了外国技术与管理模式，对我国经济体制的建立起到了重要的引导与借鉴作用。

2. 国家级高新区积极实施高新产业发展和对外开放的战略

国家级高新区利用自身的政策优势，积极吸引、利用和整合全球资本与人才资源，通过将产品、要素和组织深度融入国际化，不断拓展国际贸易能力，聚集全球创新资源，增强企业的国际竞争力。在国际资源利用方面，国家级高新区也是外商直接投资集聚的重要载体。2016年国家级高新区吸引外资实际投资3017.6亿美元，占全国实际使用外商直接投资额的37.1%，吸引了大量国际资金。在国际人才引进与服务方面，截至2016年底，国家级高新区企业从业人员中有留学归国人员11.8万人、外籍常驻人员5.8万人、引进外籍专家1.6万人，有4061人入选国家千人计划，其中，1726家园区入选，146家国家级高新区中有25家高新区（或园区）成为国家"海外高层次人才创新基地"，共有留学生创办企业32 937家（图2-8）。

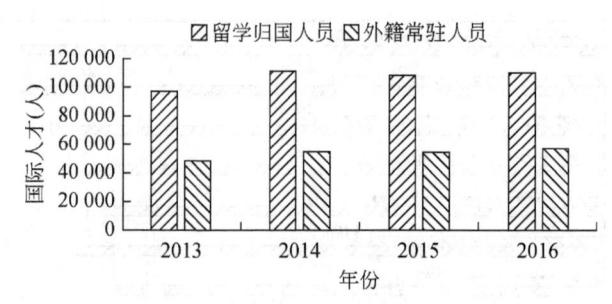

图2-8 国家级高新区国际人才情况

除了积极实施"引进来"战略，国家级高新区也在近年来不断加快"走出去"的步伐。"十二五"期间，在全球出口贸易低迷的情况下，我国国家级高新区出口创汇仍然保持增长。"十三五"期间，国家级高新区企业通过加大科技研发与创新，将越来越多的高新区特色优质资源输出到国外市场，打开了国际渠道。2016年，国家级高新区纳入统计企业共实现对外直接投资额1224.8亿元，占全国对外直接投资额（11 299亿元）的比例达10.8%；国家级高新区企业共设立境外营销服务机构3826家，设立境外技术研发机构752家，设立境外生产制造基地457家。国家级高新区企业不断加快国际化步伐，"走出去"成为其抢抓发展机遇的一条重要路径。

三、加快产业集聚的新引擎

1. 国家级经济技术开发区汇聚了一大批各具特色的产业群

国家级经济技术开发区作为我国产业的平台与企业建设发展的核心载体，一

◎ 第二章　我国开发区的分布、发展成效与产业特征

方面可以将国家级经济技术开发区内的产业与区域经济和产业进行紧密关联，形成产业-腹地发展的放大效应；另一方面依赖于国家级经济技术开发区的研发创新能力与强大的融资能力，可对新的同类企业产生持续的吸引力，最终形成一些具有国际竞争力的产业集群。依托已有的产业基础和资源禀赋，承接国内外产业转移，国家级经济技术开发区通过产业集聚效应逐渐引导地方经济形成了以电子信息、汽车、装备制造、化工、食品等为主导的产业体系，同时通过探索新能源、新材料、生物医药、节能环保等新兴产业的发展，有力地促进了我国工业化发展进程。

不同地区的国家级经济技术开发区应结合本区域特点，不断优化外资结构，大力引进龙头企业，同时促进产业链迅速延伸、产业聚集效应十分突出。例如，广州经济技术开发区形成了以宝洁为龙头的化工产业集群；天津经济技术开发区、北京经济技术开发区分别形成了电子信息产业集群；长春经济技术开发区、武汉经济技术开发区和重庆经济技术开发区分别形成了汽车产业集群；青岛经济技术开发区形成了家电、电子产业集群；沈阳经济技术开发区形成了装备产业集群；福州经济技术开发区、福清融侨经济技术开发区分别形成了显示器产业集群。

2. 开发区是高技术产业集聚的核心载体

随着新一轮技术革命和产业变革的兴起，世界各国纷纷实施创新战略和制造业回归战略，如美国制定"2015创新新战略"，德国大力实施"工业4.0"等，都试图加强本国技术创新，力争在高新技术领域取得突破，抢占行业新的制高点。在此背景下，国家级高新区通过大力发展高技术产业，已成为我国发展方式转变、经济结构调整、产业转型升级的重要引领。移动互联网、物联网、增材制造和可穿戴设备等新业态不断涌现，高效能计算机、人工非线性晶体、智能机器人、量子通信和燃料电池等关键前沿技术不断取得重大突破。当前，中关村的下一代互联网、上海张江的集成电路、武汉东湖的光通信，以及深圳的通信设备等创新产业集群已经具备国际影响力和竞争力。

国家级经济技术开发区通过不断优化产业结构、大力推动科技创新，已成为创新资源的重要载体和高新技术研发及成果转化基地。2016年国家级经济技术开发区的高新技术产品进出口贸易额占全国的24%。国家级经济技术开发区拥有1.4万多家高新技术企业，占全国的13.7%；国家级孵化器和众创空间超过320家。2016年当年新增发明专利授权近2.8万件。与此同时，国家级高新区在高新技术企业，尤其是"独角兽企业""瞪羚企业"的培育方面表现优异。2016年，131家"独角兽企业"榜单中有104家出现在国家级高新区，比例达到79%。其中，中关村科技园区拥有65家"独角兽企业"，是全球除硅谷之外

045

"独角兽企业"数量最多的区域。截至2017年底，国家级高新区已经汇聚了5.23万家高新技术企业，占全国高新技术企业总数的近四成，诞生了华为、腾讯、阿里巴巴、小米、大疆等一批具有世界影响力的"独角兽企业""瞪羚企业"。

专栏2-1 "瞪羚企业"介绍

"瞪羚企业"指创业后跨过死亡谷进入高成长期的企业，具有成长速度快、创新能力强、专业领域新、发展潜力大的特征。自20世纪90时代美国提出"瞪羚企业"后，引起各界关注，经济合作与发展组织（Organisation for Economic Co-operation and Development，OECD）在《企业创业一览》中持续跟踪瞪羚和高成长企业的发展。《国家高新区瞪羚企业发展报告2017》的研究结果显示，高新区"瞪羚企业"数量大幅增加，对高新区经济增长做出突出贡献；"瞪羚企业"以高水平的科技活动投入与产出引领高新区创新创业，已然成为高新区区域经济发展的"晴雨表"、创新发展的新引擎。

创新创业生态良好的国家级高新区成为"瞪羚企业"的集聚区。2016年，"瞪羚企业"数量达到2576家，共分布在132家国家级高新区。其中前十家国家级高新区的"瞪羚企业"数量占总量的半数之多。

"瞪羚企业"对国家级高新区经济的增长做出了突出贡献。"瞪羚企业"群体以占国家级高新区入统企业2.75%的数量，贡献了国家级高新区企业整体营业收入增加额的28%；"瞪羚企业"群体营业收入增长率是国家级高新区企业整体营业收入增长率的8倍。"瞪羚企业"成为带动国家级高新区经济快速高质量发展的重要力量。

"瞪羚企业"引领国家级高新区创新发展。2016年，"瞪羚企业"科技活动投入强度为6.2%，技术收入和高新技术产品收入分别占营业收入的29%和45%。"瞪羚企业"以高水平的科技活动投入与产出，引领国家级高新区创新发展。

"瞪羚企业"开拓技术服务出口，积极布局国际市场。2016年，"瞪羚企业"的技术服务出口总额较2015年增长74.8%；境外注册商标增长率高达337.9%，三年复合增长率为189.9%；"瞪羚企业"2016年申请欧洲、美国、日本专利、授权或拥有欧洲、美国、日本专利的数量均显著增长。

四、实施转型发展的试验田

1. 国家级经济技术开发区是体制机制改革的试验田

国家级经济技术开发区始终走在体制机制创新的最前沿，开创了精简高效的管委会模式，被此后其他特殊经济区域普遍借鉴。积极与国际惯例接轨，营造重商、亲商、安商的投资环境，首创"一个窗口"对外、"一条龙"服务等多种投资服务模式，成为我国投资环境的优质品牌。管理水平逐步完善，营商环境进一步优化。截至2016年底，219家国家级经济技术开发区中，有171家建立了一站式政务服务大厅在线审批平台，147家通过了ISO9001质量管理认证，分别占全部国家级经济技术开发区的78%和67%。

2. 以五大发展理念为指引，促进发展路径转型升级

国家级经济技术开发区在合理开发利用土地资源方面，已成为我国土地节约集约利用程度最高的区域之一，单位产值能耗约为全国平均水平的一半，二氧化硫排放量、化学需氧量等主要污染物排放也远低于全国平均水平。2016年国家级经济技术开发区规模以上工业企业单位工业增加值能耗、水耗和主要污染物排放量均明显低于全国平均水平；区内共有超过1.1万家企业通过ISO 14000环境体系认证。在协调发展方面，国家级经济技术开发区的区域带动作用不断提升。2016年，国家级经济技术开发区税收收入占所在设区市税收收入的比例为11%，参与共建园区122家，对口援疆、援藏、援助边境合作区有58家。

国家级高新区已经是全国经济效率的高地，并积极践行创新驱动、绿色发展理念，构筑环境友好、资源节约的生态经济。2016年，146家国家级高新区中有75家获得国际或国内认证机构评定认可的ISO 14000环境体系认证，超过国家级高新区总数的一半；工业企业万元增加值综合能耗为0.510吨标准煤，低于全国平均水平。同时，国家级高新区着眼于持续推动高科技创新发展方式，促进生产效率不断提升，推动产业结构不断优化，实现了生产要素的高效集约利用。国家级高新区人均劳动生产率为31.7万元，是全国平均水平的3.3倍。

五、推进创新创业的新载体

国家级高新区坚持以人为本，持续优化创新环境与氛围，持续集聚创新要素与主体，持续提升创新效率与能力，在全国率先形成了"大众创业、万众创新"的生动局面，为技术扩散提供了更多更新的渠道和传播载体。

1. 以人才政策突破、体制机制改革和资金投入支持,鼓励万众创新

国家级高新区通过不断的人才政策突破和体制机制创新,不断加大科研投入资金比例,优化了人才发展环境。截至2016年,我国将近90%的国家级高新区建立了标志性专项人才计划,几乎全部的国家级高新区建立了灵活的引进人才政策,包括对高层次人才创业给予办公用房补贴、公租房配租和房租补贴,其子女在户口、教育等方面享受绿色通道。国家级高新区企业从业人员总数为1833.6万人,本科及以上学历人员总数为621.0万人;从事科技活动人员总数为345.7万人,占全部从业人员总数的18.9%;当年吸纳高校应届毕业生54.6万人,相较于国家级高新区从业人员5.7%的增长速率,可以看出,高学历和科技人才的增长速率均高于从业人员的平均增速,国家级高新区的从业人员队伍整体的结构在不断优化。国家级高新区为企业创新创业提供了强有力的资金支持。2016年国家级高新区财政科技拨款659.3亿元,占国家级高新区财政支出的比例达到13.8%。此外,国家还鼓励跨国公司设立区域总部或全球研发及数据中心。截至2016年底,国家级高新区的外资研发机构共有2275家,是国家级高新区所在地市乃至全国配置国际创新资源的重要平台(图2-9)。

	年末从业人员	本科及以上学历	科技活动人员	当年吸纳高校应届毕业生
2016年146+1家	1833.6	621.0	345.7	54.6
2015年146+1家	1735.0	560.9	318.5	51.4

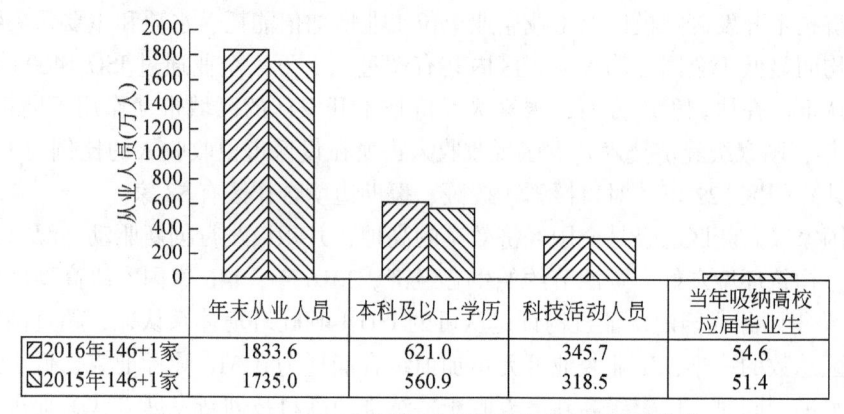

图2-9 2015~2016年国家级高新区从业人员情况比较

创新的高投入在一定程度上也决定了国家级高新区在创新方面的高产出。国家级高新区已逐步成为我国专利产出规模最高的地区。国家级高新区企业拥有软件著作权34.3万件,拥有集成电路布图7174件,拥有植物新品种1718件;尤其是技术合同交易非常活跃,2016年国家级高新区企业认定登记的技术合同成交金额达到3051.7亿元,占全国技术合同成交额(11 407.0亿元)的比例为26.8%,足见国家级高新区在实现创新经济价值方面成效显著(图2-10)。

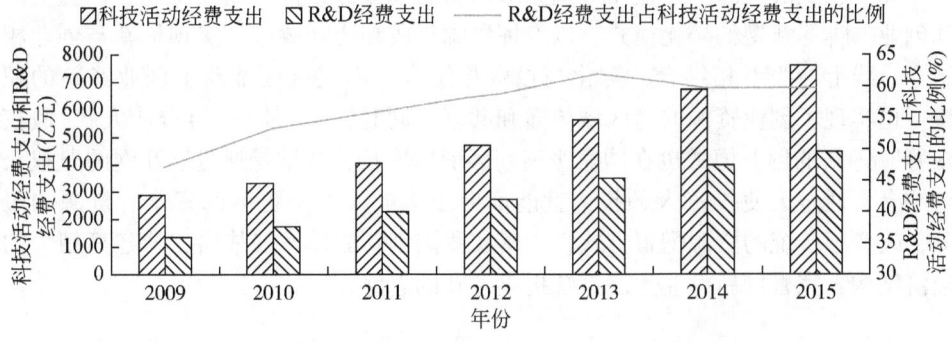

◎ 第二章 我国开发区的分布、发展成效与产业特征

图 2-10 国家级高新区近年来科技投入情况

2. 以"创业苗圃–孵化器–加速器"的科技创业孵化链条不断促进大众创业

"创业苗圃–孵化器–加速器"的科技创业孵化链条的建设和完善使得国家级高新区创新创业的生态环境不断优化。截至 2016 年底,科技企业孵化器 1677家,占全国科技企业孵化器总量的 51.5%;国家级高新区内的国家级科技企业孵化器共 450 家,占国家级科技企业孵化器总量的 52.1%。除了传统的孵化器和加速器,国家级高新区也在加速培育和建设低成本、便利化、全要素和开放式的新型创业服务平台,拥有科技企业加速器 452 家,众创空间 1598 家,约占全国总量的 40%。可为经历了孵化之后的中小企业提供更大的研发和生产空间、更加完善的技术创新和商务服务体系(图 2-11)。

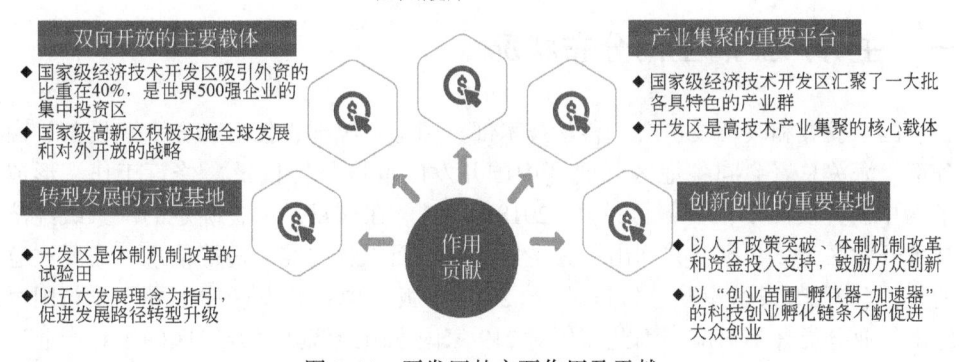

图 2-11 开发区的主要作用及贡献

北京、武汉、深圳和杭州等国家级高新区积极探索推广创新工场、创客空间和创业咖啡等新型的孵化模式，以发挥资源集成和协同效应，实现创新与创业相结合、线上与线下相结合、孵化与投资相结合，不仅有效推动了创业经验的积累，也实现了创业资源的跨区域传播和共享。同时，"天使投资+合伙人制+股权众筹"等新的创业模式也在国家级高新区悄然成长，特别是通过互联网的股权众筹平台，通过天使投资人领投，就能面向更多的人筹集更多的资本、资源和服务，改变了传统的资源配置方式，为落实我国创新驱动发展战略，构建高精尖的经济结构，完善创新创业生态系统提供了新的思路。

第三节 我国开发区的产业集聚及其驱动因素

本节主要以219家国家级经济技术开发区为研究对象，研究国家级经济技术开发区的产业集聚状态及其影响因素。基础数据主要来源于国家发展改革委等六部委公布的开发区名录和各类开发区网站，数据属性信息包括开发区名称、地址、成立年份、主导产业、核定面积等特征数据。将每个经济技术开发区看作空间上的一个点，借助地理编码获取的开发区地图坐标进行坐标转换、地图投影等，对每个经济技术开发区进行空间化处理，得到我国经济技术开发区空间数据库。社会经济数据源自《中国开发区年鉴2017》、《中国城市统计年鉴2017》和中国国家级经济技术开发区和边境经济合作区的官方网站（http：//ezone.mofcom.gov.cn/）；城市矢量数据从国家地球系统科学数据共享平台（http：//www.geodata.cn）获得。此外，还使用了国家级经济技术开发区所在的149个地级及地级以上城市的空间分布与经济社会属性数据。为清晰表达各项计算结果，通过点状比例地图和核密度插值等方法增强结果的可视化效果。

一、主导产业的空间分布状况

国家发展和改革委员会、科学技术部、国土资源部、住房和城乡建设部、商务部、海关总署会同各地区开展《中国开发区审核公告目录》修订工作，形成了《中国开发区审核公告目录》（2018年版）。在该目录中，确定的国家级经济技术开发区为219家，并列出了其主导产业、面积及批准年份等信息。需要注意的是，《中国开发区审核公告目录》（2018年版）中各开发区的主导产业与国民经济行业分类并不对应，因此需要对219家国家级经济技术开发区的主导产业进行梳理。经梳理和统计发现，国家级经济技术开发区共涉及178个具体的产业，以制造加工业为主；根据产业的具体特征对其所涉及的行业进行了归类，共划分为15个行业。

整体而言，随着国家级经济技术开发区布局的不断完善，其产业布局呈现"整体均衡、局部集中"的态势。从15个行业分布在国家级经济技术开发区的比例关系看，装备制造业是第一大行业，比例高达51.14%，除青海省、西藏自治区外，其余各省（自治区、直辖市）皆有分布，以河南省、安徽省、江苏省、浙江省、福建省、黑龙江省、辽宁省最为显著。电子信息制造业、食品行业、生物医药业、汽车及零部件制造业、化工行业所占比例均超过20%，比例依次为27.85%、25.57%、23.74%、23.29%和20.55%；其中电子信息制造业主要分布在黑河—腾冲线以东，以京津冀、环渤海、长三角、珠三角、成渝和长江中游地区为主；食品行业呈分散布局态势，兼具市场导向和地域性分布特征，分布结构较为均衡，全国除宁夏回族自治区、青海省外，皆有布局；生物医药业主要沿山系、水脉布局，主要分布在地势格局的第一过渡带地区、长江沿岸地区、大小兴安岭—燕山—太行山一线；汽车及零部件制造业，主要分布在中东部沿海地区，呈沿海沿江沿交通主干线布局特征，西部仅陕西省、四川省分布；化工行业布局较分散且均衡，主要分布在东部沿海石化带、新青甘陕晋能源富集区、川渝、云南中东部、北部湾与珠三角地区。其余行业门类中，新材料、金属加工业和纺织服装业，所占比例超过10%，分别为14.61%、13.70%和10.05%；其中，新材料和金属加工业具有相似的布局特征，布局较散且较为均衡，而纺织服装业主要分布在新疆维吾尔自治区、长三角和海峡西岸地区。新能源、商贸物流业和建材建筑行业，所占比例不足10%，纸塑胶行业、木材家具制造业、其他行业等所占比例不足5%（表2-8）。

表2-8 国家级经济技术开发区主要主导产业的空间分布

行业	数量（家）	比例（%）	布局特征
装备制造业	112	51.14	除青海省、西藏自治区外，其余各省（自治区、直辖市）皆有分布；以河南省、安徽省、江苏省、浙江省、福建省、黑龙江省、辽宁省最为显著
电子信息制造业	61	27.85	主要分布在黑河—腾冲线以东，以京津冀、环渤海、长三角、珠三角、成渝和长江中游地区为主
食品行业	56	25.57	分散布局且分布较为均衡，兼具市场导向与地域性，全国除宁夏回族自治区、青海省外，皆有布局
生物医药业	52	23.74	沿山系、水脉布局，主要布局在地势格局的第一过渡带地区、长江沿岸地区、大小兴安岭—燕山—太行山一线
汽车及零部件制造业	51	23.29	主要分布在中东部沿海地区，呈沿海沿江沿交通主干线布局特征；西部仅陕西省、四川省分布

续表

行业	数量（家）	比例（%）	布局特征
化工行业	45	20.55	分布较分散且均衡；主要分布在东部沿海石化带、新青甘陕晋能源富集区、川渝、云南中东部、北部湾与珠三角地区
新材料	32	14.61	布局较散，全国分布较为均衡；以山东半岛、长三角、湖南—江西一带为主
金属加工业	30	13.70	与新材料行业布局有相似之处，布局较散且较为均衡
纺织服装业	22	10.05	主要分布在新疆维吾尔自治区、长三角和海峡西岸地区，山东省、河南省和四川省有少量分布
新能源	18	8.22	资源和交通导向，西部以青海省、乌鲁木齐市、嘉峪关市、金昌市、德阳市和钦州市等地区为主，中部主要分布在晋中南，东部围绕京沪线两侧分布
商贸物流业	16	7.31	典型的交通导向型分布，主要分布在中东部，沿京广线、哈大线沿线分布，乌鲁木齐市、宁夏回族自治区北部，浙江省、福建省和渤海湾有少量分布
建材建筑行业	11	5.02	新疆维吾尔自治区、川重、蒙晋、黑吉和皖中地区
纸塑胶行业	10	4.57	零散布局，分布在内蒙古自治区、辽宁省、山东省、河南省、江苏省、浙江省、福建省、广西壮族自治区、海南省等地
木材家具制造业	3	1.37	黑龙江省、上海市
其他行业	3	1.37	上海市（国际谈判、会展）、贵阳市（大数据）

二、产业空间集聚的特征分析

通过上述分析可知，装备制造业、电子信息制造业和汽车及零部件制造业、生物医药行业和新材料、化工行业和金属加工业，这几对产业在空间分布上具有较为相似的分布特征与模式，这在一定程度上表明不同的产业门类在区位选择上确实存在一定的共性。省市尺度的分析进一步表明，主导产业的空间分布受资源禀赋、区位条件与经济要素的影响明显。理论上，资源禀赋及经济要素密集程度的差异是各产业选择布局城市的前提，也是各开发区制定产业发展规划的首要考虑因素。因此为了进一步分析国家级经济技术开发区主导产业的发展特征，反映国家级经济技术开发区主导产业的分布特征及其布局的区位因子，按照不同行业对要素的依赖程度将行业分为劳动密集型、资本密集型和技术密集型。其中，将

◎ 第二章 我国开发区的分布、发展成效与产业特征

食品行业、纺织服装业、木材家具制造业、纸塑胶行业归为劳动密集型；将化工行业、金属加工业、商贸物流业、建材建筑行业归为资本密集型；将装备制造业、汽车及零部件制造业、生物医药业、电子信息制造业、新材料、新能源及其他行业归为技术密集型。

以劳动密集型、资本密集型和技术密集型产业为主导产业的国家级经济技术开发区数量分别为81家、84家和187家，占国家级经济技术开发区总数的比例分别为36.99%、38.36%和85.39%。其中，劳动密集型主导的国家级经济技术开发区沿海分布特征明显，福建省、浙江省、江苏省和山东省尤为集中。资本密集型主导的国家级经济技术开发区一方面表现为区位和市场指向型的布局特征，集中在浙江省、江苏省、山东省等地；另一方面表现为明显的资源指向型特征，如在京津冀、辽宁和新疆维吾尔自治区等地化工、金属加工行业集中特征较为明显。技术密集型产业主导的国家级经济技术开发区分布尤为广泛，且专业化程度相较资本密集型和劳动密集型更高，即国家级经济技术开发区所有主导产业均为技术密集型的比例明显偏高。从开发区的产业组织角度看，同一园区内是布局单要素型的要素密集型产业还是多要素型，其产业组织的模式必然不同，也在一定程度上体现出开发区对进入本区产业的约束与管理思路。经统计，单要素密集型、双要素密集型和三要素密集型的数量分别为99家、101家和19家，分别占总量的45.20%、46.12%和8.68%。单要素密集型的劳动/资本/技术密集型普遍分布于全国不同区域。双要素密集型比单要素密集型分布范围略小，其空间分布模式表现为双核分布模式，两个分布中心在长三角和京津冀地区。三要素密集型的空间分布模式与单要素密集型/双要素密集型显著不同，其空间分布呈现为显著的线型分布模式。其分布线一种为自然分界线，突出地表现为地形的第一阶梯向第二阶梯过渡带；另一种为关键铁路沿线，重点为哈长、京沪与京广铁路沿线。

不同产业集聚规模趋同，但集聚强度显著不同。对不同要素密集型主导产业的空间集聚规模和强度进行多距离空间聚类统计分析发现，不同要素密集型主导产业的$L(d)$指数均大于零并高于随机分布模拟值，也均通过了显著性检验，这表明在区域尺度上国家级经济技术开发区主导产业的空间分布呈现出显著的集聚特征。不同产业类型的$L(d)$曲线具有相似的变化特征，呈现出先增长后缓慢下降的倒"U"形，表明随着集聚范围的扩张，其集聚程度呈现为先增强后减弱的态势。$L(d)$的峰值可用来度量聚集强度，而峰值所对应的距离值用来度量集聚规模。从空间集聚的规模和强度看，劳动、资本和技术密集型三类主导产业的空间集聚规模具有较为相近的特征，但集聚强度存在显著不同。具体来看，劳动密集型产业的$L(d)$峰值为297，对应的空间距离为879km；资本密集型和技术密集型主导产业的

053

$L(d)$ 峰值分别为 252 和 403，相应到达峰值的空间距离分别为 872km 和 909km。从国家级经济技术开发区要素密集型组合的类型来看，单要素密集型与双要素密集型国家级经济技术开发区的 $L(d)$ 指数均大于零并高于随机分布模拟值，也均通过了显著性检验，表明单要素密集型和双要素密集型国家级经济技术开发区呈现为空间集聚分布。单要素密集型与双要素密集型国家级经济技术开发区的 $L(d)$ 指数的曲线变化呈现出先增长后缓慢下降的倒"U"形，表明随着集聚范围的扩张，其集聚程度呈现为先增强后减弱的态势。从空间集聚的规模和强度看，单要素密集型的 $L(d)$ 峰值为 415，到达峰值对应的空间距离为 959km；双要素密集型的 $L(d)$ 峰值为 333，到达峰值对应的空间距离为 877km。而三要素密集型国家级经济技术开发区 $L(d)$ 指数的曲线高于模拟的 $L(\min)$ 曲线、低于模拟的 $L(\max)$ 曲线，其围绕 $L(csr)$ 呈现出"负—正—负"的变化特征，表明三要素密集型国家级经济技术开发区在空间上的分布随着距离的增加表现为"随机–集聚–随机"的分布模式，其 $L(d)$ 峰值为 84，对应的空间距离为 188km（图 2-12）。

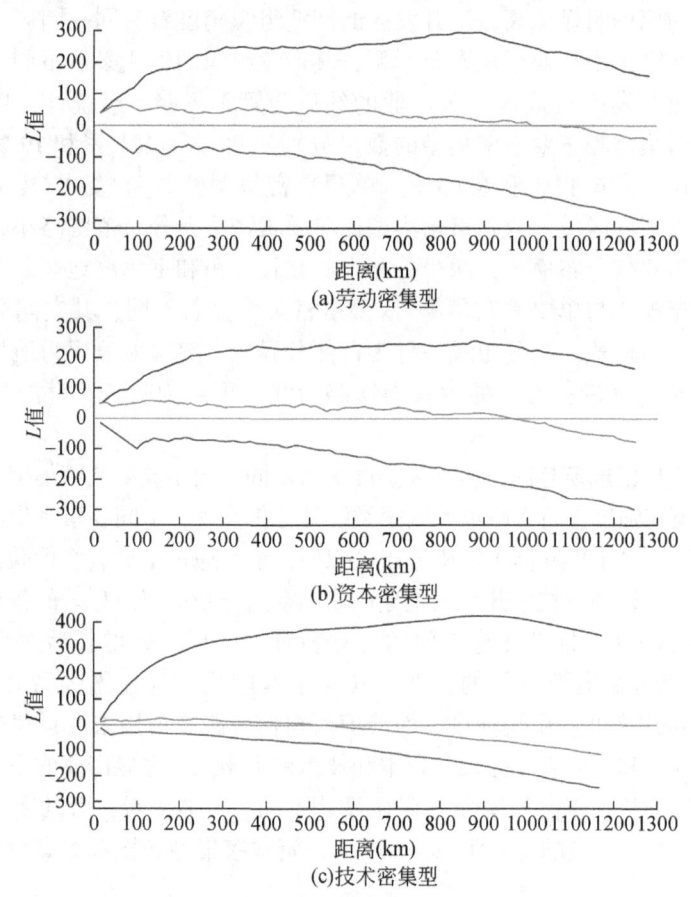

(a) 劳动密集型

(b) 资本密集型

(c) 技术密集型

(d) 单要素密集型

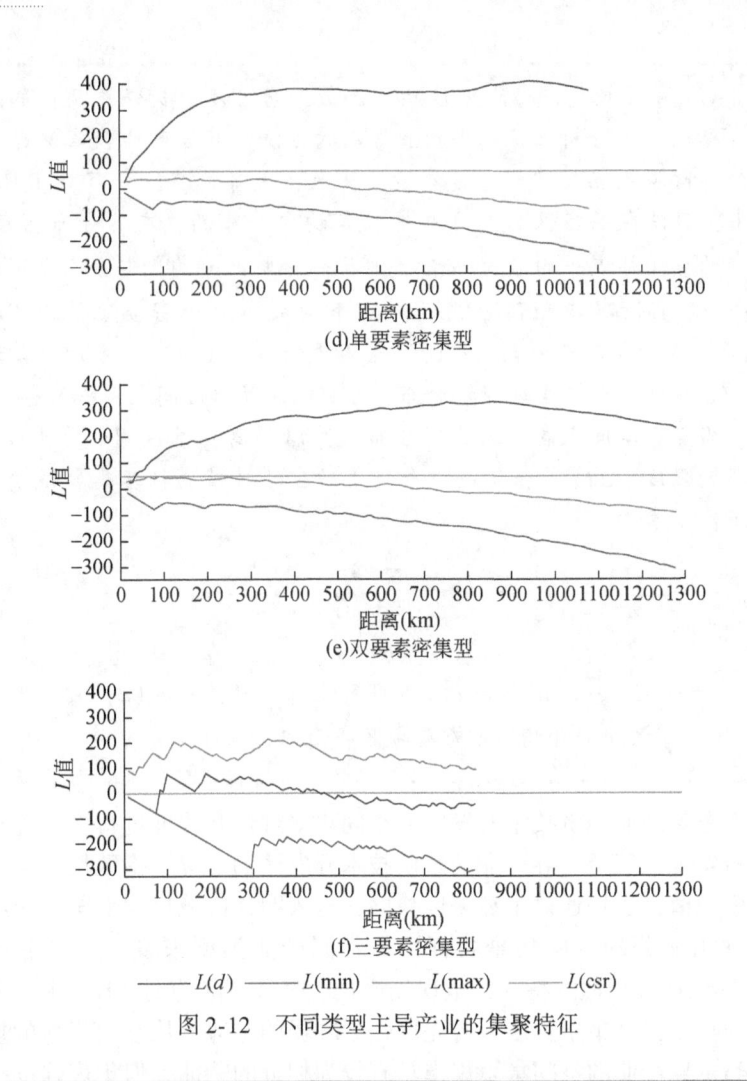

(e) 双要素密集型

(f) 三要素密集型

—— L(d) —— L(min) —— L(max) —— L(csr)

图 2-12 不同类型主导产业的集聚特征

专栏 2-2 Ripley's K 函数

将 219 个国家级经济技术开发区抽象为点，并经过地理编码、坐标转换等过程将国家级经济技术开发区分布点绘制成点状图，然后以不同产业类型的国家级经济技术开发区为基础，运用多距离空间聚类法（Ripley's K 函数）分析国家级经济技术开发区的空间分布与集聚格局。点状地物的分布模式存在尺度分异特征，在不同尺度上分析可能会得到集聚或离散的不同结果。Ripley's K 函数是一种点密度距离函数，它可以分析任意尺度的点数据空间分布格局，是分析点状属性的最常用的方法，其通过比较实测值与理论值以判断实际观测点在空间上是集聚、离散、或者是随机分布。在 Ripley's K 函数中，假设在一定区域内点状地物是均匀分布的，在其分布密度为 λ，距离 d 内的期望样点平均数为 $\lambda\pi d^2$，则点状地物的平均数与分布密度的比值为 πd^2；而现实情况中距离 d 内的样点平均数与分布密度比值以 Ripley's $K(d)$ 表示。$\Delta(d)>0$ 表示点在空间上呈集聚分布，$\Delta(d)<0$ 表示点呈现扩散分布，$\Delta(d)=0$ 表示点呈现随机分布；$\Delta(d)$ 的置信区间采用 Monte Carlo 方法求得。当点在空间上表现为集聚分布时，以偏离置信区间的最大值 $\Delta(d)$ 表征其集聚强度，$\Delta(d)$ 值第一个峰值所对应的 d 值表征其集聚规模。计算公式如下：

$$K(d) = A\sum_{i=1}^{n}\sum_{j=1}^{n}\frac{w_{ij}(d)}{n^2}$$

$$\Delta(d) = K(d) - \pi d^2$$

式中，i，$j=1, 2, \cdots, n$，$i\neq j$；n 为研究内点的数量；$w_{ij}(d)$ 为在距离 d 范围内点 i 与点 j 之间的距离；A 为研究区域面积。

对三类主导产业经济技术开发区的空间集聚规模和强度进行多距离空间聚类统计，分析发现，三类主导产业的经济技术开发区的 $L(d)$ 指数均大于零并高于随机分布模拟值，也均通过了显著性检验，这表明在区域尺度上国家级经济技术开发区呈现出显著的空间集聚特征。从不同产业类型来看，三类主导产业的 $L(d)$ 曲线变化具有相似的特征，呈现先增长后缓慢下降的倒 "U" 形，表明随着集聚范围的扩张，其集聚程度呈现先增强后减弱的态势。从空间集聚的规模和强度看，三类主导产业的空间集聚规模具有较为相近的特征，但集聚强度存在着显著不同。具体来看，劳动密集型产业到达峰值的空间距离为879km，对应 $L(d)$ 峰值为297；资本密集型和技术密集型产业到达峰值的空间距离分别为872km 和909km，相应的 $L(d)$ 峰值分别为252和403；而同一导向型产业的经济技术开发区在空间上过度集聚，有可能会导致园区的过度竞争问题。

三、产业集聚的影响因素实证

1. 因素梳理与模型构建

从企业和产业视角来看，产业集聚固然普遍，但是集聚确实是有条件的，需要依赖于企业特征、产业特性、区域环境和地理尺度等众多条件。古典区位论从成本与收益方面考察企业选址和产业集聚，关注的因素主要有市场规模（影响收益）、劳动生产率与工资水平（影响生产成本）、基础设施（影响交易成本）等。新古典贸易理论强调自然资源、劳动力、技术等外生资源禀赋的重要性。新经济地理理论则认为产业联系导致上下游企业相互接近、产业联系和交通成本相互作用促进产业地理集聚。产业地理集聚还受知识溢出效应、城市化经济和经济全球化等其他外部经济的影响。此外，经济转型激化了地方政府对资源、投资和市场的竞争，导致地方保护主义和产业政策趋同，进而可能造成产业的地理集聚。

从开发区视角来看，首先，国家级开发区不同于省级或市级工业园区，由于其存在门槛效应，能够入驻园区的企业本身就具备了较强的全国竞争力，这一类产业的区位选择与集聚存在着较为突出的"马太效应"与循环累计因果现象。其次，开发区自身发展动力是影响其产业吸引与汇聚的重要区位条件，开发区成长和发展的动力主要包括政策作用力、市场作用力和社会文化作用力，学习和创新能力是开发区长远发展的重要提升力。再次，开发区所在城市的条件与优势，能够进一步放大和影响开发区的产业选择与企业汇聚，从而产生产业集聚。各城市经济发展、产业结构、资源、人口等因素的异质性及其交互效应，将共同作用于开发区产业空间格局的形成与演变，并最终将促进各开发区的经济增长与对城市经济的贡献；反之，开发区对城市的经济贡献又会反作用于上述因素，形成不同的空间效应。最后，中国特色开发区模式的巨大成功，既有内力的因素，如巨大的市场优势等，也离不开外力的驱动作用，如全球化与国际资本的作用就不可忽视。

综上，在模型构建中考虑纳入四方面因素：一是开发区的基础条件，预设的变量包括开发区产业结构、产业发展历史、产业建设规模等；二是开发区成长与发展的动力条件，主要考虑了产业政策力度、产业市场化程度、产业分权化程度等；三是城市对开发区产业集聚与发展的支撑条件，预设的因素有城市行政等级、城市发展阶段、产业支撑能力、城市投资强度、城市科创投入、交通便捷程度、城市环境质量与人力资源成本等；四是上述条件之外的外界条件，主要考虑开发区与全球市场的互动作用，预设的因素有开发区贸易全球化与资本全球化程度。需要说明的是，面向应用层面，无论是区域尺度还是城市层面，抑或开发区层面，产业的转型升级最为看重的是技术密集型产业，包括了装备制造业、汽车及零部件制造业、生物医药业、电子信息制造业、新材料、新能源等。因此，本节将以开发区技术密集型主导产业的数量为因变量，进行开发区主导产业区位选择影响因子的地理加权回归（geographic weighted regression，GWR）检验。

专栏 2-3 地理加权回归

地理加权回归具有完整的理论体系和统计推断方法，被广泛地应用到地理要素的空间分析与建模中。GWR 在传统回归分析的基础上引入了空间自相关，在探讨影响开发区发展的驱动因素上，能够捕捉和反映变量间的空间位置关系与空间数据的非平稳性，相比一般回归和其他空间回归类方法，其结果更加全面真实。GWR 模型的一般设定形式如下：

$$y_i = \beta_{i0}(u_i, v_i) + \beta_{i1}(u_i, v_i)x_{i1} + \beta_{i2}(u_i, v_i)x_{i2} + \cdots + \beta_{ip}(u_i, v_i)x_{ip} + \varepsilon_i$$

式中，i 为第 i 个开发区，$i = 1, 2, \cdots, n$；$\beta_{ip}(u_i, v_i)$ 为第 i 家开发区的第 p 个自变量的回归参数，它是开发区所在点空间位置的函数。在估计参数时引入权重 w_{ij} 进行局部拟合，距开发区所在点 i 越近，观测值被赋予的权重越大，反之越小。运用 GWR4.0 软件进行 GWR 参数的估计，权重函数采用固定高斯函数，并以 Akaike 信息准则法确定带宽（表 2-9）。

表 2-9 GWR 模型的变量与指标体系

项目	因素	变量代码	指标
因变量	开发区技术密集型主导产业的数量	Y	开发区的主导产业中，若存在技术密集型产业，存在一个计数为 1，依次递推到 3，若无则为 0
基础条件	开发区产业结构	X_1	开发区第二产业与第三产业增加值之比
	开发区发展历史	X_2	开发区从获批到 2016 年所经历时间（a）
	开发区建设规模	X_3	开发区面积（km²）
成长条件	开发区政策力度	X_4	开发区财政收入（万元）
	开发区市场化程度	X_5	开发区财政收入与生产总值比例的负向指标（%）
	开发区分权化程度	X_6	开发区财政收入占城市公共财政收入的比例（%）
支撑条件	城市行政等级	X_7	按照直辖市、副省级城市/计划单列市、普通省会城市和一般城市，分别赋值为 4，3，2，1
	城市发展阶段	X_8	城市人均生产总值（万元）
	产业支撑能力	X_9	城市第二产业占生产总值的比例（%）
	城市投资强度	X_{10}	城市固定资产投资（万元）

续表

项目	因素	变量代码	指标
支撑条件	城市科创投入	X_{11}	城市科技支出占公共财政支出的比例（%）
	交通便捷程度	X_{12}	城市货运总量（万 t）
	城市环境质量	X_{13}	城市建成区绿化覆盖率（%）
	人力资源成本	X_{14}	城市在岗职工平均工资（元）
外界条件	开发区贸易全球化程度	X_{15}	开发区进出口总额（万元）
	开发区资本全球化程度	X_{16}	开发区实际利用外商直接投资（万元）

2. 结果分析与政策建议

首先，对各个指标进行标准化。其次，在 95% 的置信区间下进行多重共线性检验。初次检验后发现最大 VIF 值为 5.068，最小特征根为 0.05，条件指数最大为 46.873；在继续检查相关系数矩阵后，剔除潜在的共线性变量，此后进行多次迭代检验，直到各项指标均通过一般的检测值；其中条件指数为 27.731，最小特征根为 0.01，最大 VIF 值为 4.088。剔除的因子依次为开发区产业结构 X_1，开发区政策力度 X_4，城市环境质量 X_{13}，人力资源成本 X_{14} 和城市行政等级 X_7。最后，在 ArcGIS 10.2 和 GWR4.0 软件中进行各地理加权回归检测。空间自相关检验显示，在 5% 的显著性水平下残差随机分布，说明 GWR 模型适用性良好（表 2-10）。

表 2-10 GWR 模型回归结果

变量	系数	标准差	t 值
Intercept	0.4657	0.0571	8.1454
X_2	0.0206	0.0679	0.3043
X_3	−0.0064	0.0663	−0.0979
X_5	0.0210	0.0745	0.28252
X_6	−0.1562	0.0953	−1.6383
X_8	−0.0493	0.0807	−0.6113
X_9	0.0334	0.0670	0.4990
X_{10}	−0.0679	0.0803	−0.8459
X_{11}	0.0567	0.0998	0.5689
X_{12}	0.0260	0.0907	0.2873
X_{15}	0.0646	0.0695	0.9297
X_{16}	0.0657	0.0625	1.0507

开发区自身条件对技术密集型产业的集聚总体效果非常有限,其中,开发区分权化程度越高,其发挥自身能动性、吸引技术密集型产业入驻的可能性越大。在基础条件中,开发区发展历史与建设规模的回归系数未通过相关检验。可见,开发区基础条件并不是技术密集型产业是否聚集的影响因素。在成长条件中,开发区市场化程度同样与技术密集型产业集聚无关。而开发区分权化程度,尽管通过了相应的显著性检验,但回归系数较小,仅为−0.1562,且在空间上表现为西南−东北向分异。这在一定程度上说明分权化程度较高的开发区,存在降低技术密集型产业园区入驻的可能性,反之良好的竞争氛围与市场化条件,才可能为技术型企业的入驻创造良好的发展环境。进一步地,开发区在制定相应的技术型产业政策时,要转换立场,充分考虑该类产业的事实诉求,将"引导""扶持"转为"服务"才是谋求技术密集型企业入驻的可行性导向,尤其是在西北、西南和中部地区。

城市对开发区产业集聚的支撑作用,与城市固定资产的投资强度存在一定的反向联系。开发区所在城市对园区发展及技术密集型产业集聚的影响因素中,城市行政等级、城市环境质量、人力资源成本等因素由于与其他因素存在共线性,在回归先期对其进行了剔除。事实上,一个城市的行政等级往往带有明显的政策优势,可与其他各项因素产生复杂的交互反馈作用。在具体实践中,国家对一些战略性新兴产业发展的试点示范工作,也往往率先在高行政等级的城市展开,尤其是直辖市、各省会城市或自治区首府等。另外,城市发展阶段、产业支撑能力、城市科创投入和交通便捷程度等条件,对开发区技术密集型产业集聚理论上应存在正向作用,但并未通过相应检验。值得注意的是,城市固定资产投资强度与技术密集型产业的园区集聚存在负向关联,并通过了相应的显著性检验,在空间上主要表现为南北向的分异。一个依赖投资拉动 GDP 增长的城市,其 GDP 在质量方面相比于依靠高技术产业方面必然存在明显不足,GWR 回归的结果也印证了这一论证结果。

开发区参与全球化的深度是影响技术密集型产业能否入驻本区的关键,相较于进出口贸易,资本要素对促进技术密集型企业入驻园区与形成产业集聚优势的作用更为显著。改革开放以来,制造业在沿海城市形成了劳动密集型的产业集群,以廉价的劳动力、较低的技术投入与资本投入,为全世界提供着廉价的商品。金融危机后,随着全球市场需求放缓、劳动力比较优势的丧失与人民币升值等的作用叠加,低附加值的劳动密集型产业逐渐向中西部转移,同时沿海地区和一些具有相对优势的产业园区,不断在引导园区产业向高附加值与高技术转型,以期形成新的技术密集型产业集群。一些学者将其总结为两轮产业重构的过程,前一轮以"全球化""市场化""分权化"为主要特征;而后一轮正在进行,在叠加前一轮主要特征的基础上形成了"向上走""向西走""走出去"的主要特征。毋庸置疑，无论是首轮制造业重构还是当前的制造业转型升级，全球化都在我国的产业发展，尤其是在制造业发展中扮演了十分重要的角色。从 GWR 回归的结果来看，开发区的进出口贸易总额与实际利用外商投资对技术密集型产业集聚均具有正向作用，同时相较于贸易因素，资本要素的作用更加显著。此外，产品贸易全球化对技术密集型产业集聚的影响表现为东北–西南分异，尤其是东北地区、京津冀、环渤海和长三角等地区的关联性尤为突出；而资本全球化则主要表现为南北分异，国际资本对我国南部地区技术密集型产业分布与集聚的影响更为显著。因此，从发展创新型经济与创新型城市角度，后续应更加关注城市创新投入、创新氛围与开发区产业发展。同时，在中美贸易战与沿海部分城市外资撤离的背景下，需密切关注资本要素的变动与演化对开发区及城市技术密集型产业，尤其是制造业发展的影响，注意防范国际融资与金融风险，必要时建议进行风险评估。

第三章 东北经济成长的新空间

东北地区一直以来都在我国区域经济中占有举足轻重的地位。自中华人民共和国成立之初起经过"一五"和"二五"时期,国家集中力量在东北地区布局并投资建设了相当规模的重工业和资源开采加工企业,聚集了一批关系国民经济命脉的战略性产业和骨干企业,为东北地区成为我国重要的机械装备和能源原材料重工业基地奠定了雄厚的基础。基于此,东北地区也成了我国计划经济体制下最大的工业基地。改革开放以来,虽然东北工业基地的建设仍在持续推进,但由于不适应计划经济体制向市场经济体制的转轨,地区工业经济效益开始下滑,于20世纪90年代出现区域现经济衰退的"东北现象",与之相伴随的是体制性、机制性、结构性矛盾的凸显,以及国有企业亏损、破产、失业率大幅增加及其他一系列社会问题的出现。2003年10月,《中共中央 国务院关于实施东北地区等老工业基地振兴战略的若干意见》的发布,标志着东北地区等老工业基地振兴战略的正式启动实施。党中央开始高度重视东北振兴的工作。东北地区社会经济发展因此也取得了巨大的成就,但也不断面临着新的挑战。特别是近年来"新东北现象"的出现,使东北问题再一次成为人们关注的焦点。自党的十八大提出"全面振兴东北地区等老工业基地"之后,一系列支持东北振兴的政策举措应运而生,从供给侧改革的角度推进东北地区的改革与转型,为东北振兴与经济增长的新空间建设持续注入新活力。

第一节 东北经济发展的特征与问题

一、新常态下东北社会经济发展的基本特征

1. 经济总量持续增长,但增速减缓

在经济总量方面,东北地区经济总量的绝对值持续增加,由2012年的50 477.25亿元增加到2016年的61 856.06亿元,年平均增长率达5.21%。但从经济增长速度来看,2012年以来东北地区生产总值的年增长率却持续下降,且降幅较为明显,2012~2013年增速最高,为8.67%,2013~2014年减小为8.48%,下降

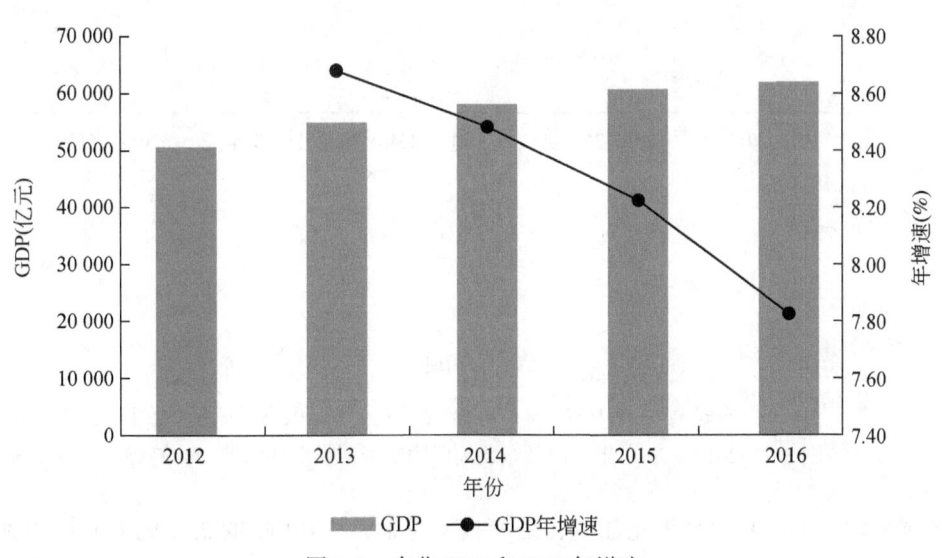

了 0.19 个百分点；2016 年的 GDP 与 2015 年相比仅增长 2.11%（图 3-1）。

图 3-1　东北 GDP 和 GDP 年增速

2. 固定资产投资显著下降之后有所回升

2013 年，整个东北地区的固定资产投资比 2012 年增长 12.08%，低于全国平均水平 7.24 个百分点，其中，黑龙江省、辽宁省、吉林省分别比 2012 年增长 18.14%、13.53%、2.76%。从 2014 年起，伴随着全国固定资产投资平均水平的持续增加，东北地区的固定资产投资却开始下降。2014 年比 2013 年下降 1.36%，其中，辽宁省、黑龙江省分别下降 1.47%、14.18%，仅吉林省明显增加了 13.63%。到 2015 年，黑龙江省的固定资产投资由减少又变为回升，比 2014 年增加 3.6%，吉林省仍保持了 12.04% 的增长，但辽宁省的固定资产投资出现了断崖式下跌，比 2014 年下降了 27.78%，导致整个东北地区平均水平下降了 11.11%。到 2016 年，辽宁省固定资产投资继续大幅下降 63.51%，吉林省、黑龙江省的水平仅呈现小幅增加，整个东北地区的固定资产投资比 2015 年下降 25.52%。到 2017 年，东北地区固定资产投资的大幅下滑趋势终于得到遏止，投资额出现回升，比 2016 年增长 2.07%，且与全国 5.73% 的平均水平的差距显著减小（图 3-2）。

3. 外商投资总额平稳增长，但增速低于全国平均水平

东北地区外商投资总额呈现缓慢增加的态势，从 2012 年的 2317 亿美元增长到 2016 年的 2772 亿美元，整个区域外商投资总额年平均增长率为 4.91%。其中，吉林省的外商投资总额增长相对最快，年平均增长率为 12.24%，显著高于

图 3-2　2012~2017 年全国及东北地区固定资产投资的增减变化趋势

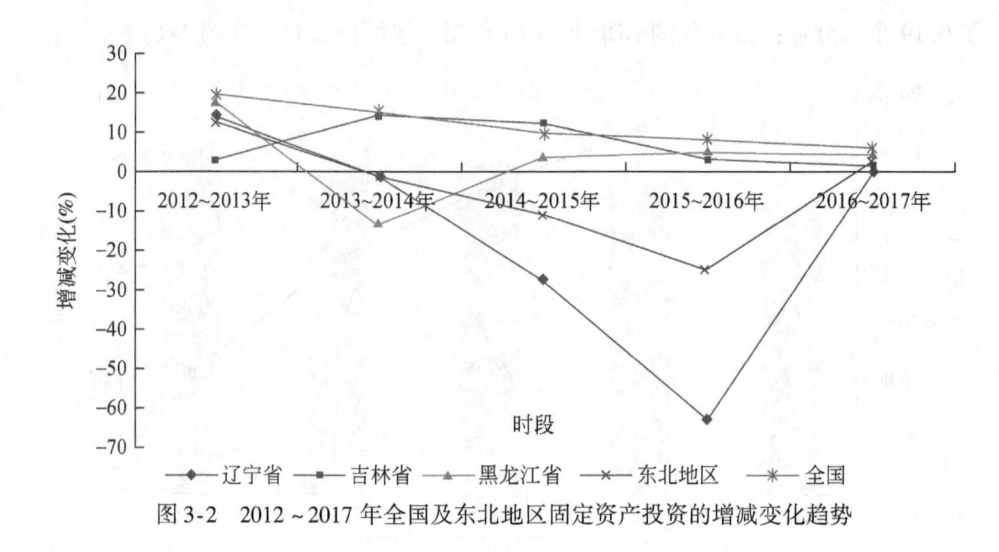

区域平均水平；其次是黑龙江省，外商投资总额从 2012 年的 222 亿美元增长到 2016 年的 283 亿美元，年平均增长率为 6.87%，略高于区域平均水平；而辽宁省外商投资总额年平均增长率为 3.73%，低于区域平均水平（图 3-3）。然而，从全国平均水平来看，全国外商投资总额由 2012 年的 32 610 亿美元增长到 2016 年的 51 240 亿美元，年平均增长率达 14.28%，显然，东北地区的增长水平与全国平均水平相比仍有较大差距。与此同时，东北地区外商投资总额占全国的比例也逐年下降，2012 年占全国的比例为 7.11%，2016 年则降低到 5.41%。

4. 科技研发投入强度波动中略有下降，2015 年以后出现回升

2012 年整个东北地区的科技研发投入强度仅为 0.87%，到 2013 年略有提高，达到 0.91%，但之后两年连续下降，到 2015 年下降到最低，为 0.72%；2016 年有所回升，达到 0.8%，且整体上显著低于全国平均水平。从东北地区内部看，辽宁省的科技研发投入强度整体上高于东北地区平均水平，2015 年以前下降态势明显，由 2012 年的 1.16% 下降到 2015 年的 0.84%，到 2016 年又上升到 1.09%。吉林、黑龙江两省的科技研发投入强度均低于东北地区平均水平，吉林省的相对最低，但呈现缓慢持续增加的变化趋势，从 2012 年的 0.51% 增加到 2016 年的 0.61%。黑龙江省的科技研发投入强度则呈现持续缓慢下降的趋势，从 2012 年的 0.66% 下降到 2016 年的 0.58%，为东北地区最低水平（图 3-4）。

5. 居民消费水平不断提高，城乡收入差距有所减小

从居民消费水平来看，东北地区从 2012 年的 13 958.6 元提高到 2016 年的 18 283 元，但 2015 年之后增幅较之前年份有所减小，且与全国居民消费水平的

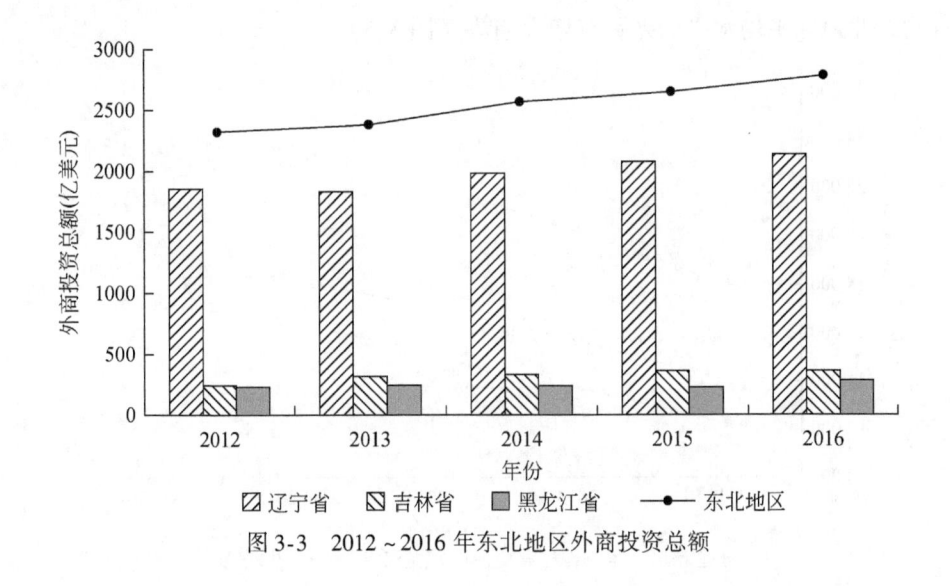

图 3-3　2012~2016 年东北地区外商投资总额

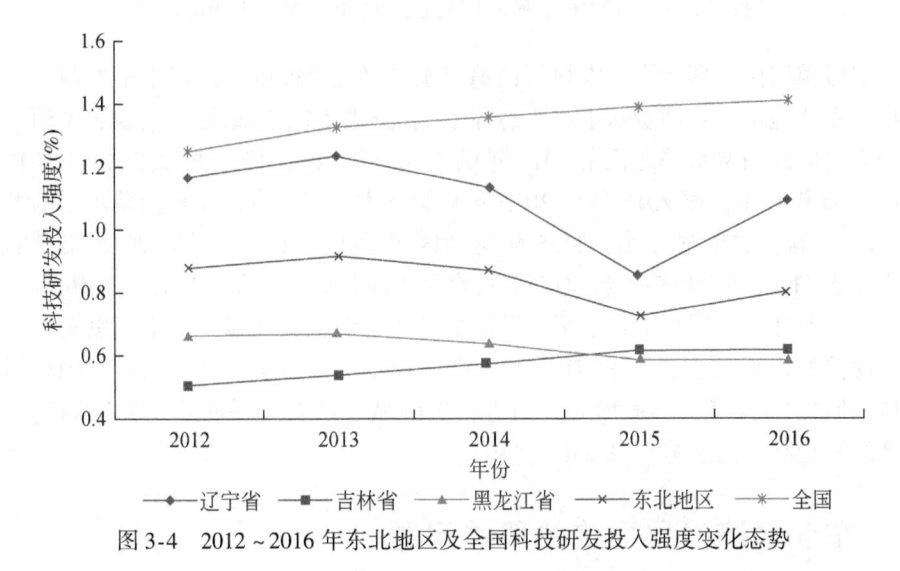

图 3-4　2012~2016 年东北地区及全国科技研发投入强度变化态势

差距有增大趋势。其中，辽宁省的居民消费水平显著高于东北地区平均水平，甚至超过了全国平均水平，2012~2015 年持续提高，由 17 998.7 元增长到 23 693.1 元，到 2016 年略有下降。吉林省、黑龙江省的居民消费水平均低于东北地区平均水平，其中黑龙江省的居民消费水平逐年提高，从 2012 年的东北地区最低水平 11 600.8 元提高到 2016 年的 13 786 元，与东北地区平均水平的差距逐渐减小。吉林省的居民消费水平提高不是很明显，2014 年和 2016 年较上一年均有所回落，且与东北地区平均水平的差距有增大趋势（图3-5）。

图3-5 2012~2016年东北地区及全国居民消费水平变化态势

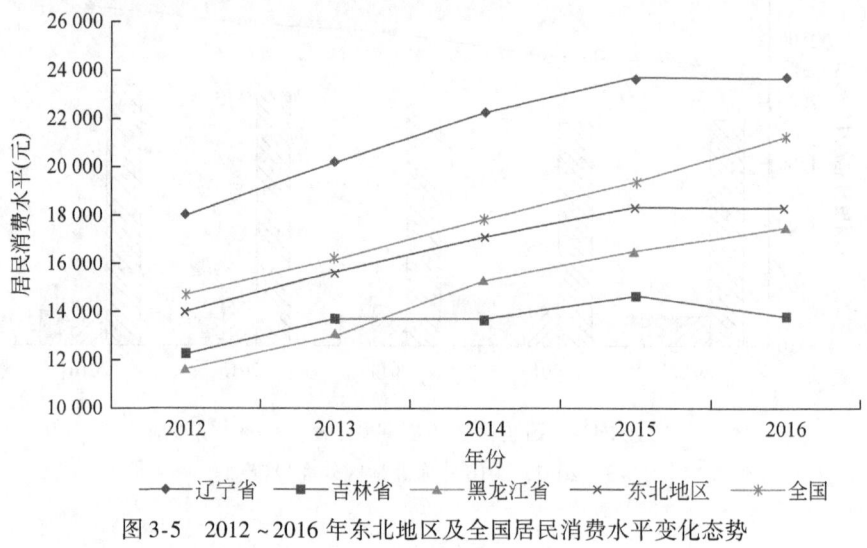

以城镇居民消费水平与农村居民消费水平之比表征城乡消费水平差距，可以看出，东北地区城乡消费水平差距总体上呈现不断缩小的趋势，城乡居民消费水平与农村居民消费水平之比由2012年的2.51减小到2016年的2.26，且2012~2015年逐年减小，仅2016年比2015年略微增大。辽宁省的城乡消费水平的差距在2016年以前也明显缩小，2015年达到区域最小值2.08，但到2016年又明显增大至2.41，为东北三省①中城乡消费水平差距最大的省份。2012~2016年，吉林省、黑龙江省的城乡消费水平的差距的减小态势也较明显，其中，黑龙江省城镇居民消费水平与农村居民消费水平之比由2012年的2.41减小到2016年的2.17，但在2014年又略微增大，而吉林省的城乡消费水平的差距在这期间呈现出持续平稳减小的态势（图3-6）。

二、东北经济发展面临的严峻问题

进入"十二五"以来，中央提出更加可持续、平稳的速度增长方针，我国经济增长速度开始下调。但与全国其他地区相比，东北经济增长速度下降更为迅速。东北经济增长乏力，不仅是长期的深层次的体制性、机制性因素影响的结

---

① 由于数据收集困难，本书中的东北三省在不特指的情况下，即为东北地区。

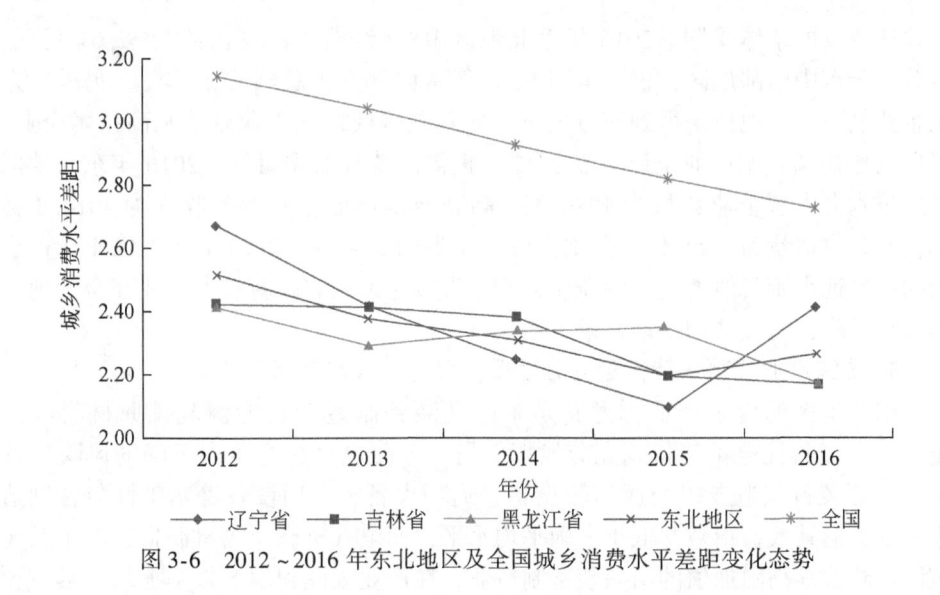

图 3-6　2012～2016 年东北地区及全国城乡消费水平差距变化态势

果，而且是国际、国内宏观经济环境外部冲击的结果，更是东北地区产业发展内在动力不足的必然结果。

1. 产业结构有所优化，但结构性问题仍然突出

从产业结构来看，2016 年东北地区三次产业结构分别为 12.10∶38.18∶49.72，与 2013 年的 11.6∶49.7∶38.7 相比，第三产业增加值比例有所上升，产业结构有所优化。但从工业内部结构来看，辽宁省装备制造、冶金、石化产业占工业增加值的比例为 65%，吉林省汽车工业占全部工业利润的比例约为 40%，黑龙江省大庆油田利润占全部工业利润的比例约为 50%，且重工业、国有经济和大型企业的比例仍然高于全国平均水平。"一业独大"和"一企独大"的局面尚未得到明显改观，产业发展抵御风险能力偏弱。从服务业内部结构来看，东北金融业、文化创意产业、电子商务、快递业等生产性服务业和新兴业态发展严重滞后。从空间布局上看，黑龙江省的产业发展问题在东北地区表现最为严峻，且黑龙江省主导产业为石油开采、石油加工及煤炭开采等资源依赖型产业，受市场环境影响大；辽宁省的产业结构转型已取得一定成效，集中了东北 2/3 以上装备制造业的规模和资产；吉林省的汽车工业、医药制造业和农副食品加工业在全国具有一定竞争力，效益较好。

2. 创新对经济拉动效果不明显

目前东北整体处于工业化中期阶段，投资和创新驱动是产业发展的核心动力。但东北发展过度依赖于投资拉动，虽拥有较好的科教资源，但创新能力不足导致产业发展整体受限。2016年东北地区R&D经费内部支出约为62.01亿元，显著低于东中西部地区，仅占全国R&D经费内部支出总额的2.54%。另外，东北企业创新主体地位未得到充分发挥，尤其是规模以上工业企业和高技术企业。根据《中国高技术产业统计年鉴2017》提供的统计数据可知，2016年东北地区高新技术大中型企业数量为1076家，高新技术产业主营业务收入为4014.8亿元，专利申请量为2658件，分别占全国总量的3.49%、2.61%和2.02%，占全国的份额远小于其他地区。创新能力不足直接导致东北高新技术产业在全国地位的持续下降，对经济的拉动效果不明显。

3. 传统产业优势未能得到充分发挥，且竞争优势有所下降

东北地区的传统产业，尤其是基础性装备制造业及能源基础原材料等产业，一方面其优势不能得到充分发挥，另一方面也存在竞争力下降的风险。首先，东北装备制造业以交通运输设备、通用设备、专用设备等基础性装备制造业为主，但其效益指数却低于全国平均水平；而电气机械及器材制造、电子及通信设备制造等高附加值的新兴装备制造业，在产业规模和生产效率上均不具有竞争力。其次，近年来东北的能源基础原材料产品的产值和主营业务收入虽呈现平稳增长趋势，但利润却出现波动变化趋势，且利润增速明显低于产值和主营业务收入增速，这表明其生产效益并没有得到有效提高。另外，东北能源原材料产业链条较短，缺乏下游加工产品。最后，随着全国固定资产投资的持续下滑，市场空间被不断压缩，东北的煤炭、石化、冶金等行业利润下降明显，与此同时，能源基础原材料产业受市场需求萎缩、产能过剩、大宗商品价格下跌等因素影响明显，这些均导致了东北主要工业行业对区域工业增长的贡献率出现显著下降（图3-7）。

4. 对外贸易发展水平低，出口和消费拉动效果不明显

2003~2013年，东北地区占全国的进出口贸易总额的比例一直维持在4%~4.5%，相比其他地区，其对外贸易发展明显落后。2008年后，受金融危机影响，对外贸易额大幅度下降，2010年后恢复到正常水平。但2013年和2014年，东北地区的对外贸易额急剧下降，尤其是黑龙江省波动幅度最大。从进出口国别分析，东北地区对外贸易市场集中程度高，对少数市场依赖较强。俄罗斯、日本、德国是东北地区外贸主要的市场，这与振兴东北战略实施初期的主要贸易伙伴（日本、俄罗斯和韩国）已有较大区别。然而，受近两年卢布贬值等因素的影响，东北地区对俄罗斯贸易的收益与盈利增长存在较大挑战。

5. 公平开放竞争的市场环境尚未形成

东北地方政府主导经济发展的特征明显，市场化程度不高，竞争不充分，严重影响创新型企业发展和新兴业态涌现。知识产权保护体系建设进展较慢，专利

◎ 第三章 东北经济成长的新空间

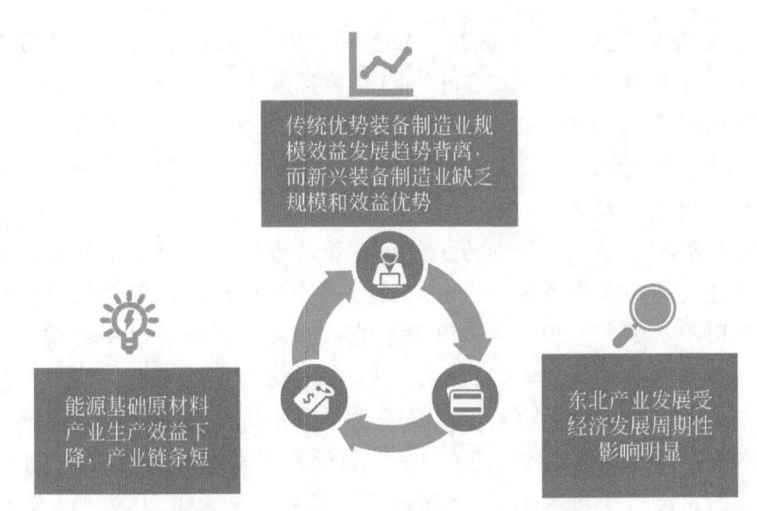

图 3-7 东北地区产业发展的突出问题

评估等中介机构缺乏，专利执法、商标执法在全国处于中下游水平。东北适应新兴产业和新兴业态的投融资体系尚未形成，多层次资本市场尚不完善，金融环境仍待优化，企业融资成本较高。不仅创业投资总量不大、规模偏小，而且天使投资缺失、融资性担保机构不甚发达，制约了东北中小创新型企业的发展。

专栏 3-1 有关东北地区经济发展面临严峻问题的原因解读

实际上，这是东北第二产业增速快速下滑造成的结果。从产业内部结构分析：①受外部环境影响，东北能源、原材料产业的增速下滑尤为显著。长期以来，除农副食品加工业外，东北工业增长主要依靠能源基础原材料和基础装备部门驱动，包括交通运输设备制造、通用设备制造、黑色金属冶炼与压延加工、非金属矿物制品、化学原料与化学制品制造、石油加工炼焦和核燃料加工 6 个部门，其对工业增长的总贡献率达到 50% 以上。但随着国际上煤炭、石油、钢铁等能源和基础原材料价格的下行，近两年东北相应行业的贡献率显著下滑，其中煤炭和油气开采行业甚至表现为负值，从而进一步导致东北工业增速下滑，也成为经济下滑的主要原因之一。②受全国产能过剩和投资增速放缓的影响，东北装备制造业效益状况不佳。实施振兴东北战略以来，东北装备制造业总量规模持续增长，在全国的比例也逐步提升，但在装备制造业构成中，以附加值相对较低的交通运输设备制造、通用设备制造、专用设备制造为主，上述3个部门在地区装备制造业主营业务收入和利润中的比例达75%左右。而附加值相对较高、就业拉动能力较强的电子及通信设备制造、电气机械及器材制造、仪器仪表及文化设备制造等新兴装备制造部门的比例相对较低。

东北经济增长以投资拉动为主，而投资动力不足、消费与外贸低迷也成为制约经济发展的重要原因。东北地区的经济发展过度依赖于投资，投资增速高于全国平均水平。2003~2013年，东北固定资产投资的年均增长率达到23.4%（不变价），位居四大区域之首[1]。具体分析投资对经济增长的贡献率发现，东北地区的消费和出口贡献率低于全国平均水平，资本贡献率高于全国平均水平。以辽宁省为例，2013年，其资本形成总额对GDP的贡献率达69.4%，高出全国平均水平15个百分点。相对于全国自2007年开始出现增速下滑的趋势，东北三省的经济增速从2010年后开始出现较大幅度的下滑，这主要是受2008~2010年全球金融危机的影响，国家层面加大了投资力度，在一定程度上延后了东北地区经济增速下滑的时间。但2011年后，东北投资增速明显下滑，2013年更是成为全国房地产业投资唯一负增长地区，这在一定程度上加剧了东北地区经济增长速度的放缓。

第二节　党的十八大以来东北区域性发展政策

一、区域性规划及指导意见

为促进东北地区的全面振兴，2012~2017年国家陆续出台各种综合性规划或意见，为解决东北地区对经济发展新常态的不适应问题、促进东北老工业基地提升整体竞争力提供方向指引和政策支持。其中，《东北振兴"十二五"规划》和《东北振兴"十三五"规划》分别按照中华人民共和国国民经济和社会发展第十二个五年规划纲要、第十三个五年规划纲要总体要求编制，内容均涉及构建现代产业体系、增强区域创新能力、构建振兴发展体制机制、促进特殊类型地区特别是资源型城市转型发展、推进构建开发开放发展格局、完善基础设施建设、

---

[1] 包括东北地区、东部地区、中部地区和西部地区。

推进生态绿色发展等宏观经济发展的方方面面，并与时俱进融入"创新、协调、绿色、开放、共享"五大发展理念，成为"十二五"和"十三五"时期推进东北老工业基地振兴发展的纲领性依据。为巩固和深化东北地区等老工业基地振兴成果，国家发展和改革委员会印发《全国老工业基地调整改造规划（2013—2022年）》，作为指导今后一个时期老工业基地调整改造的行动纲领，基于东北振兴的实践经验，将振兴工作由前期以东北地区为主向巩固深化东北、统筹推进全国老工业基地振兴转变，也表明党中央继续支持东北老工业基地调整改造的决心。此外，不同部门也相继出台相关举措意见，贯彻和落实中共中央国务院关于进一步振兴东北地区的战略部署。2017年，国家民航局印发《关于加快东北地区民航全面发展的实施意见》，从加快改革转变政府职能、加强创新培育振兴发展行动力等方面，提出深化东北地区民航改革，加快民航业发展的相关举措；2017年，海关印发的《海关总署关于支持新一轮东北振兴的若干举措》，从海关部署支持服务东北振兴工作的角度出发，对促进东北地区参与"一带一路"建设，扩大口岸开放，以及促进东北地区产业结构优化升级进行了全面部署。

与此同时，为了深入推进和加快实现东北地区等老工业基地全面振兴的目标，国家立足当前、围绕推动振兴的目标和亟待改善提升的方面，提出了一些更为具体、操作性更强的发展指导意见，如2014年国务院印发的《国务院关于近期支持东北振兴若干重大政策举措的意见》、2016年发布的《中共中央 国务院关于全面振兴东北地区等老工业基地的若干意见》、2016年《国务院关于深入推进实施新一轮东北振兴战略加快推动东北地区经济企稳向好若干重要举措的意见》等，以及《推进东北地区等老工业基地振兴三年滚动实施方案（2016—2018年）》，为进一步落实和执行新时期东北地区全面振兴的重大决策给予了关键性引导（图3-8）。连续出台的各项指导性意见，均针对深化体制改革激发市场活力、推进创新转型培育产业竞争力、打造功能平台促进开发开放等方面做出了具体部署，并从财政、金融、投资政策及重大工程项目等方面提供政策支持和保障措施，有的甚至明确提出各项任务的责任主体和完成时间，以保障各项国家层面部署的进一步落地。

还有一系列经国务院同意及批复的区域内城市地区的总体规划，包括《大庆市城市总体规划（2011—2020年）》（2016年）、《哈长城市群发展规划》（2016年）及关于长春市、沈阳市城市总体规划的批复，围绕城乡区域统筹发展、合理控制城市规模、完善城市基础设施体系、建设资源节约型和环境友好型城市、重视人居及人文环境建设培育等方面给予规范性的指导。此外，2012年国务院发布《国务院关于辽宁省海洋功能区划的批复》；2014年国务院召开新型城镇化建设试点工作座谈会，确定在长春市等全国62个地区开展新型城镇化综合试点；

```
                        区域性规划及指导意见
                ┌───────────────┼───────────────┐
          综合性规划或意见      具体性指导意见      区域内城市总体规划
```

综合性规划或意见：
《东北振兴"十二五"规划》和《东北振兴"十三五"规划》
《全国老工业基地调整改造规划（2013—2022年)》
《关于加快东北地区民航全面发展的实施意见》和《海关总署关于支持新一轮东北振兴的若干举措》

- 为解决东北地区对经济发展新常态的不适应问题、促进东北老工业基地提升整体竞争力提供方向指引和政策支持；
- 将振兴工作由前期以东北地区为主向巩固深化东北、统筹推进全国老工业基地振兴转变；
- 不同部门也相继出台相关举措意见，助力中共中央国务院进一步贯彻振兴东北地区的部署

具体性指导意见：
《国务院关于近期支持东北振兴若干重大政策举措的意见》
《中共中央国务院关于全面振兴东北地区等老工业基地的若干意见》
《推进东北地区等老工业基地振兴三年滚动实施方案(2016—2018年)》

- 重点针对深化体制改革激发市场活力、推进创新转型培育产业竞争力、打造功能平台促进开发开放等方面做出具体部署；
- 从财政、金融、投资及重大工程项目等方面提供政策支持；
- 明确提出各项任务的责任主体和完成时间

区域内城市总体规划：
城市（群）总体/发展规划
辽宁省海洋功能区划
新型城镇化综合试点

- 围绕城乡区域统筹发展、合理控制城市规模、完善城市基础设施体系、建设资源节约型和环境友好型城市、重人人居及人文环境建设培育等方面给予规范性的指导；
- 表明国家在关注东北地区区域整体发展问题的同时，也将目光聚焦到了区域重点城市或中小城市，力求实现整个区域及大、中、小城市的协调发展

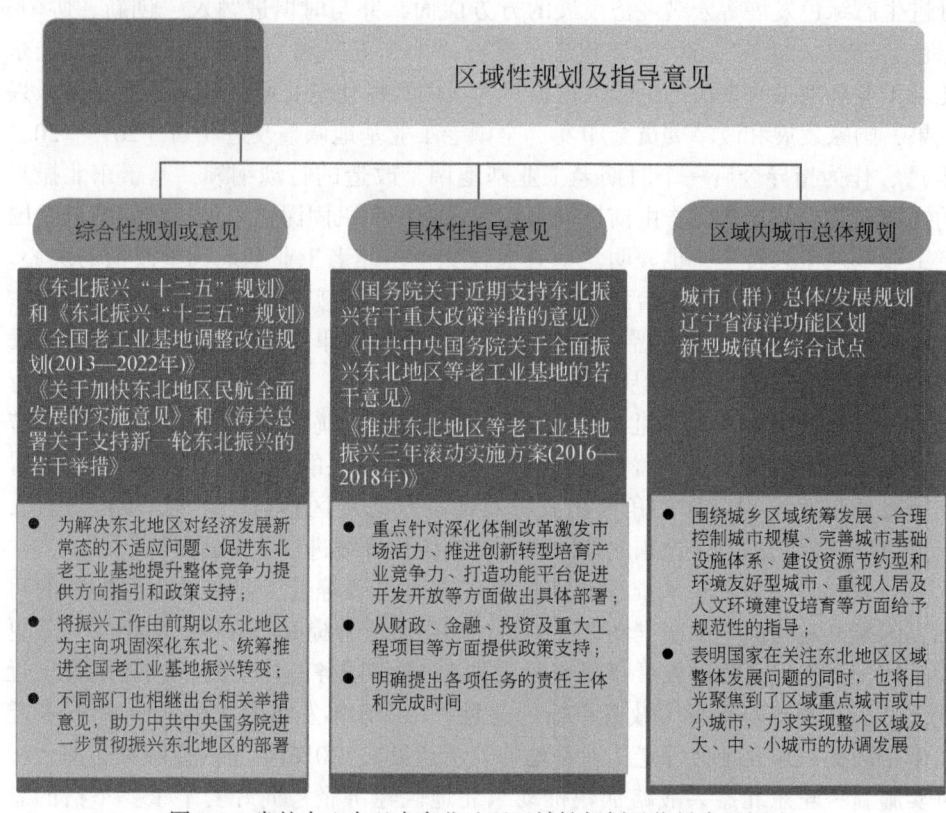

图 3-8　党的十八大以来东北地区区域性规划及指导意见概述

国家发展和改革委员会正式下发通知，同意全国 61 个地区开展中小城市综合改革试点，沈阳市于洪区成为全市唯一入选地区。上述规划及通知，表明国家在关注东北地区区域整体发展问题的同时，也将目光聚焦到了区域重点城市或中小城市，力求实现整个区域及大中小城市的协调发展（表 3-1）。

表 3-1　党的十八大以来出台的东北地区区域性规划及指导意见

政策或文件名录	发布年份
国务院正式批复国家发展和改革委员会组织编制的《东北振兴"十二五"规划》	2012
国务院发布《国务院关于辽宁省海洋功能区划的批复》	2012
国务院正式批复《全国老工业基地调整改造规划（2013—2022 年)》	2013
国务院印发《国务院关于近期支持东北振兴若干重大政策举措的意见》	2014

续表

政策或文件名录	发布年份
国务院召开新型城镇化建设试点工作座谈会，确定在长春市等全国62个地方开展新型城镇化综合试点	2014
国家发展和改革委员会正式下发通知，同意全国61个地区开展中小城市综合改革试点，沈阳市于洪区成为全市唯一入选地区	2015
国务院原则同意《大庆市城市总体规划（2011—2020年）》	2016
国务院原则同意《哈长城市群发展规划》	2016
《中共中央 国务院关于全面振兴东北地区等老工业基地的若干意见》标志新一轮东北振兴战略正式启动实施	2016
国家发展和改革委员会印发《推进东北地区等老工业基地振兴三年滚动实施方案（2016—2018年）》	2016
国务院关于深入推进实施新一轮东北振兴战略加快推动东北地区经济企稳向好若干重要举措的意见	2016
国务院批准、国家发展和改革委员会印发《东北振兴"十三五"规划》	2016
民航局正式印发《关于加快东北地区民航全面发展的实施意见》	2017
海关总署正式印发《海关总署关于支持新一轮东北振兴的若干举措》	2017
《国务院关于长春市城市总体规划的批复》	2017
《国务院关于沈阳市城市总体规划的批复》	2017

> **专栏 3-2　关键纲领性政策解读**
>
> 《国务院关于近期支持东北振兴若干重大政策举措的意见》（国发〔2014〕28号），以下简称28号文
>
> 2014年7月31日，国务院振兴东北地区等老工业基地工作会议审议并原则通过了《国务院关于近期支持东北振兴若干重大政策举措的意见》《中共中央 国务院关于全面振兴东北地区等老工业基地的若干意见》。随后，2014年8月8日，出台下发了《国务院关于近期支持东北振兴若干重大政策举措的意见》（国发〔2014〕28号）。该政策文件内容包括着力激发市场活力、进一步深化国有企业改革、紧紧依靠创新驱动发展、全面提升产业竞争

力、增强农业可持续发展能力、推动城市转型发展、加快推进重大基础设施建设、切实保障和改善民生、加强生态环境保护全方位扩大开放合作、强化政策保障和组织实施11个方面35条。具有四个突出特点：一是突出重大政策，内容聚焦近期支持东北振兴的重大任务和重大实质性政策；二是提出一批含金量高的政策，全文件共包含实质性支持政策140余项；三是在全面深化改革上出实招，提出推进简政放权、国有企业改革、支持非公有经济发展、科技创新改革、资源型城市改革等，还推出一批先行先试的重大改革政策；四是充分发挥投资的关键作用，优化投资结构，注重资金投向等。该文件是近年来少有的内容具体、针对性强、操作性强、政策含金量高的区域政策文件，对新时期推进东北全面振兴具有重要的指导意义。

《中共中央 国务院关于全面振兴东北地区等老工业基地的若干意见》（中发〔2016〕7号），以下简称7号文

该文件内容包括重大意义和总体要求、着力完善体制机制、着力推进结构调整、着力鼓励创新创业、着力保障和改善民生、切实抓好组织落实6方面26条，是新形势下对振兴东北等老工业基地战略的丰富、深化和发展，成为指导全面振兴的宏观性、战略性、政策性文件。该文件作为新时期、新一轮实施东北振兴战略的政策纲领和行动指南，明确提出了推进新一轮东北振兴的四项核心任务，也是中央对老工业基地和今后一个时期发展的总要求。其要点为，一是着力完善体制机制，把全面深化改革、扩大开放作为治本之策，加快形成充满内在活力的新体制和新机制；二是着力推进结构调整，切实增强产业竞争力，是全面振兴老工业基地的关键之举；三是着力鼓励创新创业，提高科技创新能力，加快形成以创新为主要引领和支撑的经济体系和发展模式，是全面振兴老工业基地的决胜之要；四是着力保障和改善民生，坚持发展成果更多更公平惠及全体人民，使人民群众有更多获得感，是全面振兴老工业基地的稳定之基。

两套政策的关系解析

7号文件进一步整合现有各类政策，及时提出新常态下的支持性政策，并注重和28号文政策的组合配套，以全力发挥政策的合力和引导作用。

◎ 第三章　东北经济成长的新空间

财政政策

7号文提出,"中央财政要进一步加大对东北地区一般性转移支付和社保、教育、就业、保障性住房等领域财政支持力度。完善粮食主产区利益补偿机制,按粮食商品量等因素对地方给予新增奖励"

28号文提出,"将东北地区具备条件的省市纳入地方政府债券"自发自还试点范围

金融政策

7号文提出,"进一步加大信贷支持力度,鼓励政策性金融、开发性金融、商业性金融机构探索支持东北振兴的有效模式。推动产业资本与金融资本融合发展,允许重点装备制造企业发起设立金融租赁和融资租赁公司"

28号文提出,"加大对东北地区支农再贷款和支小再贷款支持力度。优先支持东北地区符合条件企业发行企业债券允许符合条件的金融机构和企业到境外市场发行人民币债券"

投资政策

7号文提出,"要进一步加大中央预算内投资对资源枯竭、产业衰退地区和城区老工业区、独立工矿区、采煤沉陷区、国有林区等困难地区支持力度。中央预算内投资安排专项资金支持新兴产业集聚发展园区建设"

28号文明确提出,"在基础设施、生态建设、环境保护、扶贫开发和社会事业等方面安排中央预算内投资时,比照西部地区补助标准执行。中央加大对东北高寒地区和交通末端干线公路建设的项目补助和资本金倾斜,中央预算内投资专门安排资金支持东北地区重大项目和跨省区合作项目前期工作"

产业政策

7号文提出,"制定东北地区产业发展指导目录,设立东北振兴产业投资基金。国家重大生产力布局特别是战略性新兴产业布局重点向东北地区倾斜。设立老工业基地产业转型升级示范区和示范园区"

28号文提出,"积极推动设立战略性新兴产业创业投资基金。设立国家级承接产业转移示范区,承接国内外产业转移。支持东北地区开展工业化与信息化融合发展试点"

创新政策

7号文提出,"支持老工业城市创建国家创新型城市和设立国家高新技术产业开发区。支持沈阳市开展全面创新改革试验…开展老工业城市创新发展试点"

28号文提出,"在东北地区设立国家自主创新示范区。设立引导东北地区创新链整合的中央预算内投资专项…支持东北地区建设一批国家工程(技术)研究中心、国家工程(重点)实验室等研发平台"

开放政策

7号文提出,"推进中蒙俄经济走廊建设。推进中韩国际合作示范区建设。推进中日经济和产业合作平台。在预算内投资中安排资金支持东北地区面向东北亚开放合作平台基础设施建设"

28号文提出,"推动中德两国在沈阳共建高端装备制造业园区,优先支持东北地区项目申请使用国际金融组织和外国政府优惠贷款。推动东北地区与环渤海、京津冀地区统筹规划"

075

二、产业发展政策

产业发展历来都是区域政策支持的重要内容。党的十八大以来国家层面围绕东北地区产业发展提升推出的政策共有15项。

一类是以特定地区或省（自治区、直辖市）为对象，结合当地的资源优势、产业基础与条件，针对单一产业或整个产业体系，确定产业发展与转型升级的重点任务并尽量指明具体保障措施，着力促进区域资源优势、产业优势向经济优势的转化。例如，2013年，国务院批复同意《黑龙江省"两大平原"现代农业综合配套改革试验总体方案》，以加快实现黑龙江省的农业现代化；2013年，国务院印发《全国资源型城市可持续发展规划（2013—2020年）》，将辽宁省阜新皮革产业集群正式列入国家重点培育的接续替代产业集群；2016年，国家商务部出台《中国制造2025辽宁丹东实施方案》，该方案在引导培育丹东市高端产业基地的同时，提出带动当地传统优势产业转型升级；同年，国家能源局发布《国家能源局关于推动东北地区电力协调发展的实施意见》，以促进东北地区电力行业的协调、健康、持续发展；2017年，工业和信息化部与辽宁省人民政府签署《关于全面振兴辽宁老工业基地战略合作框架协议》，协议围绕推进制造强省建设、制造业创新体系建设、传统产业转型升级、培育发展新兴产业、促进制造业与互联网融合、加快宽带中国战略实施、推进军民融合创新发展、推进国际交流与合作等方面提出了协同合作的着力点，为贯彻落实《中国制造2025》、加快推进辽宁制造强省建设指明方向。国家发展和改革委员会等5部门于2016发布的《关于支持老工业城市和资源型城市产业转型升级的实施意见》，虽然是针对全国范围内的老工业城市和资源型城市而发布，但对东北地区加快产业转型升级和城市转型发展仍然具有鲜明的指导意义（图3-9）。

另一类则是以建设相关产业的示范区（城市）、示范基地、示范园区、产业园等为依托，通过集聚特色及优势产业，通过政策保障引领产业由粗放型经营向集约化经营转变。例如，2013年，国家海洋局审查论证并批准成立大连现代海洋生物产业示范基地；2013年，国家能源局正式批复吉林省白城市为全国唯一风电本地消纳综合示范区；2014年国家能源局下发《国家能源局关于公布创建新能源示范城市（产业园区）名单（第一批）的通知》，黑龙江省的牡丹江市、伊春市、海伦市和双城市入选；2014年，科学技术部正式认定与吉林省共建长春国家光电国际创新园；2015年，国务院发布《国务院关于中德（沈阳）高端装备制造产业园建设方案的批复》；2016年，环境保护部、商务部、科学技术部联合下发通知，批准长春汽车经济技术开发区等4个开发区为国家生态工业示范一类是以特定地区或省(自治区,直辖市)为对象,确定产业发展与转型升级的重点任务并尽量指明具体保障措施,着力促进区域资源优势、产业优势向经济优势的转化

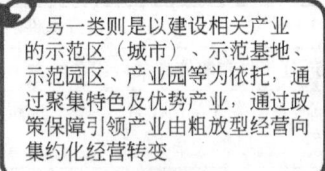

另一类则是以建设相关产业的示范区(城市)、示范基地、示范园区、产业园等为依托,通过聚集特色及优势产业,通过政策保障引领产业由粗放型经营向集约化经营转变

- 《黑龙江省"两大平原"现代农业综合配套改革试验总体方案》
- 《全国资源型城市可持续发展规划（2013—2020年）》
- 《中国制造2025辽宁丹东实施方案》
- 《关于全面振兴辽宁老工业基地战略合作框架协议》
- 《关于支持老工业城市和资源型城市产业转型升级的实施意见》

- 《关于支持首批老工业城市和资源型城市产业转型升级示范区建设的通知》
- 批准成立大连现代海洋生物产业示范基地
- 黑龙江省的牡丹江市、伊春市、海伦市和双城市入选第一批创建新能源示范城市和产业园区名单
- 《国务院关于中德（沈阳）高端装备制造产业园建设方案的批复》
- 长春汽车经济技术开发区等4个开发区为国家生态工业示范园区

图3-10　党的十八大以来东北地区产业发展政策概述

园区；2017年，国家五部委联合下发的《关于支持首批老工业城市和资源型城市产业转型升级示范区建设的通知》，确定了辽宁中部（沈阳—鞍山—抚顺）、吉林中部（长春—吉林—松原）等城市为首批产业转型升级示范区；2017年，国家八部委联手支持沈阳机床综合改革（表3-2）。

表3-2　党的十八大以来出台的东北地区产业发展政策

政策或文件名录	发布年份
国务院批复同意黑龙江省先行开展现代农业综合配套改革试验	2013
国务院批复关于黑龙江省"两大平原"现代农业综合配套改革试验总体方案	2013
国家海洋局审查论证并批准成立大连现代海洋生物产业示范基地	2013
国家能源局正式批复吉林省白城市列为全国唯一一风电本地消纳综合示范区	2013
国务院印发的《全国资源型城市可持续发展规划（2013—2020年)》，将辽宁省阜新皮革产业集群正式列入国家重点培育的接续替代产业集群	2013
国家能源局公布了第一批创建新能源示范城市和产业园区名单，黑龙江省的牡丹江市、伊春市、海伦市和双城市入选	2014
科学技术部正式认定与吉林省共建长春国家光电国际创新园	2014
《国务院关于中德（沈阳）高端装备制造产业园建设方案的批复》	2015
国家能源局发布《国家能源局关于推动东北地区电力协调发展的实施意见》	2016

077

续表

政策或文件名录	发布年份
《中国制造2025 辽宁丹东实施方案》出台	2016
国家发展和改革委员会等5部门出台《关于支持老工业城市和资源型城市产业转型升级的实施意见》	2016
环境保护部、商务部、科学技术部联合下发通知，批准长春汽车经济技术开发区等4个开发区为国家生态工业示范园区	2016
国家五部委联合下发《关于支持首批老工业城市和资源型城市产业转型升级示范区建设的通知》	2017
工业和信息化部与辽宁省人民政府签署《关于全面振兴辽宁老工业基地战略合作框架协议》	2017
国家八部委联手支持沈阳机床综合改革	2017

三、促进开发开放政策

党中央、国务院十分重视东北工业基地的开发开放发展，2012年以来推出的开发开放相关政策数量多达20项，是所有政策中数量最多的一类。

一方面，东北地区地处东北亚腹地，是我国对俄罗斯开放的重要窗口。经济全球化和区域经济一体化的深入发展为东北地区开发开放提供了新的机遇与挑战，国家积极实施延边开放战略，以开放促开发，以深化我国与东北亚各国的区域合作，扩大和区域外的经济交往，包括2012年国务院办公厅下发《国务院办公厅关于支持中国图们江区域（珲春）国际合作示范区建设的若干意见》，2012年国务院批准《中国东北地区面向东北亚区域开放规划纲要（2011—2020年）》，2013年国务院审批通过《黑龙江和内蒙古东北部地区沿边开发开放规划》，2013年科学技术部批准吉林延边国家农业科技园区为全国第五批国家级农业科技园区之一。上述政策文件均是从顶层设计的角度对东北地区对外开放予以支持和指导（图3-10）。此外，国家出于落实东北地区对外开放及合作、营造开放基础和条件的目的，相继推出一批具体举措，如工业和信息化部同意在哈尔滨市设置区域性国际通信业务出入口局（2013年），国务院批准沈阳、大连机场口岸正式实施部分外国人72小时过境免签政策（2014年），工业和信息化部正式批复在哈尔滨市设置区域性国际通信业务出入口局（2014年），国务院正式批复哈尔滨机场对51个国家和地区72小时内实行过境免签政策（2015年）。除了完善对外开放政策、支持和引领东北地区在开放中谋求振兴外，国家还从跨区域、跨领域的角度出发，由国务院正式印发《东北地区与东部地区部分省市对口合作工作方案》

◎ 第三章 东北经济成长的新空间

(2017年)，按照国务院"关于组织东北地区与东部地区部分省市建立对口合作机制"的明确要求，明确辽宁省与江苏省、吉林省与浙江省、黑龙江省与广东省，沈阳市与北京市、大连市与上海市、长春市与天津市、哈尔滨市与深圳市建立对口合作关系，并具体提出4个方面共18项任务。该方案可以说是促进跨区域合作、推动东北地区经济企稳向好的创新举措，对充分发挥中央和地方积极性，形成共同推进东北地区实现全面振兴的合力具有重要意义；继而于2018年国家发展和改革委员会印发东北地区与东部地区有关地区对口合作实施方案，鼓励支持东北地区与东部地区开展全方位合作，明确了辽宁省与江苏省、吉林省与浙江省、黑龙江省与广东省，以及沈阳市与北京市、大连市与上海市、长春市与天津市、哈尔滨市与深圳市的对口合作关系，标志着东北地区与东部地区对口合作进入全面推进落实的新阶段。与此同时，国家还在建设资金及项目方面给予了东北地区政策支持和引导，2015年，国家发展和改革委员会同意内蒙古赤峰和通辽两地新建高铁连入京沈客专快速铁路项目，对构建蒙东与环渤海地区快速客运通道、完善铁路网布局，促进赤峰、通辽和沿线地区的经济社会发展起到巨大的推动作用；同年国务院印发《国务院关于促进外资增长若干措施的通知》，促进外资向西部地区和东北老工业基地转移，积极支持西部地区及东北老工业基地的国家级开发区科技创新、生态环保、公共服务等领域建设，改善招商环境，提升引资质量，承接高水平制造业转移。

3　升级和设立一批开发区及新区，将各类园区作为扩大开放主战场
- 辽宁省盘锦市辽东湾新区升级为国家级经济技术开发区
- 吉林松原经济开发区升级为国家级开发区
- 大连金普新区总体方案
- 关于黑龙江双鸭山经济开发区升级为国家级经济技术开发区的复函
- 设立哈尔滨新区、长春新区以及哈尔滨综合保税区
- 中国（辽宁）自由贸易试验区总体方案

2　从跨区域、跨领域的角度出发，在开放中谋求合作，助力振兴
- 东北地区与东部地区部分省市对口合作工作方案
- 在建设资金及项目方面给予了东北地区政策支持和引导
- 关于促进外资增长若干措施的通知，促进外资向西部和东北老工业基地转移

1　深化东北地区与东北亚各国区域合作、扩大和区域外经济交往
- 关于支持中国图们江区域（珲春）国际合作示范区建设的若干意见
- 中国东北地区面向东北亚区域开放规划纲要
- 黑龙江和内蒙古东北地区沿边开发开放规划
- 在哈尔滨市设置区域性国际通信业务出入口局
- 沈阳、大连机场口岸正式实施部分外国人72小时过境免签政策
- 哈尔滨机场对51个国家和地区72小时内实行过境免签证政策

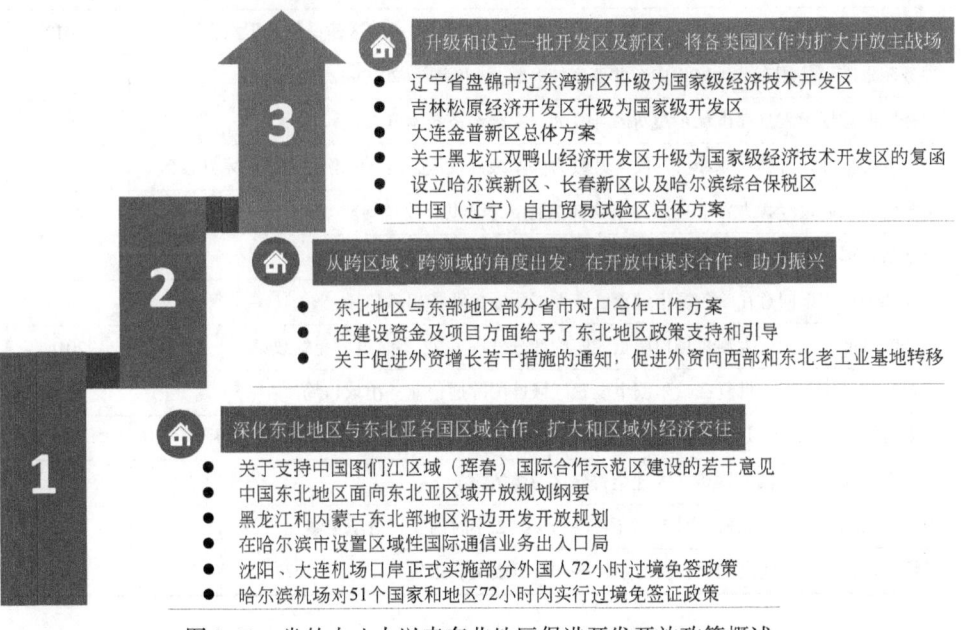

图3-10 党的十八大以来东北地区促进开发开放政策概述

另一方面，国务院从国家层面同意升级和设立了一批开发区及新区，将各类园区作为加快转变经济发展方式、深化改革、扩大开放的主战场，在政策实施、项目安排、体制机制创新、开放合作等方面给予积极支持，促进各类园区向以产业为主导的多功能综合性区域转变，大力营造开放环境，充分发挥窗口、示范、辐射和带动作用，把建设好各类园区作为新形势下全面深化改革、加快东北地区等老工业基地振兴的重要举措。国务院陆续同意辽宁省盘锦市辽东湾新区升级为国家级经济技术开发区（2013年），吉林松原经济开发区升级为国家级开发区（2013年），国家发展和改革委员会发布《大连金普新区总体方案》（2014年），国务院办公厅发布《国务院办公厅关于黑龙江双鸭山经济开发区升级为国家级经济技术开发区的复函》（2014年）、《国务院关于同意设立哈尔滨新区的批复》（2015年）、《国务院关于同意设立长春新区的批复》（2016年），以及国务院正式通过关于同意设立哈尔滨综合保税区的批复（2016年）；国务院发布《中国（辽宁）自由贸易试验区总体方案》（2017年），从投资、贸易、金融、结构调整、加强与东北亚合作等诸多方面全面有效推进自由贸易试验区建设。在上述国家政策支持下，各类园区在发展外向型产业及引领东北地区全面振兴和深化改革开放等方面都进行着先行先试的积极探索（表3-3）。

表3-3 党的十八大以来出台的促进东北地区开发开放政策

政策或文件名录	发布年份
《国务院办公厅关于支持中国图们江区域（珲春）国际合作示范区建设的若干意见》	2012
国务院批准《中国东北地区面向东北亚区域开放规划纲要（2012—2020年)》	2012
国务院同意辽宁省盘锦市辽东湾新区升级为国家级经济技术开发区	2013
经国务院批准，吉林松原经济开发区升级为国家级开发区，定名为松原经济技术开发区	2013
国务院审批通过《黑龙江和内蒙古东北部地区沿边开发开放规划》	2013
科学技术部正式批准成立"延边国家农业科技园区"	2013
工业和信息化部同意在哈尔滨市设置区域性国际通信业务出入口局	2013
国务院批复，沈阳、大连机场口岸正式实施部分外国人72小时过境免签政策	2014
工业和信息化部正式批复在哈尔滨市设置区域性国际通信业务出入口局	2014
《国务院办公厅关于黑龙江双鸭山经济开发区升级为国家级经济技术开发区的复函》	2014
国家发展和改革委员会发布《大连金普新区总体方案》	2014
国务院正式批复哈尔滨机场对51个国家和地区72小时内实行过境免签证政策	2015
赤峰和通辽连通京沈高铁项目获国家发展和改革委员会批复	2015

续表

政策或文件名录	发布年份
《国务院关于同意设立哈尔滨新区的批复》	2015
国务院批复同意设立长春新区	2016
国务院正式通过关于同意设立哈尔滨综合保税区的批复	2016
国务院发布《中国（辽宁）自由贸易试验区总体方案》	2017
《国务院关于促进外资增长若干措施的通知》，促进外资向西部地区和东北老工业基地转移	2017
国务院办公厅公布《东北地区与东部地区部分省市对口合作工作方案》	2017
国家发展和改革委员会印发东北地区与东部地区有关省（自治区、直辖市）对口合作实施方案，标志着东北地区与东部地区对口合作进入全面推进落实的新阶段	2018

四、推动区域创新政策

党的十八大报告明确提出实施创新驱动发展战略，科技创新是提高社会生产力和综合国力的战略支撑，必须摆在国家发展全局的核心位置；党的十九大报告中也指出创新是引领发展的第一动力。对东北地区的全面振兴而言，坚持创新发展理念、深入实施创新驱动发展战略是关键。然而，2012年以来国家层面出台的直接关乎科技创新类的政策仅有9项，数量相对较少。

其中，区域性创新政策包括5项，国家发展和改革委员会联合中国科学院相继在2012年和2016年分别印发《中科院科技服务东北老工业基地振兴行动计划（2012—2015年）》《中国科学院东北振兴科技引领行动计划（2016—2020年）》，目的是充分发挥中国科学院所属科研院所科技和人才优势，加强人才交流培训和国际科技合作，为区域经济转型升级和产业结构调整提供强有力的科技方面的有效支撑。为应对东北经济下行压力下的创新活动不活跃、新兴产业发展滞后的问题，国家发展和改革委员会联合科学技术部、人力资源和社会保障部、中国科学院等部门发布《关于促进东北老工业基地创新创业发展打造竞争新优势的实施意见》，指出从完善体制机制、建立技术创新体系、促进大众创业、打造产业竞争新优势、建设人才队伍等方面，推动东北老工业基地发展实现由要素驱动转变为创新驱动。

作为向创新驱动发展转变的关键，东北地区科教、知识资源的整合优化也日益受到重视，目的是提升东北地区对该类资源的转化运用能力。例如，2017年知识产权局等国家九部门印发《关于支持东北老工业基地全面振兴 深入实施东北地区知识产权战略的若干意见》，明确提出深入实施国家知识产权战略，着力发挥知识产权对东北老工业基地振兴的支撑作用。同时，按照党的十九大关于"深化改革加快东北等老工业基地振兴""促进科技成果转化""建立更加有效的区域协调发展新机制"等部署要求，2018年科学技术部等国家九部门联合研究制定《振兴东北科技成果转移转化专项行动实施方案》，从强化科技创新能力建设、培育壮大发展新动能、提升企业创新能力、提升科技成果转移转化水平、加强人才培养、加强对口科技合作等方面，明确了推动东北地区创新驱动发展的具体任务。

此外，其他4项相关政策均围绕建设创新性园区及示范区、培育创新型经济发展的载体推出，包括科学技术部和教育部批准认定吉林省大学科技园升级为国家级大学科技园（2013年），国家四部门联合发布认定国家级文化和科技融合示范基地的通知，辽宁省大连市被认定为全国18个国家级文化和科技融合示范基地之一（2013年），工业和信息化部公布第四批"国家新型工业化产业示范基地"名单，其中包含辽宁省铁岭经济开发区（2013年），《国务院关于同意沈大国家高新区建设国家自主创新示范区的批复》（2016年）。整体来看，党的十八大以来东北地区振兴的科技创新类专项政策虽然偏少，对整个区域培育和营造创新环境的支持力度仍有较大提升空间，但创新类政策已呈现出点面支撑的格局，即从面上着眼的同时，通过挖掘科教、人才、知识等元素的优势与潜能，从而真正激发东北地区的创新活力（图3-11、表3-4）。

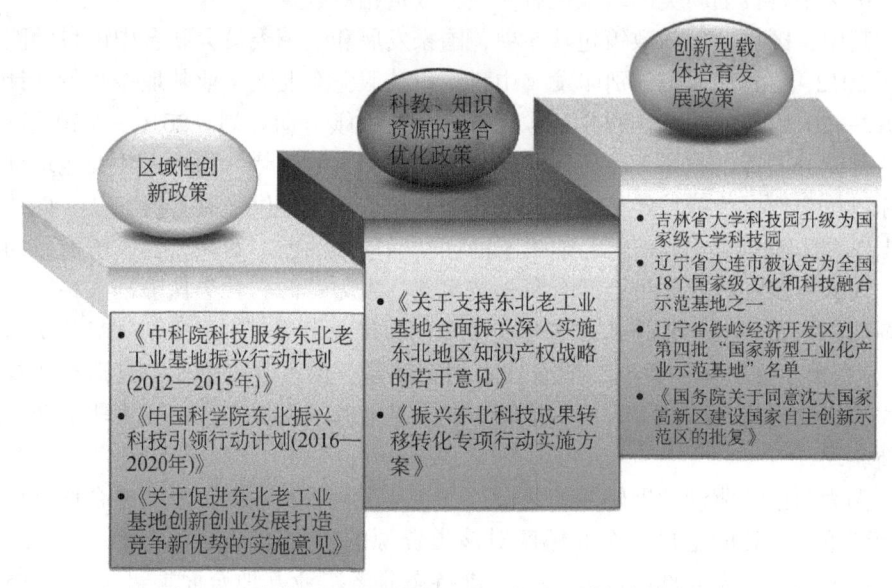

图3-11　党的十八大以来东北地区推动区域创新政策概述

表 3-4　党的十八大以来出台的推动东北地区区域创新政策

政策或文件名录	发布年份
《国家发展改革委、中国科学院〈关于印发中科院科技服务东北老工业基地振兴行动计划（2012—2015 年）〉的通知》	2012
科学技术部和教育部批准认定吉林省大学科技园升级为国家级大学科技园	2013
工业和信息化部公布第四批"国家新型工业化产业示范基地"名单，辽宁省铁岭经济开发区上榜	2013
国家四部门联合发布认定国家级文化和科技融合示范基地的通知，辽宁省大连市被认定为全国 18 个国家级文化和科技融合示范基地之一	2013
《关于促进东北老工业基地创新创业发展打造竞争新优势的实施意见》	2015
《中国科学院东北振兴科技引领行动计划（2016—2020 年）》	2016
《国务院关于同意沈大国家高新区建设国家自主创新示范区的批复》	2016
知识产权局等国家九部门印发《关于支持东北老工业基地全面振兴 深入实施东北地区知识产权战略的若干意见》	2017
科学技术部等国家九部门联合研究制定《振兴东北科技成果转移转化专项行动实施方案》	2018

五、财税金融类政策

财税金融类政策是东北振兴的重大机遇和主要外力，这方面政策总共包含 7 项，且于 2017 年发布较为密集。

金融财政方面，除了区域纲领性指导意见中提到的国家层面给出的财税、金融类政策支持，如《国务院关于近期支持东北振兴若干重大政策举措的意见》（2014 年）指出的加大对东北地区财政转移支付力度，以及各种综合性规划中提出的财税金融支持性政策之外，2012 年以来发布的专门的财税金融类政策总共包含 7 项，其中 4 项政策和措施是围绕解决"三农"问题而颁布，包括中央财政专项安排 5 亿元资金支持东北地区 17 个产粮大县开展黑土地保护利用试点（2015 年），国务院决定在吉林省开展农村金融综合改革试验（2015 年），财政部、农业部对外公布了八大领域超过 30 项强农惠农政策，在辽宁省、吉林省、黑龙江省和内蒙古自治区实施玉米生产者补贴（2017 年），以及中央拨付 1.45 亿元支持东北华北抗旱（2017 年）。除支持农村农业事业外，加大东北地区新动能培育成为国家财税金融支持的一大重点。例如，根据《国家发展改革委关于下达 2017 年东北振兴新动能培育平台及设施建设专项中央预算内投资计划的通知》，财政部下达 2017 年中央基建投资预算（拨款）表，专项用于东北振兴新动能培育平台及设施建设，以及关于中央预算内投资支持辽宁沿海经济带和沈抚地区新动能培育有关事项的通知（2017年）。上述两项政策从投资和专项支持的层面，同时覆盖新兴产业园区建设、开放合作平台基础设施建设、推进创新链整合等多个领域，为推进供给侧结构性改革、培育发展东北地区新动能提供了切实的突破口。财税方面，2017年国务院确定了涉及减并税率降低企业成本、扩大小型微利企业政策惠及面、激发科技型中小企业创新活力等内容的六项减税政策，并在黑龙江省落地达效，通过财政手段进一步激发东北地区市场活力、促进老工业基地转型升级（图3-12、表3-5）。

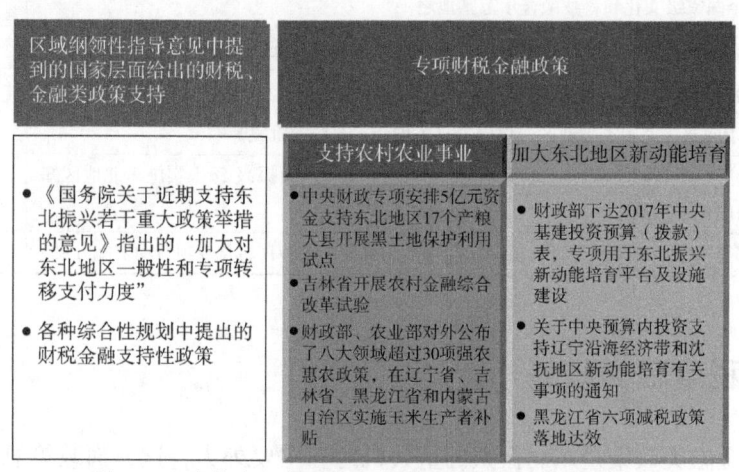

图3-12 党的十八大以来东北地区财税金融类政策概述

表3-5 党的十八大以来出台的推动东北地区财税金融类政策

政策或文件名录	发布年份
中央财政专项安排5亿元资金支持东北地区17个产粮大县开展黑土地保护利用试点	2015
国务院决定在吉林省开展农村金融综合改革试验	2015
《国家发展改革委关于下达2017年东北振兴新动能培育平台及设施建设专项中央预算内投资计划的通知》	2017
《国家发展改革委办公厅关于中央预算内投资支持辽宁沿海经济带和沈抚地区新动能培育有关事项的通知》	2017
财政部、农业部对外公布了八大领域超过30项强农惠农政策，在辽宁省、吉林省、黑龙江省和内蒙古自治区实施玉米生产者补贴	2017
国务院确定在黑龙江省实施六项减税政策	2017
中央拨付1.45亿元支持东北华北抗旱	2017

六、体制机制改革政策

由于计划经济体制机制的长期束缚和制约,推进行政管理体制改革、全面深化国有企业改革、加快民营经济发展等一直以来都是东北地区振兴政策的一大着力点。前面提到的各类、各项政策,无不包含体制机制改革相关内容。然而党的十八大以来涉及体制机制改革的专项政策并不多,且均围绕东北地区民营经济的改革发展而制定。例如,国家发展和改革委员会、工业和信息化部、中华全国工商业联合会、国家开发银行四部门联合制定的《关于推进东北地区民营经济发展改革的指导意见》(2016年),指出通过完成完善民营经济发展的政策环境、市场环境、金融环境、创新环境,以及完善有利于民营经济转型升级的支持举措、加强人才队伍建设等多项任务,深入推进东北地区民营经济发展改革,健全和完善促进民营经济健康发展的体制机制,优化民营经济发展环境,将民营企业培育成为增强经济活力、推动振兴发展的重要力量。基于该指导意见,国家发展和改革委员会、工业和信息化部、中华全国工商业联合会、国家开发银行四部门进一步发布《关于开展东北地区民营经济发展改革示范工作的通知》(2016年),经过组织开展东北地区民营经济发展改革示范城市方案申报和专家指导评估工作,确定了大连市等13个城市为东北地区民营经济发展改革示范城市,并明确了改革示范的重点领域和任务,目标是结合当地发展实际,通过实施结构性改革创新举措,努力突破制约民营经济发展的薄弱环节,探索形成具有东北区域特色的民营经济发展新模式(表3-6)。

表3-6 党的十八大以来出台的东北地区体制机制改革政策

政策或文件名录	发布年份
国家发展和改革委员会、工业和信息化部、中华全国工商业联合会、国家开发银行联合制定《关于推进东北地区民营经济发展改革的指导意见》	2016
国家发展和改革委员会、工业和信息化部、中华全国工商业联合会、国家开发银行联合制定《关于开展东北地区民营经济发展改革示范工作的通知》	2016

七、其他政策

除前述六大类政策外,还有涉及社会民生及保障粮食生产能力等领域的5项其他政策,特别是社会民生领域,成为政策发布的聚焦点。

为落实党中央国务院关于促进东北地区电力消纳及电力工业长期可持续发展问题的相关政策，国家能源局专门出台《关于缓解东北地区电力供需矛盾的意见》（2014年），以解决东北地区电力装机富余、窝电严重的问题。为加快矿区产业结构调整升级、保障和改善矿区民生、促进区域协调发展，实施独立工矿棚户区改造成为应对东北经济下行、增强独立工矿区内生发展动力的一项有效的民心工程，为此，国家发展和改革委员会启动全面驱动东北地区独立工矿区改造搬迁工程（2014年），通过实施改造搬迁工程，改善矿区发展条件和居民生产生活条件，对解决东北地区独立工矿区转型发展问题给予切实的支持。

为解决去产能任务导致的区域失业风险上升、部分群体就业难度大的问题，人力资源和社会保障部发布《关于开展东北等困难地区就业援助工作的通知》（2016年），要求组织开展有针对性的劳务对接和就业帮扶，加强人才援助，提升劳动者技能，推动东北等困难地区就业工作。此后，人力资源和社会保障部启动东北等困难地区劳务对接协作行动（2017年），这是一项落实东北等困难地区就业援助工作的专项帮扶活动，利用地区间劳动力供求方面的互补优势，组织天津、上海、江苏、浙江、山东、广东等省（自治区、直辖市）人力资源和社会保障部门，与河北、山西、辽宁、吉林、黑龙江等困难地区开展劳务对接，帮助有转移就业意愿的人员实现跨地区劳务输出。

此外，基于东北地区在我国粮食安全中占有重要地位，而当前却面临黑土地数量减少、质量下降的严峻形势，农业部会同国家发展和改革委员会等其他五部门编制《东北黑土地保护规划纲要（2017—2030年）》（2017年），明确了东北地区黑土地保护的重点任务、技术模式、保障措施等，旨在切实保护好黑土地这一珍贵资源，夯实国家粮食安全的基础（表3-7）。

表3-7 党的十八大以来出台的东北地区其他政策

政策或文件名录	发布年份
国家能源局印发《关于缓解东北地区电力供需矛盾的意见》	2014
国家和改革委员会启动全面驱动东北地区独立工矿区改造搬迁工程	2014
人力资源和社会保障部等五个部门联合印发《关于开展东北等困难地区就业援助工作的通知》	2016
人力资源和社会保障部启动东北等困难地区劳务对接协作行动	2017
农业部、国家发展和改革委员会、财政部、国土资源部、环境保护部、水利部关于印发《东北黑土地保护规划纲要（2017—2030年）》的通知	2017

第三节　开发区与东北"新"的经济增长

一、开发区对东北经济发展的重大意义

1. 培育区域成长新空间是东北全面振兴的必由之路

根据本书第一章对开发区内涵及开发区与新成长空间关系的阐述来看，开发区无疑会对东北地区经济发展产生重要的推动作用。2017年国务院办公厅发布的《国务院办公厅关于促进开发区改革和创新发展的若干意见》中明确提出"推动各区域开发区协调发展"，其中包括"支持中西部地区、东北地区进一步完善发区软硬件环境，加强开发区承接产业转移的能力建设，增强产业发展动力"。与此同时，党的十八大以来，一系列关于减轻企业税费负担、降低融资成本、推进创新创业等支持实体经济发展的改革举措相继出台，为进一步增加内需潜力、解决制约产业转型升级的深层次矛盾、激发市场活力、推动开发区加快发展创造了条件；而东北地区本身又具有天然的资源优势及较为雄厚的产业基础，很多开发区经过多年的建设发展已经具备了较为完备的基础设施条件和突出的产业结构优势。因此，发挥开发区对促进体制改革、改善投资环境、引导产业集聚、实现资源整合、发展开放型经济等方面的重要作用，推动这类新成长空间在区域结构转型升级、经济增质提效方面做出更大贡献，将成为东北全面振兴的必由之路。

2017年2月《国务院办公厅关于促进开发区改革和创新发展的若干意见》对开发区的功能提出了几点新的要求，尤其是对优化开发区形态布局和加快开发区转型升级方面做出了详细的规范。2016年11月出台的《东北振兴"十三五"规划》也将优化结构、构建现代产业体系作为主要建设目标，开发区成为区域新增长空间的重要抓手（图3-13）。

2. 开发区已成为东北产业升级与新动能培育的关键抓手

党的十八大以来，东北地区的产业政策不少是围绕示范基地、示范园区、产业园的批复和设立而发布，其目的可归纳为在夯实已有优势产业的基础上，瞄准新兴产业，持续推动产业结构转型升级，培育区域发展新动能。例如，2014年科学技术部正式认定部省共建长春国家光电国际创新园，旨在依托中国科学院长春光学精密机械与物理研究所在光电技术领域积极开展国际合作，提升光电技术产品的国际竞争力、开发光电新产品，建立并完善大型精密光电仪器设备自主创新研究、技术开发及工程化、产业化的完整创新链条，对促进吉林省乃至我国大

```
2017年2月                          （一）科学把握开发区功能定位
《国务院办公厅关于促进开发区        （二）明确各类开发区发展方向
改革和创新发展的若干意见》    →    （三）推动各区域开发区协调发展
• 优化开发区形态布局
• 加快开发区转型升级              （一）推进开发区创新驱动发展
                                   （二）加快开发区产业结构优化
                              →    （三）促进开发区开放型经济发展
2016年11月                          （四）推动开发区实现绿色发展
《东北振兴"十三五"规划》            （五）提升开发区基础设施水平
• 优化结构 构建现代产业体系
                                   （一）推进装备制造业提档升级
                                   （二）调整和优化传统产业结构
                              →    （三）积极发展新产业和新业态
                                   （四）促进服务业优质高效发展
```

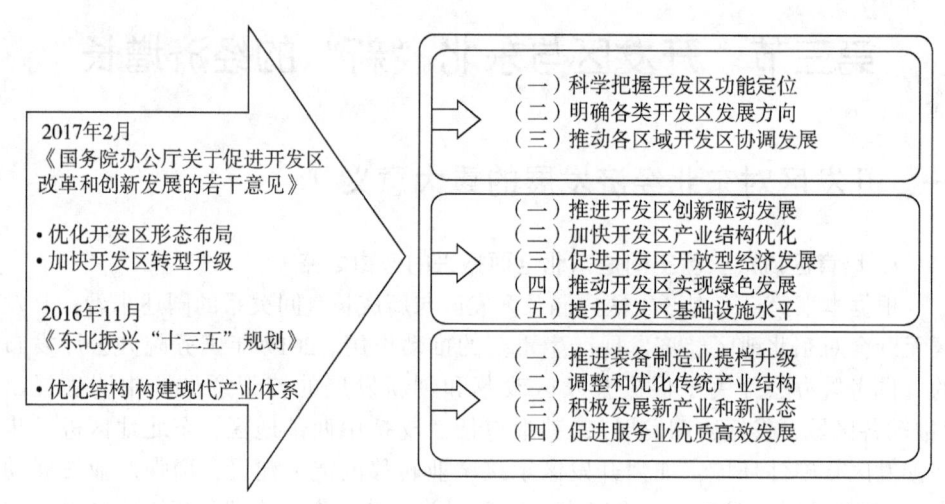

图 3-13　东北开发区发展政策导向

型精密光电仪器设备自主创新良性循环发展、支撑战略性新兴产业发展具有重大战略意义。2015 年国务院批复中德（沈阳）高端装备制造产业园建设方案，该产业园是"中国制造 2025"与"德国工业 4.0"战略对接的重要载体，重点发展智能制造、高端装备、汽车制造、工业服务、战略性新兴五大产业；截至 2017 年上半年，园区正在推进的项目就有 267 个，其中已落地 146 个、签约 7 个、在谈 114 个，同年 9 月国际优易数据与中德（沈阳）高端装备制造产业园达成初步合作意向，将最大化挖掘双方优势资源，推动沈阳装备制造业大数据蓬勃发展，助力中德（沈阳）高端装备制造产业园发展成为沈阳转型创新发展的强大引擎。

3. 开发区正在成为东北开发开放的战略高地

开发区在我国经济发展中的地位突出，在多方面起到重要的示范作用，已成为中国对外开放的重要平台。对东北经济而言，开放度偏低恰恰又是区域亟待破解的关键症结之一。全面振兴东北地区有赖于进一步扩大对内、对外开放，需要牢牢把握开发区这一抓手。近年来，各类开发区不断推进建设，正逐渐成为东北地区营造开放环境、促进外向型经济发展先行先试的重要窗口。2013 年升级为国家级经济技术开发区的辽宁省盘锦辽东湾新区，早在 2006 年就被纳入辽宁沿海重点发展区，新区以化工产业、制造产业、物流产业、高新产业和旅游产业为主导产业，是盘锦市向海发展、全面转型、以港强市战略的重要载体和对外开放的重要窗口。2014 年批复的四个国家级新区之一的大连金普新区，可以说是大连市乃至辽宁省、东北改革开放的发源地，现有各类企业 5 万多家，其中，外资企业 5000 多家，目前已培育形成了装备制造、石油化工、电子信息、整车及零部件、港航物流等多个产业集群，初步构建起以工业为主导，以通用航空、新材料等新兴产业和金融、旅游、物流等现代服务业为补充的现代产业体系，加之其地处东北亚地理中心位置和黄渤海经济圈关键地带，汇聚了四通八达的重要交通枢纽，都使其当之无愧地成为我国面向东北亚区域开放合作的战略高地和引领东北地区全面振兴的重要增长极。2017 年 4 月揭牌成立的中国（辽宁）自由贸易试验区，落户其中的来自日本、韩国、蒙古国、俄罗斯等国的外商投资企业超过百家，成立一年多来，以体制机制改革和制度创新为核心，对标国际经贸规则，已在转变政府职能、投资贸易便利化、金融创新、加强东北亚区域开放合作等方面实现了良好开局。

4. 开发区是东北地区实践创新驱动发展的重要载体

东北地区的各类开发区在促进地区经济增长方面发挥了一定的区域辐射作用。当前，全球经济和产业格局正在发生深刻变化，我国经济发展进入新常态，东北振兴在新形势下也面临着新的问题和挑战。要解决东北振兴中存在的结构性等问题，创新是根本，是第一动力。作为区域重要功能平台的各类开发区凭借政策及功能优势，在不断增强自身综合实力的同时已成为区域实践创新驱动发展的重要载体。例如，2016 年批复的沈大国家自主创新示范区经过两年时间的建设，已经取得了一定的成效，其中沈阳市包括 IC 装备、健康医疗、民用航空等重点产业始终保持正增长，航天三菱、新松机器人、东软医疗等新一代信息技术、机器人、生物医药等战略性新兴产业取得长足发展；大连市依托现有的技术、人才和企业积累，高新区用足产业优势，大力实施"IT+"战略，推进软件和信息技术服务产业高端化、规模化和集群化，重点扶植云计算、大数据等新兴业态，努力延长产业链，拓宽新空间，提高产业的关联度和丰厚度，加大互联网产业应用，在提升现有产业核心竞争力的同时，培育新的增长点和产业新优势，2017 年整个自创区高新技术产品增加值达到 481.23 亿元，占大连市的 56%。沈大国家自主创新示范区在营造创新创业生态、创建科技平台、吸引创新人才、集聚世界 500 强和行业领军企业及开展体制机制创新、形成支持创新政策链条等方面均取得了较为显著的进展。

二、新时期东北开发区建设面临的机遇与挑战

1. 供给侧结构性改革为东北开发区转型提供新机遇

2017 年 10 月 18 日，习近平总书记在党的十九大报告中指出"深化供给侧结构性改革"。供给侧结构性改革，就是从提高供给质量出发，用改革的办法推进

结构调整，矫正要素配置扭曲，扩大有效供给，提高供给结构对需求变化的适应性和灵活性，提高全要素生产率，更好地满足广大人民群众的需要，促进经济社会持续健康发展。东北地区在新一轮经济增速下行中，下滑最多的是重化工业和资源型产业，而这正是我国产能过剩的主要领域，也为东北地区加快供给侧结构性改革提供了原动力。开发区作为"生产商品和服务"的供给侧，恰恰可以通过改造传统落后产业供给、增加新产业新供给及提供有效的新制度供给，成为培育新增长点、新动能的有效载体。有鉴于此，东北地区则应紧紧抓住国家全面振兴东北老工业基地的战略机遇，坚持以供给侧结构性改革为主线，聚焦新兴产业集聚、企业技术创新、创新人才引进等方面，把握开发区转型升级新机遇，以开发区为有效载体积极培育经济发展新动能。供给侧结构性改革内涵概要如图 3-14 所示。

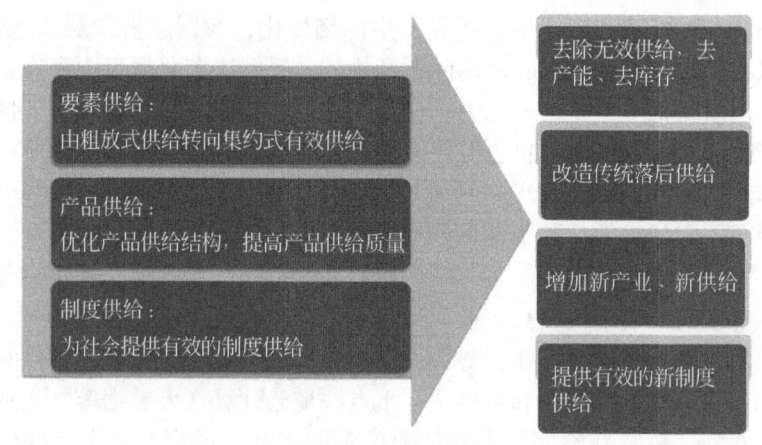

图 3-14　供给侧结构性改革内涵概要

2. "一带一路"倡议促进形成东北开放大格局

习近平总书记在 2013 年 9 月和 10 月分别提出建设"新丝绸之路经济带"和"21 世纪海上丝绸之路"的战略构想。"一带一路"倡议顺应了我国实施对外开放、区域结构转型、要素流动和国际产业转移的需要，推动了我国与其他国家和地区的经济合作。东北地区作为我国向北发展的重要窗口，成为推进"一带一路"倡议的"先锋"。《中共中央　国务院关于全面振兴东北地区等老工业基地的若干意见》也要求，主动融入、积极参与"一带一路"建设战略，努力将东北地区打造成为我国向北开放的重要窗口和东北亚地区合作的中心枢纽。可见"一带一路"倡议为东北地区社会经济发展提供了新的动力和保障。在此背景下，东北亟待进一步发挥延边沿海的区位优势，依托东北对外开放的重要口岸，推进如大连金普新区、中国（辽宁）自由贸易试验区等开发区的国际化、市场化、生态化、法制化建设，积极对接"一带一路"建设，打造东北对外开放新高地，构建东北对外开放大格局。

3. "中国制造2025"为开发区提供产业升级新要求

2015年5月，国务院发布《中国制造2025》，指明了中国制造业升级的方向和路径。该规划以应对新一轮技术革命和全球产业调整为背景，通过实施国家制造业创新中心（工业技术研究基地）建设、智能制造、工业强基、绿色制造、高端装备创新五项国家工程，实现中国由工业大国向工业强国的跃升。在国际国内当前的经济形势下，产业结构不合理是东北地区最为突出的问题之一。针对此问题，《中共中央 国务院关于全面振兴东北地区等老工业基地的若干意见》提出要结构转型，明确提出努力将东北地区打造成为实施"中国制造2025"战略的先行区。东北工业基地基础良好，优势突出，长期以来作为中国的重型制造业发展基地，积累了良好的产业基础、巨大的存量资源及相对丰富的熟练技工资源，地区工业成熟度较高，制造业占GDP的份额也很高，发展先进制造业的潜力巨大。而东北地区很多开发区在制造业方面行业门类多、产品系列多。因此，开发区能否通过发展高端产业、瞄准战略产业、集聚优秀企业、强化企业主体、坚持创新驱动，营造适合高端制造业发展的产业生态环境，从而实现成功转型升级，也是东北地区能否重振制造业雄风、顺利实现"中国制造2025"这一战略目标的关键部分。

4. 国家政策为开发区释放发展红利

我国"十三五"规划明确提出"坚持创新发展，着力提高发展质量和效益"，其中，培育发展新动力、拓展新成长空间便是其内在要求。开发区作为最典型的区域新成长空间，更成为经济发展提质增效的重要突破口。新时代东北全面振兴要走高质量发展之路，开发区无疑成为东北经济建设主战场、平台建设主阵地、赶超发展生力军。2017年初国务院办公厅印发《国务院办公厅关于促进开发区改革和创新发展的若干意见》，对新形势下做好开发区工作作出全面部署。《国务院办公厅关于促进开发区改革和创新发展的若干意见》指出，当前，全球经济和产业格局正在发生深刻变化，我国经济发展进入新常态，面对新形势，必须进一步发挥开发区作为改革开放排头兵的作用，形成新的集聚效应和增长动力，引领经济结构优化调整和发展方式转变；《国务院办公厅关于促进开发区改革和创新发展的若干意见》还从优化开发区形态和布局、加快开发区转型升级、全面深化开发区体制改革、完善开发区土地利用机制、完善开发区管理制度等方面为开发区的建设发展指明方向；特别在推动各区域开发区协调发展层面提出,"支持中西部地区、东北地区进一步完善开发区软硬件环境,加强开发区承接产业转移的能力建设,增强产业发展动力"。此外,新一轮东北老工业基地振兴、中国(辽宁)自由贸易试验区获批、开发开放等重大战略实施,都为东北地区各类开发区在更高层次参与国际合作和加快发展提供了重要机遇。

第四章 东北开发区的设置历程及空间特征

1984年，我国第一批国家级经济技术开发区诞生，其中东北地区的大连经济技术开发区于同年9月批复建设，是我国最早批准建立的国家级经济技术开发区。1991年、1992年在东北地区分别集中批复建设4个和11个国家级经济技术开发区，由此拉开东北开发区发展大幕。本章主要对东北开发区设置的整体情况、开发区的发展阶段、主要类型等进行梳理，并在此基础上从开发区的规模、时空分布及开发区空间集聚特征等方面分析开发区的空间特征。

第一节 开发区的总体状况

一、东北开发区设置

2006年，东北地区的国家级开发区中，辽宁省的国家级开发区占据半壁江山，其中，除边境/跨境经济合作区外，辽宁省拥有50%以上的各种类型的国家级开发区，而吉林省和黑龙江省国家级开发区密度相差不大。省级开发区中，东北有106家，包含101家省级经济开发区和5家省级高新产业园区。东北地区三个省份中，辽宁省开发区数目相对庞大，其省级经济开发区占东北地区省级经济开发区的36.63%，省级高新园区占东北地区省级高新园区的100%；而黑龙江省开发区数量相对较少，省级经济开发区占东北地区的28.71%（表4-1）。

表4-1 2006年、2018年开发区目录状况

级别	类型	2006年				2018年			
		东北地区	辽宁省	吉林省	黑龙江省	东北地区	辽宁省	吉林省	黑龙江省
国家级	国家级经济技术开发区	5	3	1	1	22	9	5	8
	国家级高新技术开发区	7	3	2	2	16	8	5	3
	海关特殊监管区	5	4	1	0	9	5	2	2

续表

级别	类型	2006年				2018年			
		东北地区	辽宁省	吉林省	黑龙江省	东北地区	辽宁省	吉林省	黑龙江省
国家级	边境/跨境经济合作区	4	1	1	2	5	1	2	2
	其他类型开发区	3	2	0	1	4	3	0	1
	小计	24	13	5	6	56	26	14	16
省级	省级经济开发区	101	37	35	29	176	56	48	72
	省级高新园区	5	5	0	0	8	6	0	2
	小计	106	42	35	29	184	62	48	74
总计		130				240			

2018年，东北地区开发区遍地开花，黑龙江省开发区数量猛增。2006~2018年，东北地区开发区数量由2006年的130家增至2018年的240家，增长了0.85倍。其中，国家级开发区数量激增，是2006年国家级开发区的2.3倍，而国家级中的经济技术开发区及高新技术产业开发区增幅最大，分别由2006年的5家、7家增至2018年的22家、16家；海关特殊监管区数量相较于2006年增长了0.8倍，由2006年的5家增至2018年的9家，其中，辽宁省、吉林省均增加一个综合保税区，黑龙江省实现零突破，新增2个综合保税区。就国家级开发区而言，辽宁省仍然是三省中拥有国家级开发区数量最多的省份。在东北地区省级开发区中，黑龙江省活力较强，开发区建设赶超辽宁省。尤其是省级经济技术开发区，黑龙江省数量猛增，是2006年的2.5倍，在数量上赶超辽宁省；而省级高新技术产业开发区仍主要集中在辽宁省，黑龙江省实现零突破，新增2个。

整体来看，《中国开发区审核公告目录》（2018年版）相较《中国开发区审核公告目录》（2006年版），开发区新增118家，其中辽宁省、吉林省、黑龙江省分别占32.20%、19.49%、48.31%；沈阳出口加工区、辽宁沈阳（张士）出口加工区合并为沈阳综合保税区；17家省级经济开发区升级为国家级经济技术开发区，其中，辽宁省、吉林省、黑龙江省分别占6家、4家、7家；6家省级经济技术开发区升级为国家级高新技术产业开发区，辽宁省、吉林省各占3家；3家省级高新区升级为国家级高新技术产业开发区，辽宁省、黑龙江省分别占2家、1家（表4-2）。

表4-2 2018年相较2006年开发区目录变化状况　　（单位：家）

变化类型	数目	辽宁省	吉林省	黑龙江省
新增	118	38	23	57
撤销	4	1	1	2
合并	2	2	0	0

续表

变化类型	数目	辽宁省	吉林省	黑龙江省
省级经济技术开发区升级为国家级经济技术开发区	17	6	4	7
省级经济技术开发区升级为国家级高新技术产业开发区	6	3	3	0
省级高新区升级为国家级高新技术产业开发区	3	2	0	1

二、东北开发区发展阶段

自1984年至今，东北开发区从批复建设的第一个国家级经济技术开发区——大连经济技术开发区以来，经历了30多年的沧桑巨变，从当初的"摸着石头过河"到初具规模，再到如今作为东北振兴的新成长空间及融入"一带一路"建设的抓手，开发区承载着东北地区振兴的希望。参照王一鸣[①]对我国开发区发展阶段的划分，将东北地区开发区在全国大的环境下划分为四个阶段，以开发区的视角折射东北地区30多年成长的荣辱兴衰（表4-3）。

表4-3 东北地区开发区四发展阶段对照

项目	第一阶段	第二阶段	第三阶段	第四阶段
经济（体制）改革大环境	计划经济	经济转轨	市场经济	新常态
开发区改革	市场经济：按国际惯例办事和建立市场化开发模式（问题导向）	市场经济：探索与国际接轨的仿真环境（目标导向）	市场经济：参与以WTO规则为标志的经济全球化（目标导向和战略导向）	市场经济：经济进入新常态，中国大力倡导"一带一路"建设（创新导向）
对外开放（区域）大环境	率先对外开放：东部沿海地区	扩大开放：省会城市和重点城市	全国开放	包容性全球化
开发区兴办	港口城市	重点城市	全面布局	优化布局
开发区发展的重点方向和内容	基础设施招商引资	基础设施产业招商	基础设施产业集聚产城融合	创新环境营商环境自主创新
开发区数量（全国）	223家，新建	600家，以新建为主	2356家，以升级为主	2539家，以升级为主
开发区数量（东北）	29家	72家	207家	240家

---

① 王一鸣. 2016. 中国开发区实践与思考. 北京：商务印书馆.

1984～1992年，在东部沿海地区率先对外开放的条件下，全国开发区突破了计划经济的束缚，探索了市场化的改革。此时正值我国改革开放的大幕开启，国家工业基础薄弱和高新技术产业基本空白是当时的现实国情。而东北地区，开发区处于起步阶段，最先批复建立的大连经济技术开发区，形成以石化、电子信息、装备制造业为主的主导产业。开发区主要集中在1991～1992年批复建设。截至1992年底，东北地区的开发区数量达到26家，仅在1992年这一年，新批复建设的开发区数量达到20家。该阶段，国家级开发区占东北开发区数量的64%，类型涵盖了经济技术开发区、高新技术产业开发区、海关特殊监管区域、边境/跨境经济合作区及其他类型开发区，以高新技术产业开发区为主。相对于国家级开发区，东北地区的省级经济开发区设立较晚，最早批复建设的省级开发区为1991年6月由黑龙江省政府批准的哈尔滨利民经济技术开发区。该阶段的东北开发区，虽诞生于计划经济时代，但同时担负着经济改革的使命，在基础设施建设和管理体制上进行了大规模的探索，跳出了苏联和东欧国家经济改革模式的条条框框和上限，进一步明确了其发展空间（图4-1）。

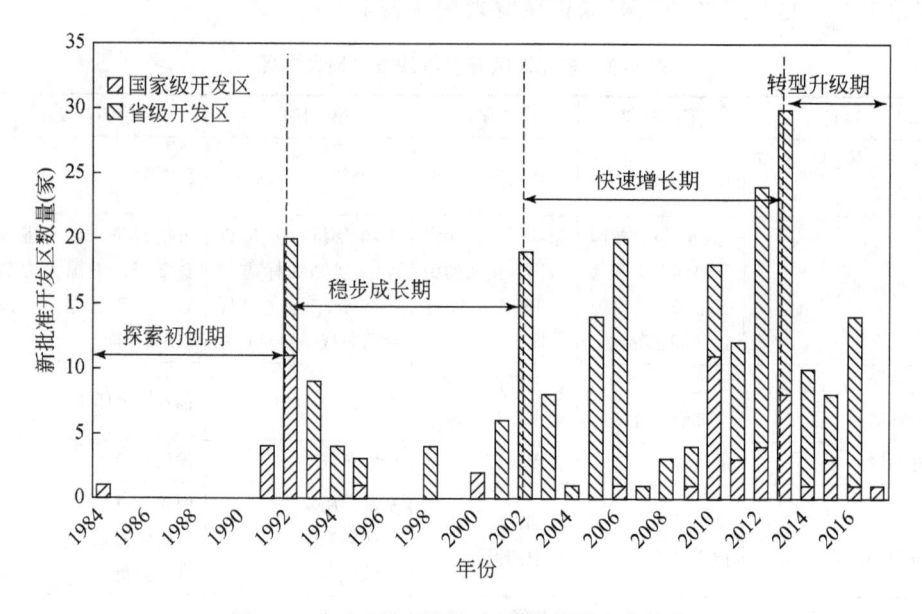

图4-1 东北开发区历年新获批数量变化趋势

1993～2002年，在省会城市和部分地区扩大对外开放的条件下，全国开发区利用先发优势，突破了产业化的瓶颈，从产业开发向产业集聚迈进。此阶段的东北，相较于上一阶段，国家级开发区的批复建设相对放缓，而东北地区作为我国的重工业基地，开发区的建设基本上走的都是"先工业"的发展道路，即通过强抓工业企业的聚集形成园区形态，而开发区的建设主要着眼点也是聚集生产要素，建设路径主要是打造开发区开展生产的硬条件和招商引资，建设的主要目标是快速形成产业基础和经济规模。新增的47家开发区，以省级开发区为主，占新增开发区的87%。而新增的6家国家级开发区，分别是于1993年在沈阳、长春、哈尔滨地区建设的3家国家级经济技术开发区（沈阳经济技术开发区、长春经济技术开发区、哈尔滨经济技术开发区）和1995年在沈阳批复建设的1家其他类型开发区（沈阳海峡两岸科技工业园），以及2000年在大连、延边朝鲜族自治州批复建设的2家海关特殊监管区（辽宁大连出口加工区、吉林珲春出口加工区）。

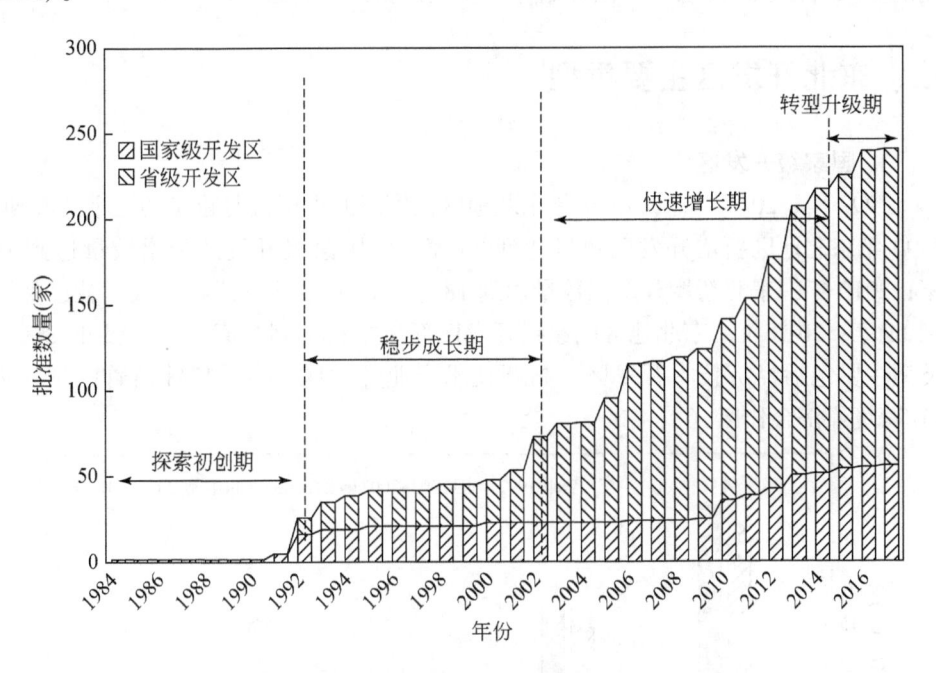

图4-2 东北开发区历年累计获批数量变化趋势

2003~2014年，在全国全面对外开放的条件下，开发区探索了产城融合的发展模式，开启了产业化与城市化良性互动的实践。伴随我国改革开放事业的加速，此阶段的东北地区，由于受扩大内需和增加投资等宏观调控政策的影响，即使面临金融危机等影响，东北地区能够逆势而上，大批基础设施项目和工业项目集中上位，东北地区的开发区也如雨后春笋。在此阶段，东北新增开发区147家，以省级开发区为主，占新增开发区的80%。新增的29家国家级开发区，有

17家经济技术开发区，8家高新技术开发区，4家海关特殊监管区。而海关特殊监管区中，有两家分别于2003年、2005年批复建设的沈阳出口加工区、辽宁沈阳（张士）出口加工区在2011年9月合并为沈阳综合保税区，在原有两个出口加工区的基础上，沈阳综合保税区的核准面积进一步扩大，新核准面积为619.82hm^2，形成以物流仓储业、加工业为主导产业的产业集群。

2015年至今，在全国大环境下，开发区以"自由贸易区"体制为特征，进入实施创新驱动的发展阶段。此时的东北开发区的数量增长步入平稳状态，以省级开发区增长为主。截至2017年底，东北地区在此阶段新批复建设的国家级开发区仅有5家，除国家级经济开发区没有增加外，其他类型开发区均相应增加。经济步入新常态，开发区建设开始寻求自主创新的发展路径。

三、东北开发区主要类型

1. 国家级开发区

1992年、2010年、2013年是东北地区国家级开发区批复建设的三个高峰期。1992年东北地区新增开发区数量达到20家，而国家级开发区新增数量达到11家；2010年，东北新增开发区数量达到18家，国家级开发区新增数量就已经达到11家；2013年，东北地区国家级开发区新增数量达到8家。国家级开发区的类型主要包括经济技术开发区、高新技术产业开发区、海关特殊监管区域、边境/跨境经济合作区（图4-3）。

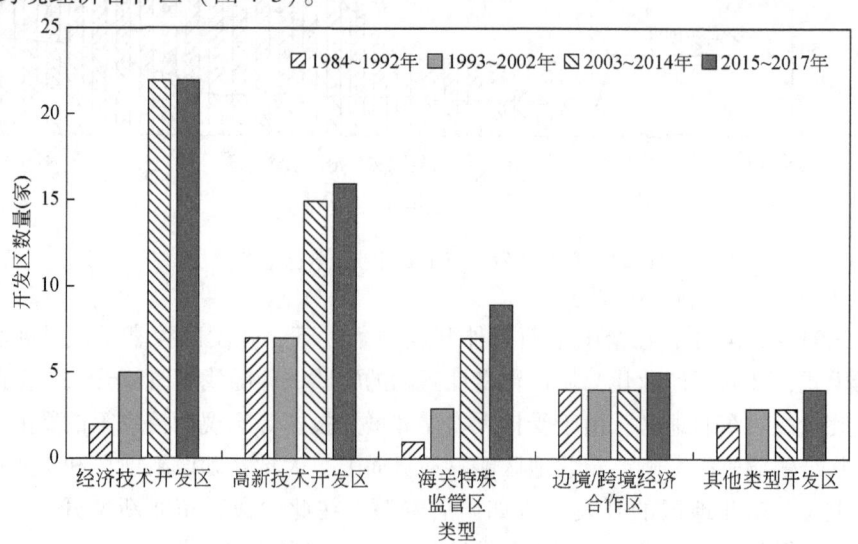

图4-3 东北地区国家级不同类型开发区历年数量

20世纪90年代,以辽宁为代表的东北地区在长期计划经济体制下积累的深层次结构性和体制性矛盾充分显现,工业经济陷入前所未有的困境,大批国有企业停产、半停产、亏损面和亏损额居高不下,出现了"东北现象"。为了寻求东北地区发展新空间,扭转东北发展局势,在1992年东北地区集中批复建设了11家国家级开发区,此时恰逢国务院在全国层面集中批复建设国家级开发区,在1991年和1992年国务院在全国分两次集中批复建设的91家国家级开发区中,东北地区占12.09%,形成了早期东北地区国家级开发区建设规模(表4-4)。此阶段批复建设的开发区空间规模都比较大,主要是由于我国改革开放由试验阶段转向大规模投入阶段,开发区作为改革开放的主要政策导向,在这一时期发展壮大;20世纪末人们对城市郊区土地利用重视不足,开发区一般建立在城市郊区,城市"摊大饼"的扩张模式助推了开发区面积过大,而在规划面积前十位的开

表4-4 东北地区最早批复建设的国家级各类型开发区

类别	名称	批准时间(年.月)	城市	核准面积(km^2)	地区生产总值(亿元)	主导产业
经济技术开发区	大连经济技术开发区	1984.09	大连市	20	1611.27(2015年)	石油化工、装备制造业
高新技术产业开发区	沈阳高新技术产业开发区	1991.03	沈阳市	27.5	950.6(2013年)	信息技术业、智能制造业、医药业
	大连高新技术产开发区	1991.03	大连市	13	282.6(2015年)	电子信息业
	长春高新技术产业开发区	1991.03	长春市	19.11	1020(2016年)	金属制品业、纺织业
	哈尔滨高新技术产业开发区	1991.03	哈尔滨市	23.70	1472.2(2015年)	林产品加工业、能源业
海关特殊监管区	大连保税区	1992.05	大连市	1.25	289.7(2016年)	贸易业、物流仓储业
边境/跨境经济合作区	珲春边境经济合作区	1992.03	延边朝鲜族自治州	5	100(2016年)	纺织业、林产品加工业、能源业
	绥芬河边境经济合作区	1992.03	牡丹江市	5	54.34(2015年)	贸易业、服装业、林产品加工业
	黑河边境经济合作区	1992.03	黑河市	7.63	9.51(2015年)	贸易业、物流仓储业

发区里，在1991~1993年集中批复建设的达到6家，只有哈尔滨经济技术开发区、沈阳经济技术开发区、长春高新技术产业开发区、大庆高新技术产业开发区空间规模容量与经济规模容量较为匹配（表4-5）。

表4-5 东北地区规划面积前十的国家级开发区一览表

序号	开发区名称	批准时间（年.月）	规划面积（km²）	GDP（亿元）
1	大连经济技术开发区	1984.09	1040	1611.27
2	哈尔滨经济技术开发区	1993.04	462	1875.08
3	沈阳经济技术开发区	1993.04	444	963.67
4	大连长兴岛经济技术开发区	2010.04	349.5	89.5
5	大庆经济技术开发区	2012.01	330	166
6	盘锦辽滨沿海经济技术开发区	2013.01	306	66.3
7	中俄东宁-波尔塔夫卡互市贸易区	1992.09	275.4	—
8	大连保税区	1992.05	250	289.7
9	长春高新技术产业开发区	1991.03	210	1020
10	大庆高新技术产业开发区	1992.11	208.54	581.4

2007年之后，国务院在全国范围内分不同阶段和不同批次又陆续批复了新的国家级开发区建设；尤其是2010年后，国务院批复国家开发区建设的速度进一步加快，东北地区新批复建设国家级开发区达11家，这使得东北国家级开发区的队伍和规模不断发展壮大。

2013年，是东北老工业基地改造振兴推进的第11年，11年来东北三省GDP增长轨迹与全国基本上保持一致，但增长速度明显高于全国平均水平。十年来，东北三省GDP的年增长速度均保持两位数，经济社会发展、改革开放、结构调整都取得了较大的成绩，综合实力迈上新台阶，装备制造等优势产业竞争力显著提高，借助东北振兴十年的优势，在2013年，东北地区集中批复建设的国家级开发区达10家。

2. 省级开发区

国家级开发区的设立取得了瞩目的成绩，各省开始借鉴成功经验，陆续成立各种省级开发区，但由于管理部门和政策实施时间等的不同，省级开发区的设置时序相比于国家级开发区的设置时序相对较晚。东北省级开发区以省级经济技术开发区为主，截至 2017 年底，184 家省级开发区中，仅有 8 家省级高新技术开发区及园区。

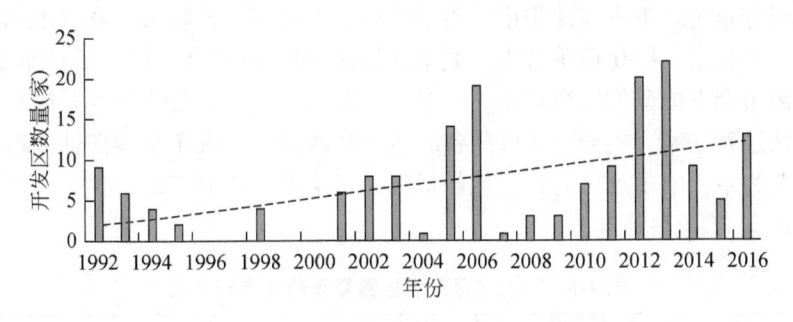

图 4-4　东北地区国家级开发区历年数量

东北地区省级经济开发区探索模式相对国家级经济开发区较晚，历年批复建设呈波动性增加。1991 年 6 月，东北地区第一个由省政府批准的哈尔滨利民经济技术开发区批复建设，该开发区以食品、制药、机械制造为主导产业，随着经济的发展，该开发区于 2011 年 4 月升级为国家级经济技术开发区，在原有主导产业的基础上，新增物流仓储业等现代新兴产业，该开发区在 2015 年，地区生产总值达到 564.72 亿元，出口总额达到 147 787 万美元，入驻企业数量达到 381 家。截至 2017 年底，东北地区省级经济开发区数量达到 176 家，自 1991 年设立省级经济开发区以来，新增了 167 家。

东北地区高新技术产业开发区及园区相对省级经济技术开发区又晚了 12 年。2003 年 1 月，辽宁省政府批复建设东北地区第一个省级高新技术产业开发区——辽宁葫芦岛高新技术开发区，意味着东北地区开启了省级高新区的探索之路。该开发区位于辽宁省葫芦岛市，占地面积为 934.15hm^2，形成了以精细化工业、机械制造业、电子信息业为主导产业的产业集群。

第二节　开发区空间特征

一、东北地区开发区规模

截至 2000 年底，东北开发区达到 47 家，空间分布主要集中在大连市、延边朝鲜族自治州、白城市等，但各地区的开发区数量均不超过 5 家；截至 2010 年，东北开发区新增94家，达到141家，空间分布主要集中在大连市、沈阳市、吉林市、长春市、哈尔滨市等城市，开发区数量均在10家以上，其中，沈阳市和大连市开发区数量最多，达到12家；2017年，东北开发区达到240家，新增99家，空间分布主要集中在沈阳市、哈尔滨市、大连市、长春市、齐齐哈尔市、牡丹江市、吉林市、绥化市等城市，城市开发区数量均在10家以上。截至2017年底，沈阳市拥有的开发区数量最多，达17家，以省级开发区为主，拥有的国家级开发区达到6家，主导产业以装备制造、智能制造、汽车及零部件制造业、生物医药业为主；哈尔滨市的开发区数量仅次于沈阳，达16家，其中，国家级有5家，省级有11家（表4-6）。

表4-6 东北地区开发区数量靠前城市一览表

城市	级别	开发区名称	批准时间（年.月）	核准面积（km²）	主导产业
沈阳市	国家级	沈阳高新技术产业开发区	1991.03	27.50	信息技术、智能制造、生物医药业
		沈阳经济技术开发区	1993.04	10.00	装备制造、医药化工
		沈阳海峡两岸科技工业园	1995.09	5.00	计算机及软件、汽车及零部件、环保
		沈阳综合保税区	2011.09	6.20	物流、加工
		沈阳辉山经济技术开发区	2013.01	12.00	食品、医药、车辆
		中德（沈阳）高端装备制造产业园	2015.12	35.53	智能制造、装备制造、汽车
	省级	沈阳金融商贸开发区	2002.01	5.75	金融
		沈阳道义经济开发区	2002.01	2.40	食品、医药、装备制造
		沈阳浑河民族经济开发区	2006.05	1.07	电子信息、工业研发设计
		沈阳-欧盟经济开发区	2006.05	3.80	汽车及零部件业、电子电器
		沈阳雪松经济开发区	2006.05	3.89	金属材料、电力电器、汽车零部件
		沈阳近海经济区	2006.05	0.40	卡车及特种车、装备制造、新材料
		辽宁康平经济开发区	2006.05	2.51	塑料制品、服装纺织、农副产品加工
		辽宁法库经济开发区	2006.05	3.25	陶瓷
		辽宁新民经济开发区	2006.05	3.46	造纸、医药、食品、包装印刷
		沈阳首府经济开发区	2013.01	9.99	包装印刷、金融、互联网
		沈阳永安经济开发区	2013.01	6.26	装备制造、家具、金属加工

续表

城市	级别	开发区名称	批准时间（年.月）	核准面积（km²）	主导产业
哈尔滨市	国家级	哈尔滨高新技术产业开发区	1991.03	2.37	装备制造、电子信息、新材料
		哈尔滨经济技术开发区	1993.04	10.00	装备制造、绿色食品、电子信息
		宾西经济技术开发区	2010.06	18.56	包装、食品、光电
		哈尔滨利民经济技术开发区	2011.04	7.00	生物医药、食品、商贸物流
		哈尔滨综合保税区	2016.03	3.29	国际贸易、保税物流、加工贸易、新型服务
	省级	黑龙江双城经济开发区	1992.08	3.79	食品、机械
		黑龙江依兰经济开发区	2001.12	2.65	建材、食品、医药、装备制造
		黑龙江阿城经济开发区	2002.09	9.61	建材、食品、医药
		哈尔滨香坊工业新区	2005.01	12.00	机械、进出口加工、产品组装
		黑龙江方正经济开发区	2006.03	1.31	食品、木材加工、建材
		黑龙江尚志经济开发区	2006.03	5.22	食品、木制品加工、医药
		黑龙江通河经济开发区	2010.12	3.35	农副产品加工、矿物制品、木材加工
		哈尔滨木兰工业园区	2013.05	1.07	农副产品加工
		黑龙江牛家经济开发区	2014.01	6.14	医药、食品、机械、木制品加工
		黑龙江巴彦经济开发区	2015.06	3.67	农畜产品加工、木材加工
		黑龙江延寿经济开发区	2016.06	2.95	食品、纺织、医药
大连市	国家级	大连经济技术开发区	1984.09	20.00	石化、电子信息、装备制造
		大连高新技术产业园区	1991.03	13.00	软件
		大连保税区	1992.05	1.25	国际贸易、加工贸易、物流仓储
		大连金石滩国家旅游度假区	1992.01	13.60	滨海运动、娱乐、文化旅游
		辽宁大连出口加工区	2000.04	2.95	加工贸易、半导体
		大连大窑湾保税港区	2006.08	6.88	物流仓储
		大连长兴岛经济技术开发区	2010.04	7.20	石化、船舶海工、装备制造
		旅顺经济技术开发区	2013.11	7.01	船舶、装备制造、轨道交通装备
	省级	大连炮台经济开发区	2002.01	2.37	食品、铸造机械、建材
		大连金州经济开发区	2002.01	4.91	汽车电子、装备制造、纺织服装
		大连普兰店经济开发区	2002.01	2.68	汽车零部件、电力设备器材、装备制造
		大连花园口经济区	2006.01	10.00	新材料、新能源、生物医药
		大连循环产业经济区	2009.05	10.1	装备制造、木材家居、再生资源利用
		大连瓦房店轴承产业园区	2013.08	4.02	轴承、机床、风电

续表

城市	级别	开发区名称	批准时间（年.月）	核准面积（km²）	主导产业
长春市	国家级	长春高新技术产业开发区	1991.03	19.11	汽车、装备制造、生物医药
		长春经济技术开发区	1993.04	10.00	汽车、农产品加工
		长春汽车经济技术开发区	2010.12	5.99	汽车
		长春兴隆综合保税区	2011.12	4.89	高端制造、物流、保税展示
		长春净月高新技术产业开发区	2012.08	22.46	高技术、文化
	省级	吉林德惠经济开发区	1992.08	3.94	农副产品加工、食品
		长春宽城经济开发区	2001.09	35.36	汽车、装备制造、农产品加工
		长春朝阳经济开发区	2002.11	3.10	汽车、建材、农产品加工
		长春绿园经济开发区	2003.06	7.31	轨道交通设备
		长春双阳经济开发区	2003.06	1.06	装备制造、生物医药、新材料
		长春九台经济开发区	2003.07	5.02	装备制造、生物医药
		长春榆树经济开发区	2003.07	5.28	农副食品、生物医药、生物化工
齐齐哈尔市	国家级	高新技术产业开发区	2010.11	3.31	装备制造、食品
	省级	黑龙江富拉尔基经济开发区	2001.05	4.17	装备制造、农副产品加工、建材
		甘南县工业示范基地	2005.05	5.15	乳制品加工、农畜产品加工
		铁峰区鹤城科技产业园区	2007.04	10.26	轨道交通设备、建材、木制品加工
		泰来工业示范基地	2011.01	2.72	农副产品加工、食品、建材
		黑龙江龙江经济开发区	2012.02	2.00	农产品加工、乳制品加工
		克东工业园区	2013.08	2.10	乳制品加工、家具、食品
		拜泉工业示范基地	2013.08	2.15	农产品加工、食品
		克山县马铃薯产业园区	2013.12	2.13	农产品加工、乳制品加工
		黑龙江富裕经济开发区	2015.06	2.13	乳制品加工、农产品加工、酿酒
		黑龙江依安经济开发区	2016.06	3.82	陶瓷、食品、生物
		黑龙江讷河经济开发区	2016.06	1.15	畜产品加工、农产品加工

东北地区开发区占地面积总计达1373.09km²，占东北地区土地面积的1.74‰，其中，辽宁省开发区占地面积位居首位，其次是吉林省，而占地面积最少的为黑龙江省，三省开发区面积分别为546.89km²、419.33km²、406.87km²。东北地区的36个城市中，沈阳市、长春市、哈尔滨市、大连市开发区占地面积

位居前 4 位，且地区内国家级开发区占地面积均高于省级开发区，作为东北地区的中心城市及港口城市，这 4 个城市的开发区是带动东北地区社会经济发展的增长极。其中，沈阳市开发区占地面积达到 139.01km²，是东北地区 36 个城市中开发区占地面积最大的城市，沈阳市开发区形成了装备制造业、汽车及零部件业、生物医药业等产业集群（图4-5）。

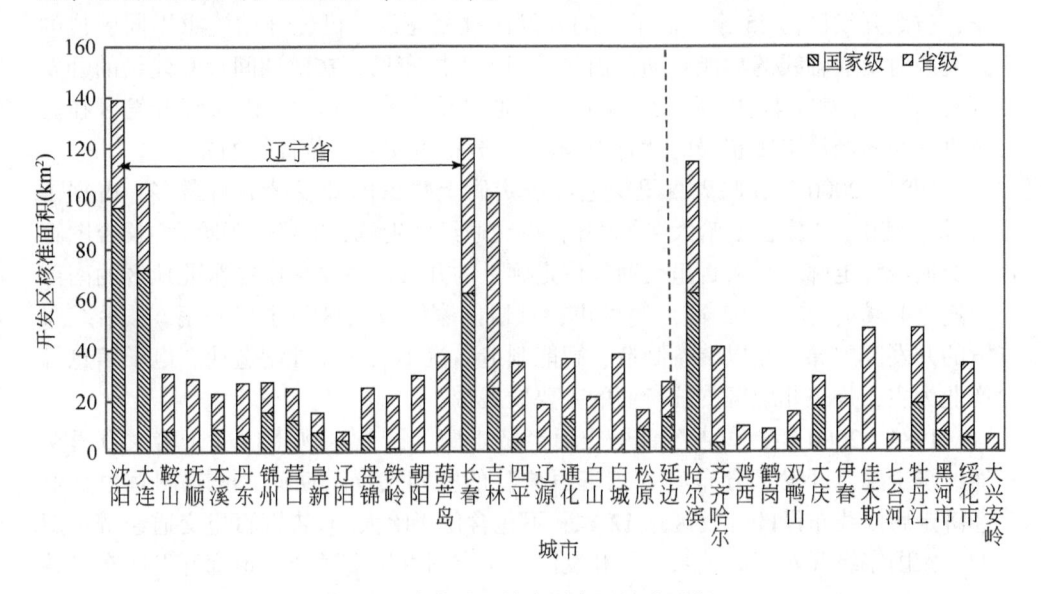

图 4-5　东北地区城市开发区核准面积

二、东北地区开发区时空分布

东北地区开发区依托交通轴线不断沿线集聚。为了更好地反映 1984～2017 年东北地区的开发区分布特征，基于交通经济走廊，探索东北地区开发区依托交通基础设施和城镇中心进行功能互动。通过 ArcGIS 软件对东北地区的主要铁路、主要公路进行筛选，对筛选的主要铁路、主要公路进行缓冲区分析，最终建立三条百里交通经济走廊——哈大百里交通经济走廊、哈大齐百里交通经济走廊、长吉图百里交通经济走廊，三条交通经济走廊的汇聚处，是东北地区交通与经济咽喉之地，具有极重要的战略意义，以三条百里交通经济走廊的两处交汇处作为东北地区百里交通经济圈，分别为哈大-哈大齐百里交通经济圈、哈大-长吉图百里交通经济圈。东北地区的开发区分布与其主要公路、主要铁路的空间关系密切，体现很强的交通依附性，并随着时间的推移，交通设施对开发区集聚吸引力进一步增强，进而呈现开发区沿着主要公路、主要铁路等进行沿线产业布局的特征。

1. 1984~2000年东北地区开发区空间发展不平衡初现

1984~2000年，东北地区的开发区批复建设主要集中在三条百里交通经济走廊。期间，东北地区批复建设的开发区有47家，其中，国家级开发区占22家，省级开发区占25家。而早期的开发区批复建设，已经开始注重不同区位的开发区对交通轴线的功能互动，而非空间上无序布局，在此期间批复建设的开发区有30家开发区集中布局在三条百里交通经济走廊，其中，国家级开发区在三条百里交通经济走廊布局的就有18家，充分抢占交通区位优势的先机。

1984~2000年，哈大百里交通经济走廊上集聚的开发区数目最多，占据了21家，其中，3家位于哈大-哈大齐百里交通经济走廊，3家位于哈大-长吉图百里交通经济走廊。哈大百里交通经济走廊上的开发区主要集中在东北地区的南部大连（4家）、沈阳（3家）等城市，且以国家级开发区为主（13家），沿线布设的开发区主导产业以装备制造、智能制造、汽车及零部件制造业、电子信息等产业为主，是东北地区支柱产业的主要发展带。

1984~2000年，长吉图百里交通经济走廊上开发区规模仅次于哈大百里交通经济走廊，开发区分布呈"东密西疏"的空间格局。期间，长吉图百里交通经济走廊沿线布设的开发区达12家，不包含位于哈大-长吉图百里交通经济走廊的2家国家级开发区和1家省级开发区，长吉图百里交通经济走廊开发区布设共有9家开发区，其中，3家国家级开发区、4家省级开发区均位于长吉图百里交通经济走廊的东部，而仅有2家省级开发区位于长吉图百里交通经济走廊的西部，沿线布设的开发区主导产业以纺织服装、汽车及零部件制造业、加工、化工、装备制造为主。

1984~2000年，哈大齐百里交通经济走廊发展相对薄弱，开发区布设相对零散。期间，位于哈大齐百里交通经济走廊的开发区有5家，若不考虑哈大-哈大齐百里交通经济走廊的2个国家级开发区、1个省级开发区，哈大齐百里交通经济走廊上开发区布设仅有2家，1家是于1992年3月国务院批复建设的以边境贸易、服装、木材加工为主导产业的绥芬河边境经济合作区，1家是于同年11月国务院批复建设的，以石油化工、汽车制造、装备制造为主导产业的大庆高新技术产业开发区，两家大型的国家级开发区发展差异较大，2016年绥芬河边境经济合作区实现地区生产总值54.34亿元，吸纳就业人口2000人，园区内企业数量380家，而大庆高新技术产业开发区创造地区生产总值581.4亿元、工业增加值446.5亿元、财政收入37.8亿元，容纳4650家企业，其中，规模以上工业企业88家，收入超亿元企业52家、收入超十亿元企业12家，境内外资本市场上市及新三板挂牌企业19家，高新技术企业96家。在科学技术部最新全国157家国家级高新区评价中，大庆高新技术产业开发区产业升级和结构优化能力、综合实力分别跻身第29位和第32位，在东北地区15家国家级高新区位列第三位（表4-7）。

表4-7 1984～2000年3条百里交通经济走廊开发区批复建设情况

交通经济走廊	级别	省份	开发区	批准时间（年.月）	主导产业	城市
哈大百里交通经济走廊	国家级	辽宁省	大连经济技术开发区	1984.09	石化、电子信息、装备制造	大连市
			沈阳高新技术产业开发区	1991.03	信息技术、智能制造、生物医药	沈阳市
			大连高新技术产业园区	1991.03	软件	大连市
			大连保税区	1992.05	国际贸易、加工贸易、物流仓储	大连市
			营口经济技术开发区	1992.01	港航物流、装备制造、钢铁	营口市
			鞍山高新技术产业开发区	1992.11	工业自动化、系统控制、激光	鞍山市
			沈阳经济技术开发区	1993.04	装备制造、医药化工	沈阳市
			沈阳海峡两岸科技工业园	1995.09	计算机及软件、汽车及零部件、	沈阳市
			辽宁大连出口加工区	2000.04	加工贸易、半导体	大连市
	省级	辽宁省	辽宁鞍山经济开发区	1993.03	钢铁加工、装备制造、精细化工	鞍山市
			抚顺经济开发区	1993.03	智能装备、印刷	抚顺市
			辽宁鞍山腾鳌经济开发区	1995.08	新材料、装备制造	鞍山市
		吉林省	吉林四平经济开发区	1998.12	通用设备、汽车及零部件、医药	四平市
哈大齐百里交通经济走廊	国家级	黑龙江省	绥芬河边境经济合作区	1992.03	边境贸易、服装、木材加工	牡丹江市
			大庆高新技术产业开发区	1992.11	石化、汽车、装备制造	大庆市
长吉图百里交通经济走廊	国家级	吉林省	珲春边境经济合作区	1992.03	纺织服装、木制品、能源矿产	延边朝鲜族自治州
			吉林高新技术产业开发区	1992.11	化工、汽车及零部件、电子	吉林市
			吉林珲春出口加工区	2000.04	木制品加工、建材、水产品加工	延边朝鲜族自治州

续表

交通经济走廊	级别	省份	开发区	批准时间（年.月）	主导产业	城市
长吉图百里交通经济走廊	省级	吉林省	吉林大安经济开发区	1993.11	农副产品加工、专业设备	白城市
			吉林敦化经济开发区	1994.06	木制品加工、食品、医药	延边朝鲜族自治州
			吉林图们经济开发区	1995.01	电子、非金属矿物制品、医药	延边朝鲜族自治州
			吉林白城经济开发区	1998.02	汽车零部件、医药、电力	白城市
			吉林永吉经济开发区	1998.04	汽车零部件、装备制造、新材料	吉林市
			吉林龙潭经济开发区	1998.12	化工、汽车及零部件	吉林市
哈大–哈大齐百里交通经济圈	国家级	黑龙江省	哈尔滨高新技术产业开发区	1991.03	装备制造、电子信息、新材料	哈尔滨市
			哈尔滨经济技术开发区	1993.04	装备制造、绿色食品、电子信息	哈尔滨市
	省级	黑龙江省	黑龙江双城经济开发区	1992.08	食品、机械	哈尔滨市
哈大–长吉图百里交通经济圈	国家级	吉林省	长春高新技术产业开发区	1991.03	汽车、装备制造、生物医药	长春市
			长春经济技术开发区	1993.04	汽车、农产品加工	长春市
	省级	吉林省	吉林德惠经济开发区	1992.08	农副产品加工、食品	长春市

2. 2001~2010年东北地区开发区空间发展相对均衡

2001~2010年，东北地区开发区批复建设在3条百里交通经济走廊上的开发区数量相对1984~2000年增加，空间分布相对均衡。期间，东北地区批复建设的开发区达94家，相较1984~2000年翻了一番，国家级开发区批复建设减少，仅批复13家国家级开发区，以省级开发区批复建设（81家）为主。期间开发区的批复建设更加注重空间发展的均衡性，3条百里交通经济走廊上批复建设的开发区仍在不断集聚，新增43家，其中有10家国家级开发区沿着东北地区的3条百里经济走廊沿线布设，可见交通经济走廊对开发区布设仍具有很强的吸引力，而这3条百里交通经济走廊上的10家国家级开发区均具有一定的建设基础，均在原有省级开发区的基础上晋升为国家级开发区。

2001~2010年，哈大百里交通经济走廊仍是东北地区开发区布设的主要发展轴线。期间，哈大百里交通经济走廊集聚了25家开发区，其中包含了1家布设在哈大–哈大齐百里交通经济走廊及5家布设在哈大–长吉图百里交通经济走廊的开发区。哈大百里交通经济走廊上新增的开发区，由1984~2000年以国家级开发区批复建设为主转变为以省级开发区为主，省级开发区的批复建设明显增多（21家），而国家级开发区的批复建设缩减，仅有4家，其中有1家国家级开发区位于哈大-长吉图百里交通经济走廊和哈大-哈大齐百里交通经济走廊，另外3家均位于哈大交通经济走廊的南端，均于2010年批复建设，分别位于营口市、辽阳市、四平市。位于营口市的为以装备制造、新材料、信息技术为主导产业的营口高新技术产业开发区，2014年工业总产值为546亿元；位于辽阳市的为以芳烃及精细化工、工业铝材为主导产业的辽阳高新技术产业开发区，2015年实现地区生产总值171亿元，经济活力相对较弱；位于四平市的为以冶金建材、食品加工、装备制造为主导产业的四平红嘴经济技术开发区，2015年实现地区生产总值154亿元，第二产业较为突出，三次产业结构为0.3∶84.4∶15.3。2001~2010年布设在哈大百里交通经济走廊上的开发区仍主要集中在走廊的南部。

2001~2010年，长吉图百里交通经济走廊上开发区批复建设力度开始放缓。相较1984~2000年，此阶段批复建设的开发区从规模等级和数量上均相对减少，批复建设的开发区空间分布仍主要集中在长吉图百里交通经济走廊的东边。在长吉图百里交通经济走廊上，批复建设了3家国家开发区，其中一家是位于哈大-长吉图百里交通经济走廊的长春汽车经济技术开发区，另外两家是位于长吉图百里交通经济走廊东侧的吉林经济技术开发区和延吉高新技术产业开发区。长春汽车经济技术开发区集哈大百里交通经济走廊、长吉图百里交通经济走廊的资源优势于一身，产业布局以汽车制造业为主，核准面积达5.99km^2，2015年创造地区生产总值540.6亿元，解决6306人的就业问题，容纳3160家企业，是长春市汽车产业的核心区域，承担着长春国际汽车城建设；而吉林经济技术发展相对较弱，于2010年4月由省级经济开发区开发区晋升为国家级经济技术开发区，核准面积达20.46km^2，是长吉图百里交通经济走廊上新批复建设的3家国家开发区中面积最大的，产业布局以化工、新材料、生物医药为主，2015年实现地区生产总值106亿元，第二产业较为突出，三次产业结构为1.4∶86.4∶12.2；而延吉高新技术产业开发区是长吉图经济走廊上的3个国家级开发区中经济发展较为落后的开发区，于2010年11月，由省级经济开发区晋升为国家级高新技术产业开发区，产业布局以生物医药、食品为主，2015年实现地区生产总值310亿元，解决16 000人的就业问题，就单位面积经济效益[①]，延吉高新技术产业开发区单位面积的经济效益远落后于长春汽车经济技术开发区，但高于吉林经济技术

---

① 单位面积经济效益=地区生产总值/核准面积，用于衡量开发区的土地集约效益。

开发区，且开发区主导产业属于资本-劳动密集型，对当地人口的就业具有一定的贡献。而长吉图百里交通经济走廊上，批复建设9家省级开发区，主要集中在长春、吉林，其中有4家位于哈大-长吉图百里交通经济走廊，有5家集中在了长吉图百里交通经济走廊的东侧。

2001~2010年，哈大齐百里交通经济走廊上开发区的活力明显增强，开发区批复建设数目和规模均赶超长吉图百里交通经济走廊。此阶段，哈大齐百里交通经济走廊上，批复建设开发区达12家，其中有4家国家级开发区，8家省级开发区，包含了1家位于哈大-哈大齐百里交通经济走廊的开发区。此阶段，哈大齐百里交通经济走廊上批复建设开发区空间分布相对均衡。4家国家级开发区有3家位于哈大齐百里经济走廊东边，其中1家位于哈尔滨市，2家位于牡丹江市。位于哈尔滨市的为宾西经济技术开发区，该开发区于2010年6月由原先的省级经济技术开发区晋升为国家级经济技术开发区，产业布局以包装、食品、光电信息为主，开发区经济活力较强，2015年实现地区生产总值208.27亿元，解决15 650人的就业问题，容纳企业达738家。而位于牡丹江市的两家，1家是于2009年4月批复建设的黑龙江绥芬河综合保税区，产业布局以出口贸易、进出口加工、物流仓储为主；另1家是于2010年6月批复建设的海林经济技术开发区，该开发区同样是由原省级经济技术开发区晋升为国家级经济技术开发区，产业布局以林木加工、食品加工、机械制造为主，开发区经济活力虽相对次于宾西经济技术开发区，2015年实现地区生产总值243.07亿元，但对当地人口就业具有突出贡献，2015年解决了当地31 065人的就业问题，园区容纳269家企业，出口创汇总额达2870万美元。位于哈大齐百里交通经济走廊西部的齐齐哈尔高新技术产业开发区于2010年11月批复建设为国家级高新技术产业开发区，产业布局以装备制造、食品为主，开发区经济活力相对较弱，经济体量不足百亿元，2015年实现地区生产总值61.4亿元，解决了18 500人的就业问题，容纳企业达97家（表4-8）。

表4-8 2001~2010年3条百里交通经济走廊上开发区批复建设情况

交通经济走廊	级别	省份	开发区	批准时间（年.月）	主导产业	城市
哈大百里交通经济走廊	国家级	辽宁省	营口高新技术产业开发区	2010.09	装备制造、新材料、信息技术	营口市
			辽阳高新技术产业开发区	2010.11	芳烃及精细化工、工业铝材	辽阳市
		吉林省	四平红嘴经济技术开发区	2010.11	冶金建材、食品、装备制造	四平市

续表

交通经济走廊	级别	省份	开发区	批准时间（年.月）	主导产业	城市
哈大百里交通经济走廊	省级	辽宁省	沈阳金融商贸开发区	2002.01	金融	沈阳市
			沈阳道义经济开发区	2002.01	食品、医药、装备制造	沈阳市
			辽宁海城经济开发区	2002.01	装备制造、服装纺织、箱包	鞍山市
			辽宁辽阳经济开发区	2002.01	汽车零部件、装备制造	辽阳市
			大连炮台经济开发区	2002.01	食品、铸造机械、建材	大连市
			大连金州经济开发区	2002.01	汽车电子、装备制造、纺织服装	大连市
			大连普兰店经济开发区	2002.01	汽车零部件、电力设备器材、装备制造	大连市
			营口南楼经济开发区	2002.01	有色金属加工、建材、机械	营口市
			营口大石桥经济开发区	2004.01	有色金属加工、装备制造	营口市
			沈阳浑河民族经济开发区	2006.05	电子信息、工业研发设计	沈阳市
			沈阳—欧盟经济开发区	2006.05	汽车及零部件、电子电器	沈阳市
			沈阳雪松经济开发区	2006.05	金属材料、电力电器、汽车零部件	沈阳市
			沈阳近海经济区	2006.05	卡车及特种车、装备制造、新材料	沈阳市
			营口仙人岛能源化工区	2006.09	石化、港口物流	营口市
			铁岭高新技术产业开发区	2010.04	装备制造、新材料、农副产品加工	铁岭市
		吉林省	扶余工业集中区	2005.11	建材、农畜产品加工	松原市
哈大齐百里交通经济走廊	国家级	黑龙江省	黑龙江绥芬河综合保税区	2009.04	进出口贸易、进出口加工、物流仓储	牡丹江市
			宾西经济技术开发区	2010.06	包装、食品、光电	哈尔滨市
			海林经济技术开发区	2010.06	林木加工、机械、食品	牡丹江市
			齐齐哈尔高新技术产业开发区	2010.11	装备制造、食品	齐齐哈尔市
	省级	黑龙江省	黑龙江富拉尔基经济开发区	2001.05	装备制造、农副产品加工、建材	齐齐哈尔市
			黑龙江阿城经济开发区	2002.09	建材、食品、医药	哈尔滨市
			黑龙江尚志经济开发区	2006.03	食品、木制品加工、医药	哈尔滨市
			黑龙江肇东经济开发区	2006.03	农副产品加工、生物制药、新材料	绥化市
			牡丹江高新技术产业开发区	2006.08	机电一体化、电子信息、医药	牡丹江市
			黑龙江穆棱经济开发区	2006.08	木材加工、食品	牡丹江市
			齐齐哈尔铁峰区鹤城科技产业园区	2007.04	轨道交通设备、建材、木制品加工	齐齐哈尔市

续表

交通经济走廊	级别	省份	开发区	批准时间（年.月）	主导产业	城市
长吉图百里交通经济走廊	国家级	吉林省	吉林经济技术开发区	2010.04	化工、新材料、医药	吉林市
			延吉高新技术产业开发区	2010.11	医药、食品	延边朝鲜族自治州
	省级	吉林省	吉林船营经济开发区	2002.11	装备制造、木器加工、食品	吉林市
			吉林丰满经济开发区	2003.06	专用设备、食品、医药	吉林市
			吉林蛟河天岗石材产业园区	2003.06	石材加工、工艺品	吉林市
			龙井工业集中区	2005.12	医药、农副产品加工	延边朝鲜族自治州
			吉林化学工业循环经济示范区	2008.01	化工	吉林市
哈大-哈大齐百里交通经济圈	省级	黑龙江省	哈尔滨香坊工业新区	2005.01	机械、进出口加工、产品组装	哈尔滨市
哈大-长吉图百里交通经济圈	国家级	吉林省	长春汽车经济技术开发区	2010.12	汽车	长春市
	省级	吉林省	长春宽城经济开发区	2001.09	汽车、装备制造、农产品加工	长春市
			长春朝阳经济开发区	2002.11	汽车、建材、农产品加工	长春市
			长春绿园经济开发区	2003.06	轨道交通设备	长春市
			长春九台经济开发区	2003.07	装备制造、生物医药	长春市

3. 2011～2017年东北地区开发区分布更加密集

2011～2017年，东北地区开发区批复建设在3条百里交通经济走廊上的开发区相对2001～2010年减少，空间分布相对更加均衡。期间，东北地区批复建设的开发区达99家，相较2001～2010年，开发区批复建设有所收敛，国家级开发区批复建设相对增多，达21家，但仍以省级开发区批复建设为主（87家）。期间3条百里交通经济走廊对开发区的布设仍具有很强的吸引力，33家开发区沿着3条百里交通经济走廊沿线布设，占东北地区此阶段批复建设的开发区的1/3。其中，有15家国家级开发区，有9家在省级开发区的基础上晋升为国家级开发区，有1家为合并而来，有5家为新增国家级开发区。

2011～2017年，3条百里交通经济走廊中，哈大百里交通经济走廊作为东北地区开发区布设的主要发展轴线有增无减。期间，哈大百里交通经济走廊集聚了

24家开发区，占此阶段东北地区开发区批复建设的72.73%，其中包含了2家布设在哈大–哈大齐百里交通经济走廊及2家布设在哈大–长吉图百里交通经济走廊的开发区。哈大百里交通经济走廊上批复建设的开发区，仍是以省级开发区批复建设为主（13家），而国家级开发区的批复建设略有增加（11家），其中有3家国家级开发区位于哈大–长吉图百里交通经济走廊和哈大–哈大齐百里交通经济走廊，另外8家均位于哈大交通经济走廊的南端，分布于沈阳市、大连市、营口市、盘锦市、铁岭市等城市，分别为以物流仓储、加工为主导产业的沈阳综合保税区，以食品加工、生物医药、车辆及零部件业为主导产业的沈阳辉山经济技术开发区，以智能制造、装备制造、汽车及零部件业的中德（沈阳）高端装备制造产业园，以船舶、装备制造、轨道交通设备为主导产业的旅顺经济技术开发区，以石油化工、精细化工、装备制造为主导产业的盘锦辽滨沿海经济技术开发区，以汽车制造、阀门、橡塑为主导产业的铁岭经济技术开发区，以食品加工、商贸物流、机械电子为主导产业的绥化经济技术开发区及在建的营口综合保税区。

2011~2017年，3条百里交通经济走廊中，长吉图百里交通经济走廊对开发区布设的吸引力下滑。在长吉图百里交通经济走廊上，批复建设了4家开发区，分别为3家国家级开发区和1家省级开发区。3家国家级开发区中，2家是位于哈大–长吉图百里交通经济走廊内，分别为长春兴隆综合保税区、长春净月高新技术产业开发区。长春兴隆综合保税区是2011年12月国务院批准的海关特殊监管区，产业布局以高端制造、物流仓储、保税展示为主，核准面积达4.89km^2。长春净月高新技术产业开发区是2012年8月国务院批准的国家级高新技术产业开发区，产业布局以高新技术产业、文化创意产业、现代服务业为主，2015年创造地区生产总值697亿元，同时解决89万人的就业问题。位于长吉图百里交通经济走廊的松原经济技术开发区是2013年3月国务院批准的国家级经济技术开发区，产业布局以建材、农产品加工、装备制造为主导，经济活力相对较弱，2015年实现地区生产总值190.5亿元，从业人员达3万人。位于长吉图百里交通经济走廊东侧的吉林安图经济技术开发区是2012年1月吉林省政府批准的省级经济技术开发区，产业布局以食品加工、矿产品加工、木制品加工为主。

2011~2017年，3条百里交通经济走廊上，哈大齐百里交通经济走廊上开发区的布设明显缩减。此阶段，哈大齐百里交通经济走廊上，批复建设开发区达9家，其中有4家国家级开发区，5家省级开发区，包含了2家位于哈大–哈大齐百里交通经济走廊开发区。4家国家级开发区分别位于哈尔滨市、牡丹江市、大庆市。位于哈尔滨市的分别为哈尔滨利民经济技术开发区、哈尔滨综合保税区。哈尔滨利民经济技术开发区是2011年4国务院批准的国家级经济技术开发区，核准面积达 7km²，产业布局以生物医药、食品加工业、物流仓储业为主；哈尔滨综合保税区是 2016 年 3 月国务院批准的海关特殊监近区，核准面积达 3.29km²，产业布局以贸易业、物流仓储业、新型服务业为主。位于牡丹江市的为牡丹江经济技术开发区是 2013 年 3 月国务院批准的国家级经济技术开发区，核准面积达 6.91km²，产业布局以林木加工、食品加工、装备制造为主，2015 年开发区已累计完成投资 360 亿元（不含历史性建设投资部分），实现工业总产值 216.5 亿元，工业增加值 54.8 亿元，实现财政收入 9.98 亿元，成为拉动牡丹江市经济发展的新的经济增长极。位于大庆市的为大庆经济技术开发区，该开发区是 2012 年国务院批准的国家级经济技术开发区，核准面积达 3.60km²，产业布局以装备制造、石油化工、建材为主，2015 年，实现地区生产总值 166 亿元，从业人员达 3000 人（表 4-9）。

表 4-9　2011~2017 年 3 条百里交通经济走廊上开发区批复建设一览表

交通经济走廊	级别	省份	开发区	批准时间（年.月）	主导产业	所在城市
哈大百里交通经济走廊	国家级	辽宁省	沈阳综合保税区	2011.09	物流仓储、加工	沈阳市
			沈阳辉山经济技术开发区	2013.01	食品、生物医药、车辆	沈阳市
			盘锦辽滨沿海经济技术开发区	2013.01	石化、精细化工、装备制造	盘锦市
			旅顺经济技术开发区	2013.11	船舶、装备制造、轨道交通设备	大连市
			铁岭经济技术开发区	2013.11	汽车制造、阀门、橡塑	铁岭市
			中德（沈阳）高端装备制造产业园	2015.12	智能制造、装备制造、汽车制造	沈阳市
			营口综合保税区	2017.12	加工制造、物流运输、仓储	营口市
		黑龙江省	绥化经济技术开发区	2012.12	食品加工、商贸物流、机械电子	绥化市
	省级	辽宁省	辽宁营口沿海产业基地	2011.07	装备制造、新材料、电子信息	营口市
			鞍山大洋河临港产业区	2012.07	高分子材料	鞍山市
			铁岭调兵山经济开发区	2012.09	新能源、农产品加工、特色装备	铁岭市
			铁岭开原经济开发区	2012.09	装备制造、建材、食品、包装	铁岭市
			大连瓦房店轴承产业园区	2013.08	轴承、机床、风电	大连市
			沈阳首府经济开发区	2013.01	包装印刷、金融、互联网	沈阳市
			沈阳永安经济开发区	2013.01	装备制造、家具、金属加工	沈阳市
			鞍山立山经济开发区	2014.08	装备制造、钢铁加工、化工、建材	鞍山市

续表

交通经济走廊	级别	省份	开发区	批准时间（年.月）	主导产业	所在城市
哈大百里交通经济走廊	省级	吉林省	吉林梨树经济开发区	2012.01	食品、农畜产品加工、物流	四平市
		黑龙江省	五大连池矿泉工业园区	2013.09	矿泉产品、农副产品加工	黑河市
			黑龙江海伦经济开发区	2015.06	食品、纺织服装、机械	绥化市
			孙吴工业示范基地	2016.04	食品、乳制品加工	黑河市
哈大齐百里交通经济走廊	国家级	黑龙江省	哈尔滨利民经济技术开发区	2011.04	生物医药、食品、商贸物流	哈尔滨市
			大庆经济技术开发区	2012.01	装备制造、石化、建材	大庆市
			牡丹江经济技术开发区	2013.03	林木加工、食品、装备制造	牡丹江市
	省级	黑龙江省	黑龙江龙江经济开发区	2012.02	农产品加工、乳制品加工	齐齐哈尔市
			大庆德力戈尔工业园区	2012.11	畜产品加工、农副产品加工、新能源	大庆市
			黑龙江阳明经济开发区	2013.02	生物科技、食品、新材料	牡丹江市
			黑龙江安达经济开发区	2014.01	化工、食品、非金属矿物制品	绥化市
长吉图百里交通经济走廊	国家级	吉林省	松原经济技术开发区	2013.03	建材、农产品加工、装备制造	松原市
	省级	吉林省	吉林安图经济开发区	2012.01	食品、矿产品加工、木制品加工	延边朝鲜族自治州
哈大-哈大齐百里交通经济走廊	国家级	黑龙江省	哈尔滨综合保税区	2016.03	在建	哈尔滨市
	省级	黑龙江省	黑龙江巴彦经济开发区	2015.06	农畜产品加工、木材加工	哈尔滨市
哈大-长吉图百里交通经济走廊	国家级	吉林省	长春兴隆综合保税区	2011.12	高端制造、物流、保税展示	长春市
		吉林省	长春净月高新技术产业开发区	2012.08	高新技术产业、文化创意产业、现代服务业	长春市

三、东北地区开发区空间集聚分析

1984~2017年东北各类开发区在空间上逐步形成一定的集聚。2000年，东北地区开发区的集聚性比较低，开发区初步集聚在大连市、沈阳市、吉林市、哈

115

尔滨市、长春市等城市。此阶段，大连市的开发区空间分布核密度相对高于其他地区，区域内开发区规模等级均是国家级，功能类型也相对多样化，包含了高新技术产业园区、经济技术开发区、保税区、出口加工区、国家旅游度假区等不同功能开发区类型，形成了以大连高新技术产业园区为核心的软件信息产业集群、以大连经济技术开发区为核心的装备制造、石油化工、电子信息等产业集群，以大连保税区、大连出口加工区为核心的加工贸易、物流仓储集群及以大连金石滩国家旅游度假区为核心的滨海运动、文化旅游产业基地。

2010年，东北地区的集聚性初具规模，部分城市由原分散的点状次级集聚中心通过扩展融合逐渐集聚形成较高集聚中心。此阶段，地处东北亚腹地，坐拥绵长海岸线及四个出海港口，是资源流向的集聚区域、互联互通的枢纽区域、开发开放的热点区域的东北地区南部，其开发区空间分布相对密集。东北地区开发区的空间分布的密集度整体呈南高北低的空间格局，形成了以沈阳市为集聚中心，以辽阳市、鞍山市、营口市为次级集聚中心的明显带状集聚格局及长春市、吉林市、大连市、哈尔滨市等不断显著的团簇状的集聚格局。其中，沈阳市、长春市、吉林市、大连市的核密度相对高于其他城市，表明期间地区内单位面积的开发区数目明显增加，如沈阳市，开发区核密度的增加主要源自2000年以来新增的9家省级经济开发区，且其中有7家于2006年集中批复建设，而在2001~2010年，沈阳市并未新增国家级开发区，以沈阳高新技术产业开发区、沈阳经济技术开发区、沈阳海峡两岸科技工业园3个国家级开发区为核心，依托沈阳金融开发区、沈阳道义经济开发区、沈阳近海经济开发区等，构建沈阳市装备制造、汽车及零部件、电子信息、医药化工、食品及农产品深加工等产业空间载体。

2017年，东北地区开发区的集聚强度不断增加，空间联系逐渐加强。根据核密度估计可见，东北地区开发区的集聚度由南到北逐渐降低。在东北地区的南部，沈阳市—辽阳市—鞍山市这条带状集聚格局经过不断地扩展融合，带状集聚不断扩大，其中，辽阳市、鞍山市这些由原先的次级集聚中心演化成较高级集聚中心，并在周边的锦州市、盘锦市等形成新的次级集聚中心。在东北地区的中部，开发区组团状分布愈加明显，团簇状不断扩大，形成以长春市、吉林市开发区为核心，以四平市、辽源市、通化市、白山市开发区为依托的组团状分布格局。东北地区北部，开发区集聚模式相对分散，核密度值相对较低，未形成强有力的空间集聚效应，空间上形成以哈尔滨开发区为主、周边集聚的团簇状开发区散落分布的空间格局。辽宁省的集聚程度依次高于吉林省，而对3个省的中心城市而言，哈尔滨市的开发区集聚性远低于辽宁省的沈阳市、大连市等城市及吉林省的长春市、吉林市等城市。

第五章　东北开发区的产业特征

东北曾是我国的"工业摇篮",不仅有丰富的钢铁、石油、矿物资源,还承载了化工、重机、飞机、造船、军工、航天、汽车一系列重大国家级工业项目。自《东北地区振兴规划》批复以来,东北地区一直为建设成为综合经济发展水平较高的重要经济增长区域及"四基地一区"的战略目标而不懈奋斗。东北地区具备完备的工业体系,在装备制造业、汽车及零部件业、生物医药业、仓储物流业上长期具有优势。开发区正是这些优势产业分布最为集中的地区,作为东北地区产业发展的空间载体,探索开发区的产业类型、分布与发展状况,对引导产业发展、推动产业合理布局和产业结构调整升级具有重要意义。

第一节　东北开发区产业组织模式

一、东北开发区主导产业概况

主导产业是地区最有活力和带动性的产业,主导产业选择的科学化、产业群结构的科学化能够决定未来一段时间整个区域甚至国家的经济走向。东北三省长期振而不兴,其开发区主导产业的组织模式是否合理,需要得到重点关注。通过分析东北地区开发区的主导产业结构[①]可了解东北地区产业结构的合理化程度,也有助于今后的产业结构调整与布局优化。参照第二章按照不同行业对要素的依赖程度,按将行业划分为劳动密集型、资本密集型和技术密集型的标准,并根据《中国开发区审核公告目录》(2018年版)对东北地区开发区主导产业进行相应的划分,探索东北地区开发区产业的发展状况。

东北地区开发区产业主要划分为三大类,即资本密集型、劳动密集型、技术密集型,相应地资本密集型可以分为化工业、金属加工业、商贸物流业、建材业;劳动密集型可以分为纺织服装业、木材及家具业、农产品加工业、食品加工业、一般

---

① 主导产业结构以该产业为主导产业的东北地区开发区数量占东北地区开发区总量的比例表示。

加工业；技术密集型可以细分为装备制造业、生物医药业、新材料业、汽车及零部件业、电子信息制造业、新能源业；每个亚类又可以进一步细分（表5-1）。

表 5-1　东北地区主导产业要素密集分类准则

一级	二级	三级
技术密集型	装备制造业①	通用设备、专用设备、装备机械、电气机械器材、机械制造、工程机械、机械加工、交通设备、运输设备、精密机械、高端制造业、智能制造业、先进制造业、仪器仪表业、机电设备业、铸造机械业、电力设备器材业、电子通信设备
	生物医药业	生物医药、医药、医药化工、医药健康
	新材料业	高分子材料、纳米技术、金属新材料业、激光业、半导体业
	汽车及零部件业	汽车制造、汽车电子、汽车零部件
	电子信息制造业	电子信息、电子、电子电器、电子器件、电子元器件、电子器械、信息技术、机械电子业、工业自动化业、系统控制业、石墨加工业
	新能源业	光伏、清洁能源、光电、风电业、能源业
劳动密集型	纺织服装业	纺织业、纺织服装鞋帽制造业、皮革毛皮羽毛及其制造业、服装业、箱包业
	木材及家具业	木材加工、家具制造业、林产品加工
	农产品加工业	农副食品、农副产品、绿色食品、畜产品加工业、食品、食品饮料、乳制品加工
	一般加工业	进出口加工业、矿产品加工业、轻工产品加工业、包装业、加工业、一般加工业、矿泉产品业、水产品加工业
资本密集型	化工业	石油化工、化工、日用化工、精细化工、生物化工、塑料制品业、橡塑业、临港化工、盐化工、综合化工、煤化工、电石化工、天然气化工
	金属加工业	黑色金属、有色金属、冶金、钢铁、金属制品业、金属材料业
	商贸物流业	港口物流、电商、仓储物流、大宗商品交易、国际贸易、金融业归为商贸物流业
	建材业	建筑、冶金建材业、玻璃建材业、玻璃制品业、陶瓷业
	其他	滨海运动业、娱乐业、文化旅游业、工艺品业

---

① 本章主要根据《中国开发区审核公告目录》（2018年版）中开发区主导产业将汽车及零部件业从装备制造业中划分出来。

东北地区开发区产业组织模式相对多样，根据主导产业组织模式，可以将东北地区各个开发区类型划分为单一型和复合型。单一型包括资本密集型、技术密集型、劳动密集型，复合型包括技术–劳动密集型、资本–技术密集型、资本–劳动密集型、资本–技术–劳动密集型。截至2017年12月底，东北地区开发区达到240家，不同产业组织模式的开发区均占据一定比例，其中，各开发区的产业发展以技术–劳动复合型为主，占东北地区开发区的30%，技术密集型、资本–技术密集型紧随其后，均占东北地区开发区的16%。此外，资本–技术–劳动密集型的开发区也占据一定比例，占东北地区开发区的12%。东北地区开发区产业为单一型的资本密集型开发区数目相对较少，仅占东北地区开发区的6%（图5-1）。

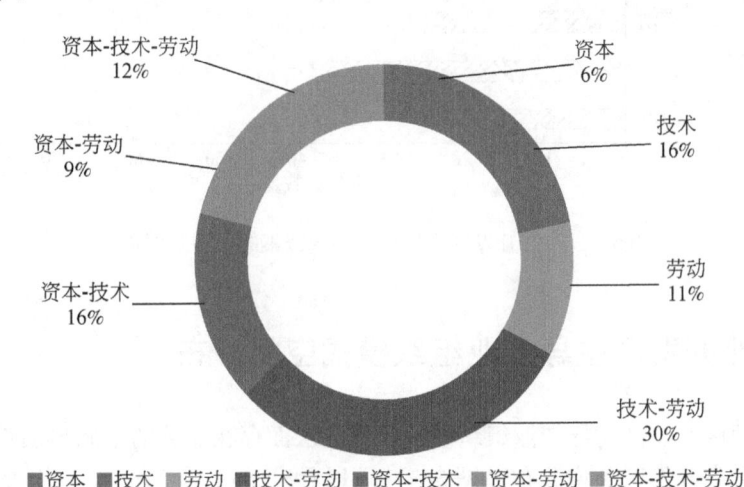

图 5-1　东北地区开发区主导产业组织模式概况

东北地区国家级开发区产业组织模式区别于省级开发区。截至2017年底，东北地区除了在建的营口综合保税区外，55家国家级开发区以复合型产业组织模式为主。从要素密集型来看，东北地区国家级开发区主要集中在单一型的技术密集型（16家）、复合型的资本–技术密集型（13家）、技术–劳动密集型（10家）。此外，东北地区的国家级开发区更加注重高精尖产业的发展，产业布局几乎不以单一性的劳动密集型产业为主导，但对资本密集型产业缺乏一定的布局，东北地区的开发区在单一型的资本密集型、复合型资本–劳动密集型、资本–技术–劳动密集型方面均有分布，但分布较少。而东北地区的184家省级开发区在单一型要素密集型产业方面分布相对较少，主要集中在复合型要素密集型产业（125家），其中，复合型的技术–劳动密集型（63家）、复合型的资本–技术–

劳动密集型（21家）、资本-技术密集型（25家）占据相对优势，而单一型的技术密集型、劳动密集型也占据一定比例，省级开发区的数量均在20家以上。省级开发区中以资本密集型为主导产业的开发区相对较为缺乏，仅有11家（图5-2）。

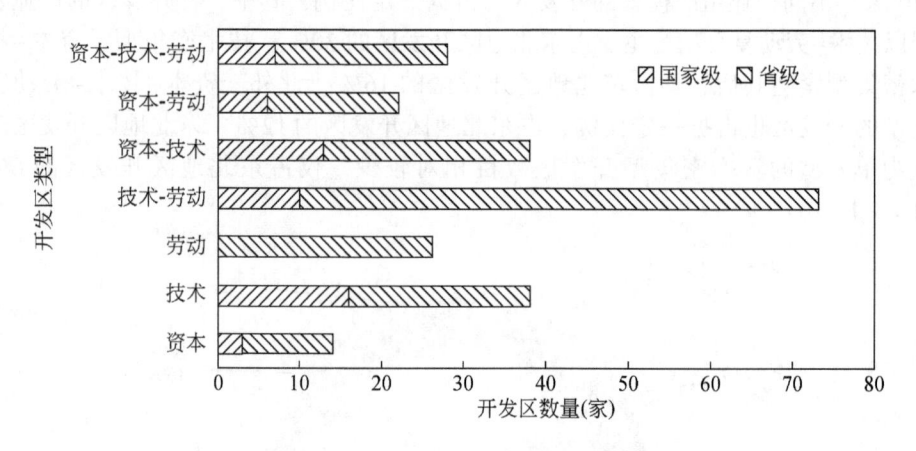

图5-2 东北开发区主导产业要素密集的类型及数量

二、东北开发区主导产业组织模式空间分布

东北地区开发区主导产业组织模式在省级层面存在显著的空间异质性。根据东北地区分省开发区类型分布（图5-3）可以看出，黑龙江省、吉林省的开发区主导产业组织模式类型以复合型的技术-劳动密集型为主，而辽宁省以单一型的技术密集型为主，且规模远高于黑龙江省和吉林省。黑龙江省以劳动要素密集型开发区力压东北地区的其他两省，而资本、技术要素密集型的开发区相对匮乏，其技术-劳动密集型开发区、劳动密集型开发区、资本-劳动密集型开发区及资本-技术-劳动密集型开发区规模均超过其他两省；尤其是单一型的劳动密集型开发区，东北地区分布有26家，而黑龙江省就拥有其中的22家。与黑龙江省相反，单一型的资本密集型、技术密集型和复合型的资本-技术密集型的开发区主要集中在辽宁省，尤其是单一型的资本密集型开发区，东北地区的240家开发区中仅有14家，其中辽宁省占据了12家，黑龙江省、吉林省各占1家。辽宁省的技术密集型开发区、资本-技术密集型开发区的规模也遥遥领先于东北地区的其他两个省份。

◎ 第五章 东北开发区的产业特征

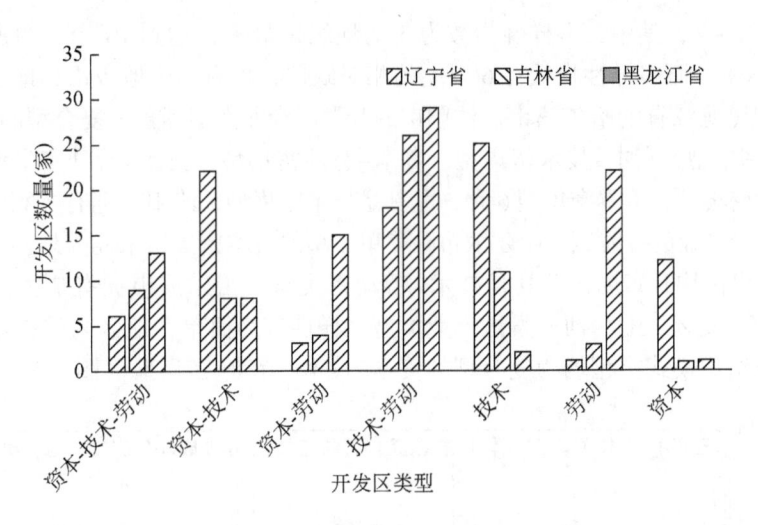

图 5-3 东北地区分省开发区类型分布

由于区域差异性，每个地区的产业发展截然不同，东北三省不同地区内部的开发区的主导产业组织模式也有所不同。为了衡量东北各地级市的开发区主导产业组织模式类型的多样性，本节以地区内开发区主导产业组织模式类型的个数定义东北地区各地级市开发区主导产业组织模式的多样性指数，进而衡量东北各地级市要素密集型的多样化程度（图5-4）。

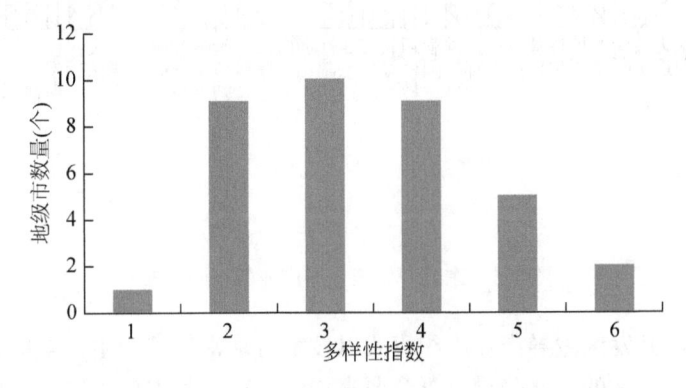

图 5-4 东北地区开发区主导产业组织模式空间统计
多样性指数指地区中开发区主导产业组织模式类型不同要素密集型产业种类

东北地区各地级市开发区主导产业组织模式类型的空间统计呈倒 U 形分布，地级市开发区主导产业组织模式的类型多样性整体处于中等水平。在东北地区覆盖的 36 个地级市中，有 78% 的地级市的开发区主导产业组织模式多样性指数主

121

要集中在 2~4，其中，多样性指数为 3 的地级市最多，达到 10 个，约占东北地级市的 28%。而多样性指数在 6 以上的相对缺位，仅有 2 个地级市，即辽宁省的沈阳市和黑龙江省的哈尔滨市。沈阳市的开发区产业类型涵盖了复合型的资本-技术-劳动密集型、资本-技术密集型、资本-劳动密集型、技术-劳动密集型及单一型的技术密集型、资本密集型 6 种，尤其是技术密集型，沈阳市拥有 7 家以资本密集型为主导产业的开发区，哈尔滨市除了单一型的资本密集型未涵盖外，其他产业类型的开发区均有布局，尤其是技术-劳动密集型，哈尔滨市拥有 7 家以此为主导产业的开发区。七台河开发区产业类型多样性较为简单，地区内的 2 家开发区主导产业组织模式类型均为复合型的资本-技术-劳动-密集型（图 5-5）。

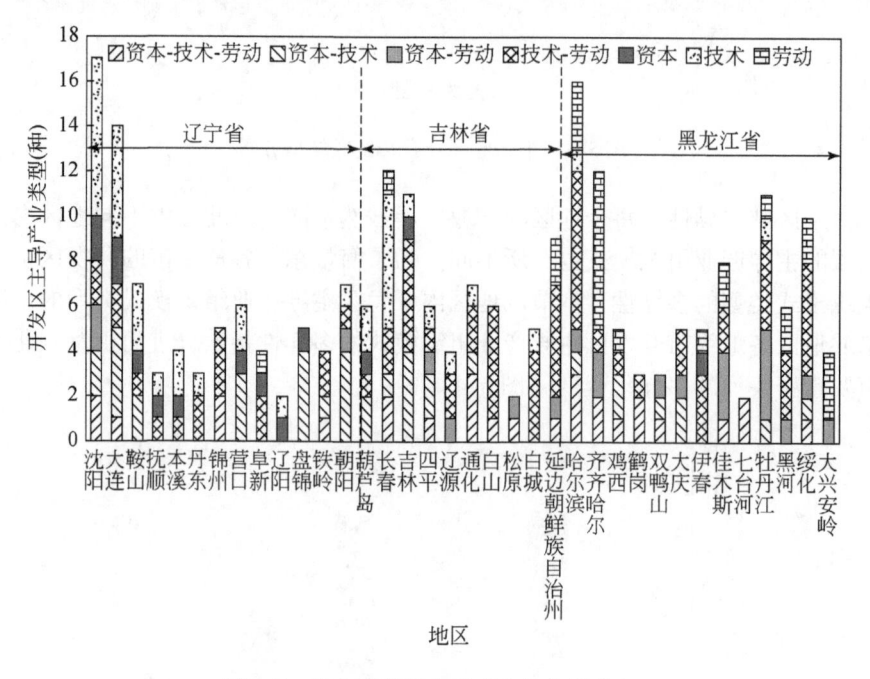

图 5-5 东北开发区主导产业的空间分布

东北地区开发区主导产业组织模式以技术劳动密集型为主，空间分布上形成了显著的单一要素的南北分异及复合要素均匀分布。其中单一要素中的劳动密集要素主要分布在东北地区的北面，即黑龙江省，技术要素主要分布在吉林省以南、辽宁省以北地区，而资本要素主要集中在东北地区的偏南地区，即辽宁省。复合要素的技术-劳动密集型开发区在三省分布相差不大，资本-劳动密集型的开发区主要集中在黑龙江省，且在黑龙江省也是零散分布，而资本-技术密集型的开发区主要分布在辽宁省，在空间上相对集聚。与复合型的双要素密集型不同的是，复合型的资本-技术-劳动密集型开发区主要分布在黑龙江省以南的西南位置和辽宁省以北的东北位置。

第二节　技术密集型产业空间分布

一、技术密集型产业概况

技术密集型产业中以装备制造为主导产业的开发区仍具竞争力。中华人民共和国成立以来，东北地区在数控机床、大型船舶、海洋工程、铁路机车等重大装备上贡献了不计其数的全国第一。近年来东北攻关的一批大型装备打破了海外垄断，对服务中国制造的下游产业，提升"世界工厂"的整体制造水平，起到了带动作用。2017年1~9月，制造业实现利润总额48 984.3亿元；规模以上工业企业利润较上一年增长22.8%。另外，高端装备制造业、新材料产业利润分别较上一年增长28.1%、29.9%，高于工业企业总体利润增长。

东北经济发展重点从量稳向质增方向转变，装备制造产业的空间载体——开发区，数量也是遥遥领先于其他产业。截至2017年底，以装备制造业为主导产业的开发区达90家，占东北地区开发区的37%，包含22家国家级开发区和68家省级开发区。

东北地区生物医药产业由于先天优势明显、资源底蕴雄厚，加上生物医药产业作为高科技、低能耗、少污染的绿色技术产业，是提振地区经济发展的新兴增长点。在经济形势整体"稳中有变"的背景下，东北医药产业逆势上扬。2015年吉林省医药产业销售收入1659万元，利税221万元，全国综合排名第五位。东北地区开发区以生物医药业为主导产业在技术密集型中仅次于装备制造业，占东北地区开发区的24%，包含48家省级开发区和4家国家级开发区。

东北地区开发区以汽车及零部件业、新材料业、电子信息技术业和新能源业为主导产业的开发区并不多。以汽车及零部件业、新材料业为主导产业的开发区分别占东北地区开发区总量的11%、13%；而以电子信息技术业和新能源业为主导产业的开发区在东北地区更是相对匮乏，占东北地区开发区总量的比例均不足10%，其中，电子信息技术业仅21家，且国家级的数量高于省级，为11家；而以新能源业为主导产业的开发区仅13家，包含2家国家级开发区、11家省级开发区（图5-6）。

开发区：东北新成长空间

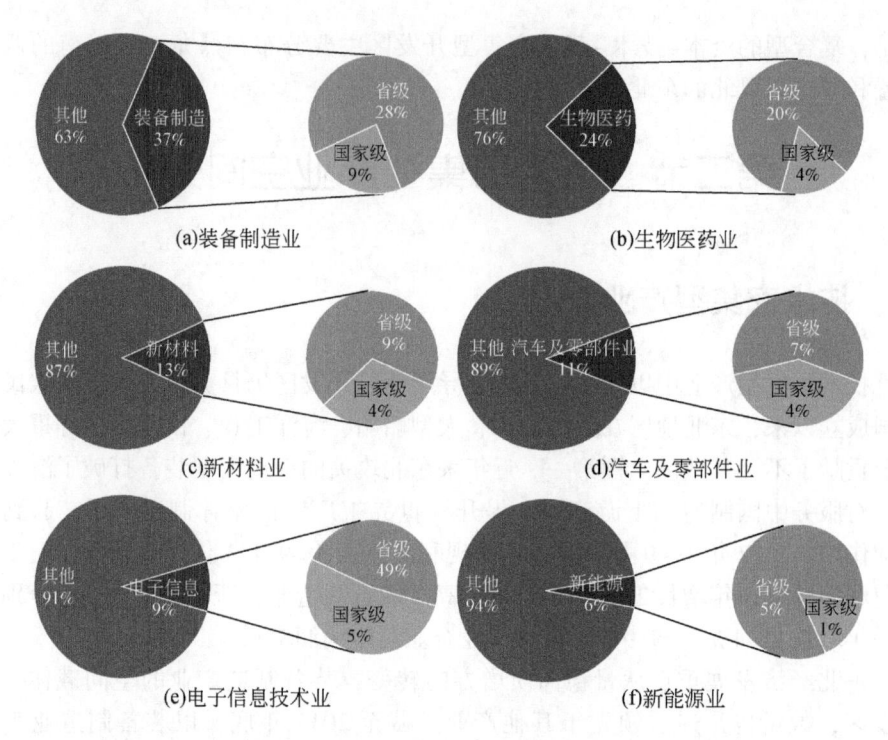

(a)装备制造业　　　　　　　　　(b)生物医药业

(c)新材料业　　　　　　　　　　(d)汽车及零部件业

(e)电子信息技术业　　　　　　　(f)新能源业

图 5-6　东北地区技术密集型产业结构

二、代表性技术密集型产业空间分布

1. 汽车及零部件业

东北地区是我国汽车产业重镇，其汽车产业发展历史悠久，中华人民共和国成立初期苏联对我国的援建项目主要集中在东北地区，原本具有的重工业基础加上国家在开发北大荒时期迁移过来的大批人才，使得东北地区的汽车工业最早开始起步。1953 年，一汽集团在长春市成立，标志着我国汽车产业的起步。汽车产业对东北地区的发展，尤其是长春市，汽车产业几乎"一柱擎天"，因此素有"一汽打喷嚏，长春就感冒"的说法。

东北地区的汽车行业具有得天独厚的发展基础，而作为东北地区汽车产业集群的空间载体——开发区，在振兴东北老工业基地的关键时刻，扮演着越来越重要的角色。东北地区的汽车产业已形成以长春市一汽集团为核心，以哈尔滨市和沈阳市的汽车主导厂商为两翼的东北汽车产业集群空间发展格局，而以汽车及零部件为主导产业的省级以上开发区主要布设在长春市、沈阳市两个中心城市。

东北地区以汽车及零部件为主导产业的开发区的规模较大。东北地区以汽车及零部件为主导产业的省级以上开发区占27家,而分布在长春市和沈阳市的开发区各占5家。其中,长春市有3家国家级、2家省级开发区以汽车及零部件业为主,这5家开发区基本围绕一汽集团展开。截至2015年底,长春市的3个国家级开发区——长春汽车经济技术开发区、长春经济技术开发区、长春高新技术产业开发区,其地区生产总值均在500亿元以上,尤其是长春经济技术开发区2016年地区生产总值达到1020亿元。位于沈阳市的5个以汽车及零配件为主导产业的省级以上开发区,以华晨汽车、华晨宝马为核心形成汽车及零配件产业集群。

东北地区的哈大发展带是以汽车及零部件等为主导产业的开发区高度聚集带。根据以汽车及零部件为主导产业的开发区空间布局可以看出,东北地区以汽车及零部件为主导产业的开发区主要位于哈大发展带的中心城市沈阳市、长春市,其余沿着哈大发展带沿线城市——辽源市、铁岭市、四平市、辽阳市、锦州市、本溪市带状分布。大庆市凭借着其与汽车及零配件配套的丰富的石化产业,为区内批复建设的大庆高新技术产业开发区的汽车及零部件产业发展创造条件。大连市、丹东市由于临近港口,具有优越的区位优势,在大连市有2家省级开发区、丹东市有1家跨境/边境经济合作区以汽车及零配件为主导产业;朝阳市由于其拥有齐全的汽车生产体系,同时,南临渤海之滨秦皇岛市,西接京津冀经济圈,北依内蒙古腹地,海陆兼备,交通便利,地理位置优越,是东北地区进关的重要通道,为以汽车及零部件为主导产业的开发区布设创造极大的便利(表5-2)。

表5-2 东北地区以汽车制造业及零部件业为主导产业的开发区

级别	名称	批准时间(年.月)	位置	核准面积(hm^2)	开发区类型
国家级	长春汽车经济技术开发区	2010.12	长春市绿园区	599	经济技术开发区
	长春经济技术开发区	1993.04	长春市二道区	1000	经济技术开发区
	长春高新技术产业开发区	1991.03	长春市朝阳区	1911	高新技术产业开发区
	大庆高新技术产业开发区	1992.11	大庆市龙凤区	1430	高新技术产业开发区
	沈阳辉山经济技术开发区	2013.01	沈阳市沈北新区	1200	经济技术开发区
	沈阳海峡两岸科技工业园	1995.09	沈阳市东陵区	500	其他类型开发区
	中德(沈阳)高端装备制造产业园	2015.12	沈阳市铁西区	3553	其他类型开发区
	锦州高新技术产业开发区	2015.02	锦州市太和区	372	高新技术产业开发区

续表

级别	名称	批准时间（年.月）	位置	核准面积（hm²）	开发区类型
国家级	丹东边境经济合作区	1992.07	丹东市振兴区	630	跨境/边境经济合作区
	吉林高新技术产业开发区	1992.11	吉林市丰满区	436	高新技术产业开发区
	铁岭经济技术开发区	2013.11	铁岭市银州区	120	经济技术开发区
省级	沈阳雪松经济开发区	2006.05	沈阳市苏家屯区	388.64	经济技术开发区
	大连金州经济开发区	2002.01	大连市金州区	490.61	经济技术开发区
	大连普兰店经济开发区	2002.01	大连市普兰店区	267.69	经济技术开发区
	本溪太子河经济开发区	2012.09	本溪市太子河区	354.64	经济技术开发区
	辽宁辽阳经济开发区	2002.01	辽阳市太子河区	336.28	经济技术开发区
	吉林白城经济开发区	1998.02	白城市洮北区	399.17	经济技术开发区
	吉林永吉经济开发区	1998.04	吉林市永吉县	239.80	经济技术开发区
	吉林公主岭经济开发区	2002.11	四平市公主岭市	549.45	经济技术开发区
	伊通满族自治县经济开发区	2005.09	四平市伊通县	733.66	经济技术开发区
	辽源清洁能源产业开发区	2005.11	辽源市西安区	304.81	经济技术开发区
	吉林龙潭经济开发区	1998.12	吉林市龙潭区	904.56	经济技术开发区
	吉林四平经济开发区	1998.12	四平市双辽市	174.00	经济技术开发区
	沈阳—欧盟经济开发区	2006.05	沈阳市沈北新区	380.02	经济技术开发区
	朝阳凌源经济开发区	2016.04	朝阳市凌源市	201.64	经济技术开发区
	长春宽城经济开发区	2001.09	长春市宽城区	3536.17	经济技术开发区
	长春朝阳经济开发区	2002.11	长春市朝阳区	310.11	经济技术开发区

专栏 5-1　东北地区汽车产业集群的关键因素

根据波特评价产业集群可行性的"钻石"模型，一个国家或企业的竞争力取决于四个基本要素和两个辅助要素的整合作用。其中，四个基本要素分

第五章 东北开发区的产业特征

别为生产要素、需求条件、相关产业和支持产业的表现，以及企业的战略、结构和竞争对手；两个辅助要素则是机遇和政府。根据波特的"钻石"模型，分析东北地区以汽车产业为主导产业的开发区形成产业集群的关键因素状况。

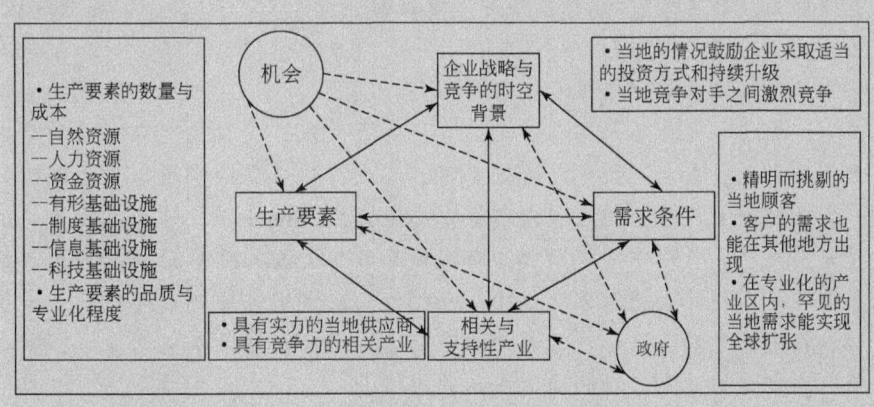

波特的"钻石"模型

——具有良好的工业和相关产业基础。东北地区是我国的老工业基地，重工业发达，钢铁、化工、军工、机械制造等发展历史悠久且基础雄厚，能够为东北地区开发区汽车产业提供强有力的支持。东北地区具有一些汽车相关产业的配套基础，拥有相应的汽车零部件企业及石化产业。汽车零部件产业园区在东北三省均有分布，主要分布沈阳市、大连市、吉林市等多个城市。

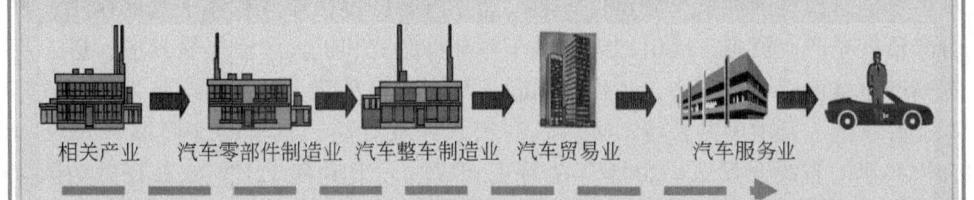

汽车产业链

相关产业 → 汽车零部件制造业 → 汽车整车制造业 → 汽车贸易业 → 汽车服务业

——存在较大的汽车需求市场。根据我国汽车工业协会最新公布的数据，我国汽车销量连续9年位居全球第一，截至2017年我国汽车总销量2912.25万辆。私人轿车消费的迅速扩大，成为拉动我国汽车消费快速增长的主导力量。同时，尽管我国的汽车销量位居世界前列，但汽车普及率相对于其他发达国家仍然偏低，目前我国汽车千人保有量为140辆左右，而美国

> 的千人保有量为800辆左右，存在一定差距。因此，我国汽车消费市场仍具有巨大的增长空间。
> 　　——整车企业稳定发展。一定区域内的核心企业往往会带动所在开发区乃至地区产业的发展，而汽车产业的核心企业就是整车汽车。在东北地区，较为主要的整车企业分别有一汽集团、华晨汽车集团控股有限公司和航空工业哈尔滨飞机工业集团有限责任公司。
> 　　——具备一定优质的不可移动的生产要素，能够吸引其他可移动的生产要素落户本地。东北地区矿产资源丰富，石油、煤炭、铁矿等各类已探明的矿产资源超过100种，均在国内占有重要地位，2009年在辽宁省本溪市发现的特大型铁矿，使辽宁省跃居成为全国铁矿第一大省，汽车的制造不论是整车企业还是零部件企业都需要钢铁，而钢铁的炼成则需要矿石等矿产。出于原材料指向性目的，汽车及零部件业布局于一个矿产资源丰富的地方，则会降低汽车制造的成本，进而降低成本的价格。

综合选取地区生产总值排名靠前，以汽车及零部件为主导的4家开发区为例，包括长春汽车经济技术开发区、长春高新技术产业开发区、长春经济技术开发区和沈阳辉山经济技术开发区。4家开发区均为国家级，其中3家位于长春市，1家位于沈阳市。

(1) 长春汽车经济技术开发区

长春汽车经济技术开发区（简称"汽开区"）是长春市汽车产业的核心区域，承担着长春国际汽车城建设，通过建立汽开区旨在发挥载体平台的作用、整合全市汽车产业资源、吸引国内外汽车零部件企业和扩大产业集聚效应，进一步提高产业基地的综合实力，为建设国际汽车城奠定基础。汽开区原名为长春汽车产业开发区，是由中共长春市委、长春市人民政府与一汽集团（简称"一汽"）合作共建的省级开发区。2005年9月正式成立，2010年12月30日晋升为国家级开发区，2012年10月31日经国务院批准更名为长春汽车经济技术开发区。

开发区内入驻一汽解放、一汽-大众、一汽丰越等一汽集团的全资和控股整车制造企业。区内已经形成了"中、重、轿"三大系列多个车型的产品格局，形成了年产120万辆轿车、20万辆卡车的生产能力。长春汽车经济技术开发区的汽车零部件制造基础十分雄厚，区内有汽车零部件企业300余户，有一汽富维、杰克赛尔空调、一汽铸造、一汽锻造、一汽模具中心等一批在国内较有影响的汽车零部件企业，形成了一定规模的配套体系和在国内具有一定竞争优势的零部件制造企业集群。同时由一汽技术中心、中国机械工业第九设计研究院、吉林大学汽车工程学院等构成了国内汽车研发教育机构最密集地区，由全国最大的汽车零部件交易集散地、东北地区最大的汽车、二手车交易市场等构成了完善的汽车后市场服务区。长春一汽综合利用有限公司三厂、长春一汽富维汽车零部件股份有限公司及其他区直管企业42家。产值达到1000亿元以上的有1家，即一汽集团；产值达到50亿元以上的有1家，即一汽富维股份有限公司；产值达到10亿元以上的有3家，即长春一汽四环发动机制造有限公司、伟巴斯特车顶系统（长春）有限公司、大唐热电三厂；产值达到亿元以上的企业有16家，有14家是汽车及零配件企业。

(2) 长春高新技术产业开发区

汽车及零配件产业一直以来是长春高新技术产业开发区发展的主导产业，也是其最具特色的优势产业。长春高新技术产业开发区主要研发、生产和销售高中档轿车、SUV运动休闲车、特种车、专用车、改装车，以及汽车底盘、副车架、离合器、制动器、传感器、轮胎等关键汽车零部件，已初步形成了以一汽为依托，集研发、生产、物流、销售于一体，关联度高、上下游紧密衔接的汽车产业带。整车生产企业，有一汽轿车、一汽重型车厂、一汽中实改装车厂等整车和改装车生产企业；零配件生产企业，有天合富奥汽车安全系统、塔奥金环汽车制品、一汽-法雷奥汽车空调、恩福油封、一汽光洋、一东离合器、吉林汽车制动器厂等中外汽车关键零部件生产企业79家；设计企业拥有一汽模具制造有限公司等面向行业的汽车车身模具和大型覆盖件设计制造的专业厂家；此外，还分布有大众物流等闻名全国的物流企业。长春高新技术产业开发区主要汽车零部件企业可生产汽车总成件650种，合件48种，各种零部件1600多种，汽车行业拥有职工约3.5万人，其中，工程技术人员有4200多人。长春高新技术产业开发区目前已经吸引了如西门子、丸红、福特、TRW公司、伊藤忠等8家世界500强的汽车领域企业来入驻。2018年1~5月，长春高新技术产业开发区汽车产业总产值占规模以上工业总产值的比例近75%，为其经济发展做出了巨大贡献。

(3) 长春经济技术开发区

长春经济技术开发区在商务部最新公布的国家级经济技术开发区投资环境综合评价中排名第11位，在中部国家级经济技术开发区中继续保持第1位，形成了以汽车及零部件、农产品加工、服务业三大支柱产业为主和以生物材料制造、跨境电子商务、新能源汽车、大数据、现代物流五大战略性新兴产业为辅的产业格局。而汽车及零部件产业一直在长春经济技术开发区工业经济中扮演着"排头兵"与主力军的角色，是开发区工业经济的增长极与稳定器。在汽车产业方面，长春经济技术开发区形成了以富奥集团、圣戈班、海拉车灯、福耀玻璃等为代表的汽车零部件产业集群，汽车及零部件产业的前5位企业产值合计占比达50%。长春经济技术开发区还是专用车园区的集中区。法雷奥新能源汽车零部件基地项目将带来年产120万台汽车压缩机的产能，为长春汽车产业发展注入新活力。

(4) 沈阳辉山经济技术开发区

沈阳辉山经济技术开发区位于沈北新区东部，占地面积为89.8hm^2。截至2016年底，全区共有企业8591个，实现地区生产总值293.7亿元，服务业增加值98.9亿元，规模以上工业总产值560亿元，三次产业比为7∶59∶34。其中，规划面积为52km^{2}的虎石台板块，充分利用邻近沈阳汽车城的区位优势，重点发展新能源电动汽车、特种车辆和汽车零部件产业，发展高铁、城铁、地铁等轨道车辆和零部件产业，以五洲龙新能源汽车、捷通消防车、卡斯马、利源轨道车为代表的车辆制造及零部件生产企业有74个，其中，规模以上企业有14个。截至2018年8月，沈阳辉山经济技术开发区汽车制造业产值高达160 000万元，占装备制造业产值的30.95%，领先于装备制造业中的多数行业（图5-7）。

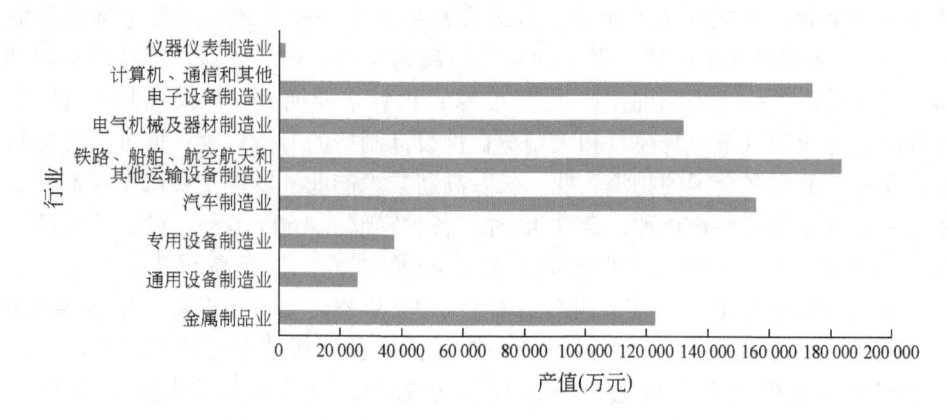

图5-7 沈阳辉山经济技术开发区2018年8月装备制造业产值及构成

2. 装备制造业

东北地区是我国装备制造业发展的摇篮，其装备制造业起步早，发展历史长，加上其独特的地理位置、丰富的资源和特有的历史文化积淀，使得东北地区装备制造业的基础相当雄厚。随着东北经济面临阶段性困难，曾经的支柱性产业——装备制造业的发展与壮大是东北振兴的重要组成部分，甚至担负着引领与助推的重担。作为东北地区装备制造业的空间载体，开发区引导东北地区以装备制

◎ 第五章 东北开发区的产业特征

造业为主导产业的开发区空间的合理布局,将有利于东北地区在"中国制造2025"战略中重塑东北装备竞争力,促进东北装备"装备中国"、走向世界。

东北地区以装备制造业为主导产业的开发区在空间上主要集中在哈大发展主轴,而哈大齐牡发展带也形成一定的集聚。沿着发展轴,东北地区以装备制造业为主导产业形成了以沈阳内陆城市为龙头,长春市、哈尔滨市两个内陆中心城市及大连市、盘锦市、葫芦岛市多个沿海城市齐头并进的空间分布模式。在开发区的规模与空间集聚程度上,辽宁省以装备制造业为主导产业的开发区均超过东北地区的其他两省,是东北地区制造业的龙头,省内以装备制造业为主导产业的开发区达51家,其中有12家国家级、39家省级,且主要分布在沈阳市(7家)、大连市(8家)、营口市(5家)等中心城市及港口城市。黑龙江省以装备制造业为主导产业的开发区仅次于辽宁省,达22家,其中,国家级为7家,主要集中在哈尔滨市(2家)、大庆市(2家)、牡丹江市(2家);省级开发区仅15家,主要集中在哈尔滨市、牡丹江市、齐齐哈尔市、佳木斯市和绥化市等。吉林省以装备制造业为主导产业的开发区数量是三省中最少的地区,仅17家,其中,国家级3家、省级14家,省内以装备制造业为主导产业的开发区主要分布在长春市(4家)、吉林市(5家)等城市(图5-8、表5-3)。

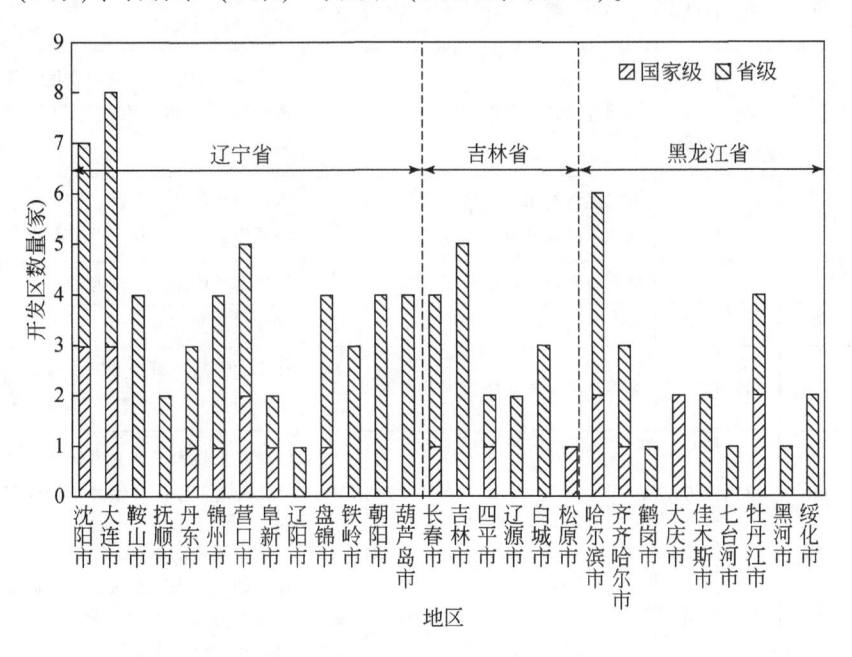

图 5-8 东北地区以装备制造业为主导产业的业开发区空间统计

表 5-3 东北地区以装备制造业为主导产业的开发区一览表

城市	总计	国家级 数量	国家级 开发区	省级 数量	省级 开发区
沈阳市	7	3	沈阳高新技术产业开发区、沈阳经济技术开发区、中德（沈阳）高端装备制造产业园	4	沈阳道义经济开发区、沈阳雪松经济开发区、沈阳近海经济区、沈阳永安经济开发区
大连市	8	3	大连经济技术开发区、大连长兴岛经济技术开发区、旅顺经济技术开发区	5	大连炮台经济开发区、大连金州经济开发区、大连普兰店经济开发区、大连循环产业经济区、大连瓦房店轴承产业园区
鞍山市	4	0		4	辽宁鞍山经济开发区、辽宁鞍山腾鳌经济开发区、辽宁海城经济开发区、鞍山立山经济开发区
抚顺市	2	0		2	抚顺胜利经济开发区、抚顺经济开发区
丹东市	3	1	丹东边境经济合作区	2	辽宁丹东东港经济开发区、辽宁丹东前阳经济开发区
锦州市	4	1	锦州经济技术开发区	3	辽宁锦州沟帮子经济开发区、黑山庞河经济开发区、锦州七里河经济开发区
营口市	5	2	营口经济技术开发区、营口高新技术产业开发区	3	营口南楼经济开发区、营口大石桥经济开发区、辽宁营口沿海产业基地
阜新市	2	1	阜新高新技术产业开发区	1	阜新市林产品产业基地
辽阳市	1	0		1	辽宁辽阳经济开发区
盘锦市	4	1	盘锦辽滨沿海经济技术开发区	3	辽宁北方新材料产业园、盘锦高新技术产业开发区、大洼临港经济区
铁岭市	3	0		3	铁岭高新技术产业开发区、铁岭市调兵山经济开发区、铁岭市开原经济开发区
朝阳市	4	0		4	辽宁朝阳经济开发区、朝阳高新技术产业开发区、朝阳柳城经济开发区、朝阳喀左经济开发区

续表

城市	总计	国家级 数量	国家级 开发区	省级 数量	省级 开发区
葫芦岛市	4	0		4	辽宁葫芦岛高新技术产业开发区、辽宁葫芦岛经济开发区、辽宁葫芦岛杨家杖子经济开发区、绥中高新技术产业开发区
长春市	4	1	长春高新技术产业开发区	3	长春宽城经济开发区、长春双阳经济开发区、长春九台经济开发区
吉林市	5	0		5	吉林永吉经济开发区、吉林船营经济开发区、吉林磐石经济开发区、吉林丰满经济开发区、舒兰经济开发区
四平市	2	1	四平红嘴经济技术开发区	1	吉林四平经济开发区
辽源市	2	0		2	吉林辽源经济开发区、辽源清洁能源产业开发区
白城市	3	0		3	吉林大安经济开发区、洮南经济开发区、吉林通榆经济开发区
松原市	1	1	松原经济技术开发区	0	
哈尔滨市	6	2	哈尔滨高新技术产业开发区、哈尔滨经济技术开发区	4	黑龙江双城经济开发区、黑龙江依兰经济开发区、哈尔滨香坊工业新区、黑龙江牛家经济开发区
齐齐哈尔市	3	1	齐齐哈尔高新技术产业开发区	2	黑龙江富拉尔基经济开发区、齐齐哈尔铁峰区、鹤城科技产业园区
鹤岗市	1	0		1	黑龙江绥滨经济开发区
大庆市	2	2	大庆高新技术产业开发区、大庆经济技术开发区	0	
佳木斯市	2	0		2	桦川工业示范基地、佳木斯高新技术产业开发区
七台河市	1	0		1	黑龙江七台河经济开发区
牡丹江市	4	2	海林经济技术开发区、牡丹江经济技术开发区	2	黑龙江东宁经济开发区、牡丹江高新技术产业开发区
黑河市	1	0		1	黑龙江北安经济开发区

续表

城市	总计	国家级 数量	国家级 开发区	省级 数量	省级 开发区
绥化市	2	0		2	黑龙江青冈经济开发区、黑龙江海伦经济开发区

东北开发区的装备制造业在不同地区形成一定的地域特色,其中,辽宁省开发区的装备制造业涵盖了以机床和轴承为代表的基础类装备,以石化设备、重型矿山设备和输变电设备为代表的重大工程专用装备,以船舶、汽车和机车为代表的交通运输类装备,具备较强的重大技术装备研发、设计和制造能力。吉林省开发区在交通装备、农业机械装备、光学精密机械、材料试验机、汽车专用模具、煤炭机械等领域具有较好的基础。黑龙江省开发区在农用机械装备制造、动力装备制造、航天装备等领域具有很好的基础。截至2015年底,东北地区有6家开发区地区生产总值在千亿元以上,均为国家级且均以装备制造业为主导产业,即大连经济技术开发区、沈阳高新技术产业开发区、长春高新技术产业开发区、哈尔滨高新技术产业开发区、沈阳经济技术开发区、哈尔滨经济技术开发区。依托6家开发区,加快工业的转型升级,推进新型工业化示范建设,打造具有国际竞争力的装备制造业基地、高加工度原材料工业基地,推动东北地区创建"中国制造2025"国家示范区。

3. 新材料业

《中共中央国务院关于全面振兴东北地区等老工业基地的若干意见》提出"一带五基地"[①]的发展目标,其中明确东北地区要成为国家新型原材料基地。东北地区依托原有老工业基地奠定的传统材料基础,集中发展特种金属功能材料、高端金属结构材料、先高分子材料、新型无机非金属材料等新材料产业。

东北地区开发区的主导产业新材料业区别于全国。我国新材料产业蓬勃发展,产业规模由2010年的6500亿元上升到2015年的20 000亿元,形成以特种金属功能材料、先进高分子材料为主的新材料业产业结构。同时,各个地区发展的新材料业具有区域差异性,新材料产业初步形成了"东部沿海集聚、中西部特色发展"的空间格局,环渤海、长三角和珠三角地区是我国三大综合型新材料产业集聚区,是新材料研发、高端制造的主力军;中西部地区形成了依托丰富资源的多个新材料产业特色基地;作为老工业基地,东北地区具有一定的工业优势,新材料产业存在发展潜力,以新材料业为主导产业的开发区主要分布在东北地区

---

① 即把东北建设成为全国重要的经济支撑带,具有国际竞争力的先进装备制造业基地和重大技术装备战略基地,国家新型原材料基地、现代农业生产基地和重要技术创新与研发基地。

的黑龙江省和辽宁省。

表 5-4 我国各区域新材料发展重点领域比较

分区	省（自治区、直辖市）	重点发展领域
华东	上海市	特种钢材料、化工新材料（北钢南化）
	江苏省	复合材料、有机高分子材料、稀土材料、仿生与生物医用材料、生态环境材料、新型高性能钢铁材料、有色金属及微晶合金材料
	浙江省	磁性材料、光电信息材料、有机硅材料、高性能无机材料、医药中间体、精细化工材料、新型材料、纺织材料、功能高分子材料、氟材料等
	山东省	化工新材料、复合材料、电子材料、纺织材料等
东南	广东省	建筑卫生陶瓷、高性能涂料、改型塑料、新型电池、汽车材料、粘胶材料、铝型材等
	福建省	电子材料及元件、钨制品、粉末冶金、硬质合金、磁性材料和半导体等
华北	北京市	电子信息材料、磁性材料、新能源材料、超导材料、生物医用材料、纳米材料等
	天津市	化工新材料、金属新材料、新能源材料、区熔单晶硅材料、化合物半导体材料、锂离子电池材料、太阳能电池材料、纳米材料及超导滤波器等
	河北省	半导体材料、特种钢、特种陶瓷、化工新材料、太阳能电池材料等
东北	辽宁省	金属材料、化工新材料、镁质材料
	吉林省	汽车新材料、化工新材料、光电子材料
	黑龙江省	石化新材料、特种陶瓷材料
中部	河南省	超硬材料、耐火材料、有色金属材料、电子材料和建筑材料等
	湖北省	电子信息材料、生物医用材料、纳米材料、节能环保材料等
	湖南省	能源材料、复合材料、硬质合金和有色金属材料、有机高分子材料
西部	陕西省	有机高分子材料、纺织新材料、非金属新材料、金属新材料等
	宁夏回族自治区	有色金属材料、黑色金属材料、建筑材料和煤基材料等
	甘肃省	有色金属材料（铝、铜等）、黑色金属材料、生态保护及修复材料
	贵州省	有色金属材料（铝）、无机非金属材料（磷）
	西藏自治区	纳米二氧化钛材料

(1) 黑龙江省以新材料为主导产业的开发区现状

黑龙江省作为我国重要的新材料产业基地，以新材料为主导产业的开发区构建了以哈大齐牡工业走廊为核心的新材料产业群。2010～2014 年，黑龙江省规模以上的新材料主营业务收入实现跨越性的上升,由2010年的292.5亿元增至2014年的753.7亿元,新材料产业规模在全国各省(自治区、直辖市)中处于中等水平。黑龙江省新材料产业,以研发先进高分子材料和高端金属结构材料占有绝对优势,两者约占全省新材料产业规模的95%(图5-9)。其中,先进高分子材料占65%左右,主要是大庆石化公司、大庆炼化公司、大庆油田化工有限公司、大庆华科股份有限公司等企业的工程塑料、特种橡胶、新型合成纤维、油田化学品、聚烯烃专用料等。高端金属结构材料占30%左右,主要是北满特殊钢有限责任公司、中国一重集团有限公司等企业的高品质特殊钢和东轻公司等企业的新型轻合金材料。

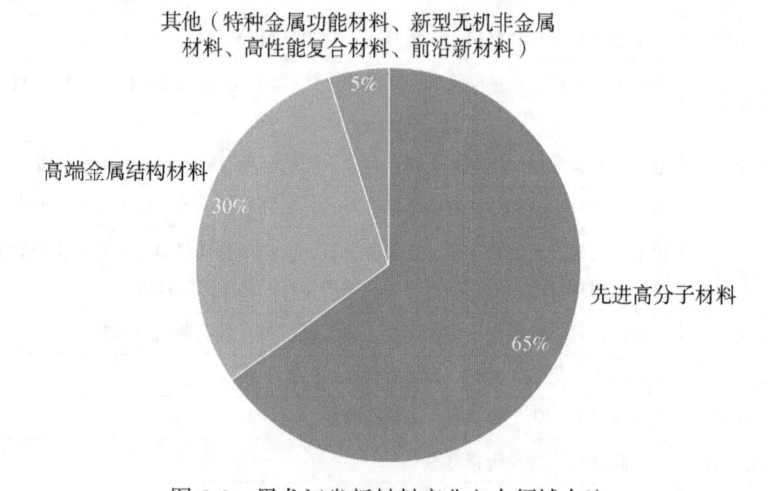

图5-9 黑龙江省新材料产业六大领域占比

黑龙江省拥有2家国家级新材料高新技术产业化基地、12家以新材料业为主导产业的开发区,并以不同城市为依托形成了各具特色的新材料产业集中分布区。其中,国家级新材料高新技术产业化基地分别为哈尔滨国家铝镁合金新材料高新技术产业化基地、牡丹江国家特种材料高新技术产业基地。哈尔滨市以铝镁合金材料、高性能复合材料为核心,大庆市以先进高分子材料为重点,黑河市和绥化市发展硅基半导体材料,牡丹江市碳化硅、碳化硼粉体、特种陶瓷和硬质合金材料具有特色,鸡西市和鹤岗市重点发展高端石墨烯及制品产业,伊春市和双鸭山市是以高强度建筑钢材为支撑的新材料研发和生产基地(图5-10)。

(2)吉林省以新材料业为主导产业的开发区现状

吉林省以新材料业为主导产业的开发区相对较少,但新材料业保持较好的发展形势。目前,吉林省拥有两家国家级新材料高新技术产业化基地:吉林国家碳

◎ 第五章 东北开发区的产业特征

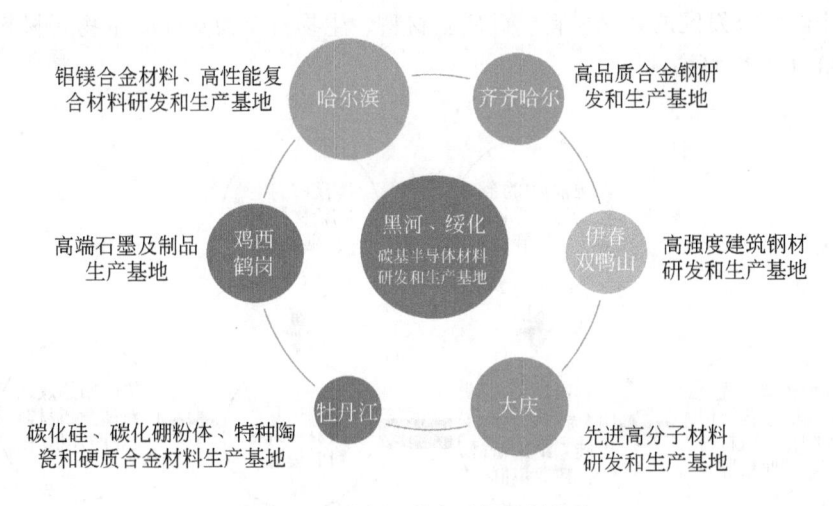

图 5-10 黑龙江省主要新材料基地

纤维高新技术产业化基地、白山国家镁合金生产级应用高新技术产业化基地。吉林省以新材料业为主导产业的开发区有 5 家，空间格局上形成以吉林市的吉林经济技术开发区（国家级）、吉林永吉经济开发区（省级）、吉林桦甸经济开发区（省级）的碳纤维产业为核心，长春市的长春双阳经济开发区（省级）的有机高分子材料和白山市的吉林临江经济开发区（省级）的硅藻土产业为支撑的新材料研发和生产基地。

(3) 辽宁省以材料业为主导产业的开发区现状

辽宁省以新材料为主导产业的开发区数量和黑龙江省等同，但在空间分布上比黑龙江省更加集中。目前，辽宁省有 2 家国家级新材料高新技术产业化基地：营口国家镁质材料高新技术产业化基地、锦州国家硅材料及光伏高新技术产业化基地。截至 2017 年底，辽宁省共有 12 家开发区以新材料为主导产业，在空间分布上形成以营口市的营口高新技术产业开发区（国家级）、辽宁营口沿海产业基地（省级）的碳化、镁质材料，纳米材料业和锦州市的锦州经济技术开发区（国家级）的硅及光伏材料为双核，以盘锦市的辽宁北伐新材料产业园（省级）和抚顺市的抚顺高新技术产业开发区的石化及精细化工新材料，鞍山市的辽宁鞍山腾鳌经济开发区（省级）、鞍山大洋河临港产业区（省级）高分子新材料，大连市的辽宁大连出口加工区（国家级）、大连花园口经济区（省级）有机高分子材料、半导体、稀土发光材料、光电子材料和新型金属材料，铁岭市的铁岭高新技术产业开发区（省级）的煤基新能源新材料，朝阳市的辽宁朝阳经济开发区（省级）、朝阳建平经济开发区的金属新材料业，本溪市的辽宁

137

五女山经济开发区的环保材料、硅质新材料、生物材料为支撑的生物新材料业产业集群（图5-11）。

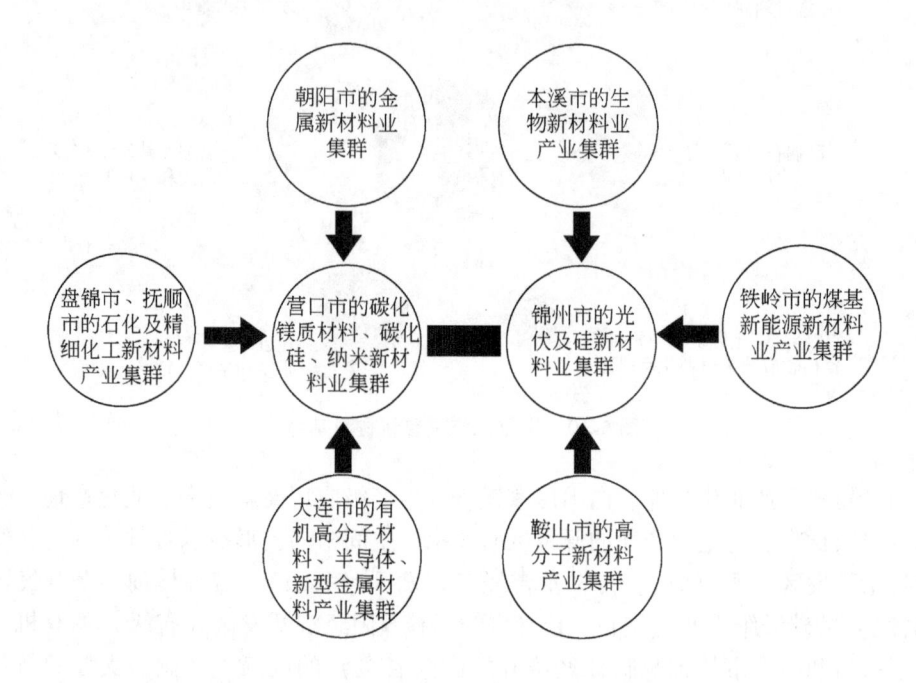

图5-11 辽宁省以新材料为主导产业的开发区

4. 生物医药业

东北地区以生物医药业为主导产业的开发区主要集中在吉林省和黑龙江省。黑龙江省以生物医药业为主导产业的开发区主要集中在哈尔滨市，哈尔滨市形成以哈药集团为龙头、哈尔滨经济技术开发区医药园区和利民经济技术开发区医药园区为侧翼竞相发展的医药产业格局。与黑龙江省不同的是，吉林省以生物医药产业为主导产业的开发区分布相对集中，已形成以通化市、长春市、白山市和延边朝鲜族自治州为中心的开发区布局。辽宁省以生物医药业为主导产业的开发区相对较少，目前辽宁省以生物医药业为主导产业的开发区以巩固与发展优势化学原料药和制剂的生产为基础，正大力发展中药产业，以及加快现代生物技术和数字化医疗器械的产业化进程，在空间分布主要集中在沈阳市、本溪市、大连市、葫芦岛市均各分布1家。沈阳市以生物医药业为主导产业的开发区以发展化学原料和制剂中药、现代生物制药和数字化医疗器械为主；大连市则重点发展现代生物制药和化学制剂；本溪市、葫芦岛市则集中发展中药产业。

第三节 资本密集型空间分布

一、资本密集型产业概况

东北地区资本密集型产业中以化工业为主导产业的开发区占据优势，其次是建材业、商贸物流业及金属加工业。截至 2017 年底，以化工业为主导产业的开发区达到 43 家，占东北地区开发区总量的 18%，其中，国家级有 13 家，省级有 30 家。以建材业为主导产业的开发区有 34 家，其中，国家级有 5 家，省级有 29 家。以高附加值的商贸物流业为主导产业的开发区总体占比不高，占东北地区开发区总量的 10%；其中，国家级开发区有 15 家，而省级仅有 9 家。以金属加工业为主导产业的开发区相对较少，在东北地区开发区的比例低于 10%，其中，仅有 2 家国家级开发区以金属加工业为主导产业，而省级开发区中以金属加工业为主导产业的达到 20 家（图 5-12）。

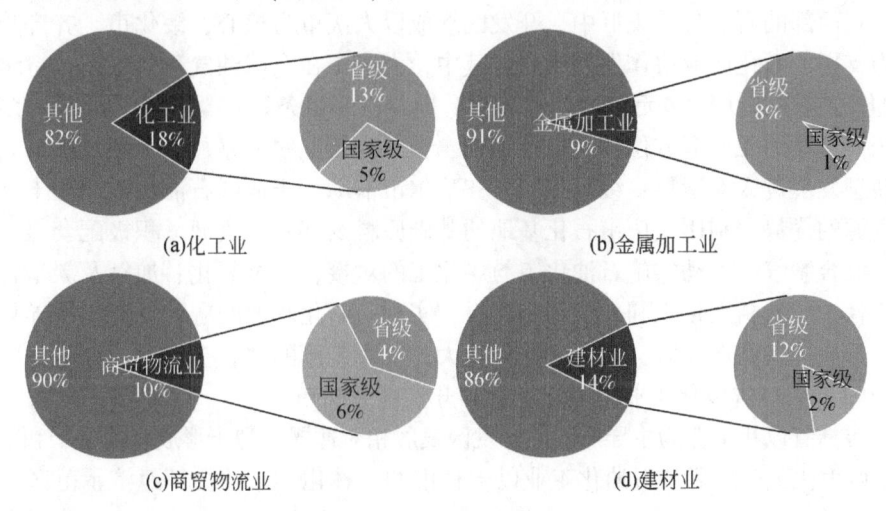

图 5-12 东北地区资本密集型产业结构

二、代表性资本密集型产业空间分布

1. 化工业

随着北美"页岩气革命"、中东海湾地区廉价可得的乙烷资源开发、中国化

工原料的多元化及《中国制造2025》为未来10年石化行业发展提升做出重大部署，国内对石化产品的市场需求日趋稳定。化工业作为东北老工业基地的支柱产业之一，有望成为东北振兴的"一剂良药"，而开发区在空间分布上主要集中在黑龙江省和辽宁省。

（1）黑龙江省形成以化工业为主导产业的开发区空间布局

由于资源分布的地域差异性，黑龙江省内形成了以东部的煤电化工为龙头及以西部的石油化工为支撑的两大化工业组团。

在东部的煤电化工集群中，牡丹江市、佳木斯市、双鸭山市、七台河市、鹤岗市及鸡西市等开发区形成差异化发展。其中，牡丹江市重点发展电石、聚氯乙烯、草酸等产品，依靠生产模式形成上下游协调产业链；佳木斯市重点发展甲醇、尿素、油页岩生产粗柴油及煤化工下游产品；双鸭山市重点建设甲醇、二甲醚产品精深加工等煤化工项目；七台河市重点建设煤炭焦化基地，发展优质特种焦炭及煤焦油、焦炉气综合利用生产甲醇及精细化学品；鹤岗市重点建设煤炭气化生产合成氨及肥料、甲醇及下游产品开发、煤层气开发和腐殖酸综合利用等煤化工项目；鸡西市重点建设甲醇制烯烃、电石和聚氯乙烯树脂等煤化工项目。

在西部的石油化工集群中，开发区形成以大庆市为核心，绥化市、齐齐哈尔市为支撑的石化产业协作发展格局。其中，大庆市在全球油气不景气下，持续向"油化经济"发力、多元化打通"油头"路径、多链条延长"化尾"路径、多主体拓展建设路径、多方位放大合作路径、多渠道拓宽融资路径，引领和推动大庆市转型发展进入新境界；绥化市、齐齐哈尔市借助大庆地区石油化工产业丰富原料资源的优势，利用大庆市石化基地的基础原料及其副产资源，积极配套煤、天然气混合制气，主动实施石油化工与煤化工的对接，通过氧化、加氢及羰基合成等路径，发展精细化工和新型功能材料，实现与石化基地的融合发展与差异化发展，形成独特的产业园，是黑龙江省哈大齐工业走廊的"桥头堡"。

（2）吉林省以化工业为主导产业的开发区空间布局

吉林省以化工业为主导产业的开发区发展相对薄弱，初步形成石油化工和生物化工两大化工业集群。石油化工业以吉林市的吉林化学工业循环经济示范区（省级）为核心，以吉林市的吉林经济技术开发区（国家级）、吉林龙潭经济开发区（省级）和四平市的伊通满族自治县经济开发区（省级）为依托，形成集石油化工、合成材料、精细化工为一体的化工产业体系。其中，吉林经济技术开发区内的吉林化学工业循环经济示范区园内最大的三家企业——中国石油吉林石化公司、吉林化纤集团、吉林燃料乙醇有限责任公司的企业产业达到90%以上。生物化工集群主要依靠长春榆树经济开发区（省级）和吉林市的吉林化学工业循环经济示范区（省级）共同打造。

第五章 东北开发区的产业特征

(3) 辽宁省以化工业为主导产业的开发区空间布局

辽宁省作为东北地区的化工重镇,具有雄厚的化工产业基础优势、沿海的区位优势及配套港口的交通运输优势等。2015 年,辽宁省石化行业规模以上企业完成工业增加值占全省工业增加值的比例为 16.9%;实现主营业务收入位居全国石化行业第五位,占全省工业的比例为 18.6%,其中,14 个重点石化产业集群实现销售收入 4851 亿元,年均增长 13%,在辽宁省石化行业主营业务收入的比例由"十一五"末期的 37% 提高到"十二五"末期的 70%。

辽宁省以化工业为主导产业的开发区数目相对较多,空间上相对集聚,形成上下游配套的产业链,石化及精细化工产业集群得到了长足发展。目前,据不完全统计,辽宁省形成各类化工园区 50 个左右,其中形成了大石化带动型、沿海沿江型、企业搬迁型、老企业扩张型、特色资源型五大类型的 15 个重点石化产业集群。其中,大连长兴岛(西中岛)石化产业基地被《石化产业规划布局方案》列为重点规划建设的七大石化产业基地之一;辽阳芳烃及精细化工高新技术产业化基地被工业和信息化部认定为国家新型工业化产业示范基地,被科学技术部认定为国家高新技术产业化基地;盘锦辽东湾新区石化及精细化工产业园被工业和信息化部认定为国家新型工业化产业示范基地,盘锦塑料新材料产业基地被评为省级新型工业产业示范基地;抚顺市的石化新城被科学技术部认定为国家级精细化工产业化基地;沈阳化学工业园被工业和信息化部列为全国具有示范作用的四个典型化工园区之一。此外,大连大孤山石化产业园区、中国阜新氟化工产业基地、葫芦岛聚氨酯产业基地等都实现了较快发展(表5-5)。

表 5-5 辽宁省化工园区产业集群一览表

类型	数目	化工园区
大石化带动型	5	大孤山石化产业园区、盘锦精细化工(塑料)产业园区、抚顺高新技术产业开发区化工及精细化工园区、辽阳国家芳烃及精细化工高新技术产业化基地、葫芦岛高新区聚氨酯产业基地
沿海沿江型	3	大连长兴岛(西中岛)石化产业基地、盘锦辽东湾新区石化及精细化工产业园区、仙人岛能源化工区
企业搬迁型	3	松木岛化工园区、盘锦市经济开发区精细化工产业园、沈阳化学工业园
老企业扩张型	1	锦州石化及精细化工产业集群
特色资源型	3	大石桥镁硼精细化工产品生产基地、中国阜新氟化工产业基地、鞍山经济开发区煤焦油深加工园区
其他类型	34	辽宁北方新材料产业园、双台子精细化工产业园、本溪生物医药产业基地等 34 个

截至目前，辽宁省拥有 21 家以化工业为主导产业的省级以上的园区及开发区，其中建成了 7 个国家级、14 个省级开发区。空间上形成大连、盘锦两大世界级石化产业基地，抚顺、辽阳、沈阳、锦州、营口五大具有产业竞争力的石化产业基地及阜新、葫芦岛、鞍山三大特色石化产业基地的 "2+5+3" 的格局。不同地区根据当地发展的特色，实现了化工产业的差异化发展（表 5-6）。

表 5-6 辽宁省化工园区产业集群一览表

格局	地区	项目	内容
两大世界级石化产业基地	大连市	目标	建设世界一流的石化产业基地
		依托	长兴岛（西中岛）石化产业基地
	锦州市	目标	建成世界级石化产业基地
		依托	辽东湾新区石化及精细化工产业园区
五大具有竞争力的石化产业基地	抚顺市	目标	建成国家级精细化工基地
		依托	抚顺高新技术产业开发区化工及精细化园区
	辽阳市	目标	建成国家级芳烃及精细化工基地
		依托	辽阳高新技术产业开发区内的国家芳烃及精细化工高新技术产业化基地
	沈阳市	目标	建成国内知名的创新型绿色化学工业园区
		依托	沈阳经济开发区内的沈阳化学工业园为核心
	锦州市	目标	国内重要的石化和精细化工产业集群
		依托	锦州经济技术开发区和锦州高新技术产业开发区的石化及精细化工产业集群
	营口市	目标	大型临港石化和精细化工产业基地
		依托	营口仙人岛能源化工区
三大特色石化产业基地	葫芦岛市	目标	特色鲜明的聚氨酯产业基地
		依托	辽宁葫芦岛经济开发区、辽宁葫芦岛高新技术产业开发区
	鞍山市	目标	煤焦油深加工产业基地
		依托	辽宁鞍山经济开发区、鞍山台安经济开发区的煤焦油及粗苯深加工产业基地
	阜新市	目标	氟化工产业基地
		依托	辽宁阜新氟产业开发区

2. 商贸物流业

东北地区与俄罗斯、朝鲜、蒙古国陆地相连，与日本、韩国隔海相望，是我国面向东北亚开放的"桥头堡"和重要枢纽。大力发展商贸物流业，对东北老工业基地转变发展方式、调整优化产业结构、扩大对外开放和提升区域竞争水平具有十分重要的促进作用。近年来,东北振兴及沿海沿边开放的深入推进,为东北地区物流业充分利用两种资源(国内资源、国外资源)和两个市场(国内市场、国外市场),积极参与国际合作带来了难得的机遇。东北地区商贸物流业的快速发展,有利于促进东北地区对外经济技术合作,全面提升东北地区沿海沿边开放的层次和水平。

近年来,东北地区的商贸物流业得到不断发展,国际化程度不断提升,保税物流得到快速发展。随着大连大窑湾保税港区、绥芬河综合保税区、沈阳近海保税物流中心、营口保税物流中心等相继投入运营,东北地区国际中转配送、出口集拼等业务不断拓展。同时,近年来,黑龙江省和吉林省"借港出海"取得突破,其中,吉林省在区位环境、开放程度、物流总量方面,与辽宁省和黑龙江省"海际优势"相比都存在明显的差距。东北地区一级物流节点城市定位及发展方向见表5-7。

表5-7 东北地区一级物流节点城市定位及发展方向

城市名称	定位	发展方向
大连市	东北亚国际航运中心 东北亚国际物流中心城市	重点发展集装箱和石油化工、矿石、粮食、汽车、钢铁、煤炭等大宗物流,大力发展国际采购、国际配送、国际转口业务,加快航运市场建设,建设东北亚国际航运中心和国际物流中心
沈阳市	东北地区物流中心城市 东北地区物流信息中心	重点发展装备制造、汽车及零部件、粮食等农产品和日用消费品物流,建设区域性信息中心和物流中心
长春市	东北地区中部物流中心城市 长吉图物流枢纽城市	重点发展汽车及零部件、医药、粮食、农产品等物流,建设区域性物流中心和对俄日韩国际物流中心
哈尔滨市	东北地区北部物流中心城市 对俄国际物流枢纽城市	重点发展粮食与农产品、医药、装备制造业等物流和对俄国际物流,建设区域性物流中心和对俄国际物流中心
通辽市	东北地区西部物流中心城市 蒙东地区物流枢纽城市	重点发展煤炭、木材、粮食等大宗物流,建设区域物流中心
营口市	沈阳经济区主要出海口城市 东北地区重要的出海口城市	重点发展矿石、煤炭、粮食、石油、化学品等大宗物流,建设港口物流中心

东北地区以商贸物流业为主导产业的开发区相对较少,类型以保税区为主。其中,以商贸物流为主导产业的开发区空间分布相对较为零散,大多数分布在东北地区的物流节点城市,沿着东北地区的哈大发展带沿线布局。沿着哈大发展带,物流业从哈尔滨市到长春市再到营口市最后到大连市,发展方向和重点各不相同。其中,沿线物流业发展方向和重点经历了从以发展粮食与农产品、医药、装备制造业等物流和对俄国际物流,到以发展装备制造、汽车及零部件、粮食等农产品和日用消费品物流为主,再到以发展矿石、煤炭、粮食、石油、化学品等

大宗物流为重点,最后到以发展集装箱和石油化工、矿石、粮食、汽车、钢铁、煤炭等大宗物流为重点的演变。

第四节 劳动密集型产业空间分布

一、劳动密集型产业概况

东北地区劳动密集型产业中以农产品加工为主导产业的开发区占据大多数。作为我国重要的农产品资源和生产基地,农产品加工是本地区一项方兴未艾的产业,仅地区内以农产品加工为主导产业的开发区达到 103 家,占据东北开发区总量的 43%,其中包括 15 家国家级和 88 家省级。而劳动密集型产业中,轻纺工业基础相对薄弱,东北地区以纺织服装业为主导产业的开发区占开发区总量的比例不到 10%,其中多以省级开发区为主,国家级开发区相对较少,仅有 2 家(图 5-13)。

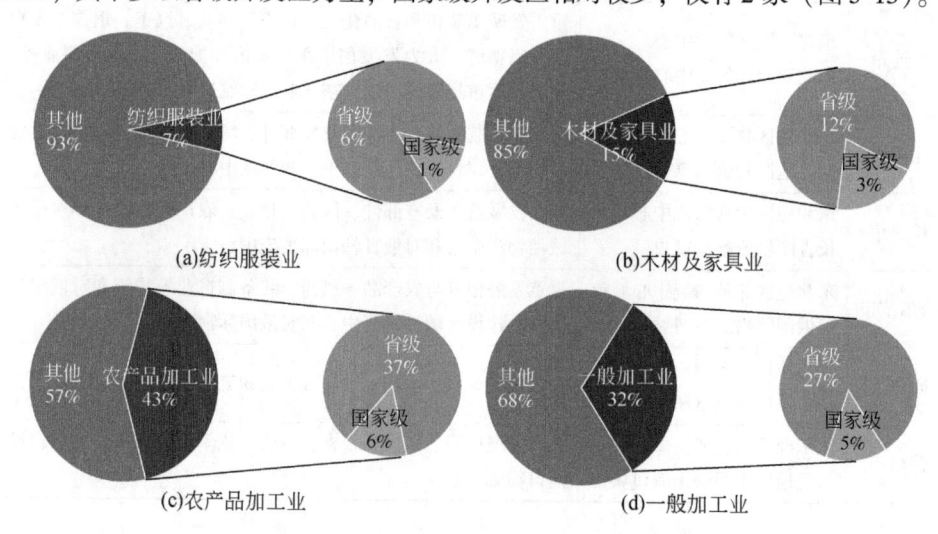

(a) 纺织服装业 其他 93% 纺织服装业 7% 省级 6% 国家级 1%

(b) 木材及家具业 其他 85% 木材及家具业 15% 省级 12% 国家级 3%

(c) 农产品加工业 其他 57% 农产品加工业 43% 省级 37% 国家级 6%

(d) 一般加工业 其他 68% 一般加工业 32% 省级 27% 国家级 5%

图 5-13 东北地区劳动密集型产业结构

二、代表性劳动密集型产业空间分布

东北地区作为全国最大的商品粮基地,农业生产机械化水平高,农业资源条件禀赋丰富。其农产品加工业联结农业与工业,有效发挥了东北地区作为农产品

原料产地的区位优势和已经积累的工业基础,并在近年来发展成为东北地区的支柱产业。2016年1~9月,东北地区农产品加工业实现主营业务收入144 721亿元,比全国规模以上工业主营业务收入增速高1个百分点。

东北地区以农产品为主导产业的开发区数量从北部的黑龙江省到南部的辽宁省依次递减。其中以黑龙江省居多,且空间分布相对密集;截至2017年底,以农产品加工为主导产业的开发区,黑龙江省就拥有67家(7家国家级和60家省级),占据东北一半以上;其次是吉林省,吉林省拥有以农产品为主导产业的开发区31家(4家国家级和27家省级)。辽宁省以农产品为主导产业的开发区相对较少,仅有19家,空间上主要分布在辽宁省的西部。

第五节 东北开发区产业发展的主要问题

开发区在推动东北地区经济增长中发挥了重要作用。站在新的历史起点上,开发区要在更大范围、更广领域和更高层次上,继续推动东北地区的对外开放与合作,为东北转型发展和全面振兴发挥作用,同时也面临更多的问题和困难。

一、产业结构较为单一

产业结构较为单一且存在一定依赖性。目前东北开发区产业结构"工业一柱擎天,结构单一"的局面没有得到根本改善。一些开发区的产业甚至影响整个地区的发展,如长春"一汽打喷嚏,长春就感冒"。虽然从统计数据看,长春市正逐步摆脱单一产业决定全市经济的状况,汽车产业占长春市工业的比例已由2005年的77%降至2015年的55.9%,一汽产值占全市的比例也由65%降至40%,但产业结构重工业化的局面尚未摆脱,开发区的产业结构也呈现一定依赖性。

主要体现在:一是经济发展依赖于第二产业,第三产业长期处于被动发展的地位,文化创意、科技服务、电子商务、金融保险等生产性服务业及商贸流通、信息消费、休闲娱乐等新兴业态发展不足,消费经济乏力,远低于东部沿海地区国家级开发区。二是工业依赖于两大支柱产业——装备制造业和化工业,而战略型新兴产业处于起步阶段。三是园区发展严重依赖于龙头企业,如吉林化学工业循环经济示范区园内最大的三大企业吉林石化、吉林化纤、吉林燃料乙醇产值占全区的90%以上。四是产业链脱节,上下游产业联系不强。以将生物医药作为主导产业的开发区为例,产业链主要集中在中药和抗生素产业方面,少数企业在中药材种植方面按照GAP(药品种植管理规范)的要求起步,中药饮片企业很少且技术和设备水平较低,制药机械企业少、高精度医药用检测设备和提纯设备主要依赖进口等。

二、支柱产业增长乏力

支柱产业增长乏力,新兴产业短期内难以发挥支撑作用。东北地区开发区主导产业的主力装备制造业、汽车及零部件业普遍存在"增产量不增产值"的现象,而开发区的新兴产业发展尚处于起步阶段。以生物医药业、新材料业、新能源业为主导产业的开发区目前在东北地区较为缺位,而即使已有的开发区目前也只是处于起步阶段,短期内难以形成梯次跟进的发展格局,难以发挥产业支撑作用。许多开发区内生产规模较小,产业布局不合理,低水平重复建设多,低端品种产能过剩,不能发挥以点带线、以线代面的联动作用。同时开发区研发投入不足,投入产出联系不足,自主创新能力弱,知识溢出不足,缺乏有效整合产业资源的运行机制,以企业为主体、市场为导向、专家团队为支撑、产学研紧密结合的技术创新体系尚未形成。

三、平台建设亟待完善

从开放合作平台建设来看,边境口岸基础设施落后,与周边国家互联互通不畅,成为阻碍东北地区对外开放平台发挥作用的重要因素之一。东北地区口岸基础设施建设投入不足,不仅存在与蒙古国、俄罗斯、朝鲜等周边国家的运输通道单一且安全性差等问题,地区内部主要城市之间的通道建设也亟待完善。在铁路方面,货物外运之后的车皮返程空载率高,现有铁路运输能力无法满足季节性货物(如粮食和木材)的运输需求等问题没有得到及时解决。在公路方面,道路运输存在较为突出的超载现象。

此外,目前东北多数对外开放平台的外贸发展仍然以附加值偏低的能源原材料产品和劳动密集型产品为主,难以推动区域产业结构的调整和升级。同时,部分口岸的"过货化"贸易现象明显,对本地经济发展的带动效应较为微弱,没有起到区域经济增长极的作用。以制造业为主的工业是东北对外开放平台建设的主要内容,现代服务业尤其是生产性服务业则面临规模小、分布散、能力弱和模式旧等问题,产业业态和特色不突出,与制造业发展规模不匹配,难以推动制造业的转型升级和可持续发展。企业数量少且规模小,产业格局和特色不明晰也是制约东北地区对外开放平台发挥作用的原因之一。

第六章　东北国家级新区

国家级新区是于20世纪90年代初期开始、由国务院批准设立的一种新开发开放与改革的大城市区，承担着国家重大发展和改革开放战略任务。截至2018年6月，我国共有国家级新区19家。空间上，东部地区分布有8家，西部地区6家，东北地区3家，中部地区2家。本章在梳理国家级新区数量与空间分布基本特征的基础上，概述了东北地区国家级新区战略定位与功能，抓取与归纳了长春新区、哈尔滨新区和大连金普新区的产业定位与布局特征；着重分析了东北三个国家级新区的建设历程、运营模式与发展情况。结合新的区域发展战略，在国家级新区发展的总体趋势与宏观背景下，凝练了东北国家级新区发展面临的挑战与机遇，并提出了相应的应对策略，为东北国家级新区的进一步发展提供经验借鉴与案例支撑。

第一节　国家级新区的战略定位与功能布局

一、新区概况

1. 设置历程

自1992年以来，我国先后设立了19家国家级新区。国家级新区设立的时间分布变化明显。2011年我国城镇化的形势发生了根本性转变，在此背景下，国家级新区审批速度迅速加快并重点向中西部布局。2011~2015年国家接连批复了13家新区；其中，以2014年和2015年批复最为密集，年均设立5家新区。2014年6月23日，国务院同意设立的大连金普新区，位于大连市中南部，是我国第10家国家级新区，也是东北地区第一家国家级新区。2015年12月16日，国务院于批复同意设立的哈尔滨新区是第16家国家级新区。在经历了2014年和2015年全国范围内的新区大爆发后，自2016年起新区的发展速度开始变缓。长春新区是国务院于2016年2月3日批复同意设立的第17家国家级新区，也是2016年以来国务院同意设立的第一家国家级新区（图6-1）。

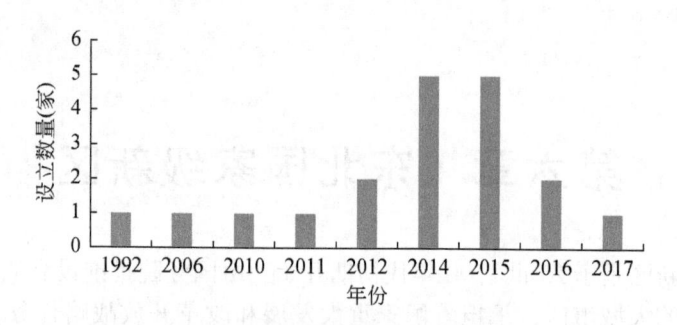

图 6-1　国家级新区设立的年际数量变化

从国家级新区的空间布局看，目前国务院已批准设立的 19 家国家级新区在我国四大板块中均有分布。其中，东部地区有 8 家，西部地区有 6 家，东北地区有 3 家，中部地区有 2 家；反映出了西部大开发、东部率先发展及振兴东北老工业基地等国家战略对国家级新区设立的重要影响，也表明国家级新区的分布与国家空间战略的发展高度匹配。从国家级新区所在城市层级的分布来看，国家级新区分布呈非均衡化特征。其中，直辖市有 3 个（上海市、天津市、重庆市），省会城市有 12 个（兰州市、广州市、西安市、贵阳市、成都市、长沙市、南京市、福州市、昆明市、哈尔滨市、长春市、南昌市），副省级城市有 1 个（大连市），地级市有 6 个（舟山市、咸阳市、安顺市、青岛市、眉山市、九江市），以及县级城市有 3 个（雄县、容城县、安新县）。

从国家级新区批复布局的时间演进序列来看，从浦东新区到滨海新区，再到两江新区，国家级新区的空间分布呈现从南到北、由东至西的、从沿海到内陆的发展格局。国家级新区所处的主体城市开始从单一的直辖市扩展到省会城市和发达地级市，其历史使命也从单一的改革开放向海洋开发、西部大开发等具有区域特色的使命发展。从国家中长期发展战略来看，国家级新区建设将会向区域均衡化方向发展，以辐射带动全国范围的社会进步。2010 年之后，国家级新区大批量成立，打破了原有的格局，空间分布逐渐分散化与均衡化。可以预见，未来随着经济、城镇化和城市群的发展及"一带一路"倡议、长江经济带空间战略等的深入实施，国家级新区的布局将呈现进一步均衡的特征。

2. 区域范围

金普新区范围包括大连市金州区全部行政区域和大连市普兰店区部分区域，由原金州新区、大连开发区、保税区、普湾经济区、金石滩国家旅游度假区共同组成，总面积约为 2299km²。

哈尔滨新区总面积为 493km²，分为江北地区和哈南地区两部分。江北地区包括松北区、呼兰区部分区域，主要有科技创新城、松江避暑城、利民开发区等城市发展区，用地面积为 398km^2；哈南地区为平房区全域，主要有经济技术开发区、哈南工业新城等城市发展区，用地面积为 95km^2。

长春新区紧邻长春市主城区，其主体位于长春市东北侧，是长吉图开发开放先导区的重要组成部分，包括长春市朝阳区、宽城区、二道区和九台区部分区域，覆盖长春高新技术产业开发区，规划面积约为 499km^2（图 6-2）。

3. 发展优势

（1）区位优势明显

金普新区地处东北亚地理中心位置，大连东北亚国际航运中心的核心港区坐落其中，对内是东北地区海陆联运中心，哈大铁路、哈大客专、东北东部铁路和沈海、鹤大高速公路贯穿新区。大连周水子国际机场所在地与金普新区毗邻，对外是东北亚国际航线的要冲，与世界 160 多个国家和地区的 300 多个港口有贸易往来，承担了东北地区 70% 以上的外贸货物运输和 90% 以上的外贸集装箱运输，是我国东北地区走向世界的海空门户，也是与东北亚国家经贸往来和开放合作的重要枢纽。

哈尔滨新区地处（北）京哈（尔滨）通道和绥（芬河）满（洲里）通道"T"字形交汇处，多条干线铁路贯通全域，是连接中蒙俄经济走廊和亚欧国际货物运输大通道的重要节点。毗邻金普新区的哈尔滨太平国际机场是面向东北亚地区，联通欧亚与北美的航空枢纽，俄罗斯远东地区、蒙古、日本、韩国等国家和地区均处在 2 小时航空交通圈内。依托哈尔滨呼兰港，金普新区通过江海联运与俄罗斯远东港口相通，可对接国际陆海联运大通道。

长春新区位于长吉图开发开放先导区核心腹地，位于哈长城市群规划南端，是我国东北地区地理中心。东邻俄罗斯、朝鲜港口群，西与蒙古国东部、俄罗斯西伯利亚远东腹地紧密相连，地缘优势突出，是哈（尔滨）大（连）经济带和中蒙俄经济走廊的重要节点。

（2）开放环境优越

金普新区所在的大连市，是东北亚重要国际航运中心和辽宁沿海经济带龙头，是国家首批对外开放的沿海城市和计划单列市。近年来，以夏季达沃斯论坛和一系列重大国际经济合作项目为标志，大连市优越的开放环境得到国际认可。

哈尔滨新区所在的哈尔滨市，与俄罗斯合作交流具有深厚历史和文化渊源，在中俄合作中具有重要作用。中俄跨境电商在线支付平台和边境物流仓储中心已建成运营，引进了一批知名跨境电商企业，对俄邮政包裹发运量占全国的 30% 以上。依托国家级对俄科技经贸合作园区、哈尔滨工业大学中俄科技合作和产业化中心、中国-俄罗斯博览会、哈尔滨冰雪节等国际合作交流平台，对俄经贸、产业、科技、文化、旅游等方面合作呈现良好发展态势。

吉林省是我国参与图们江区域合作开发的核心区域,在"一带一路"建设中具有重要作用。吉林省与东北亚国家合作有序推进,与俄罗斯远东地区合作日益紧密,长春兴隆综合保税区封关运营,东北亚国际物流园区长春铁路综合货场项目启动建设,为新区参与国际开放合作提供了较为有力的支撑。

(3) 产业和科技基础雄厚

金普新区是大连市新兴产业核心集聚区,集群化发展态势明显,初步形成了高端装备制造业集群、整车及核心零部件产业集群、电子信息产业集群和港航物流产业集群,具备了在相关领域参与国际竞争的能力。新区科教技术人才优势明显,是东北地区重要的技术创新中心和科研成果转化基地。金普新区拥有国家级经济技术开发区、保税区、出口加工区、旅游度假区等重要开放功能区,已有66家世界500强企业投资建设了91个重大产业项目,已成为东北地区对外开放与合作的重要平台。

哈尔滨新区是黑龙江省最大的现代产业集聚区,已入驻世界500强企业50多家,拥有哈尔滨高新技术开发区、哈尔滨经济技术开发区、利民经济技术开发区3个国家级开发区。建设了国家民用航空高技术产业基地、新型工业化食品产业示范基地、新型工业化装备制造业示范基地、服务外包基地城市核心区、生物产业基地等现代产业基地。此外,哈尔滨新区拥有国际、国内各类研发创新机构200多家,其中,国家级研发机构的占比近50%;拥有30余所高等院校,是东北地区重要的技术创新中心和科研成果转化基地。

长春新区分布有国家级高新技术产业开发区,形成了先进装备制造、生物医药、光电信息新材料、新能源、现代服务业等产业集群,拥有国家级汽车电子产业基地、国家专利导航产业发展实验区、国家级文化和科技融合示范基地及亚洲规模较大的疫苗生产基地。战略性新兴产业和高新技术产业2015~2018年产值增幅保持20%以上。长春新区与中国科学院长春分院、吉林大学等合作建设的长东北科技创新中心,搭建了光电子、新材料、新能源、生物医药、生态农业等专业技术平台和政务、信息、金融、人才等公共服务平台,引进了国家级科研机构30余家,建设了一批创新平台和载体,为其创新发展打下了较为坚实的基础。

(4) 生态环境优良

金普新区自然禀赋良好,环境优美。全区森林覆盖率超过45.3%,建成区绿化覆盖率达43.5%;区内山、海、林、河等各类生态系统和自然景观丰富多样,拥有国家级自然保护区、风景名胜区、森林公园、地质公园6个,面积超过

300km^2；拥有河流15条，中小型水库13座，滨海湿地面积超过120km^2，水域生态资源种类多样。

哈尔滨新区自然条件良好、生态环境优美，松花江穿区而过，具有推进绿色生态城区建设的良好基础。哈尔滨新区内旅游资源丰富，拥有国家5A级景区太阳岛、冰雪大世界、雪博会、俄罗斯风情小镇等旅游资源，每年吸引上千万名游客观光旅游。

长春新区水、电、气等要素资源充足，生态环境优良，人居环境优美，区内森林覆盖率、空气、水资源质量等生态条件优于全国平均水平。城镇化基础较好，是吉林省新型城镇化试点和长春市城区空间拓展的重点区域。

二、战略定位与目标

1. 战略定位

金普新区的战略定位："一地、一极、三区、两中心"，即我国面向东北亚区域开放合作的战略高地，引领东北地区全面振兴的重要增长极，老工业基地转变发展方式的先导区、体制机制创新与自主创新的示范区、新型城镇化和城乡统筹的先行区，东北亚国际航运中心和物流中心。

哈尔滨新区的战略定位：旨在进一步释放改革红利，增强开放动力，激发创新活力，畅通对外贸易通道，搭建国际合作平台，构建外向型产业体系，努力把哈尔滨新区建设成为中俄全面合作重要承载区、东北地区新的经济增长极、老工业基地转型发展示范区和特色国际文化旅游聚集区。

长春新区的战略定位：创新经济发展示范区、新一轮东北振兴重要引擎、图们江区域合作开发重要平台、体制机制改革先行区。此外，长春新区除了推动"一带一路"建设外，"深化图们江区域合作开发"也是其职能之一，要把建设好长春新区作为推进"一带一路"建设、加快新一轮东北地区等老工业基地振兴的重要举措，为促进吉林省经济发展和东北地区全面振兴发挥重要支撑作用（表6-1）。

表6-1 国家级新区的战略定位与功能布局

新区名称	主体城市	批复时间（年.月.日）	面积（km^2）	战略定位	功能布局
浦东新区	上海	1992.10.11	1 210.41	科学发展的先行区和"四个中心"（国际经济中心、国际金融中心、国际贸易中心、国际航运中心）的核心区	一轴三带六区

续表

新区名称	主体城市	批复时间(年.月.日)	面积（km²）	战略定位	功能布局
滨海新区	天津	2006.5.26	2 270	我国北方对外开放的门户、高水平的现代制造业和研发转化基地、北方国际航运中心和国际物流中心	一城双港三区四片
两江新区	重庆	2010.5.5	1 200	内陆重要的先进制造业和现代服务业基地、长江上游地区的金融中心和创新中心、内陆地区对外开放的重要门户、科学发展的示范窗口	三大板块、十大功能区
舟山群岛新区	舟山	2011.6.30	1 440（陆地）20 800（海域）	浙江海洋经济发展的先导区、海洋综合开发试验区、长江三角洲地区经济发展的重要增长极	一体、两翼、三圈、诸岛
兰州新区	兰州	2012.8.20	1 700	西北地区重要的经济增长极、国家重要的产业基地、向西开放的重要战略平台和承接产业转移示范区	两带一轴、两区四廊
南沙新区	广州	2012.9.6	803	粤港澳优质生活圈和新型城市化典范、以生产性服务业为主导的现代产业新高地、具有世界先进水平的综合服务枢纽、社会管理服务创新试验区	一城三区一周四带；中、北、西、南四大城市组团
西咸新区	西安咸阳	2014.1.6	882	丝绸之路经济带重要支点；统筹科技资源；发展高新技术产业；健全城乡发展一体化体制机制；保护生态环境和历史文化；创新体制机制	一河两带、四轴五组团
贵安新区	贵阳安顺	2014.1.6	1 795	中国内陆开放型经济示范区、中国西部重要的经济增长极和生态文明示范区	一主三副两代多极
西海岸新区	青岛	2014.6.3	2 096（陆地）5000（海域）	海洋科技自主创新领航区、军民融合创新示范区和建设陆海统筹发展实验区	一核两港五区
金普新区	大连	2014.6.23	2 299	引导东北地区全面振兴的重要增长极、老工业基地转变发展方式的先导区、体制机制创新与自主创新点的示范区、新型城镇化和城乡统筹的先行区	双核七区

续表

新区名称	主体城市	批复时间（年.月.日）	面积（km^2）	战略定位	功能布局
天府新区	成都眉山	2014.10.2	1 578	西部科学发展的先导区、西部内陆开放的重要门户、城乡一体化发展示范区、具有国际竞争力的现代产业高地、国家科技创新和产业化基地及国际化现代新城区	一带两翼一城六区
湘江新区	长沙	2015.4.8	490	产城融合、城乡一体的新型城镇化示范区，全国两型社会建设引领区，长江经济带内陆开放高地	两走廊五基地
江北新区	南京	2015.6.27	2 451	自主创新先导区、新型城镇化示范区、长三角地区现代产业集聚区、长江经济带对外开放合作重要平台	一带六区三走廊
福州新区	福州	2015.8.30	1 892	两岸交流合作重要承载区、扩大对外开放重要门户、东南沿海重要的现代产业基地、改革创新示范区、生态文明先行区	
滇中新区	昆明	2015.9.7	482	我国面向南亚、东南亚辐射中心的重要支点，云南桥头堡建设的重要经济增长极、西部地区新型城镇建设综合试验区、改革创新先行区	
哈尔滨新区	哈尔滨	2015.12.16	493	中俄全面合作重要承载区、东北地区新的经济增长极、老工业基地转型发展示范区和特色国际文化旅游聚集区	一带、一核、三组团
长春新区	长春	2016.2.3	499	创新经济发展示范区、新一轮东北振兴重要引擎、图们江区域合作开发重要平台、体制机制改革先行区	两轴、三中心、四基地
赣江新区	南昌九江	2016.6.14	465	长江中游新型城镇化示范区、中部地区先进制造业基地、内陆地区重要开放高地、美丽中国"江西样板"先行区	两廊一带四组团
雄安新区	雄县容城安新	2017.4.1	2 000	北京非首都功能疏解集中承载地，高水平社会主义现代化城市、京津冀世界级城市群的重要一极、现代化经济体系的新引擎、推动高质量发展的全国样板	一主、五辅、多节点

2. 发展目标

（1）到 2020 年

金普新区要基本建立起与定位相适应的开发建设和运行管理体制，初步形成与国际接轨的开放合作和自主创新政策环境。金普新区综合经济实力、辐射带动能力、国内外影响力迈上一个大台阶，基础设施进一步完善，现代产业集群国际竞争力显著增强，生态文明建设取得新进展。

哈尔滨新区管理体制基本理顺，综合实力显著提高，先进制造业和现代服务业竞争力大幅增强，经济增速在黑龙江省处于领先地位，基础设施承载力明显提升，对俄产业、经贸、科技合作层次全面升级。

长春新区立体化交通网络基本建成，陆海联运的对外物流通道基本畅通，公共服务设施日益完善，改革创新和开放合作取得重大突破，创新驱动能力明显提高，创新型现代产业体系基本建立，成为推动吉林省新一轮振兴的重要引擎（图 6-2）。

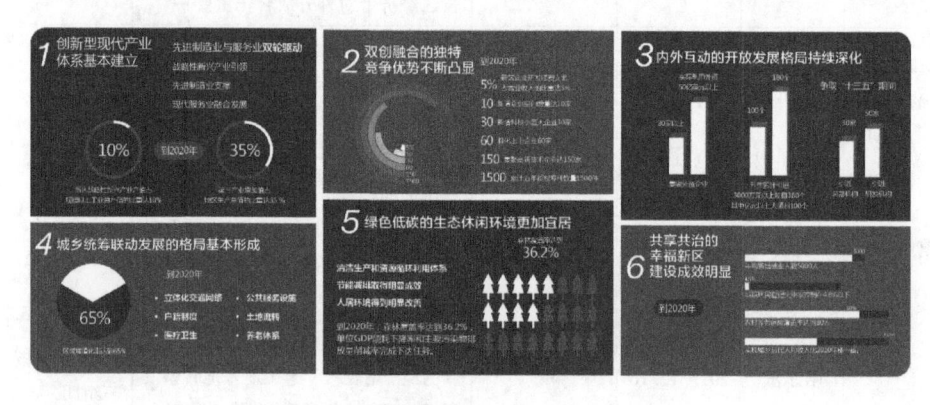

图 6-2　长春新区到 2020 年的发展目标

（2）到 2030 年

金普新区将建立起完善的新区管理体制，同东北亚区域建立紧密的开放合作关系，自主创新能力达到国际先进水平，产业结构进一步优化，城镇化质量和水平显著提高，建成国际化、现代化、智慧化和生态化的新区。

哈尔滨新区管理体制进一步完善，与国际接轨的开放合作和自主创新发展环境基本形成，自主创新能力达到国际先进水平，产业规模大幅提升，产业结构进一步优化，城镇化水平和质量显著提高，常住人口超过 200 万人，成为国际化、现代化、智慧化和生态化发展新城区。最终，将哈尔滨新区建设成为"中俄合作、面向东北亚"的开放门户、"先进制造、服务引领"的发展引擎、"创新驱动、转型提升"的科创智谷、"生态优先、文旅交融"的魅力水城。

长春新区综合实力实现新跨越，改革创新和开放合作取得丰硕成果，创新型现代产业体系日臻完善，腹地支撑能力显著增强，对外开放新格局基本形成，国际化绿色智慧新城区全面建成。

三、产业选择与功能布局

1. 产业选择

（1）金普新区

装备制造。随着大连主城区的产业向北转移，金普新区成为装备制造业重要承接地。2014年获工业和信息化部"国家新型工业化产业示范基地"。目前已形成以高端数控机床和自动化主控系统为主导产业的智能制造装备产业，主要有大连机床集团、大连光洋科技集团有限公司、山崎马扎克（中国）有限公司等一批国内外龙头企业。

生物医药。大连共有各类生物企业300余家，医药工业企业140余家，其中90%分布在金普新区内。金普新区拥有规模以上生物医药企业50余家，其中年产值过亿元的企业近10家，基本形成以辉瑞制药（大连）有限公司、欧姆龙自动化（中国）有限公司、艾美汉信疫苗（大连）有限公司、珍奥集团股份有限公司等一批大企业为龙头的生物医药产业集群，成为辽宁三大生物产业集聚区之一。

新能源汽车。大连市新能源汽车产业主要布局在金普新区，已初步形成了完整的节能与新能源汽车产业链，一些龙头企业领跑我国新能源汽车的整车生产。中国汽车技术研究中心新能源汽车落户大连保税区；奇瑞汽车、辽宁曙光汽车集团股份有限公司的节能与新能源汽车也布局在大连保税区；一汽集团节能与新能源客车生产基地布局在开发区；大连野马易威电动汽车及动力总成项目布局在开发区；上海瑞华集团新能源汽车项目落户普湾新区三十里堡临港工业区。

汽车及零部件。目前汽车整车项目有华晨专用车、奇瑞整车、东风日产、黄海汽车、一汽客车五大整车项目；汽车零部件产业已落户企业120余家。汽车及零部件生产企业涵盖了汽车整车、发动机及配件、汽车轴承、制动器、减震器、转向系统等48类千余个品种。主要企业有大众一汽发动机（大连）有限公司、道依茨一汽（大连）柴油机有限公司、博格华纳联合传动系统有限公司、汉拿空调（大连）有限公司、蒂森克虏伯发动机系统（大连）有限公司、阿尔派电子（中国）有限公司等。

电子信息。金普新区电子信息产业以发展外向型经济为主，产业规模占全市的六成、全省的1/3以上。目前已形成半导体晶圆、发光二极管芯片及外延片、电子元器件、工业电子、办公设备与家电、通信与电子设备、工业控制软件等核心产品门类。现有电子信息产品制造企业471家，其中，规模以上企业有111家，产值超过亿元的企业有45家，超过10亿元的企业有8家。产品主要集中在集成电路、激光打印机、电子元器件、线路板、芯片、外延片等领域。

石化和精细化工产业。金普新区目前已形成了以大型企业为龙头、中小型企业配套的格局。精细化工企业有近80家，产品涉及染料、农药、涂料、胶黏剂、催化剂、助剂、医药中间体、工业清洗剂等诸多领域，产品种类众多，其中部分产品在全国居于领先位置，已形成了较大规模的精细化工产业群。金普新区未来石化和精细化工产业重点要向松木岛化工园区集聚。

保税物流。依托港口设施完备、产业聚集优势，以保税和冷链物流园区为载体，吸引中远海运物流有限公司、中海集团物流有限公司、德国施奈莱克、美国安博华康、日本运通公司等国内外知名物流企业入驻，形成了以港口业务为核心的口岸物流体系和以保税业务为核心的保税物流体系。

保税商品贸易。金普新区以保税区专业市场聚集商贸企业，初步形成贸易业集群。现有各类交易市场14个，包括国际车城市场、进口汽车配件市场、工业品市场、物资交易市场、煤炭市场、粮油食品交易市场、进口工业部件市场、黄金珠宝市场、化妆品交易市场、钢材市场及大连民营国际经贸中心11个大宗实体交易市场，大连石油交易所、大连保税区稻米交易市场和大连酒类商品交易所3个大宗电子商品交易市场，初步形成了东北亚油品、矿石、农产品、工业原材料、工业制成品等大宗物资贸易中心。

（2）哈尔滨新区

发展高端装备、绿色食品、新一代信息技术等千亿级产业集群，培育发展生物医药、新材料、节能环保产业，加快发展金融商务等现代服务业，提升产业国际竞争力（图6-3）。

A. 重点发展千亿级产业集群

——高端装备制造产业集群。加强与俄罗斯在航空航天等方面的合作，依托现有园区，聚焦航空航天、轨道交通、节能环保等高端装备领域，重点发展航空航天装备、汽车、海洋工程装备、燃气轮机、太阳能光伏发电设备、先进轨道装备及关键部件、自动控制系统、智能机器人等产业，并争取在相关领域达到国际先进水平，成为国家重要的高端装备制造产业基地。

——绿色食品产业集群。建设中俄农业与食品工业科技园，大力发展面向国际国内高端消费群体的有机营养食品，推进地方特色鲜活产品、高档乳品饮品、粮油精深加工、肉制品精深加工品牌化、规模化发展，打造国内知名的绿色食品产业基地。

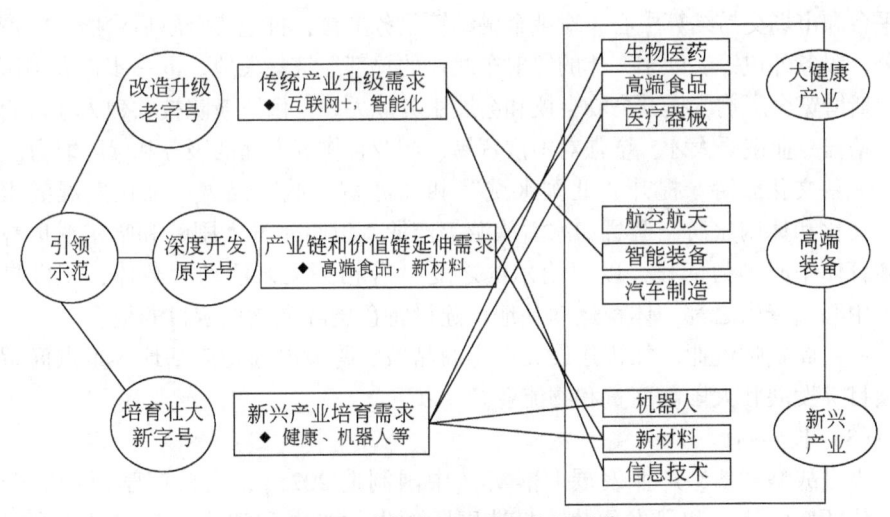

图 6-3 哈尔滨新区产业发展思路
资料来源：改绘自《哈尔滨新区城市总体规划》

——新一代信息技术产业集群。重点发展云计算、电子商务、激光技术应用、物联网、北斗导航产业研发及运营服务、新一代信息网络技术等产业，打造东北地区重要的云计算产业园、智慧城市开发中心等研发基地。推进信息产业与消费领域的融合互通，积极开发信息消费产品并提供相关服务。

B. 培育发展战略性新兴产业

——生物医药产业。以生物医药、生物制造两大产业体系为核心，重点发展医药研发、化学药、现代中药、生物医药，加强与俄罗斯在分子生物、微生物、生物有机化学、新型植物纤维研发应用等领域的合作，打造"中国北方药谷"，建设健康产业城。

——新材料产业。加强与俄罗斯在光学玻璃、人工晶体、新型金属材料、新型塑料技术等领域的合作，建设铝镁等轻金属材料园、复合材料产业园，重点在新型功能材料、先进结构材料、复合材料，以及纳米、超导、智能、石墨烯、发光二极管等领域取得技术突破，力争在部分领域达到国际先进水平。努力打造国内一流、国际知名的铝镁合金和高端钛合金产业基地，树脂基复合材料研发基地及全球重要的锂离子电池负极材料生产基地。

——节能环保产业。加快建设北方环保、工大水资源、地能热泵节能等示范项目。积极发展先进环保、高效节能技术和装备。

C. 加快发展现代服务业

——金融商务。吸引国内外金融机构新设区域总部，加快建设东北亚区域性信息平台和市场交易结算中心、对俄金融结算服务平台，打造集金融后台服务、商务办公、服务外包等功能于一体的辐射东北亚的总部经济集聚地。进一步扩大中国—俄罗斯博览会影响，提升高峰会议和会展服务能力。与俄罗斯院校共建人才教育中心，培养专业俄语人才，增强对中俄贸易、产业合作等方面的服务和保障能力。

——文化旅游。提升"北国水城"和"冰雪之城"品牌，加快发展健康养老、文化和休闲旅游、避暑和冰雪旅游等产业。以哈尔滨大剧院和哈尔滨奥林匹克体育体中心等为依托，以"哈尔滨之夏"等相关文艺活动为载体，积极打造艺术中心、音乐之都、体育运动基地，建设特色国际文化旅游目的地。

——商贸物流业。加快建设义乌小商品城、跨境电商物流基地等重点商贸物流项目，发展壮大国际商贸和物流业。

(3) 长春新区

推进战略性新兴产业发展。落实《中国制造2025》，支持产学研用联合攻关，依托新区技术和研发优势，打造国际领先的光电和智能装备产品生产、研发、创新基地，建设我国重要的交通装备研发、制造和服务基地。大力发展新材料、新能源、节能环保等新兴优势产业。积极发展生物医药、生物疫苗、基因工程、现代中药、医疗器械、医药物流等产业，构建集研发、生产、物流、服务于一体的医药产业体系。加快建设"吉林一号"卫星项目，建成集光学制造、机械制造、光电传感、新材料产业等于一体的航天信息产业园。促进以移动互联网、云计算、大数据、物联网为代表的新一代信息技术与制造、服务、教育、金融、健康医疗等领域的融合创新，发展壮大新兴业态，打造新的产业增长点。

积极发展现代服务业。以兴隆综合保税区、国际物流中心、龙嘉国际机场为依托，发展集装箱物流、公路枢纽集散、保税仓储、综合批发转运等现代物流业。依托新区现有优势资源和载体，积极打造动漫游戏、数字媒体、软件开发等文化创意产业。大力发展科技研发、检验检测、工业设计、服务外包、技术培训等生产性服务业。在空港区域规划发展高等教育和职业教育，以及集养生服务、康体疗养、休闲体育等多功能于一体的健康服务业。发展民俗旅游、冰雪旅游、特色产业观光和体验式购物等休闲旅游业，打造东北亚旅游集散中心。支持引进多种类型的金融机构，面向东北亚开展跨境人民币创新业务，扩大人民币跨境使用，提高贸易便利化水平。大力发展融资租赁，积极促进金融机构与互联网的深度融合。

大力发展都市型现代农业。大力发展现代化蔬菜、肉蛋奶等产业，保持生鲜食品自给能力；稳步发展农产品深加工、现代化仓储物流、农产品电子商务，促进第一、第二、第三产业融合；发展多功能农业，积极发展休闲农业，建设服务体系，挖掘乡土文化，培育知名品牌；加强畜禽养殖污染防治，促进农业清洁生产，开展种养循环示范，增强可持续发展能力。

2. 功能布局

（1）金普新区

按照主体功能区规划、海洋功能区划和大连市城市总体规划、土地利用总体规划要求，根据新区资源环境承载力、现实基础和发展潜力，科学安排空间开发时序和建设重点。重点推进普兰店湾沿岸地带开发建设，促进金州区优化发展；中远期着力促进金普新区全面发展，形成"双核七区"协调发展格局。

"双核"发展区：①普湾城区。加快基础设施和公共服务设施建设，完善城市综合功能，大力发展总部经济、研发创新、高端医疗、高水平职业教育，将其建设成为便捷高效的行政办公、生活服务、文化教育中心和生态宜居的城市综合服务核心区。②金州城区。依托经济技术开发区、保税区和出口加工区，创造有利于多元文化融合发展的开放合作环境，集聚高端人才、资本、技术等要素，将其建设成为面向东北亚区域产业、技术和人才合作的核心区。

"七区"发展区：①大小窑湾区。依托大窑湾港区，大力推进大连东北亚国际航运中心核心港区的航运服务区建设，重点发展航运物流、保税仓储、国际商务等生产性服务业。②金石滩区。依托金石滩国家旅游度假区，加强生态建设与环境保护，重点发展休闲旅游、运动健身、国际会展等产业。③登沙河-杏树屯区。重点发展特钢新材料、航空制造、水产品加工及冷链物流业。④金渤海岸区。加快推进国际空港建设，重点发展临空产业和金融服务、商贸会展、文化娱乐、休闲旅游等产业。⑤七顶山-三十里堡区。重点发展临港型高端装备制造业。⑥复州湾-炮台区。重点发展精细化工、新材料和食品加工业。⑦华家-登沙河区。依托农业科技园区，大力发展优质、高效、绿色农业，建设农业产业化示范基地。

（2）哈尔滨新区

哈尔滨新区将按照"一江居中、两岸繁荣"的总体布局，以松花江北部地区为核心区，加快科技创新，促进产业集聚，释放发展潜能，辐射呼兰区整体和周边市县部分区域，使松北区成为哈尔滨市乃至黑龙江省最具活力和潜力的发展区域；以哈南工业新城平房区部分为产业支撑区，以综合保税区、内陆港为联动发展区，构建"一带、一核、三组团、双枢纽、多板块"协调发展新格局（图6-4）。

"一核"，即哈尔滨新区核心区。以哈尔滨新区北部片区为核心，突出创新、开放主题，大力发展新兴产业，提升对外开放载体功能，建设科技创新城、大健康产业城。

"一带"，即沿松花江现代服务产业带。重点建设松江避暑城、奥林匹克体育中心、松浦服务贸易中心、大剧院、太阳岛五星级国际冰雪避暑旅游区、万达文旅城等现代服务业集聚区。放大"百里生态长廊"优势，辐射带动肇东等区域加快发展。

开发区：东北新成长空间

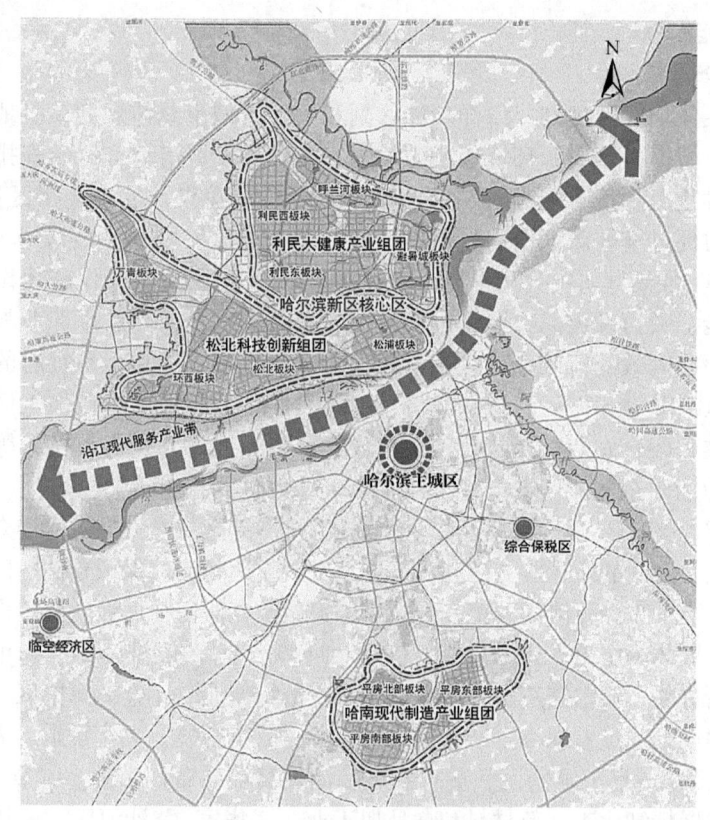

图6-4　哈尔滨新区功能布局
资料来源：《哈尔滨新区城市总体规划》

"三组团"，即松北科技创新组团、利民大健康产业组团和哈南现代制造产业组团。松北科技创新组团：依托哈尔滨高新技术产业开发区，重点发展新技术研发、新一代信息技术、新材料、智能装备、节能环保等产业，加快发展文化旅游、金融商务等现代服务业，建设科技创新城（二期）、战略新兴产业园、松浦国际服务贸易产业园、国际综合物流园、迎宾路集中区等功能区。利民健康产业组团：依托利民经济技术开发区，以大健康产业为主题，重点发展生物医药、医疗器械、功能食品、健康养生等产业，打造大健康产业城，建设松江避暑城、生物医药产业园、功能食品产业园、中欧寒地节能环保产业园、对俄商贸物流园、科教产业园、地理信息产业园等功能区。哈南现代制造业组团：依托哈尔滨经济技术开发区，以"2025制造"为主题，突出发展高端装备制造业，积极发展绿色食品、大数据等产业，建设航空汽车产业城、哈平路产业园、文化科技融合发展示范基地、中国云谷、机器人及智能装备产业园等功能区。

◎ 第六章　东北国家级新区

双枢纽：①打造国际航空枢纽。依托临空经济区，重点发展面向俄罗斯、东北亚、欧洲、北美的国际航空物流，培育发展航空制造、航空保障服务、电子信息制造、国际商务等产业。②打造东北亚国际铁路物流门户枢纽。充分发挥内陆港、综合保税区、华南城等重点功能平台在对外开放中的支撑作用，进一步放大哈欧国际班列、哈绥符釜陆海联运班列的带动效应，大力发展国际物流、国际商贸、电子商务、商务服务等现代服务业，培育发展保税加工产业。

多板块。规划在三组团的基础上形成11个板块，包括万青板块、环西板块、松北板块、松浦板块、呼兰河板块、避暑城板块、利民西板块、利民东板块、平房东部板块、平房西部板块、平房南部板块。

（3）长春新区

根据新区资源环境承载能力、现实基础和发展潜力，围绕战略定位和产业布局，构建"两轴、三中心、四基地"的发展格局（图6-5）。

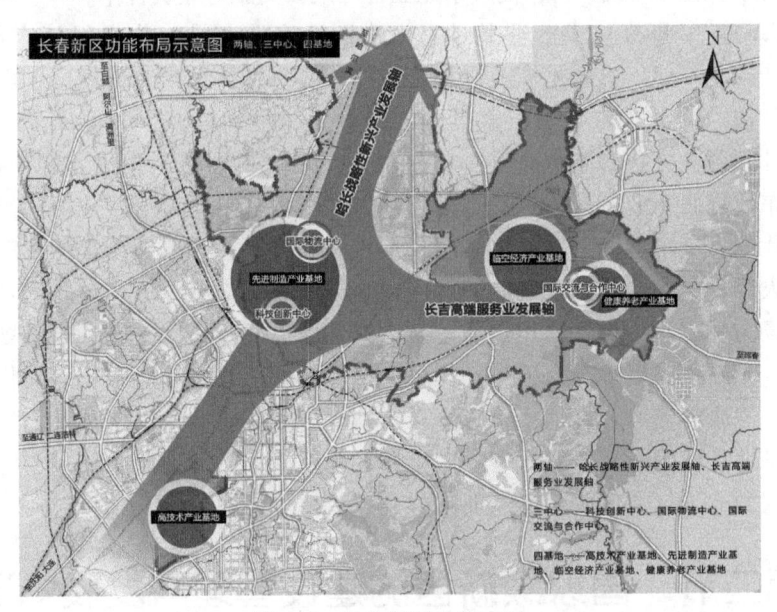

图6-5　长春新区功能布局

"两轴"，即哈长战略性新兴产业发展轴、长吉高端服务业发展轴。哈长战略性新兴产业发展轴：依托哈大经济走廊，重点发展高端装备制造、生物医药、新材料、新能源等战略性新兴产业，规划建设一批新兴产业园区，构筑带动哈长、辐射东北的战略性新兴产业发展轴。长吉高端服务业发展轴：依托长吉图国际合作走廊，大力发展高技术服务、现代物流、文化创意、旅游休闲、养老健康等现代服务业，打造立足长吉、面向东北亚的高端服务业发展轴。

"三中心"，即科技创新中心、国际物流中心、国际交流与合作中心。科技创新中心：依托与中国科学院合作建设的长东北科技创新综合体，进一步完善光电子、新材料、新能源、生物医药、生态农业五大专业技术平台和政务、金融、信息、人才、科技企业孵化、知识产权及国际合作七大公共服务平台，组建高技术产业技术创新战略联盟，集中力量实施重大创新工程，推进关键核心技术取得新的突破，加快形成科研项目孵化基地、科技成果转化基地、中小企业培育基地和企业上市融资基地，打造长吉图科技创新中枢。国际物流中心：依托与中国铁路总公司合作建设的大型铁路综合货场，与长春兴隆综合保税区功能互补、联动发展，畅通陆海联运通道，发展跨国物流、内贸外运新模式，形成吉林省对外开放的内陆港口和长吉图区域重要的物流枢纽。国际交流与合作中心：依托长春空港周边区域良好的区位优势，抓住中韩自由贸易区建设的有利机遇，搭建文化交流、科技合作、金融创新、国际会展等开放平台，促进东北亚各国人文交流与经贸合作。

"四基地"，即高技术产业基地、先进制造产业基地、临空经济产业基地、健康养老产业基地。高技术产业基地：依托长春高新技术产业开发区创新资源富集及高新技术产业集聚优势，重点发展光电子、生物医药、电子商务、文化创意、软件及服务外包等新兴产业，打造区域发展创新引擎。先进制造产业基地：依托长东北创新产业园区先进制造业发展基础，实施"互联网+"协同制造，促进新一代信息技术与制造业深度融合，重点发展汽车、轨道交通、通用航空、智能机器人等先进制造业，推动制造业向中高端发展。临空经济产业基地：以龙嘉国际机场为中心，重点发展运输业、航空综合服务业及物流配送、商务餐饮等配套产业，不断扩大聚集与辐射带动作用，打造服务东北、辐射东北亚的临空产业经济区。健康养老产业基地：依托长春空港周边区域优良的生态资源，建设运动员训练基地、休闲旅游度假基地、健康养老基地，大力发展旅游休闲、健康养老等现代服务业，打造健康养老产业集群。

第二节　国家级新区的建设管理与发展情况

一、建设运营

1. 建设历程

（1）金普新区

2014年7月2日，国务院发布同意设立大连金普新区的批复，同意设立大连金普新区，总面积约为2299km²，覆盖大连市金州区全部行政区域和普兰店区部分地区，自此金普新区正式进入国家级新区行列。2015年8月4日，大连金普新区党工委、管委会正式在大连市金州区人民政府挂牌成立。2016年1月31日，为加快金普新区城市建设，经辽宁省人民政府同意将原普湾新区石河、三十里堡、炮台、复州湾四个街道划归金州区管辖。2016年3月4日上午正式宣布了金普新区机构设置方案及部门机构设置情况，旨在进一步转变政府职能，在管理体制上金普新区党工委、管委会分别为市委、市政府的派出机构，与金州区委、区政府合署办公；撤销金州新区党工委、管委会和普湾新区党工委、管委会。2017年2月，金普新区入选国家重大市政工程领域PPP[①]创新工作重点城市。

> **专栏6-1　金普新区提出的背景及历程**
>
> 　　金普新区最早要追溯到2003年。当年大连市政府提出"西拓北进"规划。那时，大连南部地区人口稠密，缺少产业发展空间。当时还曾就大连城市中心向北迁移做出论证。但更多的北迁讨论焦点是进行产业迁移，普兰店区、瓦房店市具备拓展产业空间，奠定了大连市未来城市的发展方向。到2006年，辽宁省委、省人民政府提出了"五点一线"沿海经济带开放战略。大连"西拓北进"规划暂缓，重点投入在"五点一线"发展方面。
> 　　2007~2008年，大连市城市发展北迁被再次提上议事日程，着手在普兰店区建立"新市区"，大连市设立第4个国家级新区的构想初步成形。2009年，大连市凭借发展优势着手起草新区申报方案。2010年4月9日，大连市启动新市区管理体制改革，将金州新区、保税区和普湾新区确定为大连新市区。2010年5月27日，以普兰店湾为中心的新区正式定名为普湾新区，在普兰店区举行成立大会。大连普湾新区由此诞生。
> 　　2012年12月11日，辽宁省人民政府将大连市金州区全部行政区域和大连市普兰店区部分区域"打包"向国务院申请设立大连金普新区。2014年7月2日，国务院发布《国务院关于同意设立大连金普新区的批复》，同意设立大连金普新区。

（2）哈尔滨新区

2015年12月16日，国务院批复同意设立哈尔滨新区。2015年12月29日，

---

① PPP（public-private partnership），即政府和社会资本合作。

国家发展和改革委员会印发《哈尔滨新区总体方案》。2016年12月23日，哈尔滨市城乡规划委员会召开第3次全体会议，会议审议并原则同意了《哈尔滨新区城市总体规划》。规划按照"一江居中、两岸繁荣"战略构想，构建"一核、一带、三组团、双枢纽"发展新格局，新区产业空间布局为"两带、十园区"。2018年6月7日，哈尔滨新区管理委员会正式挂牌，标志着哈尔滨新区建设步入新的阶段。

（3）长春新区

2016年2月3日，国务院批复同意设立长春新区。时继此前的大连金普新区和2015年末新设的哈尔滨新区，长春市成为东北地区第3个设国家级新区的城市。2016年2月15日，国务院发布《国务院关于同意设立长春新区的批复》（国函〔2016〕31号），提出要把建设好长春新区作为推进"一带一路"建设，加快新一轮东北地区等老工业基地振兴的重要举措，为促进吉林省经济发展和东北地区全面振兴发挥重要支撑作用。2016年3月2日，国家发展和改革委员会网站公布《国家发展改革委关于印发长春新区总体方案的通知》（发改地区〔2016〕461号），《长春新区总体方案》出炉。2016年3月24日，吉林省委书记巴音朝鲁主持召开省委常委会议，会议审议了《关于成立中共长春新区工作委员会的请示（讨论稿）》。2017年，长春国际港正式运行，长春新区成为全国第二批"双创"示范基地（图6-6）。

新区	2014年	2015年	2016年	2017年	2018年
金普新区	批复设立	正式挂牌	合署办公	入选国家重大市政工程	
哈尔滨新区		批复设立	通过总体规划	积极建设	正式挂牌
长春新区			批复设立	长春国际港，"双创"示范基地	一批项目集中开工

图6-6 东北国家级新区建设历程

2. 管理机制

金普新区实行金普新区党工委、管委会分别与金州区委、区政府合署办公的大部制、扁平化管理体制和运行机制。金普新区管委会设15个工作部门、1个派出机构，下设4个大连市正局级功能区管委会、12个大连市副局级功能区管委会，辖31个街道（其中4个街道由普兰店区代管）。金普新区不断探索组建适合市场经济发展要求并与国际接轨的行政管理体制，制定了包含行政管理体制、功能区体制、街道体制的综合体制改革方案等。创新管理体制、理顺管理职能、明晰管理边界，初步形成了"行政区统领、功能区和街道区各有侧重、互为补充"的管理模式，并坚持"扁平化、大部制"的管理思路（图6-7）。

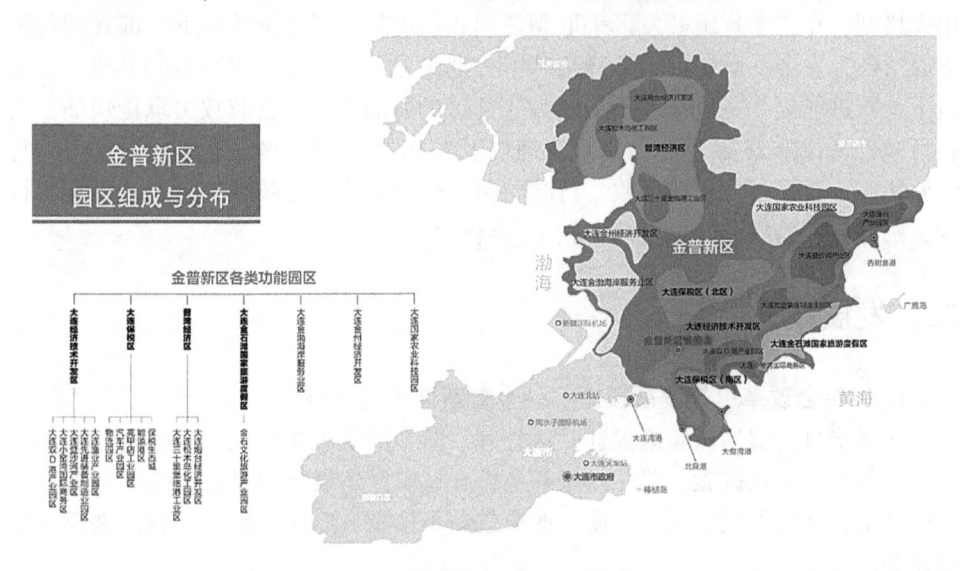

图 6-7　金普新区园区组成与分布
资料来源：金普新区投资指南

哈尔滨市以创新新区管理体制为契机，首先，将哈尔滨新区内的三个国家级开发区党工委、管委会与区委、区政府合署办公，实现开发区与行政区"两块牌子、一套机构、一套人马"，统筹管理地区经济和社会各项事务，推动开发区与行政区资源深层融合、整体再造；调整后，三个国家级开发区党政工作部门精简比例为60.3%、"一把手"精简比例为57.6%。其次，以转变政府职能为核心，按照"放管服"改革要求，推行扁平化管理，进一步明确经济功能区和街道（乡镇）的职能配置。推进机构编制资源向一线倾斜，充实基层工作力量，解决人力资源配置"上下倒置"问题。再次，创新行政审批和行政综合执法体制机制。组建了行政审批服务局，将原分散在7个区直部门的业务关联度大、发生频率高的47项行政审批事项，统一划转到行政审批服务局集中办理，实现"三个清单一张网"的行政审批新模式，切实做到企业投资办事"审一次""不出新区"。最后，进一步扩大松北区综合行政执法改革试点范围，推进跨部门、跨领域综合执法改革，推进执法重心下移和力量下沉，在街镇一级实现了"一支队伍管全部""一支队伍管到底"。

长春新区构建了"1+4"管理架构，即新区代管高新区（国家级开发区），直管北湖科技开发区、长德经济开发区、长春空港经济开发区三个省级开发区，各开发区分工明确、职责清晰，实现差异特色发展格局；按照"精简、统一、效能"的原则，灵活调整设置内部机构，实施"大部制"管理；实行灵活的选人用人机制，在三个省级开发区采取聘任制和任用制，副处及以下干部管理权限下放给各开发区，面向社会公开招聘了一批优秀干部人才，切实解决干部"能上能下、能进能出"的问题，有效激发了新区的发展活力。行政权力承接快捷，共有行政管理权限 2830 项，占市级管理权限 3316 项的 85.3%，包括行政许可、行政处罚、行政强制、行政征收、行政给付、行政确认、行政裁决、行政检查、行政奖励、行政监督和其他行政职权 11 类权力。

二、发展模式

1. 以综合改革引领发展模式——金普新区

在辽宁自由贸易试验区大连片区挂牌、落实国家级新区发展、构建开放型经济新体制综合试点试验、跨境电子商务综合试验区建设等国家重大战略部署任务面前，金普新区擎先行先试大旗，改革创新不停歇，以综合改革引领发展模式取得显著成效。

辽宁自由贸易试验区开局之年创造了 20 条"大连经验"。2017 年 4 月 10 日，辽宁自由贸易试验区大连片区在新区挂牌，新区进入"自由贸易时代"。2 个月后，辽宁自由贸易试验区大连片区综合服务大厅投入试运行，完成政务服务事项"应进必进"。通过设置国际贸易、市场准入、跨境投资、外国人服务 4 个"单一窗口"，推出微信叫号、微信核名、"窗口无否决权"等一系列创新服务举措，实现了投资、注册、纳税、通关等"一站式"政务服务，使企业办事效率大幅提高。目前，辽宁自由贸易试验区大连片区已先后复制推广上海自由贸易区等改革创新经验 149 项，创新推出并落实各级政策措施 155 项，形成归类遵循先例、"三互"大通关两批共 20 项制度创新成果，为辽宁自由贸易区建设提供了宝贵的"大连经验"，也激发了投资者的"抢滩热情"。2017 年 4 月 10 日至 12 月 31 日，辽宁自由贸易试验区大连片区新增企业 5456 家，注册资本 696.75 亿元，其中，注册资本过亿元的企业有 146 家，注册资本为 357.02 亿元。

开放型经济新体制试点案例在全国推广。作为全国 12 个构建开放型经济新体制综合试点试验地区之一，金普新区自试点试验工作开展以来，明确了 7 项重点任务和 24 项改革措施，并结合沈大国家自主创新示范区、跨境电子商务综合试验区和自由贸易区建设工作，梳理分解出 102 项任务的"工作清单"，形成可考核、可评估、可实施的工作抓手和具体任务，分别由23个牵头单位负责，实现了试点试验、自由贸易区、自创区建设等任务互为支撑、优势互补、联动发展。在2017年商务部等13部委向全国推广的首批24项试点试验典型经验和模式中，金普新区有4项试点案例入选，数量名列前茅。日前接受国家终期评估时，评估组认为，"金普新区还有多项创新举措和试点试验成果走在全国前列"。

跨境电子商务"金普模式"向东北地区复制。按照"一区、多园、众联盟"的发展思路，金普新区加快完善跨境电商在东北地区的合作布局，佳木斯等省外联盟园区正式开园，以大连市为龙头，以东北为腹地，辐射华北、西北，通向东北亚的"资源共享、合作共赢"区域供应链体系和销售网络加速形成。目前，新区已引进电商企业1100多家，在各地运营的线下体验店220多家，位于保税区的跨境商品展示交易中心投入运营。2017年底，跨境电商保税备货业务在保税区启动，一改本地跨境电商企业依赖南方海关进口国外商品的局面，有效降低了物流成本、加快了配送速度，提升了本地跨境电商企业的市场竞争力。

"放管服"改革始终走在全市乃至全省前列。金普新区先后推行"审批导航""同城免费邮寄送达"等服务新举措，拓宽重点项目联审绿色通道；编制完成《金普新区"多规合一"空间发展战略规划》；优化财政投资基建项目审批流程；实现"26证合一、一照一码"诸多改革举措，"放管服"改革始终走在全市乃至全省前列。哈尔滨新区还在黑龙江省率先探索"互联网+政务服务"，打造网上办事大厅、24小时电子政府，并全面铺开企业投资项目承诺制、容缺受理，加强"政银合作"等，一个"审批事项最少、审批时限最短、事中事后监管最严、政府服务最优"的市场体系正在形成。良好的营商环境极大地激发了市场活力，2017年金普新区新增市场主体25 399家，其中，新增的企业为11 878家，占全市的32.78%。

2. 产城融合生态示范模式——哈尔滨新区

哈尔滨新区按照"多规合一"的总体原则，以新的视角、新的思维优化其总体规划和基础设施、城区建设、产业发展、生态建设等各专项规划及土地利用总体规划。明确各项规划的指导责任主体和实施责任主体，有力有序推进哈尔滨新区规划完善工作，特别是产业发展规划。同时，做到发展与保护并重，使良好生态环境建设成为哈尔滨新区的鲜明特色，努力打造产城融合生态示范区。

目前，哈尔滨新区围绕创新管理体制机制大胆探索，坚持问题导向，系统推出了10项改革创新举措。其中，推出的"负面清单模式"已在全市推广；在全省率先成立了行政审批服务局，投资建设事项实现"容缺受理、并联审批"，工业项目审批时限大幅压缩，公共服务事项实现"平行审批，多证同发"。国务院办公厅对2017年落实国家有关重大政策举措真抓实干成效明显的地方予以督查激励，哈尔滨新区榜上有名。中央机构编制委员会办公室在向国家呈报的整合规范国家级开发区管理机构有关意见中提出，要"参照哈尔滨新区政区合一模式""鼓励开发区与行政区合并管理"。

3. 重大项目集中开工推进模式——长春新区

长春新区组建以来，坚持"项目立区""项目为王"不动摇，全力以赴抓投资、上项目，引进建设了一批大项目、好项目。2018年以来，长春新区深入贯彻落实吉林省"抓环境、抓项目、抓落实"大会精神，保持战略定力，扎实推动项目建设，航天信息产业园、亚泰医药产业园、东北亚（长春）国际机械城、龙翔商务中心A区、"三路七桥"、北湖吾悦广场、京东（长春）亚洲一号、欧亚汇集商业中心等一批标志性大项目进展较快，部分项目已经投入运营，支撑作用和发展成效日益显现。

2018年4月20日，长春新区集中开工56个项目，总投资390亿元，年内预计完成投资153亿元，其中，亿元以上项目有38个。2018年9月21日，长春新区举行秋季重点项目集中开工活动，共有35个项目集中开工，总投资85亿元，年内计划投资17亿元，开工项目投资规模大、科技含量高、拉动能力强，其中，产业类项目达到20个，占开工项目总数的近六成。一批批优质项目的集中开工，将为长春新区壮大经济总量、优化产业结构、提升发展水平注入强劲动力，提供有力支撑。

长春新区通过重大项目集中开工推进模式，狠抓建设保进度，强化重点项目包保服务，提前做好手续办理等工作，确保项目早开工、早达产、早见效；招大引强上项目，聚焦新兴前沿产业，抢抓秋冬时节，强化各类专业招商方式，争取再引进落位一批实体经济大项目，形成"多储、快上、大干"的新局面；优化环境抓服务，深入推进"只跑一次""证照分离""标准地+承诺制"等改革，推进全流程精细化服务，以一流的营商环境，吸引更多大项目、好项目落位其中。

三、发展成效

1. 经济增长

东北地区的国家级新区在所在城市的经济发展中，发挥了重要的领跑和支撑作用。一是经济长期保持快速增长，成为全市经济增长的领跑者。二是经济体量快速上升。2017年，金普新区经济总量为2342.90亿元，位列全国18家新区（雄安新区成立时间过短，暂不包括）的第六名，占大连市经济总量的31.82%；长春新区经济总量为889.30亿元，占长春市经济总量的13.45%；哈尔滨新区经济总量为764.33亿元，占哈尔滨市经济总量的11.56%。三是结构不断优化。开发区和保税区集聚了现代服务业、高端装备、电子信息、生物医药等新型产业，成为推动城市产业结构优化升级的重要支撑（图6-8）。

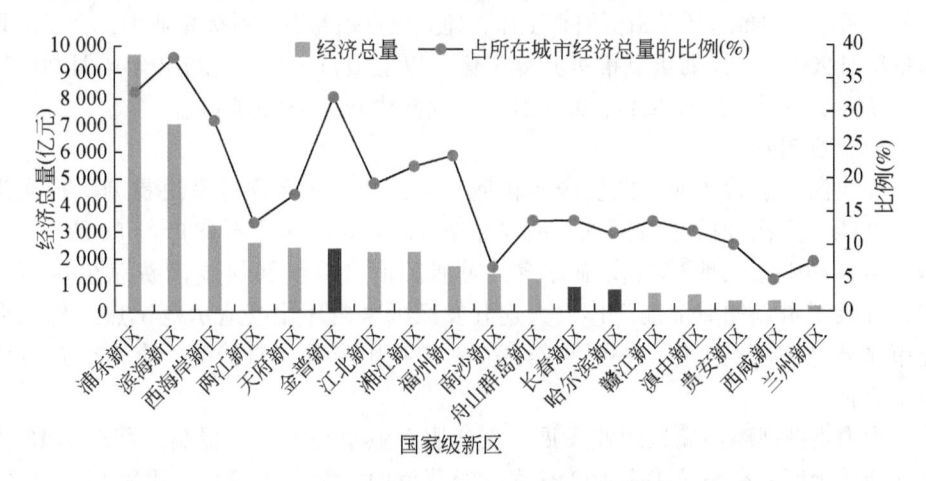

图6-8 2017年国家级新区经济总量及占所在城市经济总量的比例

2. 招商引资

入园投资快速增长。金普新区2017年新批外商投资企业51家，投资总额为4.6亿美元、注册资本4亿美元；新批增资项目30个，新增投资总额为27.7亿美元、注册资本7.7亿美元；批准外商投资项目31个，固定资产投资总额为105亿元。截至2017年底，累计引进投资额1000万美元以上的外资项目有73个，引进投资额5000万元以上的内资项目有42个。2017年长春新区全年共组织开展各类招商活动240多次，实际利用内资241.5亿元、实际利用外资22.5亿美元。截至2018年3月末，哈尔滨新区吸引外资2.9亿美元，占全市的46.8%；吸引国内资金48.5亿元，占全市的25.6%。其中，松北片区协议引资额达到35亿元，实际利用内资、外资分别增长168.9%和100%；平房片区阿里巴巴创新中心项目签约落地，华为云和军民融合产业园等项目启动建设；呼兰片区计划落地项目15个，总投资为80亿元。

一大批企业和大项目入驻新区。2017年金普新区新增市场主体25 399家，其中，新增的企业为11 878家，占全市的32.78%；欧姆龙健康医疗中国事业本部、翰昂新能源汽车空调压缩机、龙参进口商品保税分包基地等8个外资项目签约落户新区，投资总额为3.8亿美元；和记黄埔卧龙北地产、丰茂五星级酒店、凯腾冶金等11个外资项目在建，投资总额为139.5亿美元；蒂森克虏伯技术中心、迈艾特（大连）汽车制动部件、辉瑞制药二期等8个外资项目竣工投产，投资总额为3.7亿美元。2017年长春新区引进落位项目136个，包括长春润德集团装配式建筑产业园、京东长春亚洲一号、新城吾悦广场、龙浩空港大通关基地及中国医药集团医药产业园、普仁国际医疗健康城、惠农保税物流中心（B型）等项目。2018年以来，哈尔滨新区强力推进招商引资引智工作，建立重点招商引资目标企业库，全年谋划储备项目200个，计划重点推进开复工亿元以上项目150个。2018年4月20日，长春新区集中开工56个项目；9月21日，又集中开工35个项目。

3. 产业升级

加快淘汰落后产能。围绕产业转型升级，金普新区通过坚决贯彻执行淘汰落后产能，多次开展"拉网式"排查，2017年淘汰落后石化产能80万t。出台新区推动生态文明建设实施方案，对能源消费总量和煤炭消费总量进行控制，开展了重点领域节能工作、大连开发区国家循环化改造示范试点工作和大连市循环经济试点工作，并组织新区企业申报国家省（自治区、直辖市）专项资金支持。

大力支持战略性新兴产业发展，现代服务业水平进一步提高。截至2018年初，金普全区共有高技术企业246家，经营范围涉及电子信息、生物与新医药、航空航天、新材料、高技术服务、新能源与节能、资源与环境、先进制造与自动化等领域。整体科技投入、专利数量均正向增长，科技活动越发活跃。哈尔滨市政府出资设立总规模近40亿元的产业引导基金助力新区产业升级，主要投资于服务贸易产业、对俄合作及文化旅游产业等六大产业；加快建设哈南工业新城，重点发展高端装备制造、食品、信息、新材料、民用航空产业集群，积极发展商贸物流业；总投资25亿元、规划占地60km^{2}的中丹高端供热装备制造寒地产业园项目落户哈尔滨新区呼兰片区，项目建成后将成为具有国际竞争力的高端供热装备产业园区。2018年，京东投资8亿元在哈南新城建设哈尔滨京东电子商务综合配套基地及贸易结算中心。

不断以"增量+存量"调结构促转型。金普新区国家新型工业化产业示范基地、跨境电商综合试验区建设取得成效，石油化工、装备制造、电子信息、汽车及零部件等产业集群稳步扩张。长春新区围绕先进制造业、现代服务业、现代农业"三大主导产业"，精心培育高端装备制造、航天信息、华为大数据、新能源汽车、生物医药、现代农业、临空产业、东北亚绿色健康、国际教育与信息、通用航空产业园"十大产业园区"，加快构建现代产业体系。以"十大产业园区"为载体，长春新区2017年全年开工产业项目272个；光电和智能装备产业园入园24户企业全面开工；亚泰医药产业园新开工单体厂房44栋全部实现封顶；航天信息产业园天字形厂房全部建成，"吉林一号"实现10颗卫星在轨运行；华阳玄武岩纤维项目厂房进行内部装修与设备安装，开始试生产；现代农业产业园晰晰农业基地加快建设，鑫源蛋制品中央厨房项目实现达产；东北亚（长春）国际机械城会展中心、商业综合体项目主体工程已完成80%；智能装备产业园 36 栋钢结构厂房主体基本完成；博世起发电机、希达电子等项目完成主体施工。新能源汽车产业园、通用航空产业园、临空产业园及绿色健康产业园扎实推进。

4. 城市建设

科学规划不断牵引新区建设。金普新区坚持以城乡统筹和新型城镇化为引领，注重城乡协调发展。以《大连金普新区总体规划》为牵动的规划体系编制工作有序进行。2016 年 10 月，长春市政府发布了《长春新区发展总体规划（2016~2030）》，规划明确提出长春新区要从基础设施建设、产业发展、公共服务、生态环境景观提升等方面，全面加快新区城市建设步伐，提高城镇化发展水平。

基础设施项目"大干快上"成效突出。自 2014 年获批建设以来，金普新区交通体系更加完善，金普城际铁路、渤海大道等重点项目扎实推进，丹大快速铁路、振连路竣工通车。城市功能切实增强，供电、供水、供热、供气等设施及配套管网建设逐步完善。在全市率先建立全域联网的城管平台，数字化、精细化、社会化城管水平不断提升。哈尔滨新区一批城市基础设施正在密集建设。地铁 2 号线（哈尔滨市的客流主轴线）一期太阳岛站已经完成盾构基地建设、盾构机组装和调试，将新建 2 条总长 14km 的有轨电车，新建平房、江北 3 处综合客运枢纽，建设哈北站大型综合公交场站。松花江公铁两用桥改建工程市政桥梁正式开工建设，该项目建成后江南、江北之间将再新增一条过江通道，实现三环路全线闭合贯通。

"宜居"增强市民幸福感。金普新区成为全国生态文明建设和国家循环化改造示范试点单位，获评"辽宁省森林城市"。金石滩国家地质公园被评为"中国最美地质公园"，向应街道获中国最美村镇"宜居奖"。长春新区将新建奥体中心，选址在松北区松浦大道和中源大道交汇处，总占地面积近 100 万 m^2，集赛事、训练、健身、产业、教育五大功能于一身。此外，长春新区新型城镇化建设的 PPP 模式，已纳入财政部 PPP 项目库。通过项目运营和建设，图书馆、体育馆将陆续开放，长春新区的整体配套设施将逐步完善。

5. 生态建设

"生态优先"理念深深融入新区规划建设。新区在加快发展的同时，高度重视生态文明建设，把生态、低碳、绿色、循环、节约等理念贯穿开发建设的全过程。早在 2013 年 4 月，金普新区管委会委托环境保护部华南环境科学研究所开展《大连金普新生态文明建设规划》编制工作，提出了生态功能区划和生态安全格局、生态经济、生态环境、生态制度、生态文化、生态人居六大体系建设。

哈尔滨新区的松北区以生态建设为基础，保护"城在绿中、水在城中"的生态景观。一是在松北区的招商引资规划中，环保具有绝对的"一票否决权"，对一切触碰生态保护红线的项目一律说"不"；只要对环境有污染，就不能发"准入证"，坚持绿色可持续发展模式。长春新区更是实行严格的环境准入政策，提高引进项目的准入门槛，淘汰行业落后产能，加快电力等企业清洁生产改造，引导产业绿色化发展。制定了中长期环境质量改善方案，实施清洁能源战略，探索实施煤炭消费总量控制，实现颗粒物污染和挥发性有机物污染深化治理。初步划定长春新区内规划生态保护红线，现状和规划生态保护红线合计68.89km^2；按照"多要素、多样化、大体系"原则，构建了包括生态、环境、水利林业等多种要素的生态保护红线体系；严格限制高耗水、低产出的工业项目进入长春新区，运用经济杠杆提高工业用水效率，加强节水型社会建设。

采取具体行动改善大气环境。金普新区一是积极完善数字化环保监控、监测、预警体系建设。投资790余万元，在全省县区中率先建成环境监控和信息管理系统，实现对环境空气质量、重点环境污染源和污水处理厂的全天候远程自动在线监测、现场视频监控及数据管理。二是积极实施"蓝天工程"。城市及乡镇集中供热普及率达90.5%；完成11万居民用户和1400多家企业用户天然气转换工程；全面开展机动车尾气污染控制，投资1.4亿多元淘汰老旧公交车428辆，新上燃气和电动公交车458辆；绿标路建设工作走在全省县区前列。哈尔滨新区全区47台10蒸吨以下的燃煤小锅炉完成拆并；在全市率先完成了黄标车淘汰任务；秸秆禁烧管控效果明显，禁烧期内实现卫星遥感监测零火点，占道烧烤零审批，清理取缔经营性露天烧烤摊点347处，劝离露天烧烤市民近万人次；全年规范拉运车辆210台，处罚车辆68台……在一系列具体措施与行动的作用下，哈尔滨新区松北片区2017年PM$_{2.5}$浓度为49μg/m^3，年均值在全市最低，在各城区中生态环境质量最好；城市绿地率达50%，城镇人均绿地是国家标准的5倍，蜿蜒的松花江和万顷湿地美不胜收。

多力并举推进水环境保护与治理。金普新区实施了"碧水工程"。积极完善治污设施，污水集中处理率为80%。同时，强化了饮用水水源地保护、推进河道治理，保护近岸水域、规范整治沿海排污口，保障近岸海域水环境等。长春新区的伊通河北段综合治理全面开工，伊通河东岸绿道与北湖湿地公园实现联通，启动实施北湖湿地公园、大戊湖、春明湖、龙泽湖"四湖"生态治理工程。此外，长春新区还积极推进海绵城市建设，高新南区和高新北区等建成区逐步按照海绵城市的建设要求进行改造，空港经济开发区等新建区建设完全按照海绵城市的建设要求，充分考虑了产业布局与再生水的匹配性。

6. 民生保障

三地的新区通过加强顶层设计、相关政策引导等方面的努力，统筹兼顾，协调推进就业、教育、医疗卫生、文化、养老等社会公共事业，提升区域公共配套服务能力，让辖区群众有了更多的获得感、满意度。

落户就业。哈尔滨新区启动并全面放宽落户政策，在松北区建成小区合法取得住房，不管是购买还是租赁等，凭相应房屋合法手续，有产权证的用产权证、无产权证的用购房发票等，住房所有人、配偶、未成年子女、同一户口的父母、岳父母均可办理落户。截至2017年底，金普新区累计完成惠民实事项目205项，新增就业人口9.2万人。2017年完成15个职种技能培训2996人，城镇登记失业率低于大连市3.0%的考核要求。由政府托底保障的居家养老服务实现城乡全覆盖，社会救助体系不断完善。

教育医疗。金普新区积极推进义务教育高位均衡发展和高中阶段教育、学前教育优质发展，集团化办学模式深入推进，新改扩建校（园）舍6所，高技能人才实训基地投入使用。公共卫生服务体系日趋完善，盛京（大连）妇女儿童医院开诊运营，医联体建设加快推进。长春新区先后引入吉林大学附属中学、东北师范大学附属中学和北京师范大学附属中学等优质教育资源，大力促进义务教育、职业教育、高等教育发展。辖区吉林大学中日联谊医院北湖分院即将开工建设，吉林省第二人民医院、通源医院二期工程、吉林国健高新妇产医院等社会事业类项目快速推进，公共卫生服务体系不断完善。

文化体育。金普新区的公共文化服务网络日益健全，非遗保护成效突出，文化产业蓬勃发展，文化软实力持续增强。长春新区的奥体中心项目、长春市体育健身指导中心等项目建设快速推进。长春新区所辖各开发区还将根据区域特点，启动建设综合文化服务中心、文化小广场、全民健身广场等公共文化体育设施，满足群众文化娱乐和体育健身需求。

7. 开放合作

积极构建开放型经济新体系。金普新区围绕构建开放型经济管理新模式、完善开放支撑体系等，形成试点案例25项，在国务院中期评估中获得较好成绩。由国家发展和改革委员会、商务部等部委向全国推广的首批24项典型经验和模式中，金普新区统筹发展"六个一"工程等4项试点案例选入其中，在12个试点地区中名列前茅。与海航集团有限公司、宝能投资集团有限公司、中国华信能源有限公司、中粮集团有限公司、微软中国等大型企业建立了全面战略合作关系。成功获批石化、电子电器、通用设备等省级以上外贸转型示范基地，累计实现外贸出口338.8亿美元。长春新区围绕构建对外开放体系，以贸易为龙头、物流为保障，着眼于参与世界经济分工，加快融入国际发展大格局，重点推进"空港"和"陆港"建设。

以对俄合作为牵引,不断拓宽开放合作领域。哈尔滨新区以对俄合作为核心,不断创新模式、拓展领域,对外开放层次和水平正在不断提高,形成了以哈电国际为代表的国际工程承包、以哈以孵化器为代表的国际合作科技研发、以智能电力为代表的跨境服务外包和以俄罗斯中小企业联盟为代表的信息服务四种主要服务贸易形态,国务院评估验收专家组对哈尔滨新区国家服务贸易试点工作给予充分肯定。订单式引进俄罗斯门捷列夫化大学科研领军人才,与哈尔滨工业大学、哈尔滨工程大学等院校合作研发核废料处理项目填补了国内空白。32家对外合作企业引进俄罗斯籍专家100余人。成立俄罗斯青年双创基地,吸引在哈尔滨的俄罗斯籍留学生创新创业。哈尔滨音乐学院与俄罗斯圣彼得堡音乐学院结成合作伙伴,实现教师互派学生定期交流。120多家中俄金融机构联合设立全国首家中俄跨境金融服务中心,中俄金融联盟总部基地顺利入驻,建立哈尔滨金融资产交易所。

面向东北亚,主动融入"一带一路"建设。金普新区按照"重振日韩、深耕欧美、巩固港澳台及东南亚"的招商思路,2017年举行招商活动160余次,成功举办自由贸易区挂牌一个月、上海企业大连行、内外资企业座谈会等招商安商活动;全区新批外资企业有75家,注册资本为5.5亿美元,合同外资为3亿美元。辉瑞制药(大连)有限公司、大连松下汽车能源有限公司、大连蒂业技凯瓦轴工业有限公司、大连派思燃气系统股份有限公司等外资企业增加投资、扩大产能,新增注册资本21.2亿美元,合同外资13亿美元。长春新区围绕打造核心区服务功能,促进各类要素集聚,加快推进"立足吉林、服务东北、辐射东北亚"的"四大商务区"和"六大服务中心"建设。2017年10月13日,随着长春国际港的开通和中欧班列的运行,长春新区全面融入"一带一路"的开放格局和发展脉络逐渐清晰;长春新区成为全国首个公安部支持外籍人才特殊优惠政策的国家级新区。

第三节 国家级新区发展面临的挑战、机遇与策略

一、国家级新区发展面临的挑战与问题

1. 全球贸易格局暗流涌动

贸易和投资增长是世界经济的稳定器和发展的基石。然而,近年来世界贸易增长停滞使贸易保护主义不断抬头。根据英国经济政策研究中心报道,作为全球

第一大经济体的美国,2008~2016年,对其他国家采取了600多项贸易保护措施,仅2015年就采取了90项,位居各国之首。历史经验证明,在经济全球化和产业供应链国际化的背景下,如果全球化出现倒退,实施贸易和投资保护只会带来"双输",对本就复苏乏力的全球经济而言无异于雪上加霜。

2. 东北经济断崖式下行

第一轮"东北振兴"曾使东北的经济社会进入快速发展的时期。2003年10月国家出台了《中共中央 国务院关于实施东北地区等老工业基地振兴战略的若干意见》(中发〔2003〕11号)。2003年东北三省GDP总计12 722亿元,到2012年达到50 477亿元,是振兴初期的3.97倍,年均增长率为16.6%。2006~2008年,东北三省经济增速高歌猛进,吉林省连续两年保持16%以上的高增长,经济增速位居全国第二位,辽宁省位居全国第八位;东北地区经济总量在全国四大板块中的比例保持在较高位置,个别年份东北经济的增速曾一度位于四大板块之首。然而,2011年后东北经济出现了断崖式下行现象。2011年东北经济的增速比2010年的13.7%下降了1.1%,2012年又比2011年下降了2.4%,到2015年辽宁省、吉林省、黑龙江省分别降低为3.20%、6.5%和5.7%。最为困难的是2016年,吉林省、黑龙江省的经济增速分别降低为6.29%和6.17%,辽宁省一度达到-2%的增长,三省经济增长在全国排名倒数。在这样的背景下,国家级新区作为东北经济发展的增长极,不可避免地首先要背负起东北经济断崖式下行的巨大压力。

3. 引资引才的舆论环境差

东北地区振兴十年,其经济发展在很大程度上得益于全国重化工业发展阶段对能源、原材料和装备制造业的需求,这正好契合了东北经济结构的优势。然而,随着国际市场大宗商品价格大幅下跌,国内粗放式经济发生换挡转型,东北的经济结构与资源型产业优势自然而然便转化为了劣势。经济下滑后诸多内在问题逐渐凸显出来,首当其冲的便是政府与市场的关系问题。历史的原因造成东北地区的负担沉重,经济结构调整与体制机制改革进度缓慢,面临资源枯竭城市需要转型、创新发展相对滞后、社保资金缺口大、人口外移伴随人才流失等问题。这些问题是东北地区在振兴之路上背负的巨大包袱,造成引资引才的舆论环境差,增加了东北国家级新区招商、引资、引才的难度。

4. 新区定位与产业同质化

在新区定位与功能的内涵上,尽管三个国家级新区尽量做到凸显特色、准确定位,然而不可避免的是,新区在定位、功能与发展目标上存在一定的交叉与重叠。例如,哈尔滨市、长春市、大连市等城市在"陆海丝绸之路经济带"和"辽满欧"综合交通运输大通道中扮演着节点城市的重要角色,金普新区、哈尔滨新区和长春新区均是这一地区对外开放的新平台。在对外合作方面,哈尔滨新区宣称是我国唯一的以对俄合作为主题的国家级新区,但事实上长春新区在中俄合作方面也在积极推进、金普新区也并非作壁上观,甚至天津滨海新区也在面向东北亚大力推进对俄、对韩合作等各方面积极努力。此外,在产业选择上,三个国家级新区也存在着产业同质化问题,如装备制造、生物医药、现代物流等产业的集聚发展,皆是三个国家级新区努力推进的方向。如何避免新区之间的定位、功能与产业同质化问题,需要各新区统筹协调。如何通过产业发展与对外合作,将定位做到实至名归,需要各新区做进一步的思考。

5. 经济产出偏向于数量型

从经济产出的总量来看,东北三个国家级新区中,金普新区建立时间最早、发展时间较长,其经济总量在全国新区中处于中游偏上水平。2017年,金普新区经济总量为2342.90亿元,位列全国18家新区(不包括雄安新区)的第六名,占大连市经济总量的31.82%。相比之下,长春新区和哈尔滨新区经济总量较少、占所在城市经济总量的比例较低。长春新区2017年经济总量为889.30亿元,占长春市经济总量的13.45%,哈尔滨新区经济总量为764.33亿元,占哈尔滨市经济总量的11.56%。相比产出,更加需要引起重视的是经济产出的质量。从固定资产投入来看,2017年金普新区固定资产投资额为465.1亿元,占GDP的19.85%,这个比例仅次于浦东新区,表明了金普新区的经济产出在全国处于一个较高的水平。哈尔滨新区和长春新区2017年固定资产投资额分别为743.6亿元和714.3亿元,分别占各自GDP的97.29%、80.32%,足见其经济产出主要靠固定资产投资拉动,经济产出偏向于数量型,产出质量堪忧(图6-9)。

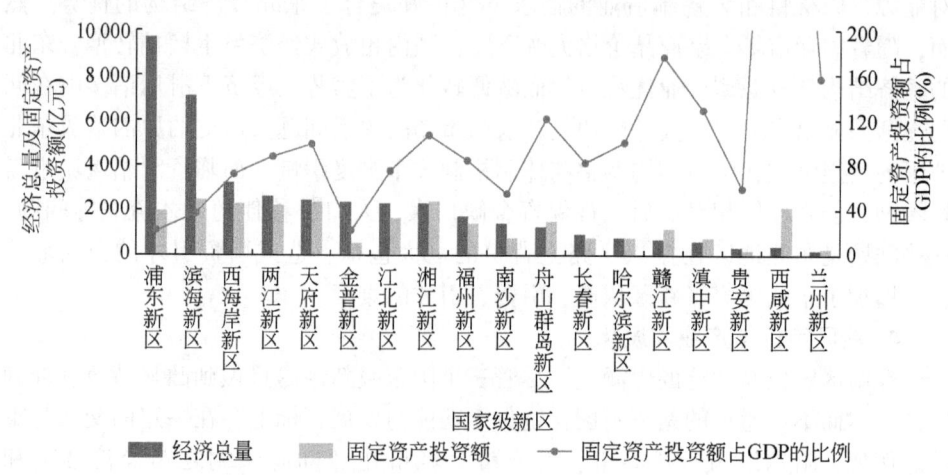

图6-9 2017年国家级新区的经济总量、固定资产投资额及固定资产投资额占GDP的比例

二、国家级新区发展面临的机遇

1. 新一轮东北振兴带来的机遇

党和国家领导人对东北地区经济发展一直以来都给予了高度重视。2015年4月9~10日，李克强总理在长春市主持召开东北三省经济工作座谈会；7月16~18日，习近平总书记在长春市考察调研；9月14日，国家发展和改革委员会东北等老工业基地振兴司司长周建平提出，考虑在适宜地区规划设立新的国家级新区，提振东北经济。此后，哈尔滨新区和长春新区陆续被国家批复，进入了东北国家级新区建设的2.0时代。2016年4月26日，《中共中央 国务院关于全面振兴东北地区等老工业基地的若干意见》发布，标志着新一轮东北振兴全面启动。2018年9月25~28日，习近平总书记再次对东北三省进行考察，深入黑龙江农垦建三江管理局和齐齐哈尔市、吉林松原市、辽宁辽阳市和抚顺市，实地了解东北振兴情况，并主持召开了深入推进东北振兴座谈会。新一轮东北振兴战略的再起航，为国家级新区的发展坚定了战略定力；习近平总书记在座谈会上为东北振兴抓的"药方"，更为东北振兴与东北国家级新区的发展，指明了前行的方向与道路。

专栏6-2　习近平总书记的东北振兴"药方"

2018年9月，习近平总书记在东北三省考察，主持召开深入推进东北振兴座谈会并发表重要讲话。总书记站在国家发展大局的高度，深刻阐释东北振兴的重大意义，着眼"全面振兴、全方位振兴"的目标任务，提出6个方面的明确要求，为新时代东北振兴提供了行动指南。

一是以优化营商环境为基础，全面深化改革。要坚定改革信心，在谋划地区改革发展思路上下工夫，在解决突出矛盾问题上下工夫，在激发基层改革创新活力上下工夫。要重点从有利于深化供给侧结构性改革、有利于加快培育经济增长新动能、有利于激发各类市场主体活力、有利于增强人民群众获得感、有利于调动保护广大干部群众积极性等方面完善改革思路，做实改革举措，释放改革活力，提高改革效能。要多方面采取措施，创造拴心留人的条件，让各类人才安心、安身、安业。

二是以培育壮大新动能为重点，激发创新驱动内生动力。要依靠创新把实体经济做实、做强、做优，坚持凤凰涅槃、腾笼换鸟，积极扶持新兴产业加快发展，尽快形成多点支撑、多业并举、多元发展的产业发展格局。

三是科学统筹精准施策，构建协调发展新格局。要培育发展现代化都市圈，加强重点区域和重点领域合作，形成东北地区协同开放合力。要以东北地区与东部地区对口合作为依托，深入推进东北振兴与京津冀协同发展、长江经济带发展、粤港澳大湾区建设等国家重大战略的对接和交流合作，使南北互动起来。

四是更好支持生态建设和粮食生产，巩固提升绿色发展优势。要贯彻绿水青山就是金山银山、冰天雪地也是金山银山的理念，落实和深化国有自然资源资产管理、生态环境监管、国家公园、生态补偿等生态文明改革举措，加快统筹山水林田湖草治理，使东北地区天更蓝、山更绿、水更清。要充分利用东北地区的独特资源和优势，推进寒地冰雪经济加快发展。

五是深度融入共建"一带一路"，建设开放合作高地。要加快落实辽宁自由贸易试验区重点任务，完善重点边境口岸基础设施，发展优势产业群，实现多边合作、多方共赢。

六是更加关注补齐民生领域短板，让人民群众共享东北振兴成果。要确保养老金按时足额发放，确保按时完成脱贫任务，完善社会救助体系，保障好城乡生活困难人员基本生活。要加大东北地区公共基础设施领域的投资力度，支持东北地区轨道交通、集中供热、网络宽带等城市基础设施建设。

2. 东北亚形势渐稳带来的机遇

随着朝鲜宣布将会开始实施对外改革开放，东北地区的形势开始一片大好。此外，中日韩自由贸易区也在积极推进，这对东北经济发展和各大城市带来巨大的发展机会。朝鲜的开放必然会带动东北周边的城市格局和产业带等发生重大变化。放眼国内，长吉图开发开放先导区建设已上升为国家战略，成为迄今唯一一个国家批准实施的沿边开发开放区域。一系列新变化为东北国家级新区深度融入东北发展大局，提供了新契机。以长春新区为例，长春新区作为吉林省深入推进长吉图开发开放先导区建设的新平台，要放眼东北亚，紧抓机遇，瞄准中蒙、中俄、环渤海和环日本海经济区，助推吉林省更好地融入和服务国家"一带一路"北线建设。

3. "一带一路"倡议带来的机遇

2013年9月7日，习近平主席在哈萨克斯坦发表重要演讲，首次提出了加强政策沟通、道路联通、贸易畅通、货币流通、民心相通，共同建设"丝绸之路经济带"的倡议。2013年10月3日，习近平主席在印度尼西亚国会发表重要演讲时明确提出，中国致力于加强同东盟国家的互联互通建设……中国愿同东盟国家加强海上合作，使用好中国政府设立的中国—东盟海上合作基金，发展好海洋合作伙伴关系，共同建设21世纪"海上丝绸之路"。《推动共建丝绸之路经济带和21世纪海上丝绸之路的愿景与行动》中明确提出，"…完善黑龙江对俄铁路通道和区域铁路网，以及黑龙江、吉林、辽宁与俄远东地区陆海联运合作，……，建设向北开放的重要窗口"。大连市、哈尔滨市和长春市都是国家确定的"中蒙俄经济走廊"的节点城市，依托这些节点城市，通过新区建设可把东北三省整体融入"一带一路"建设，而使其成为"一带一路"北线建设的新平台、新通道、新门户。

4. 两大城市群建设带来的机遇

东北地区的城镇发展格局已出现城市群的基本雏形和态势，其中以大连金普新区、中德（沈阳）高端装备制造产业园区带动的辽中南城市群，长春新区、哈尔滨新区带动的哈长城市群，这两大核心发展空间，将发展成为资源要素和经济功能高度集聚的地区，以整体发挥东北地区在国家区域范围中的战略地位。哈长城市群、辽中南城市群作为国家重点建设的几大城市群之一，是我国对接世界经济网络的重要载体。作为长吉图腹地支撑的新增长极、哈长城市群和辽中南城市群发展的新引擎、东北亚区域开放合作的战略高地，东北国家级新区不仅是新平台的功能中枢，而且可以通过开放与发展促进互联互通，为构建新通道、新门户发挥腹地支撑和引领带动作用，使整个东北地区更好地融入国家的"一带一路"建设。

5. 区域性国际城市带来的机遇

国家级新区在契合城市发展目标的基础上，一方面依托于所在城市发展，另一方面又可为城市能级提升和转型增加动力。长春市、哈尔滨市和大连市作为区域性中心城市，都以东北亚区域性国际城市为建设发展目标。在由区域性中心城市向区域性国际城市的过渡阶段，三个国家级新区将进一步强化国际服务功能，更多地参与国际产业、贸易与服务分工，双向扩展服务范围，提升国际影响力，成为国家经济转型带动新型开放的重要平台，作为其发展的阶段性目标。可见，区域性中心城市建设是国家级新区发展的重要机遇（图6-10）。

6. 战略性新兴产业带来的机遇

全球产业再布局为我国战略性新兴产业的发展提供了重大历史性机遇。综观各地经验，要抓住战略性新兴产业的发展机遇，必须抓住以下三个方面：一是以全面开放的全球视野，紧密结合国家战略需求；二是充分利用本地和区域的技术

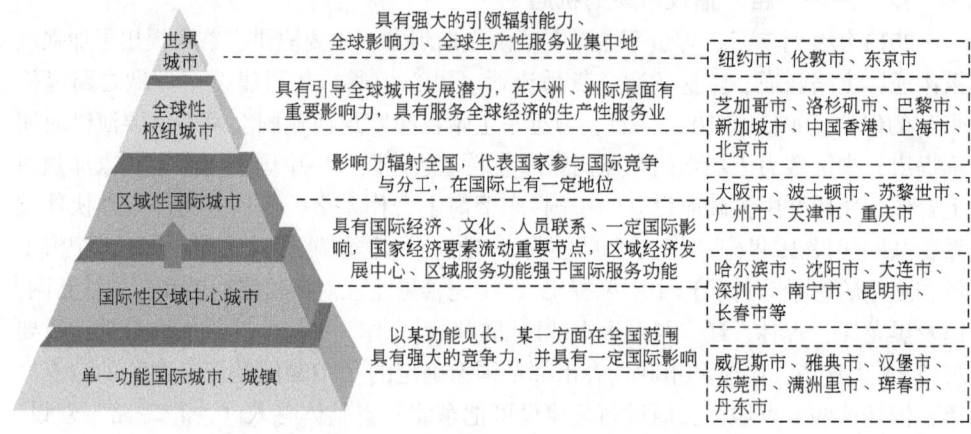

图 6-10　世界城市等级体系示意

和人才优势，抢占新兴产业时代的战略高地；三是以完善的生产性服务业为支撑，增强战略性新兴产业的综合竞争力。面对此机遇，各地都在以新区和各类开发区为核心载体，为争取在全国乃至全球战略性新兴产业布局中抢占重要地位而奋斗。东北国家级新区也应以提高自主创新能力为突破口，围绕支柱产业再造，率先实施一批具有带动作用的重大创新工程和创新成果转化工程，培育一批有国际影响力的创新型企业，为抢占战略性新兴产业高地而努力。

三、新区建设发展可采取的策略

1. 实行多元化招商引资方式

充分发挥老工业基地的技术和人才优势。这是东北国家级新区区别于中西部省份的最大优势，也是错位发展的有利条件。在招商引资的目标领域和合作模式中，要特别体现这种优势，通过传统优势发挥，实现历史积累的现实价值。注重产业的体系化和集群发展。以重大项目为抓手，进行重点招商；尤其要重视产业链较长、位置较关键、本地化潜力较大的企业，以点带链、以链兴群，实现新区产业的集群发展与集体招商。

招商引资需要强力和多元化。要以招商引资为生命线，坚持引资增资双促进，对接知名外企，聚焦重大项目，开展精准招商、联动招商、平台招商等。一方面，对外引资要打破东北亚的固有思维，以更广阔的视角参与全球产业分工，吸引来自全球、符合本地优势的资本和技术，通过本地化，实现地方产业升级发展；另一方面，在扩大对外开放的同时，也要重视对内开放，利用本地的土地、资源、人力资本等优势，吸引东南沿海地区的优质资本，带动本地经济发展。

2. 努力营造发展的良好氛围

东北经济经历了"断崖式下行"和"投资不过山海关"等问题后，严峻的形势要求东北地区必须从制度上、体制上和思想观念上发生切实转变，要增强制度意识照章办事，要增强市场经济意识务实做事，要增强服务意识高效做事。作为东北经济发展的先导区、尖刀区，新区发展建设还是要依靠新区广大干部群众埋头苦干、奋力拼搏，同时也需要凝聚社会共识、营造良好环境，把着力实干创业与加强舆论宣传有机结合。要建立常态化的宣传报道机制，讲好新区故事、传播新区经验、弘扬新区精神、塑造新区品牌，多角度反映新区发展的历程和成绩，特别是在引领经济发展新常态、践行新发展理念方面发挥重要作用。新区所在城市也应树立主动作为、积极作为的新形象，在全社会营造支持新区发展、学习新区经验的良好氛围，为推动全国经济社会发展注入新动能、增添新活力。

3. 促进产业升级与集群发展

完善产业链，促进集群发展。新区产业发展的重要方向是形成产业集群，完善的产业链是产业集群的基础，也是产业竞争力的根源。在传统产业的转型升级发展中，补齐产业链是提高产业竞争力的重要手段。在新兴产业发展中，以产业链的关键节点产业和企业为抓手，是产业链打造的有效方式。要分利用现有产业基础和研发能力，发挥临港靠海区位优势，推进制造业与服务业、工业化与信息化深度融合，加快传统产业升级改造，大力发展战略性新兴产业，延伸产业链，打造区位特色突出、国际竞争力强的产业集群。以集成电路研发设计和加工制造为核心，打造国际一流的电子信息产业集群；以生物制药、新材料、新能源产业为核心，打造战略性新兴产业集群；以数控机床及关键件、专用设备、汽车及零部件制造为核心，打造高端装备制造业集群；以空海航运、保税物流、国际贸易、现代商务、科教研发、创意设计、金融保险为核心，打造现代生产性服务业集群；以休闲购物、旅游度假、影视娱乐为核心，打造高端生活服务业集群。

强化产业的交叉融合，催生新的增长点。产业专业化日益加强的今天，各地新区建设中，都将产业的交叉融合放在重要位置，这也是东北国家级新区的重要机遇，如现代制造业与生产性服务业的相互支撑、现代都市农业与旅游观光休闲的结合、特色农产品与农副食品加工及品牌推广的结合等。此外，新区的发展要整合区域资源，凝聚力量发展特色产业。新区的发展并非一个城市资源的再整合，而是以新区为平台，整合全域的优势资源，带动区域整体的产业升级和城市发展。因此，各地区都要将特色产业的推广列为产业发展的重点之一。尤其需要注意的是，强调产业特色要求的是产业要做强而非做大，产业和企业发展要品牌化和市场化，要建立城市和新区合作的新机制，打造特色产业发展和推广的新平台。

4. 深度融入"一带一路"建设

东北国家级新区深度融入"一带一路"建设，一方面要加快实施陆海通道建设；另一方面要构建以自由贸易试验区为节点，聚集更广域范围的资源与要素，以多元化的价值增值活动，提高我国经济的"全球价值链"驱动力，参与引领我国面向世界开放的经济新格局的规则，特别要整合东北亚区域资源，探索创新主导产业发展、开放提升贸易价值的国际合作新模式，促进东北亚区域经济、社会、文化、生态全面合作新格局的构建，打造面向世界全球价值链的开放型产业体系，积极践行国家提出的各项先行先试的战略任务。具体路径上，要大力优化外贸结构，促进加工贸易转型升级，积极发展服务贸易，提高外贸质量效益和综合竞争力，形成以技术、品牌、质量、服务为核心的出口竞争新优势。充分发挥与日本、韩国、俄罗斯、朝鲜、蒙古等国的地缘优势，创新开放模式，提升开放层次，拓宽开放领域，加强同东北亚及世界主要经济体的经贸和科教合作，融入国际产业分工合作体系。提高利用外资水平，鼓励和引导外资更多投向战略性新兴产业、先进装备制造业和现代服务业等领域。搭建东北亚区域合作交流平台，大力引进海外高层次人才、先进技术和先进管理经验，鼓励外资企业在新区设立研发中心、区域总部，积极融入东北亚和全球创新体系。鼓励有实力的企业"走出去"，利用国际资源，开拓国际市场，增强企业国际化经营能力。

5. 城镇化和工业化协同推进

在《国务院关于东北振兴"十三五"规划的批复》中，国务院提出《东北振兴"十三五"规划》实施要以提高发展质量和效益为中心，以供给侧结构性改革为主线，着力完善体制机制，着力推进结构调整，着力鼓励创新创业，着力保障和改善民生，协同推进新型工业化、信息化、城镇化和农业现代化，因地制宜、分类施策，扬长避短，有效提升老工业基地的发展活力、内生动力和整体竞争力。面向东北国家级新区建设，当务之急、重中之重是要协同推进城镇化与工业化。产城融合是避免重蹈开发区建设过程中的"有产无业""产城分离"旧路子的有效方法，更重要的城镇化与工业化协同推进，可为东北地区众多中小城市发展树立典范，国家级新区城镇化和工业化协同推进中好的做法与经验，有条件的可推广复制到中小城市建设中。建设过程中，一方面可通过体制机制改革，促进土地、户籍、社会保障的城乡一体化，让农民能够进城、乐于进城，为新城发展提供源源不断的动力；另一方面要通过产业发展升级和优质公共服务，留住技术工人，保持老工业基地的传统优势，为新时代的创新发展留下根基。

第七章　东北国家级经济技术开发区

东北地区作为我国工业化进程中的先导基地，分布有 22 家国家级经济技术开发区，约占全国的 10%。其中，大连经济技术开发区是我国改革开放以来最早的经济技术开发区，长春汽车经济技术开发区是全国唯一一家专业化汽车制造开发区，旅顺经济技术开发区是我国规模最大、条件最适合的军工类船舶制造基地……正是由这样一个个独具特色又起到关键性作用的开发区，构成了一整套地处东北亚核心区域、功能定位齐全、交通体系完备的战略性经济开发区体系。本章在东北国家级经济技术开发区的设置时序和空间特征的基础上，进一步分析了其经济与产业特征及典型案例，并提出了相应的问题和对策。总之，东北开发区既要优化产业结构、发展经济规模，承担起振兴东北老工业基地的责任；又要明确自身的战略定位，发挥地缘和政策双重优势，保障国家工业化进程稳步推进。

第一节　设置时序与空间特征

东北地区国家级经济技术开发区的成长历程与国家的发展息息相关，呈现出鲜明的地区特点，并在几个时间节点上呈台阶式递增。整体而言，东北国家级经济技术开发区大致经历了四个阶段，即沿海试点、政策初试阶段（1984~1992年），省会推进阶段（1993年），自力更生、积极筹备阶段（1994~2009年）和科学发展阶段（2010~2014年）（图7-1~图7-3）。

一、沿海试点、政策初试阶段

1984~1992 年东北地区进行了开发区发展模式的摸索，设立了大连经济技术开发区、营口经济技术开发区，它们是东北开发区建设的基石。其共同特点是中央直接管制，地方被动参与，此时中央对国家级经济技术开发区的支持，主要是给政策、给自主权，而不是体现在直接给予资金的资助方面。1984 年在东北批设的大连经济技术开发区，是改革开放后第一个国家级经济技术开发区。1992 年建立营口经济技术开发区，与大连经济技术开发区先批设再破土动工建设不同的是，营口经济技术开发区走的是提前发展路线。开发区"白手起家"，发展基

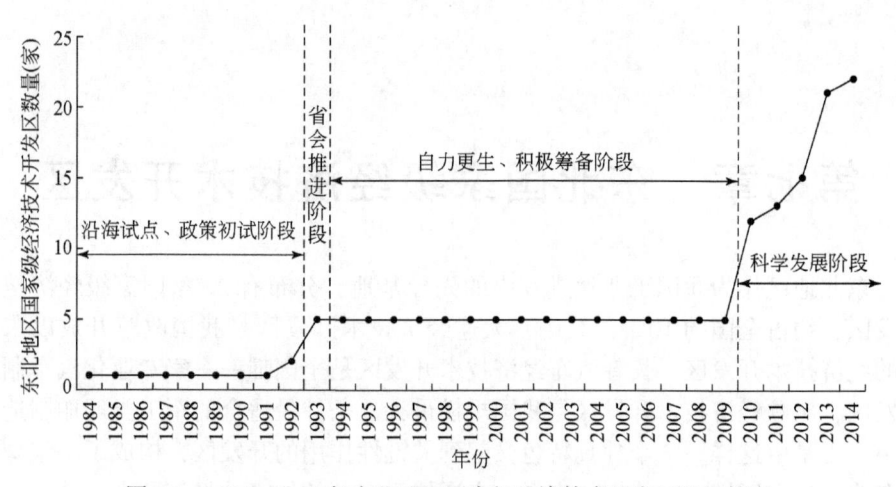

图 7-1　1984~2014 年东北地区国家级经济技术开发区批设情况

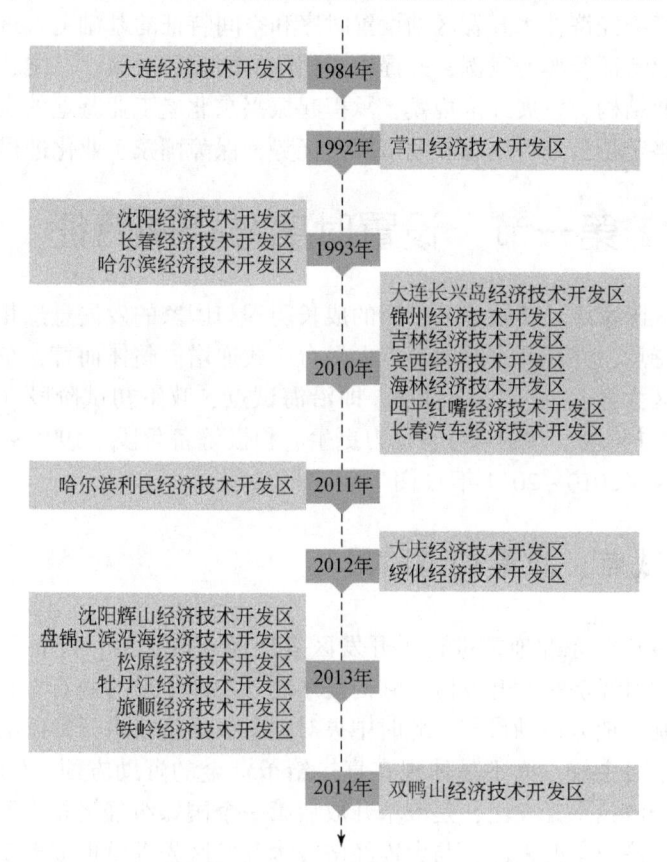

图 7-2　东北国家级经济技术开发区设置时间轴

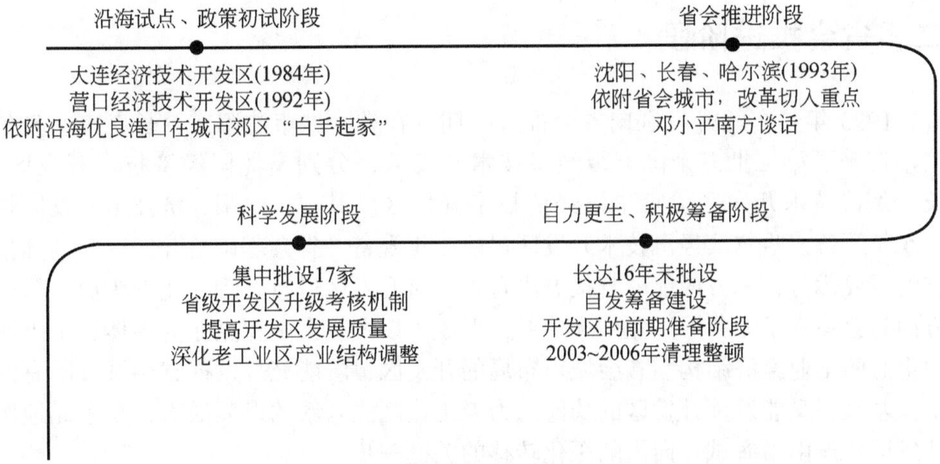

第七章 东北国家级经济技术开发区

沿海试点、政策初试阶段
大连经济技术开发区(1984年)
营口经济技术开发区(1992年)
依附沿海优良港口在城市郊区"白手起家"

省会推进阶段
沈阳、长春、哈尔滨(1993年)
依附省会城市，改革切入重点
邓小平南方谈话

科学发展阶段
集中批设17家
省级开发区升级考核机制
提高开发区发展质量
深化老工业区产业结构调整

自力更生、积极筹备阶段
长达16年未批设
自发筹备建设
开发区的前期准备阶段
2003~2006年清理整顿

图 7-3 东北国家级经济技术开发区发展历程

础薄弱，建设资金短缺，且外资进入我国尚处于试探和观望阶段，在这样的背景下这两家沿海开发区积极探索出了具有中国特色的"资金大循环"基础设施建设模式，逐步建立并完善了开发区管理的基本模式与法规体系，在"四窗口"——技术的窗口、管理的窗口、知识的窗口和对外政策的窗口发展宗旨的基础上，确立了"三为主，一致力"——以发展工业为主、以利用外资为主、以出口创汇为主和致力于发展高新技术产业的发展方针，培育了一批从事开发区管理与招商引资的人才。

大连市、营口市是东北地区对外开放的门户，分布在东北地区最南端辽东半岛海岸线上，优良的港口条件是开发区的区位优势。在城市郊区"白手起家"是两个沿海开发区的共同特征，大连经济技术开发区最初划定在大连市东北部较远且不发达的金州区（原金县），营口经济技术开发区划定在主城区南端较远的盖州市（原盖县）鲅鱼圈区。开发区都成为市辖区的重要组成部分，承担该地区招商引资、产业发展的主要任务。其中，大连经济技术开发区是大连市金州区中最重要的产业发展功能区，参与国家级新区建设，是金普新区的四大功能区之一，开发区管委会也是下设在金普新区管委会的一个重要分支；营口经济技术开发区与营口市鲅鱼圈区在地域范围和行政区划上完全相同，开发区党工委、管委会、鲅鱼圈区人民政府合署办公，党工委、管委会分别作为营口市委、市政府的派出机构，已由最初脱离于主城区的落后偏远区域逐渐建设为城市最具活力的单独市辖区。

二、省会推进阶段

1993年是东北开发区向省会推进时期，在省会城市沈阳市、长春市、哈尔滨市迎来了第二批三个国家级经济技术开发区，分别是沈阳经济技术开发区、长春经济技术开发区、哈尔滨经济技术开发区。其中，沈阳经济技术开发区提前5年筹备，哈尔滨经济技术开发区提前2年筹备。省会基础是开发区向内陆推进的重要优势，一方面能够直接派出管委会对开发区进行管理，化繁为简；另一方面省会建立了完备的工业生产体系，形成了以国有大中型企业为主体、重工业为重心的工业经济结构。省会城市布局的开发区，既能充分发挥省会城市既有的工业基础，又能发挥开发区的功能，为老工业区注入新的发展活力，是东北地区开发区建设由沿海试点向内陆深化转移的关键一步。

此时东北国家级经济技术开发区在重点地区全面布局，沿哈大轴线与南端沿海紧密相连的大连经济技术开发区、营口经济技术开发区串联形成了发展轴线，北起哈尔滨市，经长春市、沈阳市直达大连市、营口市，与哈大高速公路、哈大铁路相吻合，交通便捷，全面参与东北地区主要经济圈，自此东北开发区形成发展框架。与前两个国家级经济技术开发区不同的是，三个省会城市直接在主城区有一定工业、科技基础的区域建立开发区，且区域范围具有很强的灵活性。例如，哈尔滨经济技术开发区同步规划建设哈尔滨工业大学技术园区、哈尔滨东部科技园区、哈尔滨理工大学技术园区三个政策区，都位于哈尔滨市主城区内，并分三个片区不直接相连，长春经济技术开发区也是分为不相连的两片，一部分位于城市东南侧的市辖区二道区，另一部分则位于东北侧的宽城区，沈阳经济技术开发区位于母城沈阳市西南部，也与老牌工业区铁西区紧密相连。

开发区发展有两种形式：一是与老城区紧密相连，最后成为其中的一部分。例如，沈阳经济技术开发区后来与铁西区合并为铁西新区；长春经济技术开发区后期成为市辖区的一部分。二是直接在老城区工业、科技较发达的区域选址，给老城区的部分区域赋予特定的功能。例如，哈尔滨经济技术开发区就是在已有工业、科技发达的三个不相连区域进行开发，直到2006年才与平房区政府合署办公，作为综合功能区域参与哈南新城建设。后期的开发区形态存在连片型的开发区布局模式，如沈阳经济技术开发区各功能区相连。同时，也存在分散型的开发区布局模式，如哈尔滨经济技术开发区是市区内三处不相连的产业功能区，按照所依托的老城区功能不同而分布在各个区域；长春经济技术开发区也因为后期建设用地扩张等问题分割成两片不相连区域。而后，开发区在地理范围上的概念逐渐虚化，开始着重强调政策制度上的综合功能作用。

三、自力更生、积极筹备阶段

1994~2009年国家重点实施西部大开发战略,随之中西部省份的开发区增长明显,而东北长达16年未批设国家级经济技术开发区,这一时期东北地区对省级开发区进行积极筹备。后期的实践也充分证明了当地政府提前筹备的重要性,在升级的过程中,除了哈尔滨利民经济技术开发区、锦州经济技术开发区、松原经济技术开发区分别在1991年、1992年、1993年进行了更早的筹备工作,其他国家级经济技术开发区都是在该阶段进行提前规划。东北地区22个国家级经济技术开发区中,只有大连经济技术开发区和长春经济技术开发区是由国家直接进行初始划定从零起点规划,其他20家都是在国家批设之前就由当地政府进行了选址、规划等筹备,并且有14家是在1994~2009年这一阶段(表7-1)。

表7-1 东北地区国家级经济技术开发区筹备、批设年月对比

开发区名称	筹备年份	批设年月
大连经济技术开发区	1984	1984.09
营口经济技术开发区	1984	1992.01
沈阳经济技术开发区	1988	1993.04
长春经济技术开发区	1993	1993.04
哈尔滨经济技术开发区	1991	1993.04
大连长兴岛经济技术开发区	2005	2010.04
锦州经济技术开发区	1992	2010.04
吉林经济技术开发区	1998	2010.04
宾西经济技术开发区	2002	2010.06
海林经济技术开发区	2002	2010.06
四平红嘴经济技术开发区	2001	2010.11
长春汽车经济技术开发区	2005	2010.12
哈尔滨利民经济技术开发区	1991	2011.04
大庆经济技术开发区	2006	2012.01
绥化经济技术开发区	2002	2012.12
沈阳辉山经济技术开发区	2002	2013.01
盘锦辽滨沿海经济技术开发区	2005	2013.01
松原经济技术开发区	1993	2013.03

续表

开发区名称	筹备年份	批设年月
牡丹江经济技术开发区	2006	2013.03
旅顺经济技术开发区	1992	2013.11
铁岭经济技术开发区	1992	2013.11
双鸭山经济技术开发区	1993	2014.02

四、科学发展阶段

2010～2014年东北开发区进入科学发展时期，此时设立（升级）的开发区见表7-2。

表7-2 2010～2014年东北升级的国家级经济技术开发区

时段	开发区名称
2010～2014年	锦州经济技术开发区
	吉林经济技术开发区
	宾西经济技术开发区
	海林经济技术开发区
	四平红嘴经济技术开发区
	哈尔滨利民经济技术开发区
	大庆经济技术开发区
	绥化经济技术开发区
	沈阳辉山经济技术开发区
	盘锦辽滨沿海经济技术开发区
	牡丹江经济技术开发区
	旅顺经济技术开发区
	铁岭经济技术开发区
	双鸭山经济技术开发区

经济全球化过程中，东北地区亟待开放促使省级开发区升级为国家级经济技术开发区。2010年是国家由"十一五"进入"十二五"的重要转折时期，全球经济开始逐渐从金融危机中慢慢走出来，我国成为世界第二大经济体，在经济高速发展的同时，产业结构的不合理也表现得更加突出。开发区在我国经济建设中

扮演"领头军"的角色,到20世纪初,几乎所有开发区都已经完成了工业化,从昔日的荒野渔村演变为城市的增长极,对经济建设及城镇化都起到了强大的推动作用。东北地区开发区受经济全球化进程中我国高速发展的经济与产业结构之间矛盾的影响,集中审核与升级,出现了爆发式增长,这一时期开发区经济增长的特点是更加注重产业结构的合理性。

集资源丰富、工业基础强、交通发达特点于一身的城市成为这一批国家级经济技术开发区的选址目标。除了哈长沈大四个东北副省级城市外,所升级开发区多位于地级行政单位中的老牌工业城市,包括锦州市、吉林市、牡丹江市、四平市、大庆市、绥化市、盘锦市、松原市、铁岭市、双鸭山市。这些城市都具有丰富的矿产资源,如大庆市、松原市、盘锦市的石油资源;双鸭山市的煤矿;铁岭市的煤炭及非金属矿藏,四平市的十几种贵金属矿产资源和吉林市、牡丹江市、绥化市的多种综合性矿产资源。同时,它们都具有依靠资源建立的工业基础,如大庆市的石油石化、吉林市的中国石油吉化集团公司、双鸭山市的矿业集团等。另外,它们还都具有发达的交通,这10个城市都处在东北的交通干线上,形成沿交通干线组织起来的重要经济走廊。自此国家批设的经济技术开发区逐步深入东北由资源型城市引导的典型重工业地区,提高开发区发展质量,深化老工业区产业结构调整是如今东北地区国家级经济技术开发区的阶段性使命。

目前东北地区国家级经济技术开发区已进入经济结构转型升级、提高经济质量的稳定时期。东北地区共有15个地级行政单位拥有国家级经济技术开发区,其中大连市、哈尔滨市最多,各拥有三家,其次是沈阳市、长春市、牡丹江市各拥有两家,营口市、大庆市、吉林市、锦州市、盘锦市、双鸭山市、四平市、松原市、绥化市、铁岭市各拥有一家,形成了依附哈大交通轴线、围绕哈长沈大在经济节点上呈组团状发展的总体布局。

第二节 国家级经济技术开发区的经济与产业特征

经历了三十多年的时间跨度、几个不同阶段的政策支持,东北地区国家级经济技术开发区形成了目前的经济与产业特征,其作为地区的增长极具有以下共同特点。

一、对城市经济发展贡献大

东北地区国家级经济技术开发区的共同特征之一是GDP占所在城市生产总

值的比例大，成为地区经济的主要支撑。在东北地区 22 家国家级经济技术开发区中，单个经济技术开发区占所在城市 GDP 比例最高的是营口经济技术开发区，达到 31.56%，其次是双鸭山经济技术开发区（22.00%）和大连经济技术开发区（16.56%），这三个开发区是城市鼎力建设的成果，也为城市贡献了较高的财政和税收（图 7-4）。

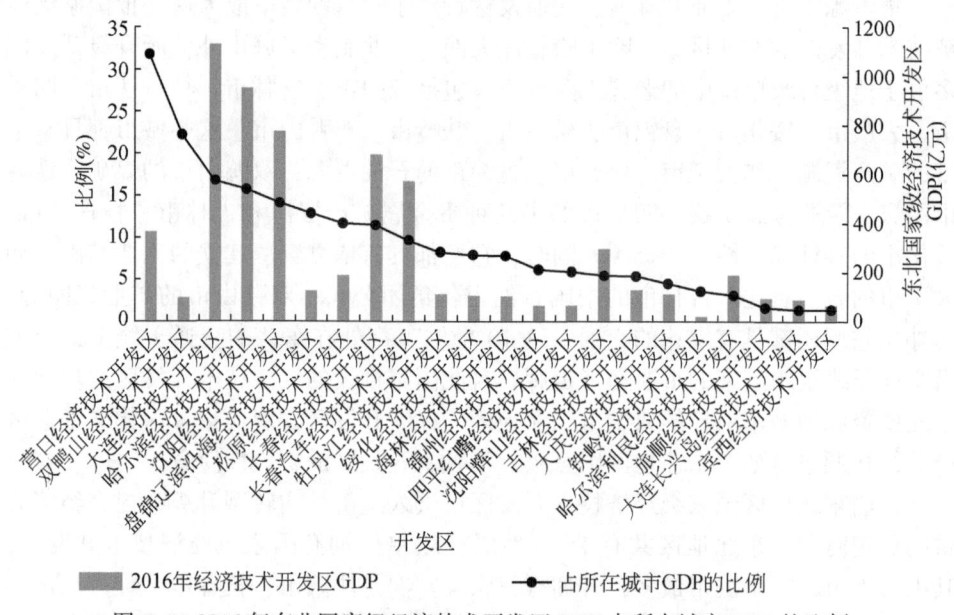

图 7-4 2016 年东北国家级经济技术开发区 GDP 占所在城市 GDP 的比例

从城市的角度来看，东北 22 家国家级经济技术开发区，共分布在 15 个城市中，大多数城市只拥有 1 家国家级经济技术开发区，有的城市拥有多家国家级经济技术开发区，但在拥有多家国家级经济技术开发区的城市中，开发区之间的发展差距悬殊，早期批设的开发区经过多年倾力建设、政策扶持、资金扶持已经形成了一套完备的产业化流程，后期批设的开发区无论在政策、资金、生产要素的优惠上都已经弱化，所以一般后期发展的国家级经济技术开发区都与早期发展的国家级经济技术开发区在经济总量上差距悬殊。例如，大连市拥有大连经济技术开发区（16.56%）、旅顺经济技术开发区（1.45%）、大连长兴岛经济技术开发区（1.31%），三家国家级经济技术开发区 GDP 共占城市 GDP 的 19.32%；哈尔滨市拥有哈尔滨经济技术开发区（15.57%）、哈尔滨利民经济技术开发区（3.05%）、宾西经济技术开发区（1.11%），三家国家级经济技术开发区 GDP 共占城市 GDP 的 19.73%；沈阳市拥有沈阳经济技术开发区（13.96%）、沈阳辉山经济技术开发区（5.29%），两家国家级经济技术开发区 GDP 共占城市 GDP 的 19.25%，这些城市在经济发展中早期开发区产业集聚效应已形成，后期开发区要想追赶前者的步伐需要长期发展，开发区建设依然任重而道远（表 7-3）。

表 7-3　2016 年东北地区国家级经济技术开发区 GDP 占城市 GDP 的比例

排名	城市名称	数量（家）	经济技术开发区名称及占城市 GDP 比例	经济技术开发区 GDP 占城市 GDP 比例（%）
1	营口市	1	营口经济技术开发区（31.57%）	31.57
2	双鸭山市	1	双鸭山经济技术开发区（22.00%）	22.00
3	长春市	2	长春经济技术开发区（11.29%） 长春汽车经济技术开发区（9.54%）	20.83
4	哈尔滨市	3	哈尔滨经济技术开发区（15.57%） 哈尔滨利民经济技术开发区（3.05%） 宾西经济技术开发区（1.11%）	19.73
5	大连市	3	大连经济技术开发区（16.56%） 旅顺经济技术开发区（1.45%） 大连长兴岛经济技术开发区（1.31%）	19.32
6	沈阳市	2	沈阳经济技术开发区（13.96%） 沈阳辉山经济技术开发区（5.29%）	19.25
7	牡丹江市	2	牡丹江经济技术开发区（8.10%） 海林经济技术开发区（7.55%）	15.65
8	盘锦市	1	盘锦辽滨沿海经济技术开发区（12.77%）	12.77
9	松原市	1	松原经济技术开发区（11.58%）	11.58
10	绥化市	1	绥化经济技术开发区（7.74%）	7.74
11	锦州市	1	锦州经济技术开发区（6.01%）	6.01
12	四平市	1	四平红嘴经济技术开发区（5.73%）	5.73
13	吉林市	1	吉林经济技术开发区（5.28%）	5.28
14	大庆市	1	大庆经济技术开发区（4.33%）	4.33
15	铁岭市	1	铁岭经济技术开发区（3.52%）	3.52

东北地区国家级经济技术开发区为国家和当地带来的财政收入和税收多。2016 年东北地区国家级经济技术开发区创造的财政收入排名前三位的是沈阳经济技术开发区（137.97 亿元）、哈尔滨经济技术开发区（135.30 亿元）、长春汽车经济技术开发区（111.37 亿元）。但因所在城市的不同，依托的发展基础有所差距，为当地城市贡献财政收入比例最大的则是盘锦辽滨沿海经济技术开发区

(59.71%)、营口经济技术开发区（43.51%）、牡丹江经济技术开发区（37.82%），其成为当地财政收入的主要来源，盘锦辽滨沿海经济技术开发区的财政收入更是超过了盘锦市的一半。由图7-5、图7-6可以看出，税收与财政收入基本吻合，可见开发区创造的财政收入与税收密不可分。

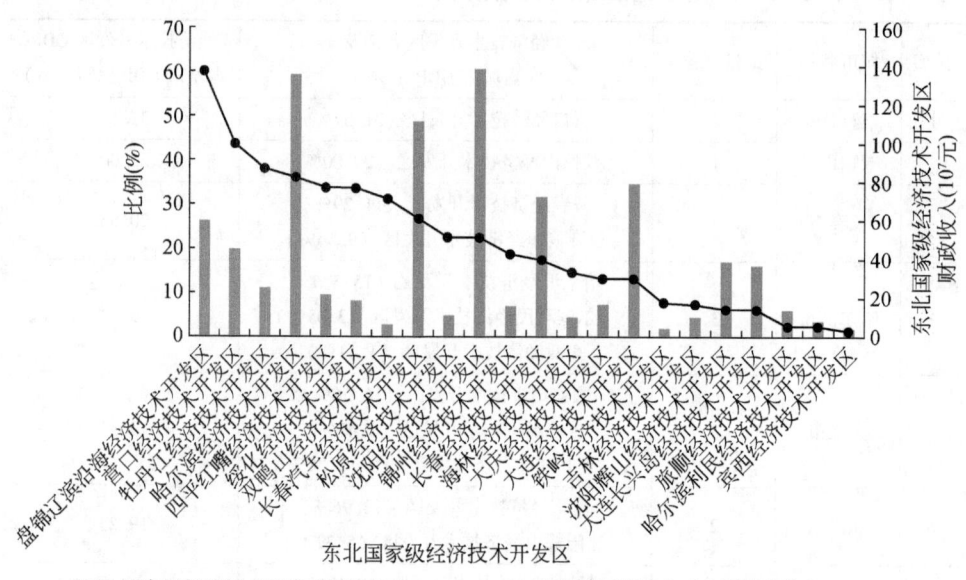

图7-5 2016年东北国家级经济技术开发区财政收入占所在城市当年财政收入的比例

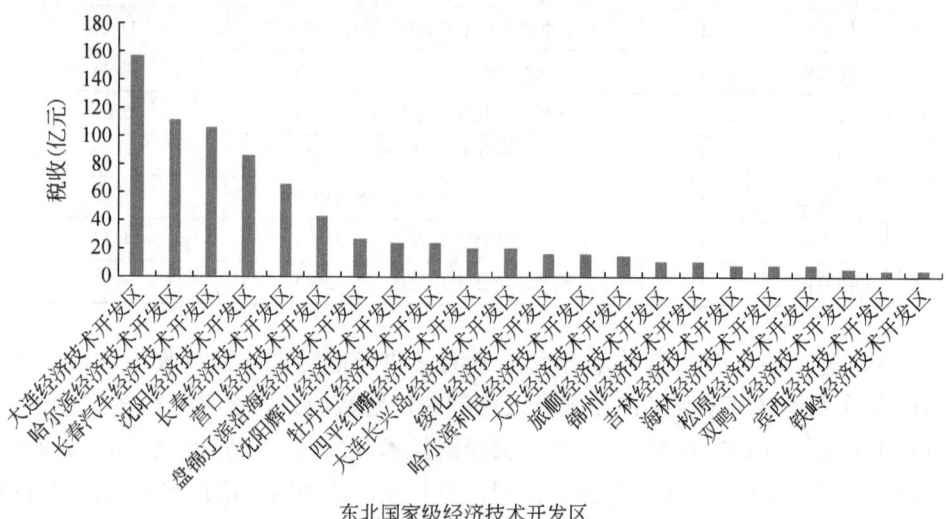

图7-6 2016年各开发区为所在城市所贡献的税收

二、设立时期影响发展程度

1984~2014年，不同时期批设的开发区的空间规模和经济规模发展程度都不同（图7-7），按照发展趋势来看，批设时间早的国家级经济技术开发区核准面积较大，经济发展水平较高，这种发展趋势由两方面原因造成：一是批设时间早，建设周期长，基础设施完备，产业链形成较早，产业集聚效应已经形成；二是早期地区范围内开发区数量较少，多数为整个区域全力共建一个开发区，开发区享受国家政策支持、生产要素分配、资金的供给力度大等优先权，倾斜导向明显，因此能快速形成增长极效应，而后期批设的开发区社会环境已经弱化，并且与地域范围内早期开发区产生竞争关系，相比之下发展较慢。

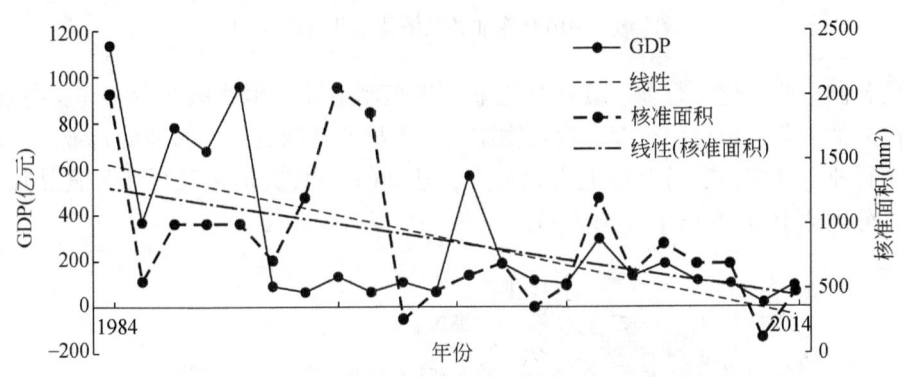

图7-7 1984~2014年批设开发区的面积规模及经济规模至今发展程度

三、经济悬殊但产业趋同

同为东北地区国家级经济技术开发区，但经济发展水平却差距悬殊。2016年东北地区的国家级经济技术开发区中GDP在200亿元以上的共有七家，分别是大连经济技术开发区、哈尔滨经济技术开发区、沈阳经济技术开发区、长春经济技术开发区、长春汽车经济技术开发区、营口经济技术开发区、沈阳辉山经济技术开发区。其中，最高的大连经济技术开发区达到1127.93亿元，而仍有许多家开发区GDP不足百亿元，同样的政策条件与开放程度下形成差距的原因是错综复杂的，其中，产业趋同导致的竞争关系就是其中之一（图7-8）。

通过对东北地区22家国家级经济技术开发区主导产业涉及行业进行梳理（分类标准同上），发现东北国家级经济技术开发区主导产业主要涉及13个行业，

开发区：东北新成长空间

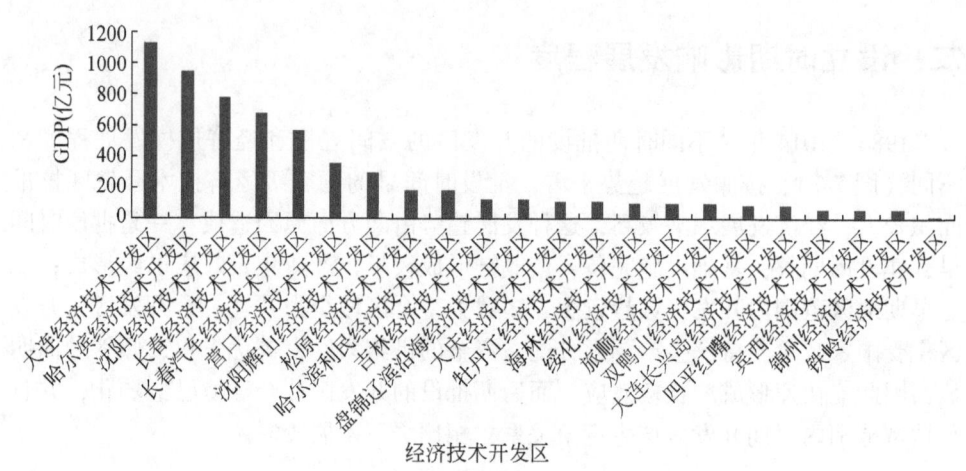

图 7-8 2016 年东北各经济技术开发区 GDP

即装备制造业、化工行业、食品加工业、汽车制造业、生物医药业、建材行业、农产品加工业、新材料行业、商贸物流业、木材家具制造业、新能源行业、一般加工行业，其中，装备制造业占比最多，达 26%，其次是化工行业和食品加工业，分别达 16% 和 13%（图 7-9）。

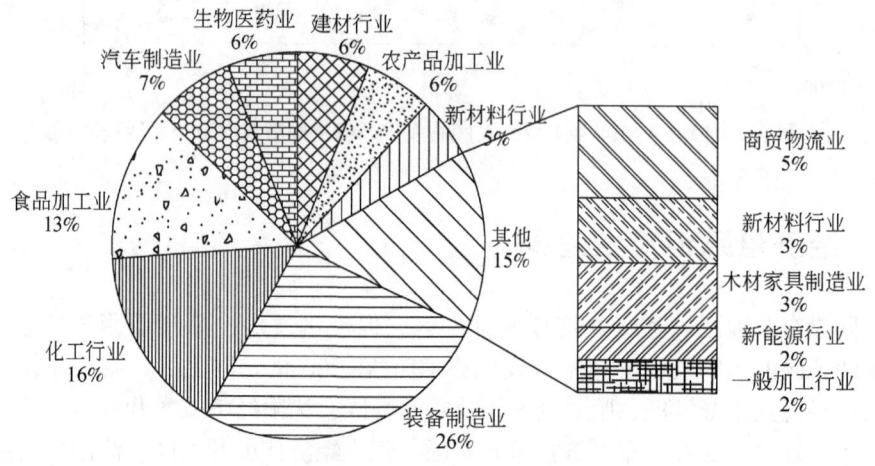

图 7-9 东北国家级经济技术开发区产业结构（按行业分类）

相同地区内各经济技术开发区产业具有高度的相似性，导致其在资源配置上产生恶性竞争，使得政策倾斜优惠减弱，不利于开发区间的均衡发展。例如，大连市市辖区内共有 3 家经济技术开发区，其中每家的主导产业都有装备制造业，并且大连经济技术开发区和大连长兴岛经济技术开发区都将石油化工业作为主导产业的第一位，大连长兴岛经济技术开发区和旅顺经济技术开发区都主导发展船舶海工业。开发区主导产业的趋同性导致城市产业结构单一，加上各开发区建设成熟程度不同等原因，相同区域开发区之间的极化发展现象严重。2016年，大连经济技术开发区的GDP为1127.93亿元，而旅顺经济技术开发区的GDP为98.65亿元，大连长兴岛经济技术开发区的GDP则更低，为89.53亿元，差距悬殊；沈阳经济技术开发区和沈阳辉山经济技术开发区都将医药行业作为主导行业，两者GDP也有较大差距；长春汽车经济技术开发区是国内唯一一家以汽车制造业为唯一主导产业的国家级经济技术开发区，历史悠久的长春一汽便坐落其中，而长春经济技术开发区也以汽车制造业为主导产业；还有哈尔滨经济技术开发区、哈尔滨利民经济技术开发区、宾西经济技术开发区都以食品加工业为主导产业，在GDP上也呈现出相当大的差距（表7-4）。后起开发区的主导产业与基础强大的老牌开发区趋同，限制了自身的发展。后起开发区应走创新之路，需要进一步改善经济结构，谋求经济结构转型下适应市场经济的发展之路。

表7-4 哈尔滨、长春、沈阳、大连各经济技术开发区2016年GDP （单位：亿元）

开发区名称	所在城市	主导产业	2016年GDP
大连经济技术开发区	大连市	石油化工业、电子信息业、装备制造业	1127.93
旅顺经济技术开发区		船舶海工业、装备制造业、轨道交通设备业	98.65
大连长兴岛经济技术开发区		石油化工业、船舶海工业、装备制造业	89.53
沈阳经济技术开发区	沈阳市	装备制造业、医药业	774.54
沈阳辉山经济技术开发区		食品加工业、医药业、汽车制造业	293.65
长春经济技术开发区	长春市	汽车制造业、农产品加工业	675.89
长春汽车经济技术开发区		汽车制造业	570.83
哈尔滨经济技术开发区	哈尔滨市	装备制造业、食品加工业、电子信息业	950.10
哈尔滨利民经济技术开发区		医药业、食品加工业、物流仓储业	185.80
宾西经济技术开发区		包装业、食品加工业、光电业	67.49

四、经济规模与位置分布差异

开发区的经济规模不同，对资源配置的效率也不同，对经济体制改革的力度就有所差距，东北国家级经济技术开发区经济体量的分布与其位置分布特征相比，经济规模更加向哈大交通轴线集聚，呈现出明显的哈大交通轴线经济带，以这条经济带为中心，两侧略有少量开发区分布，但经济体量相比之下要小得多，在哈大交通轴线经济带上，枢纽城市处呈现经济集聚的组团特征，形成经济带上的四个经济节点。

第三节 国家级经济技术开发区的典型案例

国家级经济技术开发区发挥地域特长，迎合国家战略，为经济和社会发展提供重要的工业产品，具有生产规模化、地域化等特点，一些成功的开发区都具备自身特点，在东北地区选取发展历史较早的大连经济技术开发区、综合能力较强的哈尔滨经济技术开发区、产业特色突出的长春汽车经济技术开发区及面向海洋经济的旅顺经济技术开发区作为案例，分析其发展特征，为东北其他开发区的建设提供宝贵经验（表7-5）。

表7-5 东北地区国家级经济技术开发区部分经典案例

开发区名称	所属地区	主导产业	开发模式	经验借鉴
大连经济技术开发区	大连市金州区	石油化工业 电子信息业 装备制造业	从无到有 带动周边 以区融政	与周围多种类型产业园区综合发展，形成产业互补、共同促进的发展模式；当开发区发展到一定规模时，应积极参与所属地区市辖区的建设
哈尔滨经济技术开发区	哈尔滨市南岗区	装备制造业 食品加工业 电子信息业	以科研带动生产 产业园区依托大学和科研院所分散开发	依托大学和科研院所积极建设政策区，积极完善以企业为主体、科研单位作为支撑的产学研合作体系
长春汽车经济技术开发区	长春市绿园区	汽车制造业	政企共建 以企拓区 园为企用	促进产业资源聚集，全力服务企业发展，增强核心竞争实力
旅顺经济技术开发区	大连市旅顺口区	船舶海工业 装备制造业 轨道交通设备业	借助本底优势 重视主导产业 融入城市战略	完善的基础设施建设；蓬勃发展的社会事业

一、大连经济技术开发区

1. 园区概况

大连经济技术开发区是1984年9月经国务院批准成立的我国第一家国家级经济技术开发区，被誉为"神州第一开发区"。依据天然的港口优势及东北亚门户特征，成功拉动进出口贸易，是近年来东北地区国家级经济技术开发区中进出口贸易总额最多、地区生产总值最多，建设最成功的开发区之一。建有双D港产业园区、小窑湾国际商务区、先进装备制造业园区、登沙河产业园区、渔业加工产业园区5个产业园区。其中，小窑湾国际商务区全域和双D港产业园区部分区域是中国（辽宁）自由贸易试验区的重要组成部分。其拥有高速公路、高速铁路，城市快轨贯通全区，机场、港口环布周边。

2. 开发模式

从无到有、带动周边、以区融政是大连经济技术开发区的开发模式。大连经济技术开发区从最初的小渔村发展为成熟开发区，并以优先发展所取得的经验带动周围的大连保税区、大连金石滩国家旅游度假区、大连国家农业科技园区、普湾经济区等共同发展。作为金普新区功能区之一，大连经济技术开发区管委会为大连市政府派出机构，主要承担招商引资、开发建设、资金筹措、企业服务等经济职能。社会治理、公共服务、综合执法等社会职能，由大连金普新区统筹负责。大连经济技术开发区享有大连金普新区经济管理权限，承接国家、省、市赋予国家级新区的经济管理权限。

3. 产业组织

1）经济概况。大连经济技术开发区引领金普新区和大连市的经济发展。区内有来自49个国家和地区的3500余家外资企业，世界500强企业73家，投资91个项目，投资总额1亿美元以上的项目40余个。规模以上工业总产值、实际利用外资、引进内资、出口总额等主要经济指标占金普新区的80%以上，占大连市的30%左右。

2）产业特色。大连经济技术开发区已形成石油化工、装备制造、电子信息三大千亿级产业集群，生物医药、新材料、汽车及零部件、现代冶金、半导体、食品加工六大百亿级产业集群，正在建设航空产业园、中东欧产业园、智能制造产业园等一批国别产业园和特色产业园。大连经济技术开发区先后被命名为国家循环经济标准化试点园区、国家新型工业化产业示范基地、半导体照明工程产业基地、电子元件产业园区、国家高新技术产业基地、国家汽车零部件制造基地、国家级低碳工业园区试点区。

4. 发展规划

加快发展，建设"经济发展引领区"。经济保持平稳较快增长，国际竞争力和影响力显著增强，先导示范作用和辐射服务功能充分发挥，带动新区、大连市经济发展的主要引擎作用进一步强化。双轮驱动，建设"现代产业集聚区"。构建先进制造业、现代服务业"双轮驱动"的现代产业体系，坚持集群发展，壮大石油化工、装备制造、电子信息、生物医药等优势产业集群，扶持培育智能制造、半导体、新材料、新能源汽车、通用航空、金融及类金融、生产性服务业、文化创意等新兴产业，运用物联网、大数据、云计算等新一代信息技术，加快发展新经济、新产业、新业态。先行先试，建设"自由贸易试验区核心区"。打造国际一流营商环境，形成"面向日韩、辐射俄蒙、进军欧美"的开放合作新格局，打造"一带一路"东北枢纽，把自由贸易试验区建设成为开发区产业转型升级的新引擎。复制前海，建设"小窑湾自由贸易新城"。借鉴深圳前海经验，把小窑湾打造成为"北方前海"。引进总部、研发中心、结算中心、贸易中心、金融及类金融机构入驻，大力发展创新性金融产业，将小窑湾建设成为区域性金融中心成为宜业宜居、充满活力的自由贸易新城（图7-10）。

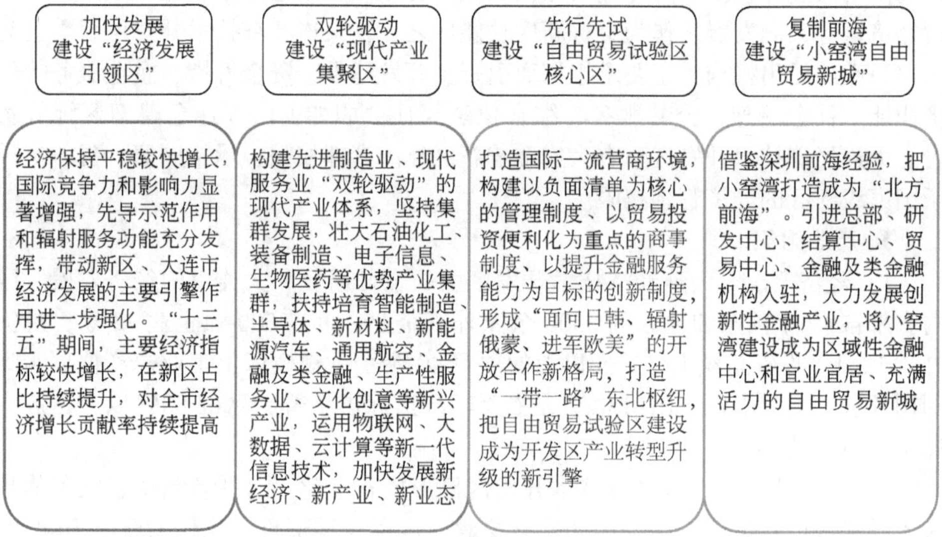

加快发展 建设"经济发展引领区"	双轮驱动 建设"现代产业集聚区"	先行先试 建设"自由贸易试验区核心区"	复制前海 建设"小窑湾自由贸易新城"
经济保持平稳较快增长，国际竞争力和影响力显著增强，先导示范作用和辐射服务功能充分发挥，带动新区、大连市经济发展的主要引擎作用进一步强化。"十三五"期间，主要经济指标较快增长，在新区占比持续提升，对全市经济增长贡献率持续提高	构建先进制造业、现代服务业"双轮驱动"的现代产业体系，坚持集群发展，壮大石油化工、装备制造、电子信息、生物医药等优势产业集群，扶持培育智能制造、半导体、新材料、新能源汽车、通用航空、金融及类金融、生产性服务业、文化创意等新兴产业，运用物联网、大数据、云计算等新一代信息技术，加快发展新经济、新产业、新业态	打造国际一流营商环境，构建以负面清单为核心的管理制度、以贸易投资便利化为重点的商事制度、以提升金融服务能力为目标的创新制度，形成"面向日韩、辐射俄蒙、进军欧美"的开放合作新格局，打造"一带一路"东北枢纽，把自由贸易试验区建设成为开发区产业转型升级的新引擎	借鉴深圳前海经验，把小窑湾打造成为"北方前海"。引进总部、研发中心、结算中心、贸易中心、金融及类金融机构入驻，大力发展创新性金融产业，将小窑湾建设成为区域性金融中心和宜业宜居、充满活力的自由贸易新城

发展规划

图 7-10　大连经济技术开发区规划目标

开发区的建设历程对开发区自身及整个区域都非常重要，大连经济技术开发区作为我国第一家开发区，其历史地位与时代意义非凡，必须有长时间的积累与创新，才能够形成一定的经济基础，并建立一套较为完备的发展体系，逐渐走向成熟。大连经济技术开发区以其成功的经验引领着东北其他开发区的发展，并带来以下两点启示：一是与周边地区多种类型产业园区综合发展，形成产业互补、共同促进的发展模式；二是当开发区发展到一定规模时，应积极参与所属地区市辖区的建设，与市辖区的合署办公有利于开发区办公流程的简化，提高办事效率，为企业带来方便，促进经济体制改革，有利于开发区更好地发展。

二、哈尔滨经济技术开发区

商务部公布的最新国家级经济技术开发区综合发展考核评价结果显示，哈尔滨经济技术开发区综合发展水平居东北地区首位，并且在全国219家国家级经济技术开发区中综合排名进入前列，实现了历史性突破。此次考评共分设5类53项指标，哈尔滨经济技术开发区的地区生产总值、实际使用外资、上市企业数量、高新技术企业数等39项指标优于全国平均水平，特别是在产业集聚、科技创新、区域带动、生态环保等方面处于全国领先水平。

1. 园区概况

哈尔滨经济技术开发区1991年6月辟建，1993年4月晋升为国家级开发区，国批面积为18.5km^2，同步规划建设哈尔滨工业大学技术园区、哈尔滨东部科技园区、哈尔滨理工大学技术园区三个政策区，辐射带动区域面积达60km^2。哈尔滨经济技术开发区党工委、管委会作为市委、市政府的派出机构，行使市级经济建设管理权限。2009年11月，哈尔滨市启动实施"南拓"发展战略，哈尔滨经济技术开发区承担起牵头打造462km^{2}哈南工业新城的战略任务。2015年底，国家批复设立哈尔滨新区。为创新哈尔滨新区体制机制，2016年5月，哈尔滨市委、市政府对哈尔滨经济技术开发区和平房区实行统一管理，开启了哈尔滨经济技术开发区建设发展的全新篇章。

2. 开发模式

以科研带动生产、产业园区依托大学大所分散开发是哈尔滨经济技术开发区的开发模式。哈尔滨经济技术开发区人才资源富集，科研实力雄厚，三个政策区所依托的哈尔滨工业大学、哈尔滨工程大学、哈尔滨理工大学拥有一批优势学科和重点实验室，以企业为主体、大学大所为支撑的产学研合作体系较为完善，是助推产业快速发展的动力引擎。

3. 产业组织

哈尔滨经济技术开发区是黑龙江省最大的产业集聚区，拥有坚实的产业基础，形成了装备制造、食品、云计算三大主导产业集群。现有规模以上工业企业总产值占哈尔滨全市规模以上工业企业总产值的50%以上；外资公司占全市一半、占全省的1/4；上市公司占全市的比例为66%，占全省的比例为50%。

工业集中区已经形成了以航空产业园、汽车产业园和农机产业园为代表的高端装备产业园、绿色食品加工产业园和以新一代信息技术产业园为主要发展方向的现代化、国际化的工业示范区。商贸集中区已成为哈尔滨市的总部经济基地，石油、电力、电信、农垦及跨国公司、国际级技术研发中心、工业设计中心、创业中心、孵化器等总部和机构入驻。内外资银行、保险公司、证券公司、信托基金公司集聚并形成了比较完善的金融业服务体系。哈南工业新城是哈尔滨市实施"南拓"战略的空间依托，是拉开城市骨架、拓展发展空间、承接产业转移、实现产业振兴的重要载体，是哈尔滨市实现跨越晋位的动力引擎。哈南工业新城位于我国东北地区的北部城市群2小时经济圈的地理中心和产业物流中心，是连接北京市、天津市和大连市等大城市与港口城市的门户通道，也是沟通东北亚、欧洲和太平洋里程最短的大陆桥枢纽（图7-11）。

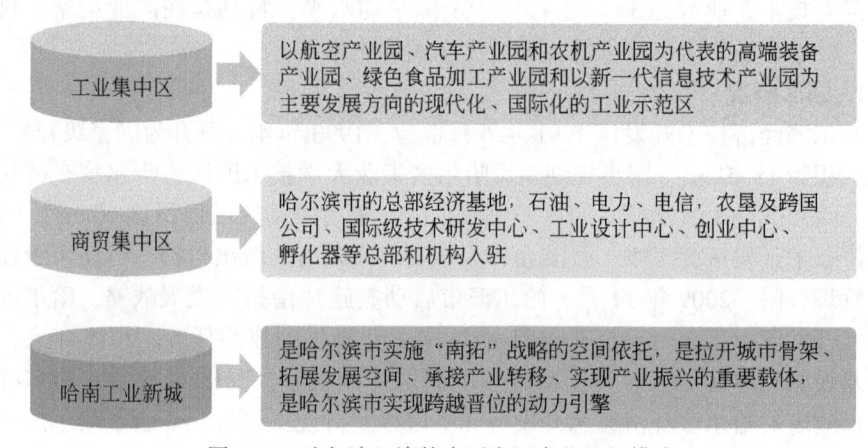

图7-11 哈尔滨经济技术开发区产业组织模式

4. 发展规划

哈尔滨经济技术开发区成立于1991年，1991~2001年是起步阶段；2001年7月至2009年10月，是产业拓展阶段，打造形成了以哈平路集中区、迎宾路集中区为核心的哈尔滨城市重要的现代制造业集聚区，做大了绿色食品、生物医药两大产业。

2009~2015年，是实施"南拓"战略阶段。哈尔滨经济技术开发区与平房区一道携手推进哈南工业新城建设，对哈平路集中区进行了产业调整升级，巩固了食品加工业在全市的领先地位；开发建设了75km²的哈南工业新城核心区，开创了"中国云谷"云计算产业，辟建了国家新型工业化装备制造产业示范基地、国家新型工业化食品产业示范基地等17个国家级产业基地，形成了高端装备制造、绿色食品、新一代信息技术三大千亿级主导产业，打造形成了全省最大规模的现代制造业集聚中心。

2015年底至今，是哈尔滨经济技术开发区与哈尔滨新区优势叠加、协同发展阶段。哈尔滨经济技术开发区和平房区实行统一管理，携手打造哈尔滨新区产业支撑区。对南岗集中区CBD产业进行了置换、调整、升级，打造了"哈尔滨金融谷"省域最大的金融业总部基地，完善了金融业支持实体经济的渠道框架；按照"多规合一"的思路，对哈南工业新城产业开发建设和产业发展进行了二次规划、梳理，规划推进了哈尔滨航空汽车产业城、哈尔滨绿色食品产业园、哈尔滨机器人智能装备产业园、哈尔滨文化科技融合示范基地、哈尔滨大数据产业园五大功能区建设，探索形成了以"园区+科技+金融+综合服务平台"为核心的新发展模式，构建了"龙江产业动车组、哈尔滨新区产业支撑区"的支撑体系。目前，哈尔滨新区平房经济技术片区入区企业总数已突破万家，28家世界500强企业入区发展。全区正不断深化重点领域改革，复制推广自由贸易区改革试点经验，进一步在全市、全省振兴发展中发挥建设性的重要作用（图7-12）。

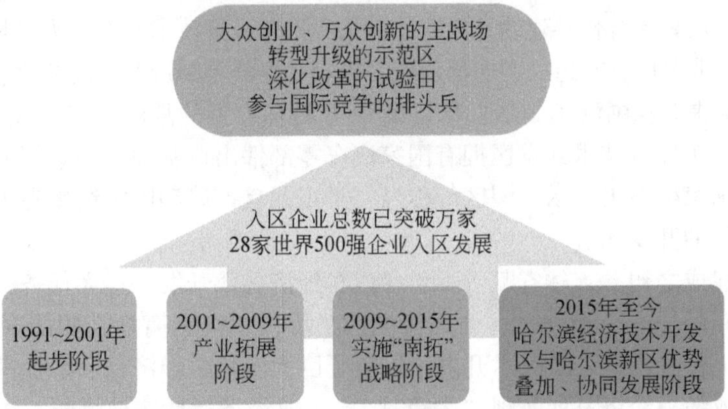

图7-12 哈尔滨经济技术开发区发展规划历程

依托大学大所建设政策区，在人才资源富集、科研实力雄厚的区域条件基础之上，积极完善以企业为主体、科研单位为支撑的产学研合作体系。为了给开发区发展提供新的经验启示，应积极与高校、研究所等科研单位在区位、项目上建立联系，把握好人才优势、利用好开发区内企业、承接好科研单位的成果转化，提升自身的创造能力。

三、长春汽车经济技术开发区

1. 园区概况

长春汽车经济技术开发区位于长春市区西南部，2005年9月正式挂牌成立，2010年12月晋升为国家级经济技术开发区，是吉林省、长春市汽车产业的核心区域，是全国唯一一个以汽车产业命名的国家级开发区。长春汽车经济技术开发区行政管辖面积为110km^2，全区总人口为24万人，企业有5400余家。长春汽车经济技术开发区的核心产业是汽车，汽车及相关产业占总产值的95%以上。经过十多年的发展，长春汽车经济技术开发区已经成为国内最具实力的汽车产业基地。整车产能由建区初的50万辆增长到目前的140万辆。区内零部件企业由最初的百余家到目前的300余家，零部件产值500多亿元，占长春市的40%以上。汽车后市场具有较强基础，年贸易额为300亿元。区内有一汽技术中心、机械工业第九设计研究院、长春汽车高专等研发教育机构。

2. 开发模式

政企共建、以企拓区、园为企用是长春汽车经济技术开发区的开发模式。长春汽车经济技术开发区是全国首家政企共建的开发区，是由中共长春市委、长春市人民政府与一汽集团合作共建的开发区。以长春汽车经济技术开发区为依托，与一汽集团共建产业园区，打造长春西部新城，推动长春汽车制造业向高端化、集聚化方向发展，对提升我国汽车制造业国际竞争力具有重要的战略意义（图7-13）。目前，长春汽车经济技术开发区拥有国家汽车零部件出口基地、国家新型工业化示范基地、国家生态工业示范园区等称号，是东北首家启动国家级生态工业示范园区创建工作的开发区。

园区建成之初，吉林省赋予了长春汽车经济技术开发区三大任务，即加快长春国际汽车城建设、建设长春西部新城区、承接一汽剥离社会职能（图7-13）。十多年来，长春汽车经济技术开发区发生了巨大变化，经济社会事业都取得了比较显著的成绩，经济发展实现"大跨越"，主要经济指标快速增长，工业固定资产投资总量始终列全市第一位。

3. 产业组织

长春汽车经济技术开发区的建设思路是以服务一汽为重点，以壮大产业、发展城市为主线，全力抓好基础设施和项目建设，进一步壮大汽车产业规模，加速推进一汽结构调整、产业升级、自主创新步伐。通过共建产业园区，推动一汽集团在整车规模扩大、零部件产业集群、研发技术水平、辐射影响力等方面达到世界级标准。进一步完善汽车产业链与产业集群，尽快形成品种系列宽、产量规模

第七章 东北国家级经济技术开发区

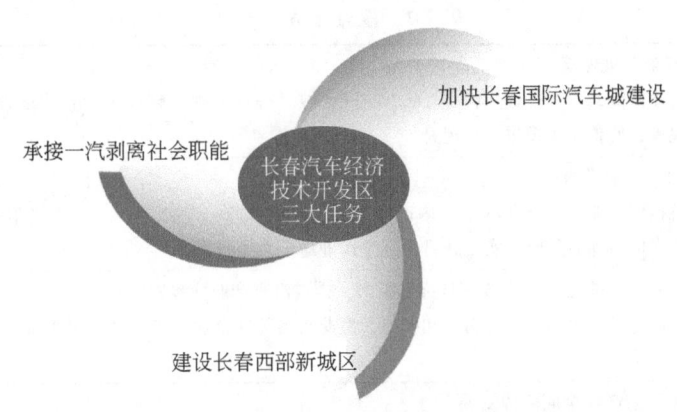

图 7-13 长春汽车经济技术开发区三大任务

大、开发能力强、产业关联度大、国际化程度高、市场辐射面大、经济效益好的零部件生产基地。长春汽车经济技术开发区立足区域特色和产业优势，紧紧依托一汽集团，围绕发展壮大汽车产业，全力推进重大项目、特色园区和产业基地建设，加快调整产业结构，优化产业布局，促进产业集群发展。园区建成以来，长春汽车经济技术开发区按照"重点开发起步区、集中改造建成区、控制建设发展区"的空间布局规划，坚持老区改造与新区建设同步推进，不断完善城市承载功能（表7-6）。

表 7-6 长春汽车经济技术开发区示范区内已建成的重点项目

序号	名称	面积（万 m²）	效果
1	轴齿工业园	250	形成以轴齿中心、变速箱总成、车桥总成、毛坯加工等于一体的工业园区
2	模具工业园	100	已有一汽模具等 10 余家企业入驻
3	动力总成园	100	具备 180 万台发动机、60 万台变速箱产能，全部达产后可实现产值 300 多亿元
4	富奥工业园	30	由一汽富奥工贸有限公司投资建设的集中工业园区，产值达到 13 亿元
5	一汽物流园	50	可实现年仓储、发运 100 万辆整车的储运能力

4. 发展规划

（1）重点任务

一是发展汽车产业，着力提升产业综合竞争力。围绕建设世界级的汽车产业基地，依托一汽集团、服务一汽集团，全面提升汽车产业综合竞争力（表7-7）。

表 7-7　重点任务（一）

（1）继续扩大汽车产业规模 全力支持整车企业扩能，着力推进一汽-大众、一汽解放、一汽丰越等整车生产企业进一步扩能达产，继续扩大产业规模，使整车规模进一步提升
（2）大力推进汽车产业升级 着力提升汽车科技创新能力，推动示范区内产业做强，重点实现三个跃升：一是在整车发展上实现跃升。二是企业技术创新和研发能力实现跃升。三是产业影响力实现跃升
（3）进一步提高产业集聚度。提高零部件配套能力，推进汽车产业稳步发展 一是全力壮大零部件产业集群。二是引进和扶持大型龙头零部件企业。瞄准世界 500 强和国际国内大型零部件企业
（4）强化汽车上下游产业全面协调发展 延伸产业链条，加快汽车后市场发展，促进整车、零部件和汽车贸易进一步繁荣，推进汽车相关产业协调发展，形成具有影响力的特色品牌和国际化的世界级汽车产业基地

二是强化创新创业，着力提升长春汽车经济技术开发区发展活力。深入实施创新驱动战略，推动大众创业和万众创新，加快形成以创新为主要引领和支撑的经济体系与发展模式，激发示范区创新创业活力（表 7-8）。

表 7-8　重点任务（二）

（1）建设汽车产业研发创新基地 围绕建设"世界级汽车产业基地"，以突破重点领域核心关键技术和掌握自主知识产权为重点，建设自主创新和自主品牌研发的战略平台，建设世界一流的汽车工程技术中心和技术创新中心
（2）构建汽车技术孵化平台 推广新型孵化模式，集中建设科技创新示范区和集成创新综合体，促进创新成果转化，形成汽车技术创新产业集群
（3）打造创新创业服务平台 发挥行业领军企业、创业投资机构、社会组织等社会力量的主力军作用，建设创新创业服务平台，形成智力资本与产业资本融合增长的汽车研发企业总部集聚基地
（4）创新民营经济发展模式 落实体制机制、结构调整、市场准入、要素配置、公共服务体系创新等方面的配套改革措施，不断优化民营经济发展软环境

三是壮大第三产业，着力提升长春汽车经济技术开发区的发展潜力。将发展现代服务业作为促进长春汽车经济技术开发区产业结构优化升级的重要突破口，围绕汽车产业，推动生产性服务业向专业化和价值链高端延伸。围绕改善民生，推动生活性服务业向精细和高品质转变（表 7-9）。

表 7-9 重点任务（三）

(1) 加快发展汽车物流产业
拓展汽车物流增值服务产业链，加快一汽物流园项目建设，整合资源，以汽车整车、零部件及相关原材料配送为主业，构筑现代化汽车物流基地和物流基础设施平台
(2) 发展信息科技服务业
加快实施"互联网+"行动计划，积极促进新一代信息技术与汽车制造业融合发展，把智能制造作为两化深度融合的主攻方向
(3) 大力发展现代金融业
以企业融资服务为重点，创新运作模式，通过招商引资、合资合作等方式，引进战略投资者，建设现代金融集聚区。重点布局信托投资、产权交易、互联网金融等业态
(4) 发展汽车文化旅游产业
以一汽苏式建筑群为依托，通过合理改造和功能植入，打造成为以汽车文化与汽车旅游为主题的休闲商业街区。充分发展以汽车为主题的旅游产业，打造汽车旅游精品线

（2）重点项目

长春汽车经济技术开发区的重点项目见表 7-10。

表 7-10 重点项目

名称	占地面积（万 m²）	投资（亿元）	预期效果
一汽-大众 Q 工厂项目	49	158	一期新建涂装、焊装生产线，预计可实现产值 1580 亿元
一汽技术中心车用车所项目	51	68	促进一汽未来可持续发展，推动地方汽车产业发展和经济建设
一汽-大众新能源汽车项目		2	主要进行新能源汽车的体验、应用推广
骆驼集团股份有限公司车用蓄电池项目	15	10	主要生产车用铅酸蓄电池
中国制造"2025"工业标准厂房项目		20	建设现代化工业标准厂房，主要引进汽车研发、汽车新材料、新能源汽车类项目
一汽长春物流港项目		25	满足"十三五"规划期间，一汽-大众长春地区 100 万辆整车仓储、公路发运；100 万辆一汽-大众配套零部件的仓储配送
示范区基础设施项目		15	示范区基础设施建设包括征地、拆迁、道路、市政基础设施
长春西部城市休闲公园项目	785	20	建设内容包括征地、拆迁、道路及市政基础设施，水域环境治理清淤，绿化景观等

发挥长春汽车经济技术开发区的自身优势，结合建成区改造，进一步盘活厂区土地资源和存量资产，拓宽开发建设的融资渠道，逐步实现与一汽产业规划一体化。继续推进体制机制创新，充分利用国家给予的有关政策，积极推行先行先试，在重点领域进行综合配套改革。形成体现科学发展观、正确政绩观要求的经济社会发展综合评价体系和考核评价体系，为经济社会发展提供有力的体制保障。努力建设服务质量最好、运行成本最低的产业发展环境，形成开发区特有的发展理念、管理模式和服务方式。长春汽车经济技术开发区六大发展目标如图7-14所示。

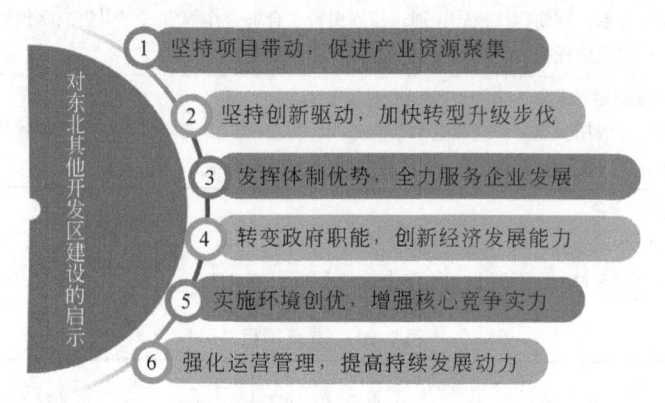

对东北其他开发区建设的启示

1. 坚持项目带动，促进产业资源聚集
2. 坚持创新驱动，加快转型升级步伐
3. 发挥体制优势，全力服务企业发展
4. 转变政府职能，创新经济发展能力
5. 实施环境创优，增强核心竞争实力
6. 强化运营管理，提高持续发展动力

图7-14　长春汽车经济技术开发区六大发展目标

四、旅顺经济技术开发区

1. 园区概况

旅顺经济技术开发区于1992年成立，2002年晋升为省级开发区，2008年纳入辽宁"五点一线"重点支持区域，2009年纳入辽宁沿海经济带发展规划。2010年作为旅顺绿色经济区的重要组成部分纳入辽宁沿海经济带重点发展区域。2013年11月，晋升为国家级经济技术开发区，定名为旅顺经济技术开发区，实行现行国家级经济技术开发区政策（图7-15）。目前，园区规划面积为88km^2，总人口为10万人。

旅顺经济技术开发区位于辽东半岛最南端，北依东北三省和内蒙古广大腹地，南与山东半岛隔海相望，东临黄海，西濒渤海，处于东北经济区与环渤海经济区交汇处、东北亚经济圈的中心地带，是全国"八横八纵"交通干线的重要节点。距大连市中心仅45km，距大连周水子国际机场仅40km。海岸线长23.9km，可以建设30万吨级以上的深水码头。

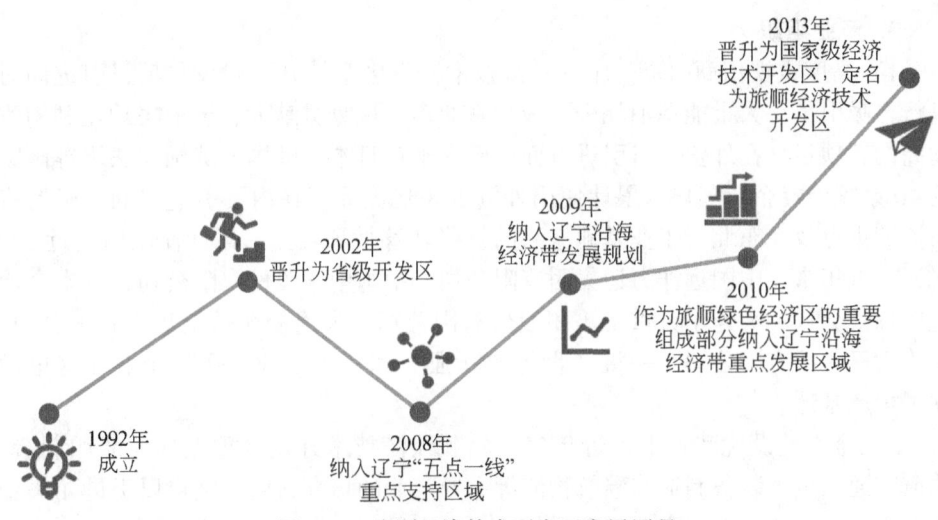

图 7-15 旅顺经济技术开发区发展历程

2. 开发模式

借助本底优势、重视主导产业、融入城市战略是旅顺经济技术开发区的主要开发模式。建区以来，已从多年前的港前小渔村发展成为城市功能日益完善、产业集聚成效明显、经济社会协调发展、战略地位显著提升的现代化产业园区，成为大连国际航运中心、国际物流中心的重要拓展区和现代产业集聚区。在辐射带动周边地区发展，推动大连"三个中心""一个聚集区"建设，促进辽宁沿海经济带开发开放中发挥了重要作用（图 7-16）。

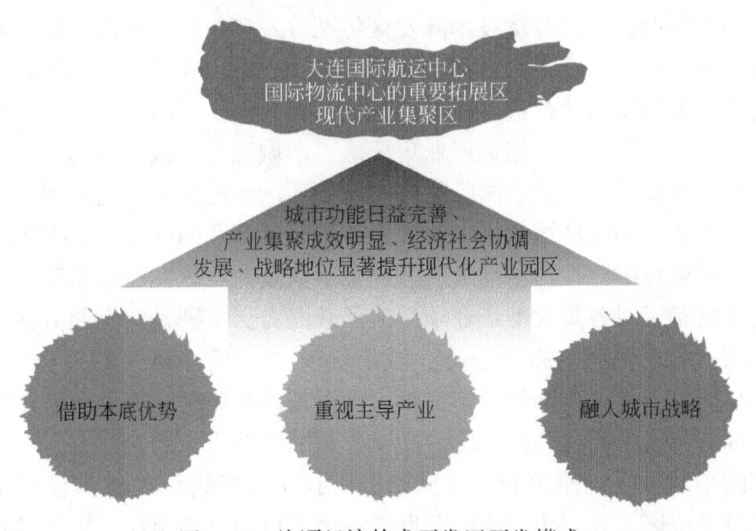

图 7-16 旅顺经济技术开发区开发模式

3. 产业组织

1）高度重视招商引资。旅顺经济技术开发区坚持开发建设与项目引进同时进行，吸引了一大批能源消耗少、吸纳就业多、税收贡献大、土地集约化利用程度高的新项目。在外资项目引进方面，已有来自日本、韩国、美国、法国等国家的 40 余家外资企业落户，累计使用外资近 8 亿美元。在内资引进方面，坚持将引资的重点放在东北老工业基地振兴的扩张转移性项目上，累计使用内资近 800 亿元。近年来，中国远洋海运集团有限公司、中国中车股份有限公司、日本今治造船株式会社、大连华锐重工集团股份有限公司、大连船舶重工集团有限公司、大连大显集团有限公司等一批"世界 500 强"和"中国 500 强"企业在这里建立了生产基地。

2）全力建设优势产业。近年来，旅顺经济技术开发区重点加大船舶制造、轨道交通、重大装备制造和港航物流等主导产业的培育力度。坚持以引进龙头企业催生配套企业，形成产业集群后打造成为主导产业。目前，有 240 家工业企业入驻，其中，规模以上企业达到 45 家。近年来，旅顺经济技术开发区还启动了旅顺新港综合交通枢纽、大连国际物流中心等重点项目建设。初步形成了船舶制造、轨道交通、重大装备制造和港航物流等主导产业。物流园区纳入大连市八大现代服务业集聚区行列；船舶制造和轨道交通业纳入大连市 10 个超千亿元产业集群发展规划，其中，船舶制造及配套业纳入全省重点产业集群发展规划，船舶制造、轨道交通、重大装备制造等临港装备制造业获批全省新型工业化产业示范基地。

4. 发展规划

未来一个时期，旅顺经济技术开发区将充分发挥窗口、示范、辐射和带动作用，坚持以港立区、产业兴区、科技强区的发展战略，在体制机制创新、产业结构优化升级、全域城市化推进、社会管理创新等方面实现新突破，打造改革创新先行区、对外开放先导区、绿色产业集聚区、产城融合示范区，建成全国重要的先进装备制造业基地、东北亚国际物流中心和环渤海地区海上交通枢纽，成为东北沿海经济带重要的经济增长极和国内发展活跃的产业园区（图 7-17）。

完善的基础设施建设与蓬勃发展的社会事业是开发区发展的基础。旅顺经济技术开发区具备了对各类大型产业项目的承载能力。特别是在交通方面，已形成港口、铁路、火车轮渡、高速公路、城市轻轨"五位一体"的综合交通体系。旅顺新港是国家一类对外开放口岸，烟大渤海铁路轮渡是国家沿海铁路大通道的重要组成部分，土羊高速公路是沈大高速公路的延伸段，黑龙江省、吉林省和辽宁省北部的车辆可直达旅顺新港。旅顺经济技术开发区已经成为连接东北经济区、环渤海经济区、长三角经济区及世界各大港口的重要枢纽、重要结点，成为

◎ 第七章 东北国家级经济技术开发区

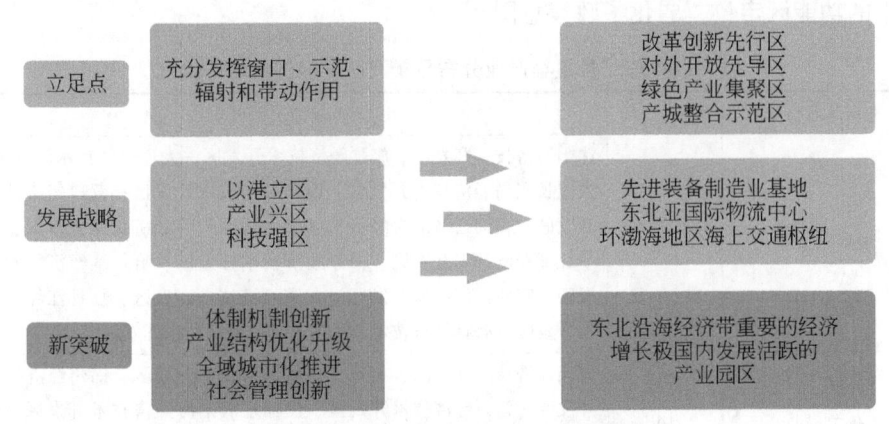

图 7-17 旅顺经济技术开发区发展规划

南北物流的重要集散地。旅顺经济技术开发区坚持将解决失海失地农民的生活和就业问题，作为改善民生的头等大事来抓，出台了包括失地农民享受最低生活保障、农民参加新型合作医疗二次报销在内的 10 项惠民措施，有效地保障了失海失地农民的根本利益。

第四节　国家级经济技术开发区发展存在的主要问题与对策

一、产业结构同质化导致恶性竞争

受资源禀赋、供给需求等因素影响，东北国家级经济技术开发区产业发展集中于少数几种产业，产业结构同质化现象日益明显，功能定位、发展方向趋同。同质化不利于地区间经济协调发展，导致产能过剩、低水平竞争、区域发展潜力下降，并产生政策-产业趋同怪圈。

东北地区 22 家国家级经济技术开发区中有 16 家以装备制造业为主导产业，占 73%；有 10 家以化工行业为主导产业，占 45%；有 8 家以食品加工业为主导产业，占 36%；其他行业如汽车制造业、生物医药业、建材行业、新材料行业、新能源行业等为主导产业均不超过四家，占比微乎其微（表 7-11）。除了主导产业发展方向、产业结构同质化现象严重外，各经济技术开发区在功能定位上也趋同。在拥有多家经济技术开发区的城市中，各经济技术开发区都注重打造城市内部以重工业为主、轻工业为辅的产业集群来参与城市建设，开发区的叠加分散了城市的功能区定位，弱化了政策意图。

表 7-11　东北各主导产业分布数量及所在经济技术开发区

主导产业行业	数量（家）	以该行业为主的开发区
装备制造业	16	沈阳经济技术开发区、旅顺经济技术开发区、大连经济技术开发区、大连长兴岛经济技术开发区、锦州经济技术开发区、营口经济技术开发区、盘锦辽滨沿海经济技术开发区、铁岭经济技术开发区、四平红嘴经济技术开发区、松原经济技术开发区、哈尔滨经济技术开发区、宾西经济技术开发区、大庆经济技术开发区、牡丹江经济技术开发区、海林经济技术开发区、绥化经济技术开发区
化工行业	10	大连经济技术开发区、大连长兴岛经济技术开发区、锦州经济技术开发区、营口经济技术开发区、盘锦辽滨沿海经济技术开发区、铁岭经济技术开发区、吉林经济技术开发区、四平红嘴经济技术开发区、双鸭山经济技术开发区、大庆经济技术开发区
食品加工业	8	沈阳辉山经济技术开发区、四平红嘴经济技术开发区、哈尔滨经济技术开发区、哈尔滨利民经济技术开发区、宾西经济技术开发区、牡丹江经济技术开发区、海林经济技术开发区、绥化经济技术开发区
汽车制造业	4	沈阳辉山经济技术开发区、铁岭经济技术开发区、长春经济技术开发区、长春汽车经济技术开发区
生物医药业	4	沈阳经济技术开发区、沈阳辉山经济技术开发区、吉林经济技术开发区、哈尔滨利民经济技术开发区
建材行业	4	松原经济技术开发区、大庆经济技术开发区、牡丹江经济技术开发区、海林经济技术开发区
农产品加工业	4	锦州经济技术开发区、长春经济技术开发区、松原经济技术开发区、哈尔滨经济技术开发区
商贸物流业	3	哈尔滨利民经济技术开发区、双鸭山经济技术开发区、绥化经济技术开发区
新材料行业	2	吉林经济技术开发区、双鸭山经济技术开发区
木材家具制造业	2	牡丹江经济技术开发区、海林经济技术开发区
新能源行业	1	宾西经济技术开发区
一般加工行业	1	宾西经济技术开发区

经济技术开发区产业政策源自管理者的顶层设计，产业发展具有明显的可引导性，决策者应充分认识经济技术开发区自身优势，本土加创新，做好经济技术开发区顶层设计、加强政策分类指导、培育市场化机制、改革考核与利益分配模式、推动园区合作发展，从多角度破解产业同质化。

二、产业类型单一，抗风险能力差

产业结构的同质化导致经济技术开发区之间出现恶性竞争，会使其互相掠夺利益，而经济的主要来源产业类别单一也是潜在风险之一。由7.3节可知，装备制造业和汽车产业是许多经济技术开发区及所在地区提升经济总量的支柱产业，但仅仅依靠某一种支柱产业容易降低其抗风险能力。例如，石油化工业过于依赖资源，资源的枯竭将导致地区经济陷入难以逆转的局面。再如，汽车工业曾在20世纪一度辉煌，成为世界许多地区的支柱产业，但其易受供需关系及科技革命的影响，底特律市在鼎盛时期有80%的经济依靠汽车产业，1/4的美国汽车年产量占比，20万的汽车产业相关从业人员，但因其违反了城市多元化经济体的本性，受金融危机影响成为美国汽车行业衰落的受害者。要想走可持续发展的道路就必须合理发展多元化的经济体，支柱产业的单一性极易受国家甚至世界产业格局变动的冲击。长春经济技术开发区及长春汽车经济技术开发区都以汽车产业作为经济支柱产业，2018年上半年由于国内汽车行业竞争的不断加剧，"一汽"多重业绩下滑，这势必影响长春经济技术开发区、长春汽车经济技术开发区及所在区域的经济发展，支柱产业单一的弊端已经开始显现，经济多元化发展的任务迫在眉睫。要想实现经济技术开发区引领地区经济可持续发展，经济技术开发区管理者必须转变当地传统发展方式，打破目前汽车产业一家独大的产业特征，积极出台对其他行业的引导性政策。

三、企业数量集聚，非产业集聚

政府主导的经济开发区与一般的产业集聚存在巨大的差别。在国家级经济技术开发区中，政府往往居于主导位置，开发区是发展中国家在原有城市和行政体制之外利用特殊政策吸引外来资本投资的空间载体。正是政府的优惠政策和由政府融资建设的基础设施，而非开发区的先天禀赋和制度自发演化促成了企业向开发区集聚。这种产业集聚不具有一般产业集聚的外部经济特征。

图7-18为2016年东北地区22家国家级经济技术开发区进出口额及市场化程度对比（开发区财政收入与生产总值比例的负向指标），发现市场化程度对开发区进出口额并无明显影响。其原因首先是经济技术开发区是在政策引导大背景下发展起来的，产业集聚不能自然形成；其次，产业集聚的非自然形成不符合其提升产业竞争力、降低交易成本的自然规律；最后，在根源上东北国家级经济技术开发区的市场化程度与产业集聚之间出现了断层，市场化不能通过促进开发区的

产业集聚再对其进出口贸易产生积极稳定的影响。这种由市场化影响产业集聚，进而影响进出口贸易的连锁反应在东北地区国家级经济技术开发区中出现了失灵。因此，在强调社会主义市场经济的新时期，要想让开发区经济更具有活力，只加强开发区的经济市场化程度还不能够解决问题，应对"政府-企业"关系进一步优化，避免开发区"政府优惠政策-企业数量集聚"这种简单的线性引导关系，以解决产业集聚环节的非自然性，让市场经济的活力能够正确引导进出口贸易。

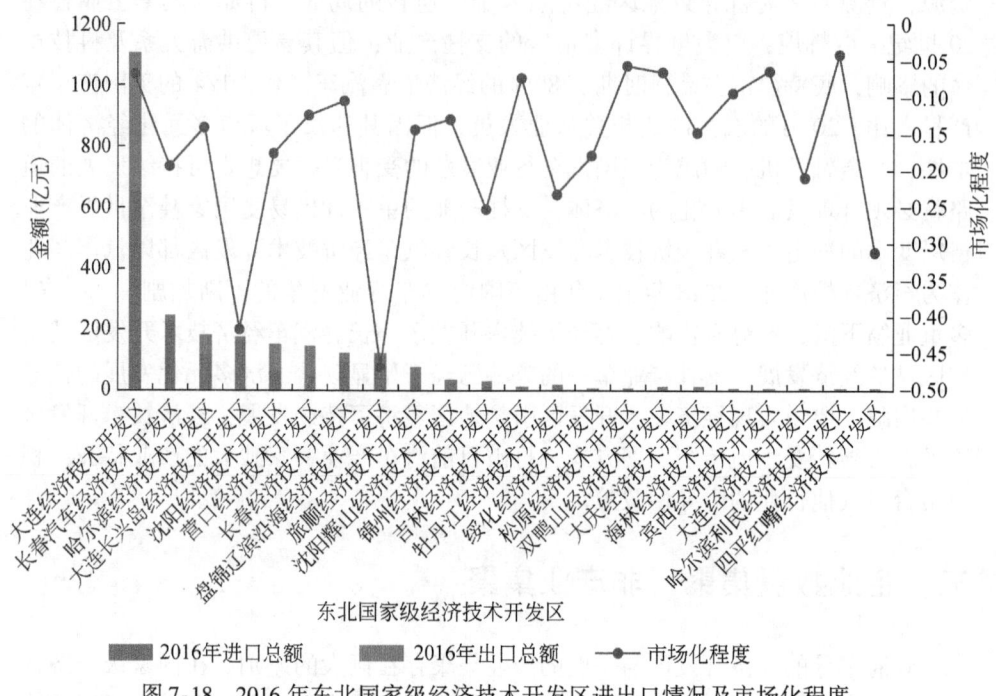

图7-18 2016年东北国家级经济技术开发区进出口情况及市场化程度

东北地区经济技术开发区在产业链的完善上仍有待加强，由于深受计划经济影响，企业的自生能力弱。经济技术开发区只是企业的载体，"筑巢引凤"是吸引投资的手段，当开发区的承载力达到上限之后，政策红利弱化，依然要靠企业的自力更生，这时候市场经济优胜劣汰的生存法则便体现出来，只有与资源要素、市场要素建立密切关联，形成真正的产业集聚而非企业数量上的集聚，才能在改革进程中获得可持续发展。

四、近年来东北国家级经济技术开发区 GDP 总体下滑

通过对比东北国家级经济技术开发区 2015~2016 年 GDP 增长率及其所在城市 GDP 增长率（其中，旅顺经济技术开发区 2015 年地区生产总值缺失，为不影响结果将其增长率视作 0），发现一部分经济技术开发区与一部分城市 GDP 都出现有不同程度的下滑，且下滑具有不一致性，在 GDP 上升的城市中出现了经济下滑的经济技术开发区，发展态势良好的经济技术开发区也处在经济下滑的城市中。但整体来看，经济技术开发区发展态势较其所在城市更为艰难，GDP 增长率平均值达到-8.02%，经济下滑严重，而所在城市 GDP 增长率平均值为 2.37%，总体呈现缓慢增长态势。在全部的经济技术开发区中，GDP 增长率范围跨度较大，在-55.99%~61.19%，较大的 GDP 增长率跨度说明开发区经济还很不稳定，在发展较好的经济技术开发区中，沈阳辉山经济技术开发区在沈阳市经济负增长的情况下依然能够达到 61.19% 的 GDP 增长率，而负增长的开发区中以双鸭山经济技术开发区、四平红嘴经济技术开发区、锦州经济技术开发区等较为严重（表 7-12、图 7-19）。

国家级经济技术开发区政策可调节性强，在东北经济整体下滑的同时，开发区作为经济的支撑点，应率先进行改善，对近年来各经济技术开发区增长速度放缓甚至出现负增长的现象不能盲目加以判断，经济技术开发区在现阶段的首要任务是调整产业结构，逐渐从快速的经济建设转向科学合理的全面建设中。

表 7-12　2015~2016 年东北国家级经济技术开发区及其所在城市 GDP 增长率

（单位:%）

经济技术开发区	所在城市	经济技术开发区 GDP 增长率	所在城市 GDP 增长率
双鸭山经济技术开发区	双鸭山市	-55.99	2.6
四平红嘴经济技术开发区	四平市	-55.62	-0.8
锦州经济技术开发区	锦州市	-47.42	-6.55
大连经济技术开发区	大连市	-30.00	6.5
营口经济技术开发区	营口市	-21.80	-7.5
沈阳经济技术开发区	沈阳市	-19.63	-5.6
盘锦辽滨沿海经济技术开发区	盘锦市	-15.85	-4.2
铁岭经济技术开发区	铁岭市	-13.80	-4.6
大连长兴岛经济技术开发区	大连市	-13.11	6.5

开发区：东北新成长空间

续表

经济技术开发区	所在城市	经济技术开发区 GDP 增长率	所在城市 GDP 增长率
宾西经济技术开发区	哈尔滨市	-9.81	7.3
大庆经济技术开发区	大庆市	-3.47	1.9
旅顺经济技术开发区	大连市	0	6.5
松原经济技术开发区	松原市	0.38	2.6
长春经济技术开发区	长春市	1.43	7.7
海林经济技术开发区	牡丹江市	3.64	6.6
哈尔滨经济技术开发区	哈尔滨市	4.40	7.3
长春汽车经济技术开发区	长春市	5.60	7.7
牡丹江经济技术开发区	牡丹江市	5.82	6.6
哈尔滨利民经济技术开发区	哈尔滨市	8.35	7.3
吉林经济技术开发区	吉林市	10.09	3.1
绥化经济技术开发区	绥化市	17.19	6.7
沈阳辉山经济技术开发区	沈阳市	61.19	-5.6

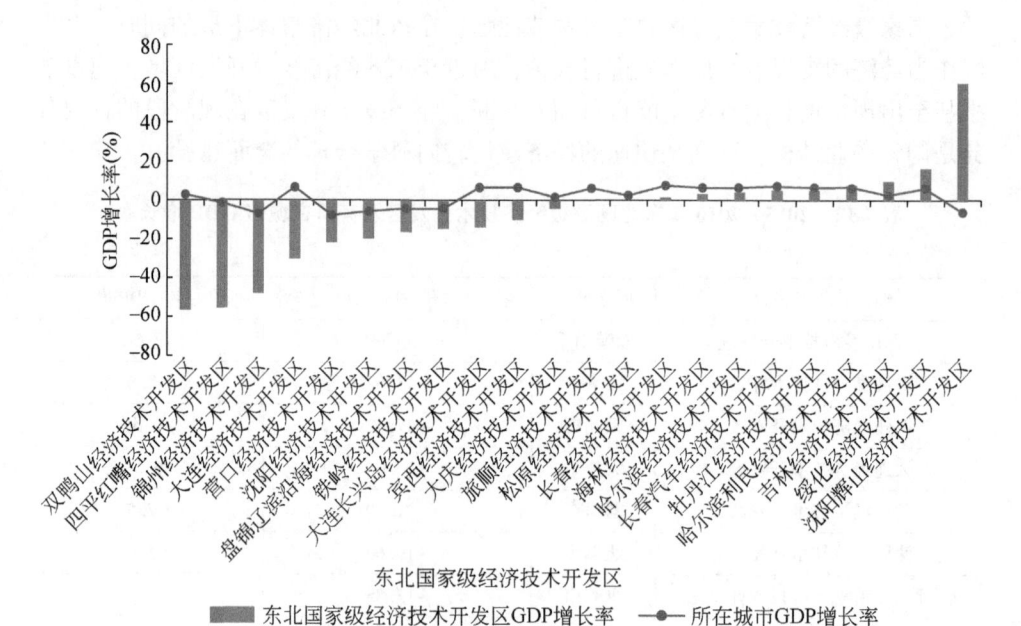

图 7-19　2015～2016 东北国家级经济技术开发区及所在城市 GDP 增长率

第八章　东北国家级高新技术产业开发区

2018年，是我国改革开放40周年，也是我国国家级高新技术产业开发区（简称国家高新区）建设30周年。三十而立，春秋正隆，国家高新区历经30年的建设和积累，已经步入"三次创业"阶段。东北地区作为我国的老工业基地，其国家高新区起步相对较晚，1991年3月国务院才开始在东北地区批复建设第一批国家高新区。截至2017年12月底，东北国家级高新技术产业开发区达到16家。作为我国创新密集区域的典型代表和国家创新型的核心中枢，东北地区国家高新区发展历程折射着东北乃至整个中国经济社会创新发展的变迁。本章内容主要对国家级高新技术产业开发区的设置时序与空间特征、经济与产业特征及案例等进行分析。

第一节　设置时序与空间特征

我国国家高新区建设过程大致可划分为3个创业阶段。在这3个创业阶段里，国家高新区发展的演变，无论是增量改革的模式，还是做大产业体量、注入科技内涵的路径，都鲜明地体现出国家高新区与国情的互动和契合。东北地区国家高新区的设置时序是我国国家高新区发展历程的一个缩影，在空间布局上主要以哈大发展带为主轴，以哈大齐牡丹发展轴、长吉图发展轴为次轴沿线发展。

20世纪80年代末，我国国家高新区迎来了它的一次创业浪潮。当时，国家工业基础薄弱，高新技术产业基本处于空白，国家高新区的成长可谓筚路蓝缕。其中，1991年是国家高新区集中批复建设的一年，东北地区第一批国家高新区也于这一年批复建设完成。期间，在国家批复建设的26家国家高新区中东北地区占了4家，分别为沈阳高新技术产业开发区、大连高新技术产业开发区、长春高新技术产业开发区、哈尔滨高新技术产业开发区。1992年，在国务院再次批复建设的26家国家高新区中，东北地区占据3家，分别为鞍山高新技术产业开发区、吉林高新技术产业开发区、大庆高新技术产业开发区。在一次创业阶段中，工业基础的薄弱使得各地国家高新区基本上走的是"先工业"的发展道路，即通过强抓工业企业的积聚快速形成园区形态，尤其是东北，作为我国重工业基地，其国家高新区"先工业"的发展特点尤其明显。其中，在此阶段批复建设的7家国家高新区，主导产业都是以装备制造业、化工业等重工业为主（图8-1）。

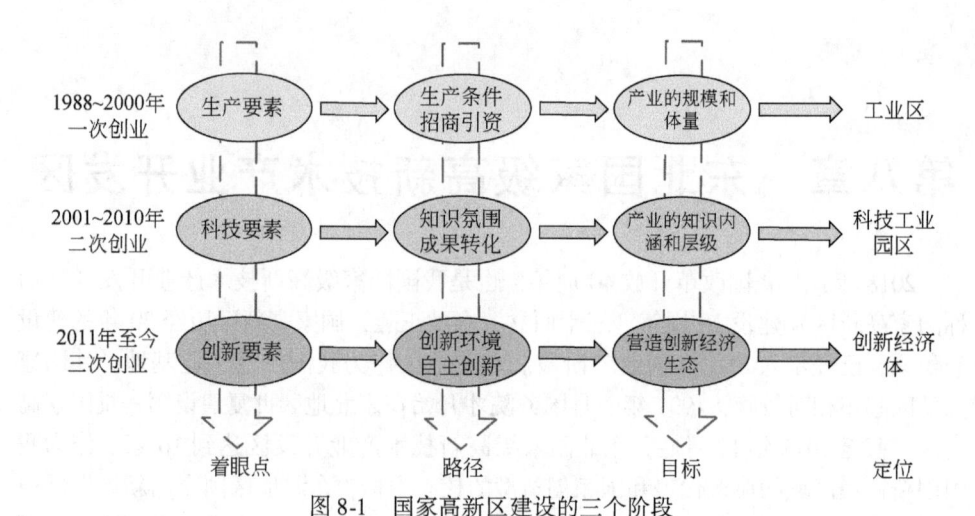

阶段	着眼点	路径	目标	定位
1988~2000年 一次创业	生产要素	生产条件 招商引资	产业的规模和体量	工业区
2001~2010年 二次创业	科技要素	知识氛围 成果转化	产业的知识内涵和层级	科技工业园区
2011年至今 三次创业	创新要素	创新环境 自主创新	营造创新经济生态	创新经济体

图 8-1 国家高新区建设的三个阶段

资料来源：王胜光，朱常海．2018. 中国国家高新区的 30 年建设与新时代发展——纪念国家高新区建设 30 周年．中国科学院院刊，33（7）：693-706

21 世纪的第一个 10 年，我国国家高新区迎来了它的二次创业。由于一次创业阶段其高新技术产业大多处于加工制造的价值链低端，有"躯体"无"头脑"的园区形态是当时高新区普遍存在的问题。为此，科学技术部 2001 年在武汉市召开工作会议，提出了国家高新区二次创业的口号及二次创业的高新区建设要重点推进"五个转变"。而早在 1999 年，东北地区的长春高新区在全国率先提出二次创业，创新了发展思路，制定并全面实施了二次创业总体发展战略。二次创业阶段国家高新区核心强调的是要注入科技要素，科技成果转化和技术创新应是高新区发展不能偏离的根本。在这个阶段，东北地区首批建设的国家高新区已经普遍具备了一定经济基础和产业实力，但国家经济的崛起对高新区发展提出了更高的要求。2010 年，国务院第三次大规模集中批复建设的 26 家国家高新区中，东北地区新增了 4 家，分别为辽阳高新技术产业开发区、延吉高新技术产业开发区、齐齐哈尔高新技术产业开发区和营口高新技术产业开发区。期间，新增开发区以装备制造业、医药业等高新技术产业为主。东北地区国家高新区二次创业的主要目标开始转向促进产业的价值链升级和以技术创新为本的内涵发展。

2011 年至今，国家高新区迈入三次创业阶段。在国际国内大环境发生重大变化下，东北地区国家高新区历经 20 多年的发展建设，其数量、空间范围、经济体量都急剧增大。2007~2016 年东北地区国家高新区总收入、净利润、工业总产值逐年增长，分别保持了 19.92%、22.30%、18.35% 的增速，远高于东北地区平均增速。截至 2017 年底，我国高新技术产业开发区共 156 家，其中，东

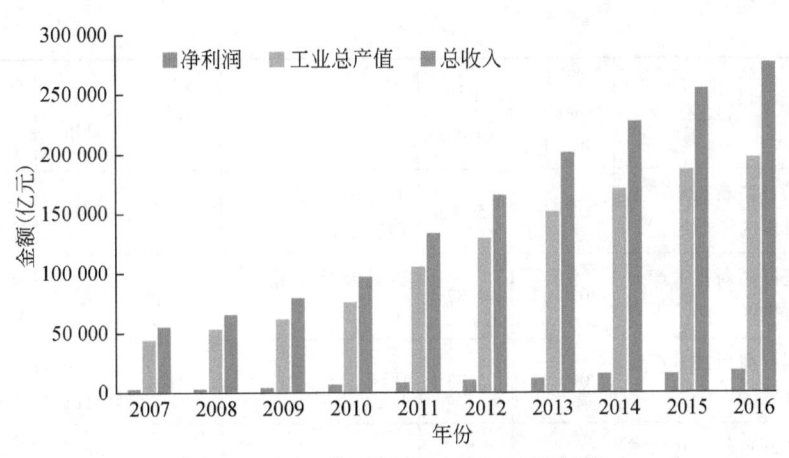

图 8-2 东北地区国家高新区经济发展状况

北地区占据 16 家，占全国的 10.26%。期间，依次新增本溪高新技术产业开发区、长春净月高新技术产业开发区、阜新高新技术产业开发区、通化医药高新技术产业开发区、锦州高新技术产业开发区 5 家开发区。新增开发区以现代服务业、医药业等高新技术产业为主导，承载引领创新驱动发展的使命（表 8-1）。

表 8-1 东北地区国家高新区一览表

阶段	开发区	批准时间（年.月）	核准面积（km²）	主导产业	省份	所在城市	位置
一次创业	沈阳高新技术产业开发区	1991.03	27.5	信息技术、智能制造、生物医药	辽宁省	沈阳市	沈阳市浑南区
	大连高新技术产业园区	1991.03	13.00	软件	辽宁省	大连市	大连市甘井子区
	长春高新技术产业开发区	1991.03	19.11	汽车、装备制造、生物医药	吉林省	长春市	长春市朝阳区
	哈尔滨高新技术产业开发区	1991.03	23.7	装备制造、电子信息、新材料	黑龙江省	哈尔滨市	哈尔滨市道里区
	鞍山高新技术产业开发区	1992.11	7.90	工业自动化、系统控制、激光	辽宁省	鞍山市	鞍山市铁东区
	吉林高新技术产业开发区	1992.11	4.36	化工、汽车及零部件、电子	吉林省	吉林市	吉林市丰满区
	大庆高新技术产业开发区	1992.11	14.30	石化、汽车、装备制造	黑龙江省	大庆市	大庆市龙凤区

续表

阶段	开发区	批准时间（年.月）	核准面积（km²）	主导产业	省份	所在城市	位置
二次创业	营口高新技术产业开发区	2010.09	5.00	装备制造、新材料、信息技术	辽宁省	营口市	营口市西市区
	辽阳高新技术产业开发区	2010.11	4.37	芳烃及精细化工、工业铝材	辽宁省	辽阳市	辽阳市宏伟区
	延吉高新技术产业开发区	2010.11	5.33	医药、食品	吉林省	延边朝鲜族自治州	吉林省延吉市
	齐齐哈尔高新技术产业开发区	2010.11	3.31	装备制造、食品	黑龙江省	齐齐哈尔市	齐齐哈尔市龙沙区
三次创业	本溪高新技术产业开发区	2012.08	8.654	生物医药	辽宁省	本溪市	本溪市溪湖区
	长春净月高新技术产业开发区	2012.08	22.46	高技术、文化	吉林省	长春市	长春市南关区
	阜新高新技术产业开发区	2013.12	7.5629	液压装备、农产品加工、电子信息	辽宁省	阜新市	阜新市细河区
	通化医药高新技术产业开发区	2013.12	12.7082	医药	吉林省	通化市	通化市东昌区
	锦州高新技术产业开发区	2015.02	3.72	汽车零部件、精细化工、食品	辽宁省	锦州市	锦州市太和区

第二节 国家级高新区的经济与产业特征

一、国家高新区综合发展水平评价

截至2016年底，东北地区国家高新区工业总产值达到11 789.70亿元，拥有工商注册企业61 034家。高新区入统企业数（纳入火炬统计的企业数）达5145家，其中，高新技术企业978家。东北地区高产值的国家高新区主要集中在哈大发展轴的中心城市，其中，哈尔滨高新技术产业开发区产值最高，其次是长春高新技术产业开发区、沈阳高新技术产业开发区。其中，哈尔滨高新技术产业开发区产值达到1472.2亿元，占哈尔滨市地区生产总值的25.60%；长春高新技术产业开发区产值达到1020亿元，占长春市地区生产总值的18.44%；沈阳高新技术产业开发区产值达到950.60亿元，占沈阳市地区生产总值的13.07%。以上三个高新技术产业开发区是东北地区最具竞争力的国家高新区。

通过整合《国家高新区创新能力评价报告2017》及《中国火炬统计年鉴》（2010~2017年），构建东北地区国家高新区综合发展水平评价指标体系。从经济发展水平、社会贡献水平、创新能力水平、国际化水平、创业环境五个方面来评价东北地区国家高新区发展水平（图8-3）。

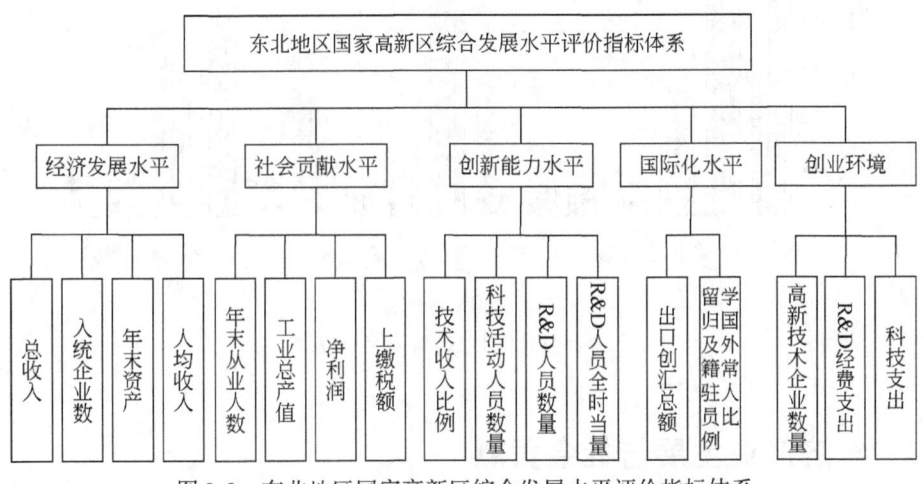

图8-3 东北地区国家高新区综合发展水平评价指标体系

东北地区国家高新区综合发展水平具有较大差异，综合发展指数整体呈波动上升趋势。其中，综合发展水平指数高的国家高新区主要布局在长春市、哈尔滨市、沈阳市及大连市四大城市，而发展趋势却有所不同，发展趋势较好的主要布局在营口市、辽阳市等城市。具体地，发展趋势较好的依次是长春高新技术产业开发区、长春净月高新技术产业开发区。其中，长春高新技术产业开发区的综合发展指数虽在2015年出现较大的滑落，但2016年开始强势回升，其综合发展水平指数由2013年的0.50上升到2016年的0.72；长春净月高新技术产业开发区，其综合发展水平指数由2013年的0.21上升到2016年的0.36，发展势头也较为良好。而2016年东北地区部分国家高新区出现不同程度的下滑，其中发展趋势下滑相对严重的分别为鞍山高新技术产业开发区、沈阳高新技术产业开发区、哈尔滨高新技术产业开发区和通化高新技术产业开发区，尤其是鞍山高新技术产业开发区和沈阳高新技术产业开发区，其综合发展水平指数分别由 2013 年的 0.35、0.41 下滑到 2016 年的 0.18、0.28，下滑相对明显（图 8-4）。

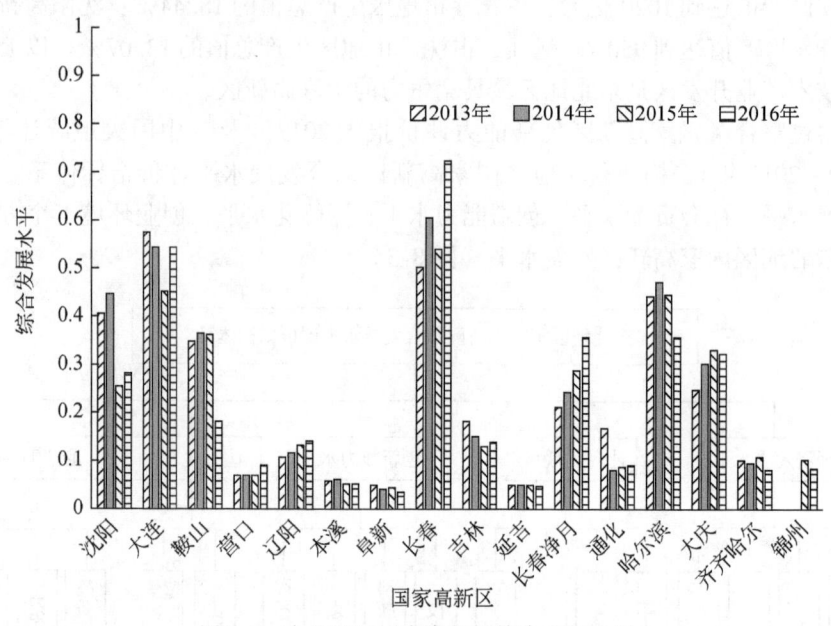

图 8-4 东北地区国家高新区综合发展水平

二、经济产业发展与社会贡献

1. 主导产业分布

作为我国重要的老工业基地，东北地区国家高新区的主导产业以单一型的技术密集型为主。在东北地区 16 家国家高新区中，有 9 家国家高新区的主导产业以技术密集型为主，包括电子信息业、智能制造业、新材料业、高新技术产业等，主要分布在辽宁省。此外，技术–劳动密集型、资本–技术密集型分布也相对较多，其中，技术–劳动密集型在东北地区各分布 1 家；资本–技术密集型的国家高新区在吉林市和大庆市各分布 1 家。而东北地区国家高新区属于资本密集型、资本–技术–劳动密集型较少，分别仅有 1 家（表 8-2）。

表 8-2　东北地区国家高新区主导产业类型

类型	主导产业类型	开发区	省份	城市	主导产业
单一型	技术密集型	沈阳高新技术产业开发区	辽宁省	沈阳市	电子信息制造业、智能制造业、医药业
		大连高新技术产业园区	辽宁省	大连市	电子信息业
		鞍山高新技术产业开发区	辽宁省	鞍山市	工业自动化业、系统控制业、激光业
		营口高新技术产业开发区	辽宁省	营口市	装备制造业、新材料业、电子信息业
		本溪高新技术产业开发区	辽宁省	本溪市	医药业
		长春净月高新技术产业开发区	吉林省	长春市	高新技术产业、文化创意产业、现代服务业
		通化医药高新技术产业开发区	吉林省	通化市	医药业
		长春高新技术产业开发区	吉林省	长春市	汽车制造业、装备制造业、医药业
		哈尔滨高新技术产业开发区	黑龙江省	哈尔滨市	装备制造业、电子信息制造业、新材料业
	资本密集型	辽阳高新技术产业开发区	辽宁省	辽阳市	精细化工业、金属制品业
复合型	资本-技术密集型	吉林高新技术产业开发区	吉林省	吉林市	化工业、汽车零部件业、电子信息业、医药业
		大庆高新技术产业开发区	黑龙江省	大庆市	石油化工业、汽车制造业、装备制造业、先进高分子材料
	技术-劳动密集型	延吉高新技术产业开发区	吉林省	延边朝鲜族自治州	医药业、食品加工业
		齐齐哈尔高新技术产业开发区	黑龙江省	齐齐哈尔市	装备制造业、食品加工业、纳米材料业
		阜新高新技术产业开发区	辽宁省	阜新市	液压装备业、农产品加工业、电子信息业
	资本-技术-劳动密集型	锦州高新技术产业开发区	辽宁省	锦州市	汽车零部件业、精细化工业、食品加工业、电子信息业

开发区：东北新成长空间

东北地区的国家高新区以高新技术产业为主导产业，支撑区域经济增长，引领着区域产业发展的方向。在东北地区16家国家高新区中，以电子信息业为主导产业的达到8家，其次是装备制造业、生物医药业、新材料业，分别为7家、6家、5家。东北地区以电子信息业为主导产业的国家高新区主要集中在辽宁省内（6家），黑龙江省和辽宁省较少（各1家）。以装备制造业为主导产业的国家高新区主要集中在辽宁省（3家）、黑龙江省（3家）。以生物医药业为主导产业的国家高新区主要集中在吉林省（4家），其次是辽宁省（2家）。以新材料业为主导产业的国家高新区，主要集中在辽宁省（3家）和黑龙江省（2家）。而以化工行业、汽车及零部件业、农产品加工业为主导产业的国家高新区也占据一定份额，各有4家，而以金属加工业、其他行业为主导产业的国家高新区相对较少（图8-5）。

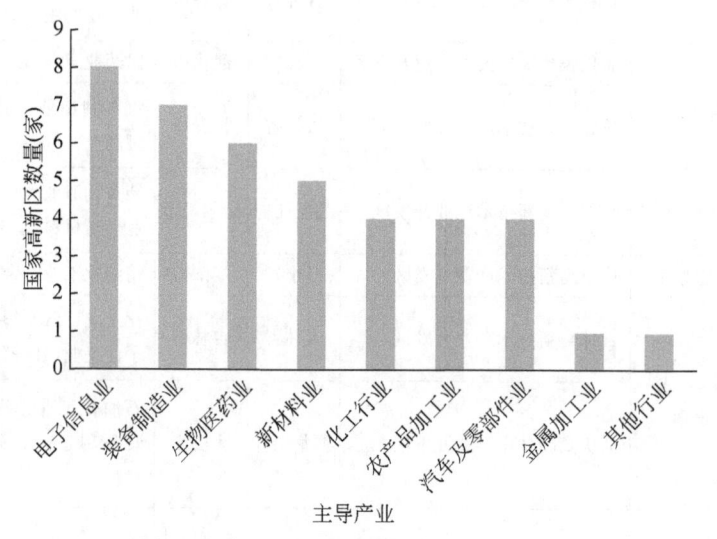

图8-5　东北地区国家高新区主导产业情况

2. 经济发展水平

作为区域经济发展的增长极，近年来东北地区国家高新区整体经济发展水平[①]不容乐观，其经济发展水平指数呈逐年下降趋势。2013~2016年，从经济发展水平指数来看，长春高新技术产业开发区经济发展水平平均指数最高，其次是大连、哈尔滨高新技术产业开发区，而齐齐哈尔、本溪、阜新高新技术产业开发

---

① 东北地区国家高新区经济发展水平以国家高新区总收入、入统企业数、年末资产及人均收入来衡量。

区的经济发展水平平均指数较为落后，均在 0.01 以下。从发展趋势看，辽阳、长春、长春净月、大庆高新技术产业开发区的经济发展水平势头良好，而其他国家高新区均出现不同程度的下滑。根据图 8-6，2013~2016 年，辽阳、大庆经济发展水平指数呈逐年增长趋势；长春高新技术产业开发区经济发展水平指数呈波动上升趋势，其经济发展水平经历了从 2014 年的大幅上升到 2015 年的回落再到 2016 年的再次回升过程，经济发展水平指数由 2013 年的 0.15 上升到 2016 年的 0.16；长春净月高新技术产业开发区除了 2014 年外，均呈逐年增长。同时，东北地区部分国家高新区出现下滑，其中，大连、通化医药高新技术产业开发区下滑幅度较大，经济发展水平指数分别由 2013 年的 0.14、0.07 下降至 2016 年的 0.10、0.02。

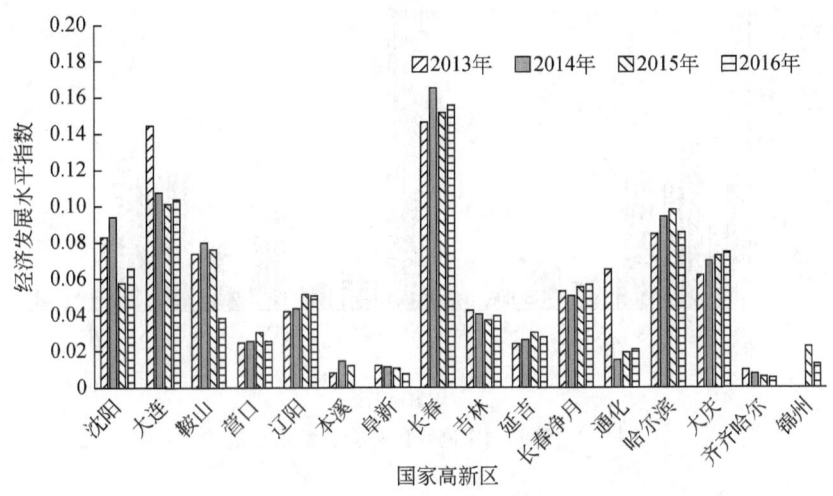

图 8-6 东北地区国家高新区经济发展水平指数

3. 社会贡献水平

作为高新技术产业重要的空间载体，国家高新区不仅促进区域的经济发展，同时为区域社会的发展提供重要支撑。近年来，东北地区国家高新区社会贡献水平[①]波动下降，其指数整体呈倒 U 形发展，在 2014 年达到峰值后开始逐年下降。从社会贡献水平来看，长春国家高新技术产业开发区对当地社会贡献能力最大，其次是大连、大庆高新技术产业开发区。从发展趋势来看，东北地区的长春净

---

① 东北地区国家高新区社会贡献水平以国家高新区年末从业人数、工业总产值、净利润、上缴税额来衡量。

月、通化医药、大庆国家高新技术产业开发区发展势头良好,而其他国家高新区均出现不同程度的下滑。其中,大连、营口、本溪、延吉、齐齐哈尔国家高新技术产业开发区社会贡献水平指数呈逐年下降趋势,而沈阳、鞍山、辽阳、阜新、哈尔滨高新产业技术开发区社会贡献水平指数均在2014年上升至峰值后开始回落,尤其是沈阳高新技术产业开发区,社会贡献水平指数下降幅度较大,由2013年的0.08下降至2015年的0.03,其次是哈尔滨高新技术产业开发区,由2013年的0.08下降至2015年的0.05(图8-7)。

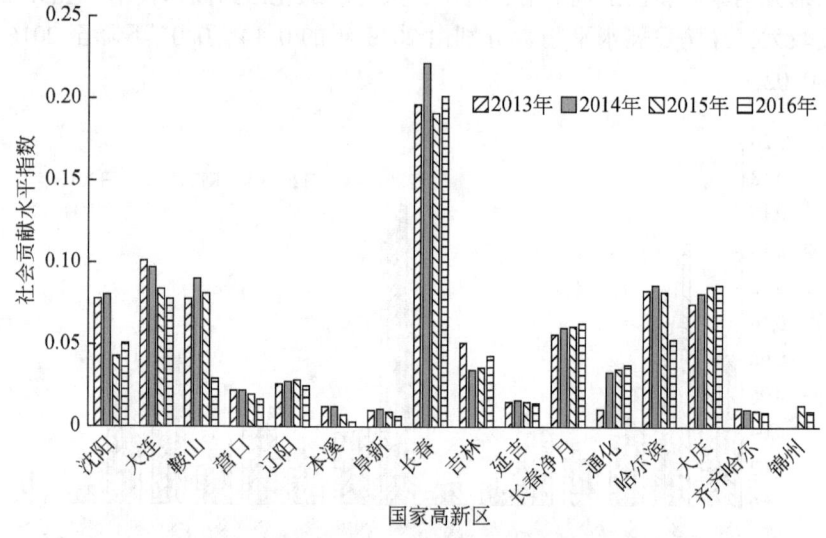

图8-7 东北国家高新区社会贡献水平指数

在东北地区国家高新区社会贡献水平中,高新区内企业利润率①对社会贡献水平贡献较大。无论是从区域层面、还是省级层面,还是从高新区本身层面,东北地区国家高新区企业利润对社会的贡献都不容小觑。

从区域层面,东北地区国家高新区企业贡献率相对我国其他地区的国家高新区较高。虽然从国家高新区企业利润率增长变化来看,2016年东北地区国家高新区企业利润率较2015年有所增长,但增长程度较小。并且从国家高新区企业利润率的绝对水平来看,2016年东北地区国家高新区企业利润率(6.9%)略低于东部地区区(7.3%),但显著高于中部、西部地区,同时高于国家高新区企业利润率的平均水平(图8-8)。

---

① 利润率=净利润/营业收入,反映国家高新区企业群体的单位营业收入获得税后利润的能力。

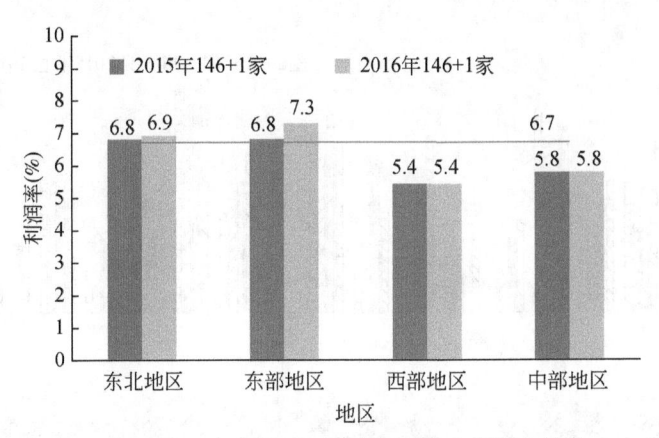

图 8-8　2016 年各地区国家高新区企业利润率情况

从省级层面来看，东北地区的国家高新区企业利润相对较高。在东北地区，尤其是吉林省国家高新区企业利润率，仅次于企业利润率最高的上海市（10.5%），达到 8.5%。其中，以长春净月、长春和通化医药 3 家高新区企业利润率最高，分别达到 11.7%、9.4%、7.2%。

从东北地区国家高新区本身来看，其企业利润率具有一定的差异性。其中，从东北地区国家高新区净利润率整体水平来看，长春净月、鞍山、长春国家高新技术产业开发区净利润率较高，而吉林高新技术产业开发区净利润率相对较低，高新区内企业营业能力在 2013～2015 年出现亏损。从东北地区国家高新区净利润的变化趋势来看，净利润率的变化并不一致，其中，通化医药、大庆高新技术产业开发区净利润率呈逐年增长趋势，而本溪、延吉、齐齐哈尔高新技术产业开发区则呈逐年下降趋势，其他高新技术产业开发区呈波动性变化（图 8-9）。

三、高新区创新能力与创业环境

1. 高新区创新能力水平

20 世纪 90 年代以前，东北地区是我国经济最发达的地区之一，但随着体制性和结构性矛盾日趋明显，东北老工业基地竞争力下降，创新乏力，与沿海的差距在扩大。作为区域内的"经济特区"和"政策试验田"，东北地区国家高新区聚集了大量高新技术和创新资源，是促进东北地区产业和技术创新的重要空间载体及东北地区振兴的重要抓手。对东北地区国家高新区创新能力水平的分析，将从国家高新区、省级、区域三个不同的视角展开。

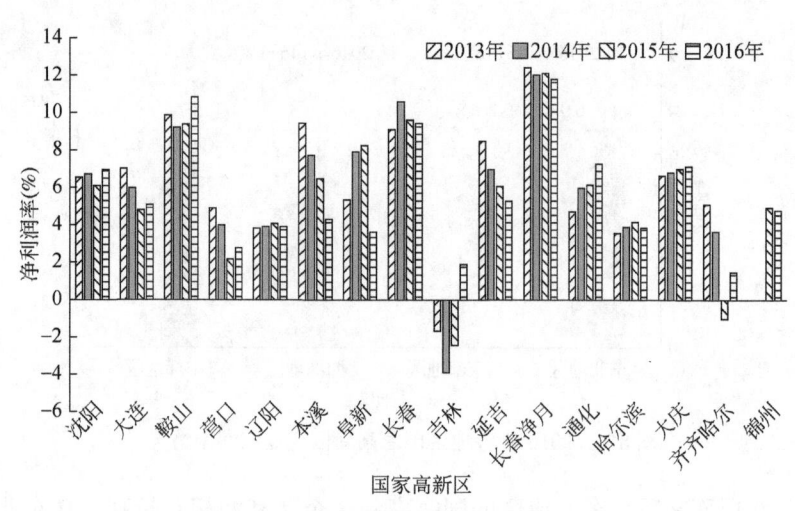

图 8-9 东北国家高新区净利润率

从国家高新区层面，东北地区国家高新区创新能力水平①整体呈 N 形发展趋势。2013～2016 年，其创新能力水平经历了 2014 年上升至峰值及 2015 年开始回落再到 2016 年再次回升的过程。东北地区国家高新区整体创新能力水平的提高得益于大连、哈尔滨、沈阳、长春高新技术产业开发区，其中，大连高新技术产业开发区创新能力水平最高，其次是哈尔滨、沈阳、长春高新技术产业开发区；而延吉、营口、阜新、锦州、本溪高新技术产业开发区的创新能力水平较低，创新能力水平指数均低于 0.01。

从东北地区国家高新区创新能力水平指数发展趋势来看，2013～2016 年波动性较大。具体地，在创新能力水平平均指数前 5 位的东北地区国家高新区中，居第 1 位的大连国家高新区创新能力水平指数在 2015 年降至最低后在 2016 年开始强势回升，因此 2016 年的创新能力水平较 2013 年相差不大。位居第 4 位的长春净月高新技术产业开发区的创新能力水平指数增长幅度最大，且呈逐年增长趋势，由 2013 年的 0.08 上升到 2016 年的 0.15。位居第 6 位的鞍山高新技术产业开发区的创新能力水平指数下降幅度最大，由 2013 年的 0.12 降至 2016 年的 0.06（图 8-10）。

从省级层面，东北地区国家高新区创新能力水平具有一定的提升。通过分析

---

① 东北地区国家高新区创新能力水平通过国家高新区技术收入占总收入比例、科技活动人员数量、R&D 人员数量、R&D 人员全时当量来衡量。

◎ 第八章 东北国家级高新技术产业开发区

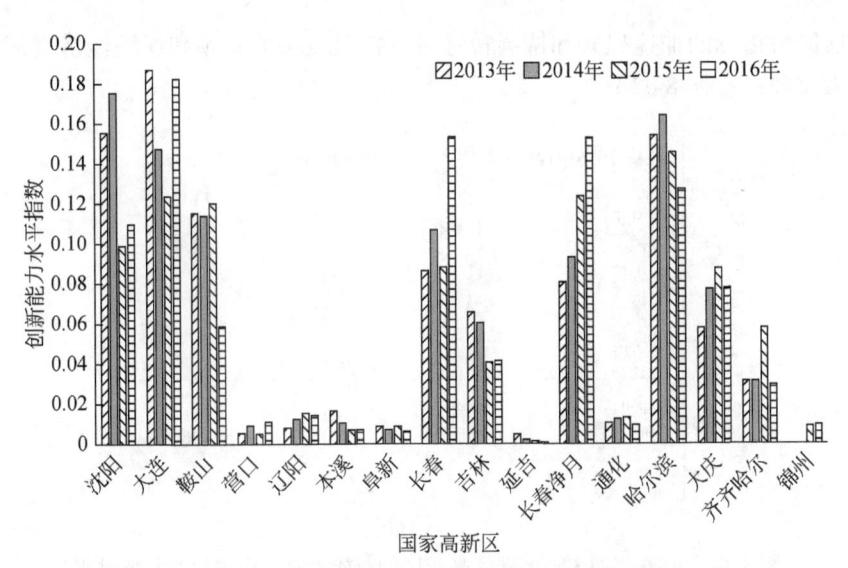

图 8-10 东北国家高新区创新能力水平指数

省（自治区、直辖市）内国家高新区创新能力总指标加权增长率①发现，在东北地区，吉林省国家高新区创新能力水平提升最快，黑龙江省、辽宁省次之。具体地，在我国 30 个省（自治区、直辖市）中，2016 年内国家高新区创新能力总指标加权增长率在 20% 以上的共有 5 家，东北地区占 1 家（吉林省，22.7%），该省是东北地区创新能力提升速度最快的省份，仅次于全国提升速度最快的西部地区的甘肃省（35.9%）、青海省（28.3%）。

从区域层面，东北地区国家高新区创新能力具有很大发展空间。通过对比东北地区国家高新区 2016 年、2015 年和其他三大地区创新能力总指标加权增长率②，可以看到：一方面，2016 年东北地区国家高新区创新能力提升程度较大，其创新能力总指标加权增长率较 2015 年提高了 16.5 个百分点，远高于东地区（0.6 个百分点）、西部地区（7.3 个百分点）和中部地区（2.1 个百分点）。另一方面，东北地区国家高新区创新能力增速下滑的态势被遏止，其创新能力总指标由下降转为上升，且加权增速提升幅度在四大地区中最高。东北地区国家高新区创新能力指标增速的强势反弹，反映了东北地区转型发展地区的活力和新希望。作为东北地区具有区域发展动力源和"发动机"地位的国家高新区，其创

---

① 来源于《国家高新区创新能力评价报告 2017》，国家高新区创新能力可以从创新资源集聚、创新创业环境、创新活动绩效、创新的国际化、创新驱动发展 5 个方面来构建评价指标体系。

② 来源于《国家高新区创新能力评价报告 2017》。

新发展能力指标的加速提升和持续转好对所在区域突破瓶颈和摆脱经济发展困局是重大突破口（图8-11）。

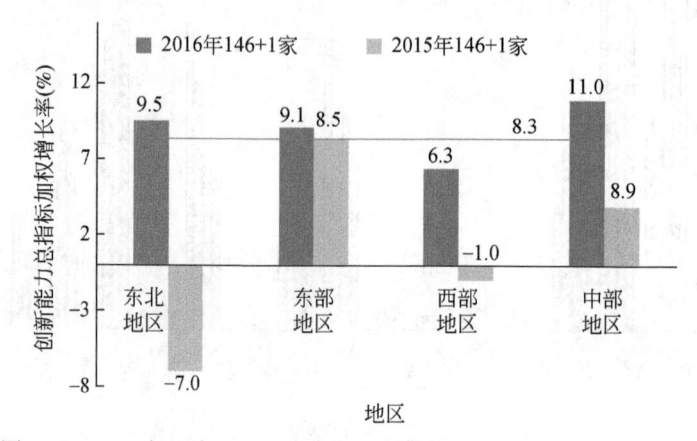

图8-11　2016年四大地区国家高新区创新能力总指标加权增长率对比

东北地区区域层面国家高新区各方面的创新能力整体实现增长，但创新能力内部分异较大。通过将构成国家高新区创新能力的5个一级指标进行分解，分析其加权增长率可以发现几条初步结论。一是东北地区创新驱动发展相对不足。2016年东部和中部国家高新区创新能力水平内部的5个指标均实现了全面增长，而东北地区实现4个，其中，东北地区国家高新区在创新创业环境及创新国际化取得较高的增长，而创新驱动发展增长率出现小幅下降（2015年东北地区创新驱动发展指标的加权增长率为-7.4%，相对而言，2016年的下降幅度有所减小）。二是东北地区指标增长的内部差异较大，仅次于西部地区。主要标系表现在东北地区一级指标的增长率极差为25.2%，而东部地区国家高新区的5个一级指标的加权增长率极差仅为6.5%。三是东北地区国家高新区主要由创新创业环境、创新国际化2项指标带动。其中，东北地区的创新国际化指标增长率远远超过其他3个地区，比我国国家高新区创新的国际化指标增长率的平均水平高9.7个百分点。而东北地区在创新资源集聚及创新驱动发展这两个方面的指标增长率上较为欠缺，主要表现在创新资源集聚的增长率低于全国国家高新区平均水平，创新驱动发展甚至出现负增长，而这两个指标恰恰是较为发达的东部地区的两个主要带动指标（图8-12）。

2. 东北地区国家高新区创业环境

优越的创业环境是国家高新区持续开展创新活动的有力支撑和保障，主要体现了国家高新区创新活动所依赖的关键和基础条件。东北地区国家高新区创业环

◎ 第八章　东北国家级高新技术产业开发区

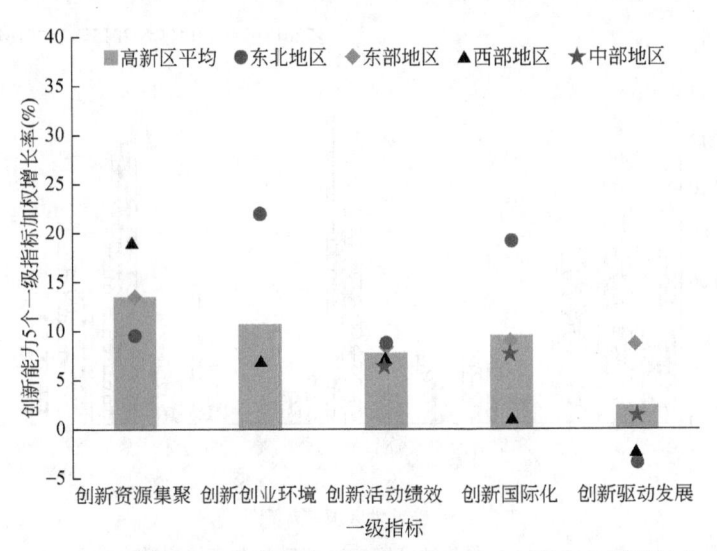

图 8-12　2016 年四大地区国家高新区创新能力 5 个一级指标加权增长率对比

境下设 3 个二级指标，分别为高新技术企业数、R&D 支出、科技支出。测算结果显示，东北地区国家高新区整体创业环境不断优化，其中，东北地区大连高新技术产业开发区创业环境最优，其次是哈尔滨、长春高新技术产业开发区，而延吉、营口、阜新高新技术产业开发区创业环境相对较差。

从创业环境优化趋势看，辽阳、本溪、长春净月高新技术产业开发区创业环境逐年优化，尤其是长春净月高新技术产业开发区，创业环境优化幅度较大，而长春高新技术产业开发区在 2015 年虽然创业环境出现回落，但整体不断优化，且 2016 年的创业环境相较 2013 年得到大幅度的提升，由 2013 年的 0.06 上升至 2016 年的 0.13。而东北地区国家高新区 2016 年创业环境相较于 2013 年下降的有沈阳、鞍山、吉林、延吉、哈尔滨、齐齐哈尔，其中下降幅度最大的为哈尔滨高新技术产业开发区，由 2013 年的 0.12 降至 2016 年的 0.08（图 8-13）。

四、东北地区国家高新区国际化水平

良好的国家交流合作氛围能够促进先进知识的传播，使得高新区获得更好的技术与合作机会，在更广阔的空间、更高的视野进行结构调整和创新资源配置，进而逐步建立起依靠自主创新的国际竞争优势。东北地区国家高新区整体国际化水平[1]

---

[1]　东北地区国家高新区国际化水平下设 2 个指标，分别为出口创汇总额、留学归国和外籍常驻人员比例。

开发区：东北新成长空间

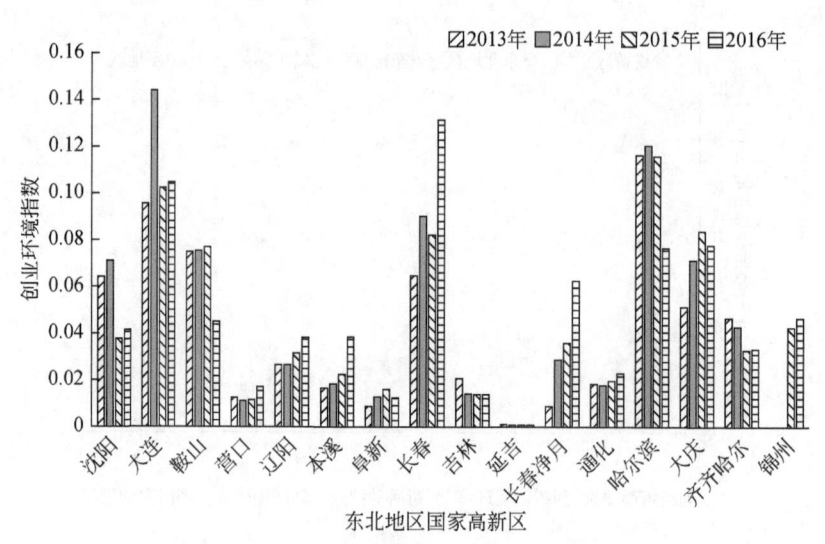

图 8-13　东北地区国家高新区创业环境指数

不高，且波动性较大。其中，大连国家高新区国际化水平指数平均值最高，其次是长春高新技术产业开发区。从国际化水平发展趋势看，这两家国家高新区的国际化水平亦是提升幅度最大的，尤其是长春高新技术产业开发区，国际化水平指数由 2013 年的 0.01 提升至 2016 年的 0.08。而东北地区部分国家高新区国际化水平显著降低，尤其是通化医药国家高新区，国际化水平指数由 2013 年的 0.06 降至 2016 年的 0.0002；其次是沈阳高新技术产业开发区，国际化水平指数逐年下降，由 2013 年的 0.026 降至 2016 年的 0.012（图 8-14）。

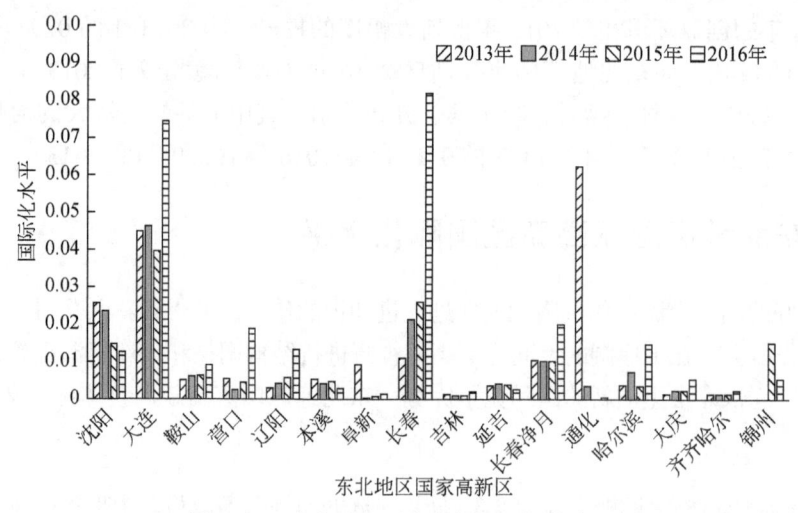

图 8-14　东北地区国家高新区国际化水平

专栏 8-1　东北地区国家高新区综合发展水平评价方法——熵值法

1. 算法简介

熵值法是一种客观赋权法，其根据各项指标观测值所提供的信息的大小来确定指标权重。设有 m 个待评方案、n 项评价指标，形成原始指标数据矩阵 $X=(x_{ij})_{m\times n}$，对某项指标 x_j，指标值 X_{ij} 的差距越大，则该指标在综合评价中所起的作用越大；如果某项指标的指标值全部相等，则该指标在综合评价中不起作用。

在信息论中，熵是对不确定性的一种度量。信息量越大，不确定性越小，熵也越小；信息量越小，不确定性越大，熵也越大。根据熵的特性，我们可以通过计算熵值来判断一个方案的随机性及无序程度，也可以用熵值来判断某个指标的离散程度，指标的离散程度越大，该指标对综合评价的影响越大。因此，可根据各项指标的变异程度，利用信息熵这个工具，计算出各个指标的权重，为多指标综合评价提供依据。

2. 算法实现过程

2.1　数据矩阵

$$A = \begin{pmatrix} X_{11} & \cdots & X_{1m} \\ \vdots & \vdots & \vdots \\ X_{n1} & \cdots & X_{nm} \end{pmatrix}_{n\times m}$$

式中，X_{ij} 为第 i 个方案第 j 个指标的数值。

2.2　数据的非负数化处理

由于熵值法计算采用的是各个方案某一指标占同一指标值总和的比值，不存在量纲的影响，不需要进行标准化处理。若数据中有负数，就需要对数据进行非负化处理。此外，为了避免求熵值时对数的无意义，需要进行数据平移。

对越大越好的指标：

$$X'_{ij} = \frac{X_{ij} - \min(X_{1j}, X_{2j}, \cdots, X_{nj})}{\max(X_{1j}, X_{2j}, \cdots, X_{nj}) - \min(X_{1j}, X_{2j}, \cdots, X_{nj})} + 1$$

$$i = 1, 2, \cdots, n; j = 1, 2, \cdots, m$$

对越小越好的指标：

$$X'_{ij} = \frac{\max(X_{1j}, X_{2j}, \cdots, X_{nj}) - X_{ij}}{\max(X_{1j}, X_{2j}, \cdots, X_{nj}) - \min(X_{1j}, X_{2j}, \cdots, X_{nj})} + 1$$

$$i = 1, 2, \cdots, n; j = 1, 2, \cdots, m$$

为了方便起见，仍记非负化处理后的数据为 x_{ij}。

2.3 计算第 j 项指标下第 i 个方案占该指标的比例

$$P_{ij} = \frac{X_{ij}}{\sum_{i=1}^{n} X_{ij}} \quad (j = 1, 2, \cdots, m)$$

2.4 计算第 j 项指标的熵值

$$e_j = -k \times \sum_{i=1}^{n} P_{ij} \ln P_{ij}$$

式中，$k>0$；ln 为自然对数，$e_j \geq 0$。式中常数 k 与样本数 m 有关，一般令 $k = 1/\ln m$，则 $0 \leq e \leq 1$。

2.5 计算第 j 项指标的差异系数

对第 j 项指标，指标值 x_{ij} 的差异越大，对方案评价的作用越大，熵值越小；$g_j = 1 - e_j$，则 g_j 越大，指标越重要。

2.6 求权数

$$W_j = \frac{g_j}{\sum_{j=1}^{m} g_j}, \quad j = 1, 2, \cdots, m$$

2.7 计算各方案的综合得分

$$S_i = \sum_{j=1}^{m} W_j P_{ij} \quad (i = 1, 2, \cdots, n)$$

3. 熵值法的优缺点

熵值法是根据各项指标值的变异程度来确定指标权数的，这是一种客观赋权法，避免了人为因素带来的偏差，但由于忽略了指标本身的重要程度，有时确定的指标权数会与预期的结果相差甚远，同时熵值法不能减少评价指标的维数。

第三节　国家级高新区案例

依据第二节，将东北地区 16 家国家高新区的综合发展水平平均指数进行排序，选取综合发展水平平均指数排名前三位的长春高新技术产业开发区、大连高新技术产业开发区、哈尔滨高新技术产业开发区。

一、长春高新技术产业开发区

1. 园区概况

长春高新技术产业开发区（简称长春高新区）是1991年经国务院批准建立的首批国家级高新技术产业开发区之一，是吉林省第一家开发区和第一家国家级开发区。位于素有"科技城""文化城"美誉的长春市西南部，总面积为78.6km²。园区建设以来，长春高新区以"发展高科技，实现产业化"为宗旨，以改革的精神不断创新，以开放的思维谋划发展，创造了超常规的建设和发展速度。近几年，长春高新区综合经济指标评价始终位居全国56家国家高新区的前列，在科学技术部历次评优中，长春高新区均被评为"先进国家高新区"，是长春市乃至吉林省高新技术产业发展的核心基地、经济发展的重要增长极、城市新形象的重要窗口，以及"长吉图"的龙头先导区。

长春高新区依托得天独厚的区位、科技和人才优势及良好的文化和创新氛围，致力于搭建一个高效、快捷、优化的资源配置平台；努力成为科技成果创新源、高新技术产业辐射源；积极实施主导产业扩张、大项目支撑和园区带动三大战略；力争建设成为全国先进的高新技术企业孵化基地、高新技术产业化基地、高新技术产品出口基地和高新技术企业家培育基地。逐步形成了生物与医药、光电技术、先进制造技术、信息技术、新材料五大主导产业和一区多园的产业化发展格局。2002年，长春高新区跻身全国首批"国家实施知识产权制度示范园区"，并率先在东北地区通过了ISO14001环境管理体系国际和国内双认证，为提升国际竞争力，保证区域可持续发展奠定了坚实的基础（图8-15）。

2. 园区优势

长春高新区综合发展水平指数居首位，离不开其人才不断积聚、新型产业突出、创新创业环境一流的园区优势。凭借得天独厚的园区优势，大力实施主导产业扩张、园区带动和大项目支撑战略，形成了生物与医药、光电技术、先进制造技术、信息技术和新材料五大主导产业。围绕主导产业，长春高新区形成了一区多园的产业化发展格局（图8-16）。

（1）人才不断积聚

长春高新区是国内著名的高智力密集区，国内知名的吉林大学、长春理大工学等十几所重点学府都坐落在区内，在校生超过10万人，博士生、硕士生超万人。中国科学院长春分院、中国科学院长春光学精密机械与物理研究所、中国科

开发区：东北新成长空间

一个平台
- 高效、快捷、优化的资源配置平台

两个源头
- 科技成果创新源
- 高新技术产业辐射源

三大战略
- 主导产业扩张战略
- 大项目支撑战略
- 园区带动战略

四大基地
- 高新技术企业孵化基地
- 高新技术产业化基地
- 高新技术产品出口基地
- 高新技术企业家培育基地

五大产业
- 生物与医药
- 光电技术
- 先进制造技术
- 信息技术
- 新材料

一区多园
- 创意与软件产业园
- 先进装备制造产业园
- 光电子产业园
- 生物与医药产业园
- 新材料新能源产业园等

图 8-15　长春高新区概况

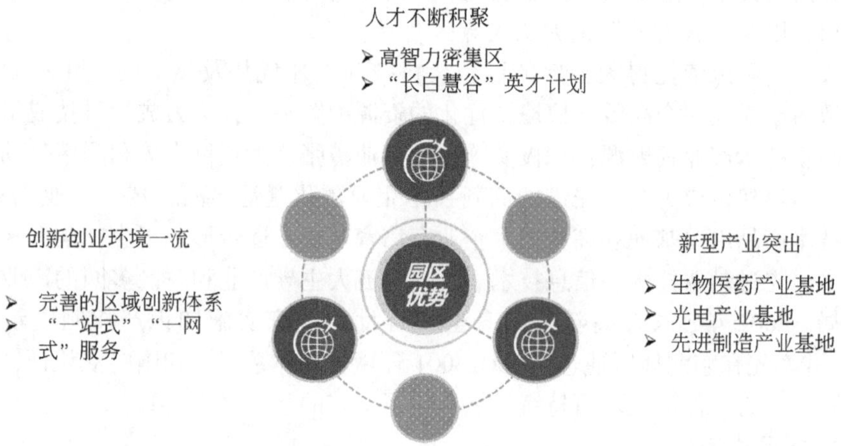

人才不断积聚
- 高智力密集区
- "长白慧谷"英才计划

创新创业环境一流
- 完善的区域创新体系
- "一站式""一网式"服务

新型产业突出
- 生物医药产业基地
- 光电产业基地
- 先进制造产业基地

图 8-16　长春高新区概况

学院长春应用化学研究所等 39 家国家、省（部）属科研机构、12 所设计院、8 个计算测试中心和国家设在长春市的 11 个重点开放实验室也都集中在长春高新区内，拥有各类人才 20 万人，其中，专业技术人才近 5 万人，仅参与创业的高级人才就达 6000 人，均占长春市的一半以上。区内科技人员占人口的比例达 16.6%，科研力量密集，科学仪器设备密集，技术信息情报密集，高新技术科研成果密集，是全国著名的高智力密集区和发展高新技术产业的理想之地。长春生物医药和中药产业历史悠久，该领域的产业工人众多；吉林大学计算机系全国知

234

名，拥有丰富的计算机专业人才；汽车、客车等产业全国领先，拥有机械制造方面的高级技工。一批科技精英在长春高新区领办、创办了数百家拥有自主知识产权的高技术企业，区内拥有一支知识型、专家型企业家队伍。

长春高新区是国家级海外留学人员创业示范基地，始终用产业发展成果检验人才工作成效，把人才优势转化为竞争优势、发展优势，这是长春高新区"人才特区"建设的基本原则之一。长春高新区积极探索"人才特区"建设模式，创新"人才特区"工作机制，深入实施"长白慧谷"英才计划，吸引和集聚了一批高层次创新创业人才，加快科技成果转化。长春高新区高端人才总量约3万人，其中，海外留学归国人员约1000人，拥有两院院士21人，列入吉林省高层次人才引进计划7人，进入"长白慧谷"英才计划14人，初步形成了一支门类齐全、素质优良、梯次合理，能够满足创新创业发展需要的高层次人才队伍，推动园区动漫、医药、光电、汽车电子等产业的发展。

（2）新型产业突出

长春高新区引入科技园区的经营理念，把园区作为产业经营的基本载体，取得了显著成效。在确立的生物与医药、光电技术、先进制造技术、信息技术和新材料五大主导产业方面，长春高新区已经拥有一批国家级产业园区，走上了产业集群式发展道路。

长春高新区是国家重要的生物医药产业基地和中药基地，依托一批具有国际先进水平的医药研发机构和"世界生物资源宝库"长白山丰富的天然药用资源，高新区内的生物医药园和国家中药现代化科技产业园成为吉林省北药基地的核心，成为全国重要的生物医药产业和中药现代化基地。长春高新区内有长春生物制品研究所、中国人民解放军军需大学基因工程研究所、长春中医大学、吉林大学组合化学研究中心、吉林大学酶工程国家重点实验室等医药科研机构，构成了多学科技术集成的优势，这在全国也是少有的。

长春高新区是国家重要的光电产业基地，光电产品市场潜力非常大。长春素有"光学基地"的美誉，具有发展光电技术产业得天独厚的条件。长春高新区内的光电技术产业园成为国家级光电信息技术产业化基地，目前有光电信息企业300多家，产品达四五百项，产值每年占长春市的半壁江山。2001年，高新区光电技术产业园被科学技术部批准为"国家火炬计划长春光电信息技术产业化基地"（长春"中国光谷"）。2004年，长春市被国家发展和改革委员会批准为国家光电子产业基地。光电子产业发展前景广阔。园内企业生产的导光板背光源、半导体发光器件、光电编码器等很多光电产品在国内处于技术领先水平，并远销国外市场。

长春高新区是国内重要的先进制造产业基地，随着计算机、微电子、信息技术的广泛应用，以汽车工业为代表的先进制造技术总体上已经步入了高新技术产业行列。长春高新区毗邻一汽集团公司，发展汽车高技术产业有得天独厚的优势。多年来，长春高新区致力于汽车关键零部件产业发展。早在1997年2月，长春高新区就与一汽集团公司联合开办了汽车研发园，以吸引国内外商家来园区开办汽车高新技术企业。2000年9月，科学技术部正式批准汽车研发园为长春高新区的高新汽车技术产业专业园区。长春高新区汽车企业已达到112家，合资企业达27家，其中仅世界500强企业就有5家。

长春高新区与长春市联办的长春软件园，已成为国家级软件基地。基地内软件企业已达200余家，汇聚了吉林省内80%的软件企业和双软认定企业。一汽启明、长春吉大正元信息技术股份有限公司、东北师大理想软件股份有限公司、卓尔信息、长春鸿达高技术集团有限公司等国内知名软件企业齐聚"国家火炬计划（长春）软件产业基地"。长春软件园已成为吉林省和长春市软件产业的龙头。

长春高新区是国内重要的新材料产业园，新材料产业园现有企业65家，中科英华高技术股份有限公司、长春新世纪纳米技术有限公司、长春艾易孚高新技术有限责任公司等新材料企业呈现出良好的发展态势。

长春高新区是国家级产品出口基地，该基地是对外贸易经济合作部和科学技术部正式批准成立的，第二批4家国家级高新技术产品出口基地之一，出口创汇企业52家，该基地将在新建区内划出5km^{2}土地建设光电信息技术产业出口工业园，还将筹资建设高新技术产品出口基地、对外贸易信息网和高新技术产品保税监管区。

长春高新区是中俄科技合作基地，基地于2004年9月被批准为国内第一家国家级合作基地，是高新区与俄罗斯、乌克兰等国家的专家进行多渠道、多方面的协商与沟通，与乌克兰南方科学院和化学协会等国外团体签署协议而成立的科研基地，它将成为东北乃至全国与东欧国家科技合作的窗口和桥梁。长春高新区内的中俄科技园发展至今，园区规模及经济总量等经济指标创造了不俗的成绩（图8-17）。

（3）创新创业环境一流

长春高新区拥有国内一流的创业环境，拥有国内完善的区域创新体系和国内一流的孵化体系。全区孵化基地总面积已达21万m^2，累计接纳科技中小企业624家，在孵企业342家，向区内外先后输送了125家高新技术企业。中软集团、修正药业、一汽轿车等国内知名企业陆续入驻长春高新区，包括一批世界500强企业在内的外资企业达400多家。长春高新区通过建设数字型、信用型、生态型、服务型和高效型"五型"高新区，已树立起具有自己特色的环境品牌。长春高新区每年都有近千项创新成果问世，每年申请的专利数量和获得的各级各类科技立项，占长春市的1/2以上、吉林省的1/3以上。区内有400

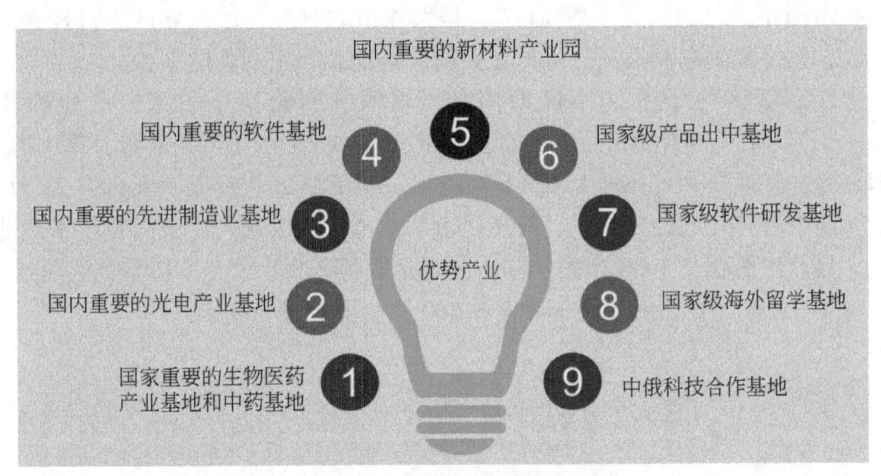

图 8-17 长春高新区产业基地布局

多家企业与大专院校、科研院所建立合作关系,有 300 多家企业成立了研发机构,占长春市企业研发机构总量的 70%。企业研发投入是全国平均水平的两倍。全区具有自主知识产权主导产品的企业达到 500 余家,占全市高技术企业总数的一半以上。

2002 年,长春高新区率先在东北地区通过 ISO 14001 环境管理体系国际和国内双认证,建立了与国际接轨的绿色通道。率先推行"一站式""一网式"服务,以"小政府、大服务"为目标,组建了投资促进中心、生产力促进中心、建设发展中心、社会事业发展中心"四大中心",健全了首问、首办负责制等软环境制度,构建起开放、高效的服务体系,拥有各类公共技术平台和中介服务机构。通过专项孵化基金、风险投资、申报国家各类扶持计划等方式,为创业企业提供资金支持。区内科技风险投资企业发展到 6 家,注册资金达到 3.2 亿元,累计完成投资担保金额 10 563 万元。

在硬环境上,区内硬件设施完善,达到国内一流水平,并逐步与国际接轨。在政策上,区内企业享受国家、省、市一系列优惠政策,对符合国家产业政策、符合高新区产业发展方向、投资额度大、科技含量高、回报率高的重点项目,采取一事一议、一企一议、特事特办的方式,给予特殊的政策优惠。

二、大连高新技术产业开发区

1. 园区概况

大连高新区是 1991 年 3 月建立的首批国家级高新技术产业园区,2008 年被科学技术部评为"国家先进高新区",是大连市的对外开放先导区、科技兴市的示范区,也是我国东北高新技术产业集聚的高地和自主创新的平台。

大连高新区位于大连市区西南部,辖区共有道路 134 条,占地面积为 153km²,海岸线长 41.6km,森林覆盖率达到 70% 以上,依山傍海、草木葱茏,生态良好,交通便利(图 8-18)。下辖凌水、龙王塘 2 个街道,人口为 21 万人。它是大连市对外开放的先导区、科技兴市的示范区,也是大连市高新技术产业集聚区。目前注册企业 5000 余家、高新技术企业超过 900 家、出口型企业超过 380 家,IBM、惠普、爱立信、戴尔等世界 500 强企业超过 100 家。

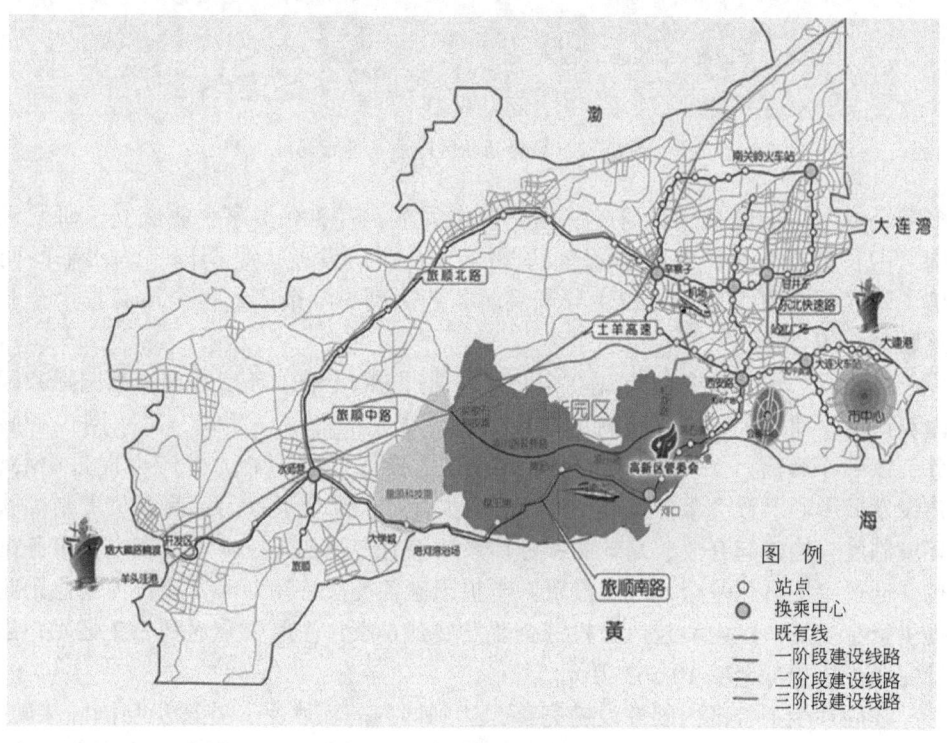

图 8-18 大连高新区交通图

大连高新区注重生态与人文环境的打造,追求人、自然与产业发展的高度融合,是通过 ISO 14000 环境管理体系认证的绿色园区。大连高新区以"又要高、又要新"为发展目标,紧扣"创新""创业"两大主题,发展成为沿海经济带开发开放战略中创新能力最强、特色产业最鲜明、经济建设最活跃的地区之一,成为大连市经济发展中新的增长极。

2. 园区特色优势

(1) 创业环境

大连高新区以龙头企业为核心,提供充足的发展空间和政策扶持,带动产业链企业不断聚集,产业发展模式不断升级,形成了"一带三湾多园"的发展格局,成为国内产业聚集度和国际化程度最高的高新区(图8-19)。

大连高新区是科技创新的平台,基础设施齐全、创新创业体系功能完备,拥有集综合孵化、专业孵化、国际孵化和二级孵化于一体的特色孵化网络体系。拥有近百个国家级研发中心和企业研发中心,8个公共技术服务平台。自主创新成果不断涌现,知识产权申请及授权总量居大连市首位。

大连高新区地跨甘井子和旅顺口两个区,被称为"绿色硅谷",是大连市高新技术产业基地、自主创新平台、软件和服务外包的核心区。作为大连市西部一个充满经济活力的新区,大连高新区一直致力打造世界一流的创新特色园区。规划建设有大连软件园、七贤岭现代服务业核心功能区、河口国际软件园、黄泥川天地软件园和华信软件园等多个专业软件园。软件和服务外包产业实力、规模和创新能力走在全国前列。

(2) 人力资源丰富

大连高新区以人才管理改革试验区建设为统领,以人才工作体制机制和政策创新为突破口,紧扣"创新""创业"两大主题,大力实施人才强区战略,突出"'一把手'重视人才、优惠政策吸引人才、招聘平台积聚人才、培训体系培育人才、创业载体支撑人才、发展环境留住人才",为科技创新、产业发展提供了强有力的人才和智力支撑。

区域内有大连理工大学、大连海事大学、东北财经大学、大连东软信息学院等12所高等院校和中国科学院大连化学物理研究所等50所科研机构,集聚大学以上专业人才10万余名,建立博士后工作站12个。每年一届的"中国国际软交会""中国海外学子创业周"的大力度引进和大连20余所高等院校的专业化培养,为旅顺南路软件产业带提供了充足的软件人才资源。目前,区内软件人才已达16万余人,国家"千人计划"专家24人,辽宁省"十百千工程"、大连市"海创工程"等省内各类高端人才166人。大连高新区已经成为国家海外高层次人才创新创业基地,还被确定为辽宁省人才特区试点单位和大连市人才管理改革试验区。截止到2014年底,累计申请发明专利量8865件,有效发明专利拥有量2230件,承担国家支撑计划、火炬计划、重点新产品计划、国家技术创新基金项目300多项,高新技术产品产值占总产值的80%,自主创新的实力和水平跻身全国高新区前列。以软件和信息技术服务为主的第三产业占GDP的比例达到90%,在全国率先打造了千亿级的软件产业集群。

瑞安天地软件园	腾飞软件园	大连软件园
河口湾信息数据港		凌水湾电子商务港
东软河口软件园	英歌石大健康产业园	小平岛金融总部基地

图 8-19　大连高新区产业园示意图

（3）新型产业突出

大连高新区以软件和信息技术服务外包为主导，发展以网络及电子商务产业、文化创意及动漫游产业、生命科学产业、设计产业、新材料与新能源产业、智能制造产业、科技金融产业为特色的现代服务业。先后被授予中国唯一的"国家软件产业国际化示范城市"和"国家创新型软件产业集群"，我国首家"国家创新型特色园区"，以及我国"国家软件产业基地"和"国家软件版权保护示范城市"等国家授予软件产业的荣誉。2013年，大连高新区荣获"国家级文化和科技融合示范基地"，成为全国创新创业的高地。大连高新区是软件和信息技术服务外包产业的核心区，同时也是辽宁沿海经济带重点发展区域，软件和服务外包产业呈高端化、规模化、集群化发展，该产业已拥有企业1220家，收入达到

1108亿元（图8-20）。

未来产业发展中，大连高新区将紧紧围绕国家"大众创业、万众创新"的重大历史机遇，优先发展以软件和服务外包为主的工业设计、网络和动漫产业、科技金融、教育培训、总部经济等战略性新兴产业，抓住物联网、云计算、移动互联和大数据时代的历史契机，全面实施创新引领战略，加速产业转型升级，充分整合国内外两大市场资源要素，加大企业引进和产业培育力度，努力打造"科技创新引领、高端产业聚集、绿色生态示范、人文交互共生"的综合高新技术产业高地。

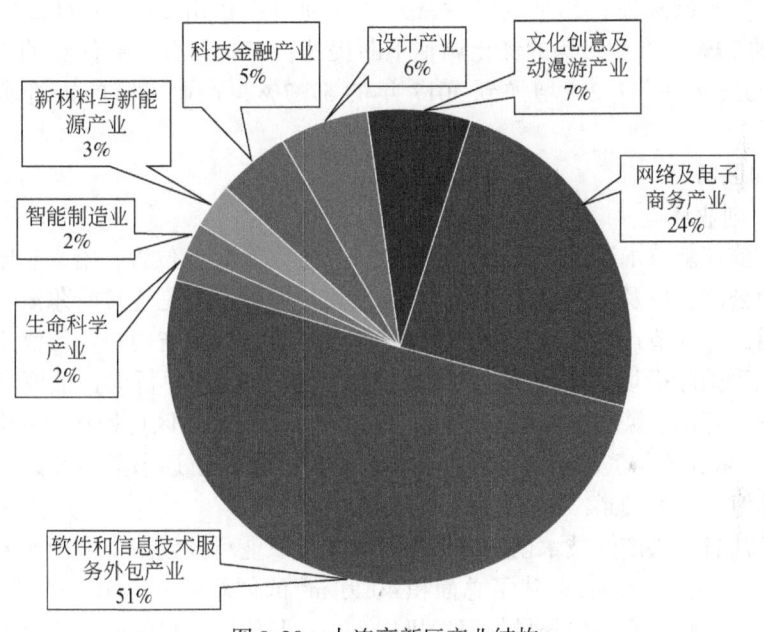

图8-20 大连高新区产业结构

三、哈尔滨高新技术产业开发区

1. 园区概况

哈尔滨高新技术产业开发区于1988年经黑龙江省委、省政府批准辟建，1991年3月经国务院批准首批晋升为国家高新区。目前，哈尔滨高新技术产业开发区总规划面积为23.9km^2，其中，集中区面积为19.7km^2。哈尔滨高新技术产业开发区自创建以来，坚持以高新技术成果商品化、产业化、国际化为核心，以创建优良发展环境、实现跨越发展为主题，不断强化思想创新、体制创新、技术创新和工作创新，走人才立区、项目兴区、科技强区之路，取得显著成绩。2017年全年实现地区生产总值103.6亿元；实现一般公共财政预算收入10.6亿元；实现全社会固定资产投资86.8亿元。总体呈现出经济发展行稳致远、生态环境和谐共融的良好态势。

2017年，全区大力推进以产业项目建设为主导的结构调整。引进亿元以上项目27个，实现协议引资额290.8亿元，实际利用内资216.9亿元。列入全市亿元以上重点产业项目52个，实现开（复）工率100%。产业项目建设实现了三个提速：一是竣工投产项目由2016年的6个增加到2017年的8个，产业项目的投建节奏不断提速；二是战略性新兴产业项目占比由2016年的22%增加到2017年的29%，产业结构的优化调整不断提速；三是具有行业优势的工业项目占比由2016年的47.2%增加到2017年的57.7%，产业兴区的推进步伐不断提速。

2. 园区特色

（1）创业环境

哈尔滨高新技术产业开发区地处哈大齐工业走廊中枢位置，哈大、哈牡、哈萝等高速公路，以及滨州、滨北等干线铁路贯通全域，既是连接哈尔滨与省内北部大通道的重要节点，又是哈大与哈绥通道的连接点、出省门户与绥满交通的连接点。太平国际机场是联通欧亚与北美自由贸易区的空中桥梁，俄罗斯远东地区、日本、韩国、蒙古国及我国东北、华北和华东部分地区均处在"2小时航空交通圈"。依托哈尔滨呼兰港，通过江海联运可与俄罗斯远东港口相通，有效对接国际陆海联运大通道。

黑龙江省新兴产业技术创新服务平台、国际农业科技创新中心两座哈尔滨新"地标"均已建成投用；辟建了总面积40万m²的创新创业广场、15.7万m²的加速器；有200多家国内外科技研发机构入驻；与俄罗斯科学院、白俄罗斯国家科学院、乌克兰基辅国家科技经济信息中心等科研机构建立起技术研发合作平台；建设了当时亚洲最大的钛产品产业基地、国内重要的中小型燃气轮机产业园；高新技术产品国际采购服务中心，成为目前全国唯一针对俄语系国家开展高新技术及产品国际采购的开放式服务平台；总投资300亿元的万达文化旅游城、25亿元的泰豪文化创意产业园、23亿元的枫叶小镇奥特莱斯广场加快建设。一座集科技、产业、生态、人文于一体的"中国北方智谷、松江水韵新城"，正在松花江北岸平地而起。

（2）政策扶持力度大

哈尔滨高新技术产业开发区出台了《哈尔滨高新技术产业开发区鼓励和支持创新创业暂行办法》等9个政策性文件，累计为加速科技成果转化、产业项目建设提供20余亿元无偿扶持资金。城市配套功能逐步完善。为入驻人才提供了交通、餐饮、住宿、休闲等全方位服务。已引进"千人计划"5人，吸引30余名院士、国内外专家130余人，共计5600名科技人才从事研发创业。累计引进金融及准金融机构57家，为区内科技企业提供全方位服务；与深圳证券交易所等30余家投融资机构合作，推进企业上市融资。

(3) 科技与人才实力雄厚

哈尔滨高新技术产业开发区科技与人才实力雄厚，具有自主创新的先发优势。重点打造了面积为 2.85 km² 的创新企业核心示范区，哈以国际高新技术孵化器、深港产学研基地、中小企业总部基地、海峡两岸育成中心等已建成投入使用。目前，哈尔滨高新技术产业开发区已集聚了363家高新技术企业，其中，国家认定的高新技术企业141家；入驻200余家国内外研发机构，其中，国家级科研机构7个，国家工程（技术）研究中心9个，国家级重点（工程）实验室5个，国家级工程中心及实验室70个，省级科研机构和工程（技术）研究中心57个，省级实验室14个。拥有8个科技成果转化平台、18个专业孵化器，孵化器总面积达到80万 m²，在孵企业达到1000余家，打造形成了全省最大的孵化经济群。加快推动金融与科技、资本与产业的高效对接和深度融合，哈尔滨股权交易中心、深圳前海股权交易中心等100余家各类金融机构先后入驻。引进中国科学院等高新技术团队20个，高校创业团队42个，国际智力人才、外籍专家、院士、长江学者等各类高端人才近700人。科技人才密度高于全国、全省平均水平。

(4) 产业发展目标

哈尔滨高新区将着力打造新材料、新一代信息技术、高端装备制造、现代服务业四大产业集群，致力于成为黑龙江省科技创新的"发动机"、引领全省经济社会发展的"火车头"及东北亚科技创新中心。其中，新材料产业集群将重点发展依赖于智能材料与结构技术、高温超导技术、高效能源材料技术的新型金属材料、石墨及石墨烯、高强度纤维及复合材料等新型材料技术产业。新一代信息技术产业集群将重点发展下一代通信网络、物联网、新型平板显示、半导体集成电路和工业软件等电子信息技术产业。高端装备制造产业集群将重点发展智能机器人、燃气轮机、航空航天装备、"三海一核"装备、3D打印装备、轨交设备等装备制造产业。现代服务业产业集群将重点发展研发设计、信息服务、服务外包等科技服务业，金融服务、商务会展、现代物流、信息咨询、教育培训等现代服务业，以及特色旅游、商业综合体、宾馆、酒店和都市观光农业等文化旅游业。

第四节　国家级高新区存在的主要问题与对策

一、国际创新平台建设有待加强

东北地区内资控股企业设立的海外研发机构数量在全国四大地区中垫底。根据全国四大地区国家高新区内资控股企业设立的海外研发机构数量来看，2016年，东北地区仅1257家，远低于东部地区（4001家）。而从增速来看，东北地区国家高新区出现负增长（-23%），而以西部地区国家高新区内资控股企业设立的海外研发机构数量增长最快（70%），可见东北地区国家高新区企业"走出去"的道路依然艰难，而西部地区国家高新区因紧抓"新丝绸之路"的政策利好，企业"走出去"明显开启新篇章（图8-21）。

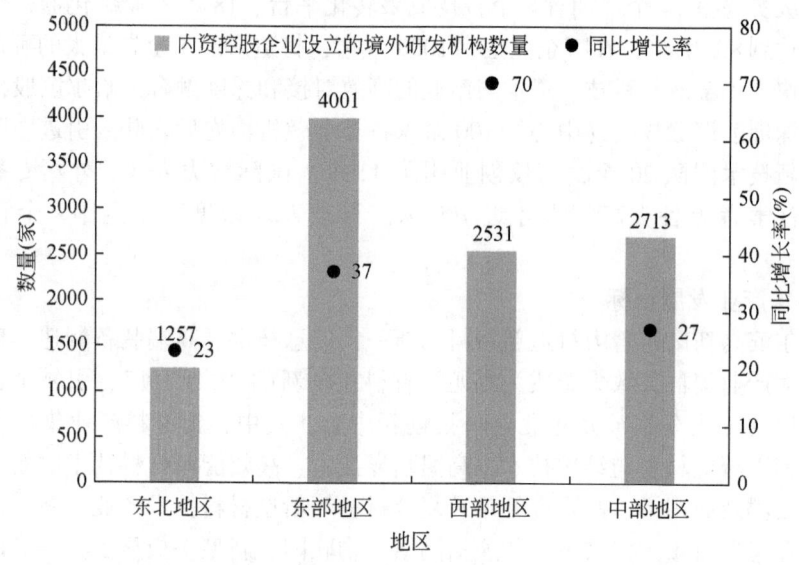

图8-21　2016年全国四大地区国家高新区内资控股企业设立的海外研发机构数量情况

二、国际创新竞争能力亟待提高

东北地区国际创新竞争能力较弱。2016年，东北地区高新区内资控股企业万人拥有欧美日专利授权数量及境外注册商标数量达到6.4件，在四大地区中垫底，同时远低于国家高新区的平均值（38.8件）。值得注意的是，即使是西部地区，内资控股企业万人拥有欧美日专利授权数量及境外注册商标数量也达到18.0件，比东北地区高11.6件，可见东北地区国际创新竞争能力堪忧，亟待提高（图8-22）。

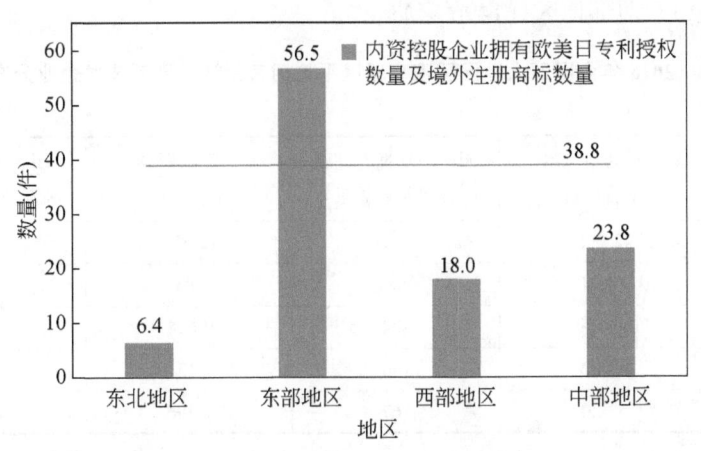

图 8-22　2016 年全国四大地区国家高新区内资控股企业万人拥有欧美日专利授权数量及境外注册商标数量情况

三、高新区研发投入力度亟待加强

东北地区国家高新区对研发投入力度不大。从四大地区内国家高新区研发机构的集聚程度来看（表8-3），东北地区国家高新区集聚的各类研发机构远低于其他三大地区。截至2016年，东北地区国家高新区集聚了1218家各类研发机构，而发达的东部地区集聚了11 366家各类研发机构，即使是欠发达的西部地区，抓住"一带一路"的发展机遇，加大对科研机构的投入，其国家高新区内也集聚了4231家各类研发机构。

表 8-3　2016 年全国四大地区国家高新区平均各类级国家级研发机构分布情况

（单位：家）

高新区类型	各类研发机构	园区平均拥有各类研发机构	国家级研发机构	园区平均拥有国家级研发机构
国家高新区	19 636	114	3 284	22
东北地区	1 218	76	239	14
东部地区	11 366	172	1 843	28
西部地区	4 231	83	553	16
中部地区	2 821	124	649	19

从四大地区国家高新区平均拥有新认定高新技术企业规模来看（表8-4），东北地区国家高新区拥有新认定高新技术企业在四大地区中垫底。截至2016年，东北地区拥有新认定高新技术企业283家，远低于东部地区（9624家）、中部地区（1151家）、西部地区（1496家）。

表8-4 2016年全国四大地区国家高新区平均拥有新认定高新技术企业分布情况

（单位：家）

高新区类型	拥有高新技术企业数量	园区平均拥有高新技术企业数量	新认定高新技术企业数量	园区平均新认定高新技术企业数量
国家高新区	42 005	217	12 554	85
东北地区	1 084	68	283	17
东部地区	30 799	474	9 624	146
西部地区	4 602	140	1 151	34
中部地区	5 520	167	1 496	44

从东北地区国家高新区企业开展产学研合作研发费用支出来看，东北地区依旧落后其他三大地区。2016年，东北地区国家高新区对境内研究机构、对境内高等学校、对境内企业开展产学研合作研发费用支出均低于国家高新区平均水平，且三项支出在四大地区中均垫底，尤其是对境内研究机构和境内企业开展产学研合作研发费用支出，2016年分别为0.6亿元、0.4亿元，而较为发达地区的东部地区分别达到了2.1亿元、3.2亿元（表8-5）。

表8-5 2016年全国四大地区国家高新区企业开展产学研合作研发费用支出分布

（单位：亿元）

高新区类型	对境内研究机构	对境内高等学校	对境内企业
国家高新区	1.4	0.3	1.8
东北地区	0.6	0.2	0.4
东部地区	2.1	0.3	3.2
西部地区	0.9	0.3	0.5
中部地区	0.9	0.4	0.6

四、高新区营业能力有待进步提升

东北地区国家高新区营业能力较弱，产业转型升级工作仍处于艰难的爬坡期。

东北地区国家高新区高技术产业营业收入占比比较低,远低于其他三大地区。2016年,东北地区国家高新区高新技术产业营业收入占比达到18.30%,低于国家高新区平均水平(31.60%)13.30个百分点,和发达的东部地区(37.80%)更是差之甚远(图8-23)。

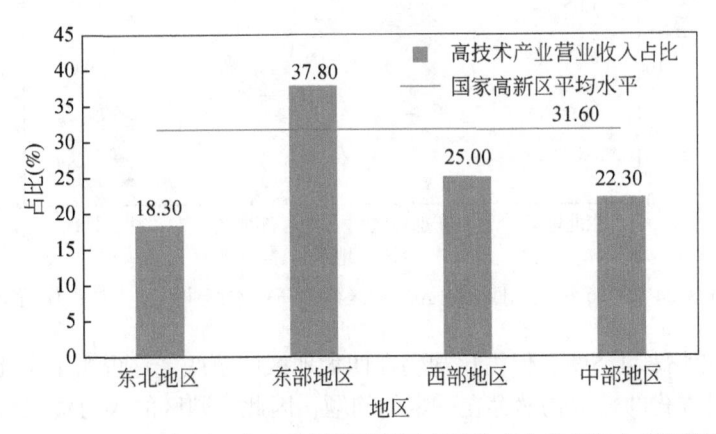

图8-23 2016年全国四大地区国家高新区高技术产业营业收入占比情况

五、高新区人才结构优化有待加强

科技是第一生产力,其创造主体是人才,人才有利于带动经济的发展,而东北地区国家高新区人才结构有待进一步优化。从高技术产业从业人员占比发展趋势来看,东北地区国家高新区高技术产业从业人员占比出现回升,但相较全国平均水平,仍具有一定差距。2016年东北地区国家高新区高技术产业从业人员占比达到16.1%,较2015年上升2.6个百分点,从高技术产业从业人员占比来看,2016年东北地区国家高新区高技术产业从业人员占比虽高于中部地区(9.0%)、西部地区(11.6%),但仍远落后于东部地区(21.8%),且较国家高新区平均水平(17.4%)低1.3个百分点,东北地区国家高新区人才结构优化仍需进一步加强(图8-24)。

六、高新区人才资本价值亟待提升

人才资本价值的实现可以间接反映出创新带来的贡献及创新所助推实现的人的全面自由发展,而东北地区国家高新区人才资本价值亟待提升。从东北地区国家高新区企业单位增加值中劳动报酬占比来看,2016年,东北地区国家高新区

开发区：东北新成长空间

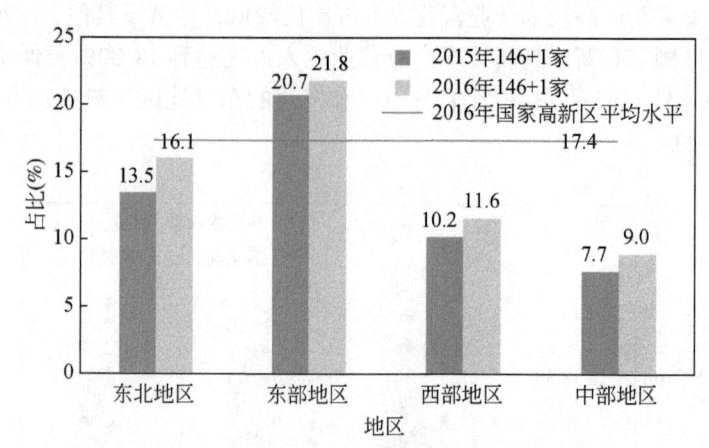

图 8-24　2016 年全国四大地区高新区群体高技术产业从业人员占比情况

虽较 2015 年增长 4.5%，但占比却仍在四大地区中垫底。这说明了东北地区国家高新区发展方式的转变仍然存在一定的问题，因此，园区的人力资本价值无法得到较好的实现，无法使人力资本利益最大化（图 8-25）。

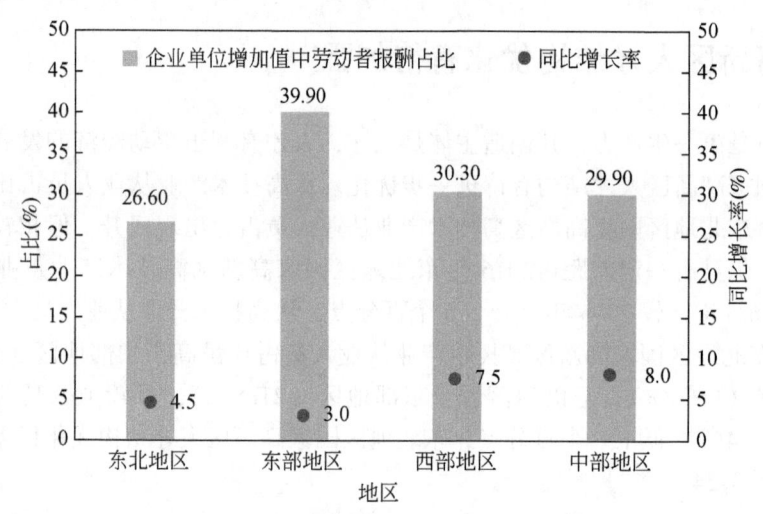

图 8-25　2016 年全国四大地区国家高新区企业单位增加值中劳动者报酬占比情况

第九章　东北海关特殊监管区与边境经济合作区

　　海关特殊监管区、边境/跨境经济合作区、境外经贸合作区等特殊功能区是我国改革开放过程中为适应经济全球化、贸易全球化趋势而设立的功能特殊、政策优惠、管理先进的区域。本章主要对东北地区的海关特殊监管区（4类9家）与边境经济合作区（5家），以及设在与东北毗邻的俄罗斯境内的国家级境外经贸合作区（4家）进行梳理，首先介绍了其设置时序、发展历程及空间布局的基本情况，其次总结了其经济发展与产业特征，最后以辽吉黑三省各自典型的中国（辽宁）自由贸易试验区大连片区、中国图们江区域（珲春）国际合作示范区及绥芬河市内特殊功能园区作为案例做进一步介绍。

第一节　设置时序与空间布局

一、东北地区海关特殊监管区

　　海关特殊监管区是经国务院批准在我国关境内实施税收等优惠政策，开展保税加工、保税物流、保税服务等多元化业务，由海关实施监管的特定区域，包括保税区、出口加工区、保税物流园区、跨境工业区、保税港区、综合保税区6类（图9-1）。海关特殊监管区是我国开放型经济发展的先行区，是加工贸易转型升级的集聚区，为承接国际产业转移、推进区域经济协调发展、促进对外贸易和扩大就业等做出了积极贡献。建立特殊贸易区域监管制度对我国对外开放具有重要意义。

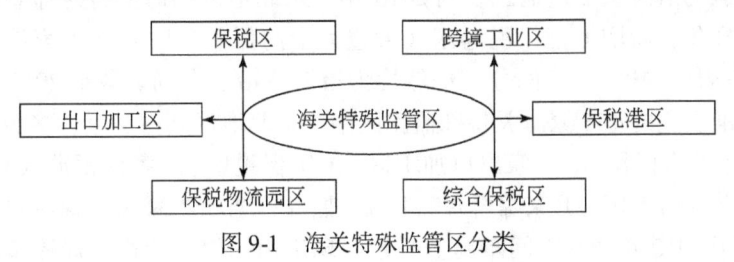

图9-1　海关特殊监管区分类

在全国范围内，列入《中国开发区审核公告目录》（2018年版）的国务院批准设立的海关特殊监管区共有135家，包括保税区、出口加工区、保税港区、综合保税区等。在135家海关特殊监管区中东北地区共计9家，占全国总数的6.67%，其中，辽宁省的数量最多，达到5家，而吉林省和黑龙江省则各有2家（表9-1）。海关特殊监管区主要依据其边境或港口的区位优势，广泛地发展国际贸易、进出口加工及保税物流业等。

表9-1 东北地区海关特殊监管区概况

类型	开发区名称	批准时间（年.月）	省份	城市	核准面积（hm²）
保税区	大连保税区	1992.05	辽宁省	大连市	125
出口加工区	大连出口加工区	2000.04	辽宁省	大连市	295
	珲春出口加工区	2000.04	吉林省	延边朝鲜族自治州	244
保税港区	大连大窑湾保税港区	2006.08	辽宁省	大连市	688
综合保税区	绥芬河综合保税区	2009.04	黑龙江省	牡丹江市	180
	沈阳综合保税区	2011.09	辽宁省	沈阳市	619
	长春兴隆综合保税区	2011.12	吉林省	长春市	489
	哈尔滨综合保税区	2016.03	黑龙江省	哈尔滨市	329
	营口综合保税区	2017.12	辽宁省	营口市	185

东北地区海关特殊监管区在数量增长上表现出阶段特征。1992年5月，东北获国务院批准建立起第一家海关特殊监管区——大连保税区，相对于1990年6月设立的全国第一家规模最大、启动最早的海关特殊监管区——上海外高桥保税区而言，起步较晚。到2000年，东北地区海关特殊监管区的数量达到3家，包含1家保税区和2家出口加工区，新增的2家出口加工区分别是于2000年4月同期批复建设的大连出口加工区及珲春出口加工区，这些开发区在空间分布上均位于东北地区的沿海或沿边地区。到2010年，东北地区的海关特殊监管区在种类上开始多样化，新增1家保税港区（大连大窑湾保税港区）和1家综合保税区（绥芬河综合保税区），空间分布仍然均为沿海或沿边布局。截至2017年底，国务院已批准设立的135家海关特殊监管区中，东北地区共占9家，多数集中在辽宁省（2家综合保税区、1家出口加工区、1家保税区、1家保税港区），而吉林省（1家出口加工区、1家综合保税区）、黑龙江省（2家综合保税区）各占2家。相较于2010年，在空间布局上开始表现出由沿海、近边布局逐步向内陆布

局转变的特征。2010年后新增的4家海关特殊监管区的类型全部为综合保税区，且均是位于哈大经济带的重要城市。最新的两家海关特殊监管区，分别是于2016年3月和2017年12月批复建设的哈尔滨综合保税区及营口综合保税区，其中，哈尔滨综合保税区具备保税加工、保税物流、保税服务、口岸通关4个核心功能，将实行"境内关外"运作模式，区内企业可享受保税、退税、免税、免证等一系列海关、检验检疫、贸易、外汇优惠政策，是黑龙江省目前开放层次最高、优惠政策最多、功能最齐全、手续最简化的特殊开放区域之一；而营口综合保税区目前则尚处于在建阶段。

二、东北边境经济合作区

边境经济合作区（简称为边合区）是我国沿边开放城市发展边境贸易和加工出口的重要区域。边境经济合作区服从国家对外开放大局，致力于形成特色产业体系，旨在加快发展对外贸易、积极改善基础设施、促进沿边开放和边境地区的经济社会发展。东北地区共有5家边境经济合作区（全国19家边境/跨境经济合作区），数量上占全国的26.32%，均位于沿边地区，是中蒙俄经济走廊建设的重要支撑（表9-2）。其中，辽宁省的1家和吉林省的1家为对朝合作，黑龙江省的2家为对俄合作，而吉林省的另外1家则同时与俄罗斯、朝鲜两国毗邻。

表9-2 东北边境经济合作区概况

开发区名称	批准时间（年．月）	省份	城市	核准面积（hm²）
黑河边境经济合作区	1992.03	黑龙江省	黑河市	763
绥芬河边境经济合作区	1992.03	黑龙江省	牡丹江市	500
珲春边境经济合作区	1992.03	吉林省	延边朝鲜族自治州	500
丹东边境经济合作区	1992.07	辽宁省	丹东市	630
和龙边境经济合作区	2015.03	吉林省	延边朝鲜族自治州	76

1992年，我国继沿海沿江开放后，逐渐加快了沿边开放的步伐。1992年3月9日，国务院发布《国务院关于进一步对外开放黑河等四个边境城市的通知》（国函［1992］21号），决定进一步对外开放黑龙江省黑河市、绥芬河市，吉林省珲春市和内蒙古自治区满洲里市4座边境城市，批准其可在本市范围内划出一定区域，兴办边境经济合作区，以吸引内地企业投资为主，建立对独联体国家出

口的加工企业并发展相应的第三产业。黑河边境经济合作区、绥芬河边境经济合作区、珲春边境经济合作区及丹东边境经济合作区于 1992 年相继获得国务院批准设立，在空间上遍布东北地区，北至黑龙江省北部，南至辽宁省东南部的边境地区，此后，除了 2015 年 3 月在与朝鲜接壤的吉林省边境地区和龙市又增设了 1 家边境经济合作区外，东北地区的边境经济合作区的数目一直保持稳定状态。

三、在俄罗斯设立的境外园区

境外园区是全球经济一体化的重要产物，也是各个国家进一步扩大对外开放，加强国际交流与合作的重要平台。近年来，面对全球经济低迷和以我国为代表的亚洲经济体的崛起，西方国家政府纷纷改变思路，主动对接相关国家发展战略，建设境外园区。例如，2015 年白俄罗斯与意大利政府开始探索在白俄罗斯布列斯特自由经济区建立意大利工业园区，德国与我国政府共同发起成立了中小企业产业合作园和高端制造业园区。发展工业是国际合作园区建设的最初目标，但随着全球科技水平的提高和各国经济实力的增强，国际合作开发的形式不仅仅局限于工业园区，而是向着更加多元化和高级化的方向发展，出现了包括科技合作园和创新合作园等诸多形式。从行业类型看，"一带一路"沿线中国产业聚集区包括以下 6 种类型（图 9-2）。

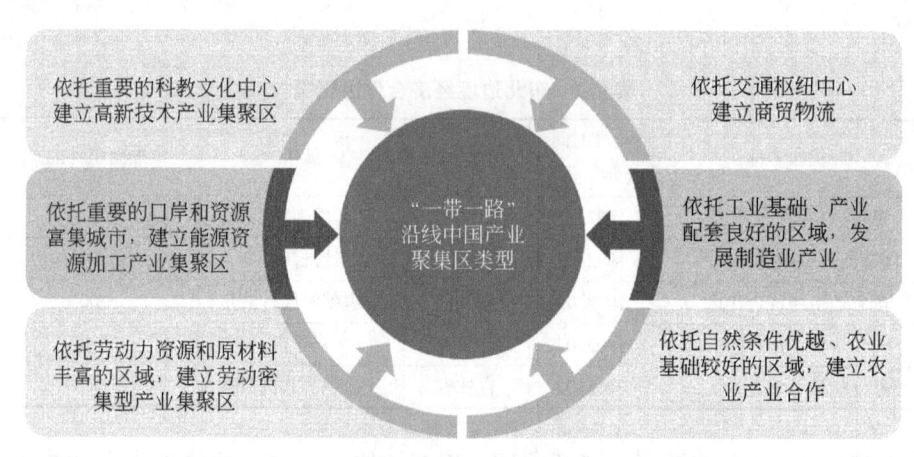

图 9-2　"一带一路"沿线中国产业聚集区的 6 种类型

境外经济贸易合作区与国内开发区的建设机制存在明显差异，其更加看重市场机制发挥的重要作用。境外经济贸易合作区是由我国境内注册的中资控股企业，在境外设立独立法人机构，投资建设的具有明确主导产业、完备基础设施、

第九章 东北海关特殊监管区与边境经济合作区

健全公共服务功能且具有集聚和辐射效应,并可以吸引我国或其他国家的企业投资兴业的工业、农业或服务业产业园区。境外经济贸易合作区一般起初是我国与东道国在政府层面上建立合作意向和框架,此后则主要由企业来负责建设。企业在境外经济贸易合作区开展建设,应根据境外投资有关规定,在境内完成国家对外投资备案或核准手续,并在境外依据东道国法律完成相关登记注册手续,成立合作区建区企业。建区企业通过购买或租赁的方式获得土地,完成完备土地法律手续。建区企业应对园区建设运营、产业定位制定清晰的规划,完成园区所需的水、电、路等基础设施建设,并制定清晰的针对入区企业的服务指南,吸引企业入区开展投资生产。

我国政府支持有实力的企业到境外开展多种形式的互利合作,以促进与东道国的共同发展。我国企业在境外投资建设经济贸易合作区,是以企业为主体,以商业运作为基础,以促进互利共赢为目的,主要由企业根据市场情况、东道国投资环境和引资政策等多方面因素进行决策。通过建设经济贸易合作区,吸引更多的企业到东道国投资建厂,向东道国缴纳税费,并解决当地就业问题,扩大出口创汇,提升技术水平,促进经济共同发展。

商务部于2006年发布了《境外中国经济贸易合作区的基本要求和申办程序》,鼓励企业在境外建设工业园区、科技产业园区等各类经济贸易合作区作为"国家级境外经贸合作区",这意味着我国企业"走出去"搭建的新平台由此兴起。根据《商务部办公厅关于做好2018年境外经济贸易合作区统计工作的通知》,纳入统计范围的境外经贸合作区的数量有所调整,商务部结合境外园区业务发展的实际情况,将一些发展势头良好并已具备一定规模的园区纳入了统计范围,同时又将某些发展停滞或不能按时报送统计数据的园区调整出了统计名单,如此一来,公布结果中统计范围数量由2017年的99家调整为2018年的113家。

目前全国共有20家境外经济贸易合作区通过了商务部的确认考核,其中共有4家设立在俄罗斯境内,它们分别是由黑龙江东宁华信经济贸易有限责任公司实施的中俄(滨海边疆区)农业产业合作区、由康吉国际投资有限公司实施的俄罗斯乌苏里斯克经贸合作区、由中航林业有限公司实施的俄罗斯中俄托木斯克木材工贸合作区,以及由黑龙江省牡丹江龙跃经贸有限公司实施的俄罗斯龙跃林业经贸合作区(表9-3)。在这4家合作区中,由东北地区相关企业实施的境外经济贸易合作区有2家,即中俄(滨海边疆区)农业产业合作区和俄罗斯龙跃林业经贸合作区。

表 9-3　通过商务部确认考核的在俄境外经贸合作区

园区名称	成立年份	实施企业	具体地点
中俄（滨海边疆区）农业产业合作区	2004	黑龙江东宁华信经济贸易有限责任公司	俄罗斯滨海边疆区的米哈伊尔区、霍罗尔区、波格拉尼奇内区
俄罗斯乌苏里斯克经贸合作区	2006	康吉国际投资有限公司	俄罗斯远东滨海边疆区乌苏里斯克市麦莱奥区
俄罗斯中俄托木斯克木材工贸合作区	2008	中航林业有限公司	俄罗斯托木斯克州阿西诺地区和捷古里杰特地区及克麦罗沃州马林斯克地区
俄罗斯龙跃林业经贸合作区	2013	黑龙江省牡丹江市龙跃经贸有限公司	俄罗斯犹太自治州的阿穆尔园区

从设置时序上看，4 家合作区于 2004~2013 年先后设立。从空间布局上看，3 家位于俄罗斯远东地区，毗邻我国东北的黑龙江省。目前，我国在与东北地区接壤的俄罗斯境内还建设了其他诸多境外园区，主要集中在远东地区和莫斯科、圣彼得堡等地（表9-4）。合作园区立足于"出口抓加工、进口抓落地"，不仅拉动了就业、增加了税收，而且发挥了中俄两国在政策上的叠加效应，把境外园区打造成连接两种资源、两个市场的黄金平台，建成集生产、商贸和物流为一体的现代化国际经贸合作区，真正成为我国优势产业在俄罗斯境内重要的产、供、销集群中心。

表 9-4　我国在俄罗斯设立的部分其他境外园区

园区名称	所在位置
斯克尔科沃创新中心	莫斯科市
圣彼得堡信息技术园区	圣彼得堡市
新西伯利亚科学城科技园	新西伯利亚州
伊尔库茨克木材加工园区	伊尔库茨克州
巴什科尔托斯坦石化工业园	巴什科尔托斯坦共和国
尼古拉国际商贸物流加工保税合作区	伊尔库茨克州
帕什克沃木材加工园区	犹太自治州
阿玛扎尔经济贸易合作区	外贝加尔边疆区
乌苏里斯克经贸合作区	滨海边疆区
华宇十月区经贸合作区	滨海边疆区
弗拉基米尔工业园区	弗拉基米尔州
跃进高科技产业园区	滨海边疆区
华信现代农业经济合作区	滨海边疆区

续表

园区名称	所在位置
莫戈伊图伊工业园区	阿金斯克州
格城新北方木材加工园区	滨海边疆区
米哈工业园区	滨海边疆区
下列宁斯科耶木材加工园区	犹太自治州
比罗比詹耐力工业园区	犹太自治州
阿拉布加哈尔滨工业园区	鞑靼斯坦共和国
中俄伊曼木材加工经贸工业园区	滨海边疆区
车里雅宾斯克州创新工业园–中国园区	车里雅宾斯克州

第二节 海关特殊监管区与边境经济合作区的经济发展与产业特征

一、东北三省海关特殊监管区

海关特殊监管区是对外开放的先导区域，它对选址布局的基本条件要求是具有优越的地理区位、宽广的经济腹地、良好的产业基础、高素质的人力资源及丰富和便利的物流网络等。东北地区的海关特殊监管区由于自身属性，在总体上以加工贸易业与物流业为主，同时不同区域的主导产业又略有差异。

不同种类的海关特殊监管区具有不同的功能。保税区虽然同时有加工及物流的功能，但是不能享受国内货物入区即可退税的政策；而出口加工区则有"入区退税"政策，但是只能开展加工业务，缺少物流功能；此外，保税物流园区也有"入区退税"政策，但是只能开展仓储物流业务，缺少加工功能。保税港区则可享受保税区、出口加工区、保税物流园区相关的税收和外汇管理政策。海关特殊监管区存在种类繁多、功能单一等问题，为此2015年8月28日，国务院办公厅印发《加快海关特殊监管区域整合优化方案》（国办发〔2015〕66号）提出"逐步将现有出口加工区、保税物流园区、跨境工业区、保税港区及符合条件的保税区整合为综合保税区。新设立的海关特殊监管区统一命名为综合保税区。"同时，这份文件还提到"推进加工贸易向中西部和东北地区梯度转移、向海关特殊监管区集中；支持中西部和东北地区符合条件的大中城市设立综合保税区。"（表9-5）。

表 9-5　东北三省海关特殊监管区域主导产业情况

类型	开发区名称	主导产业
保税区	大连保税区	国际贸易业、加工贸易业、物流仓储业
出口加工区	大连出口加工区	加工贸易业、半导体业
	珲春出口加工区	木制品加工业、建材业、水产品加工业
保税港区	大连大窑湾保税港区	物流仓储业
综合保税区	绥芬河综合保税区	进出口贸易业、进出口加工业、物流仓储业
	沈阳综合保税区	物流业、加工业
	长春兴隆综合保税区	高端制造业、物流业、保税展示业
	哈尔滨综合保税区	国际贸易业、保税物流业、加工贸易业、新型服务业
	营口综合保税区	保税加工业、保税物流业

自 2009 年后，东北地区获国务院批准设立的海关特殊监管区的类型均为综合保税区，且分别位于东北三省的省会，地理区位上不沿边也不沿海。综合保税区整合了保税区、保税物流园区、出口加工区的功能，是开放层次更高的一种形态。

东北地区较早成立的海关特殊监管区中有 3 家位于辽宁省大连市，分别是 1992 年设立的大连保税区、2000 年设立的大连出口加工区及 2006 年设立的大连大窑湾保税港区。随着后续一系列调整，如今的大连保税区由保税区、大连大窑湾保税港区、大连出口加工区 A 区、大连汽车物流城及专业化港区五部分组成，区内注册企业 9600 余家，外资企业 798 家，世界 500 强企业 21 家，三次产业比例为 0.7：22.9：76.4，工业、贸易和物流三大主导产业对区域经济增长的贡献率分别为 22.5%、75.8%、6.5%。位于吉林沿边开放城市的珲春出口加工区是国务院首批设立的 15 个出口加工区试点之一，对进一步开展东北地区与图们江地区及东北亚各国之间的经贸往来做出了积极贡献。

东北地区的 5 家综合保税区利用优惠政策重点发展的产业均为国际贸易业、现代物流业及进出口加工业。绥芬河综合保税区凭借其地缘优势、口岸功能等，致力于建成东北地区国际贸易中心、北亚区域进出口商品集散地。沈阳综合保税区的发展目标是建设国家级中心城市的功能完善区与提升区，打造东北亚国际物流体系的枢纽结点，成为沈阳经济区产业结构转型升级的新引擎。长春兴隆综合保税区依托电子口岸平台，重点发展对俄罗斯、日本、韩国的跨境贸易电子商务进出口业务，加工业方面，重点发展以汽车电子产品为主的高科技电子产品加工制造业，以及交通装备工业零部件制造与模块组装两大主导产业。哈尔滨综合保税区重点规划建设进口农业机械产业园、医疗器械展示交易中心、跨境电子商务产业园 3 个专项产业园，促进产业集聚发展。而 2017 年 12 月设立的营口综合保税区依据港口城市的特点，充分发挥公路、铁路、航海、航空等交通便捷、海铁联运口岸已具规模等优势，加大对传统产业的转型升级，加快新兴产业和特色产业等牵动性项目的引进，有针对性地重点发展现代物流、国际贸易、保税加工、特色金融、现代服务五大产业。

《2017 中国保税区出口加工区年鉴》统计显示，大连大窑湾保税港区在 2016 年进口合计达 359 886.9 万美元（包括一般贸易、来料加工装配贸易、进料加工贸易、加工贸易进口设备、保税监管场所进出境货物、海关特殊监管区物流货物、进口设备及其他贸易等多种贸易方式），远超出其他海关特殊监管区（图 9-3）。此外，各个综合保税区的进出口额普遍偏低，同时同类型园区比较中，位于大连的海关特殊监管区的表现相对抢眼。

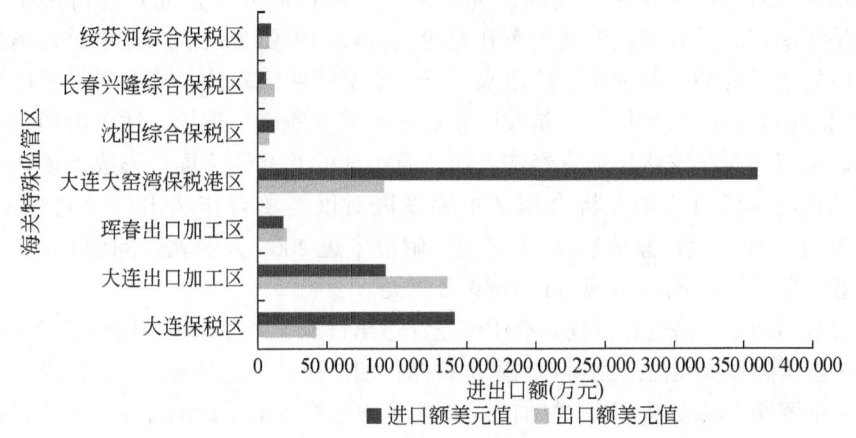

图 9-3　东北地区部分海关特殊监管区域 2016 年进出口额情况

二、东北地区边境经济合作区

设立边境经济合作区，吸引企业入驻，发展主导产业，解决人口就业，可为拉动当地经济社会发展，提高城市开放开发水平做出重要贡献。俄罗斯的战略东移和远东地区发展，以及朝鲜对外开放战略的推进，将极大地推动边境经济带和边境经济合作区等新经济空间的发展，形成东北区域经济发展的新增长极。尤其是，东部经济带与俄朝两国接壤、与日韩两国隔海相望，市场潜力巨大，有可能形成沿海促沿边、沿边强沿海的开放合作新格局。边境经济带的发展在推动贸易结构转型升级、完善边贸政策等方面具备开发开放试验的巨大潜力，能够推动小额货物贸易向综合性多元化贸易和离岸贸易转变，以及跨境电子商务等新业态和新模式的快速成长。依托边境经济合作区的发展，能够有效扩大具有比较优势的粮食、棉花、果蔬等产品出口，促进高技术、高附加值和劳动密集型产品出口，加强大型成套装备、软件和信息服务、先进技术等高附加值产品和服务的出口，提升东北对外开放的层次。

同时，边境经济合作区的发展可以增强开放型经济内生动力，形成一批对外开放平台，能够有效吸引东北地区联合相关国家在国家级新区成立各种类型的产业合作园，推进国际产能和装备制造合作，强化东北地区已有的制造业优势。边境经济合作区的发展还将进一步提升边境城市基础设施建设，增强对周边地区的辐射力和吸引力，提升边境城市综合竞争力，形成东北富有活力的新经济空间。

黑河边境经济合作区具有对俄合作的区位优势及先发优势，黑河市与俄罗斯阿穆尔州首府布拉戈维申斯克隔黑龙江对望，两市同处于东北亚经济圈中心地带，是我国东北振兴与俄罗斯远东开发两大板块的重要交汇点，在中俄边境地区合作中处于重要的战略地位。两市水、路、空交通网络发达，具有得天独厚的发展跨国经济合作的口岸优势，是我国企业进入俄罗斯市场理想、适中的通道和枢纽站。黑河与布拉戈维申斯克经济产业具有很强的互补性，逐步形成了境内外园区互动格局。黑河边境经济合作区主要发展对俄经贸合作和出口导向型工业，2015年完成地区生产总值达9.51亿元，解决了近2000人的就业问题，共有782家企业入驻，同年出口总额达到7689万美元。

绥芬河边境经济合作区规划有中俄龙江进出口加工产业园、中俄电子商务产业园、中俄国际现代物流产业园和国家木材储备加工交易示范基地，重点围绕俄罗斯资源和俄罗斯市场需求，以木材加工、机电家电生产、电子产品加工、轻工产品加工、食品加工、石油装备制造、石油化工提炼、新能源新材料加工等产业为主，提供便捷高效的项目审批服务、环境一流的商品展销服务、设施齐全的商务洽谈服务。绥芬河边境经济合作区2015年完成地区生产总值54.34亿元，占全市的4.15%，解决了当地2000人的就业问题，全区规模以上工业企业达到380户。

珲春边境经济合作区设立以来结合图们江下游地区国际合作开发的特点，在产业发展上已经形成了纺织服装、木制品加工、食品医药、能源矿业、新兴电子、新型建材六大优势产业。在产业结构上，由传统资源型企业向高新技术产业转型。该区以往以矿业、木制品加工、纺织服装等传统产业为支柱产业，随着高新技术产业的不断涌入，全区的产业结构不断优化升级，正由传统的资源密集型、劳动密集型逐步向技术含量高、附加值高的技术密集型转变。珲春边境经济合作区经济发展水平显著提高，2016年完成地区生产总值达100亿元，占全市的61%；规模以上工业总产值达244亿元，占全市的60.5%；全口径财政收入达

4.85亿元，占全市的19.6%；固定资产投资达58.4亿元，占全市的35.5%，进出口总额达12.2亿美元，占全市的87%。

丹东边境经济合作区形成了临港经济产业集群、仪器仪表产业集群、钟表珠宝产业集群、汽车及零部件产业集群、软件及服务外包产业集群及不锈钢产业集群，集群中的重点龙头企业发展带动了全区产业的发展。丹东边境经济合作区2016年财政预算收入完成9.2亿元，固定资产投资完成59.31亿元，外贸出口完成9.83亿美元，全区规模以上工业企业达到39家，规模以上工业增加值为21.2亿元，占丹东市工业增加值的7%。

2015年获批设立的和龙边境经济合作区则致力于打造成中朝经贸合作的新平台，区内分为进口资源加工和出口产品加工区、仓储物流区、边境贸易区、口岸旅游区、生活服务区5个功能园区。和龙边境经济合作区通过引进朝鲜劳动力，以劳动密集型产业为基础，发展进口资源加工和出口产品加工产业，以服装、汽车配件、海产品加工为主，注重发展税源经济（表9-6）。

表9-6 东北地区边境经济合作区主导产业情况

开发区名称	主导产业
黑河边境经济合作区	边境贸易业、木材加工业、轻工产品加工业
绥芬河边境经济合作区	边境贸易业、服装业、木材加工业
珲春边境经济合作区	纺织服装业、木制品业、能源矿产业
丹东边境经济合作区	汽车及零部件业、仪器仪表业
和龙边境经济合作区	进口资源加工业、边境贸易业、旅游业

第三节 海关特殊监管区与边境经济合作区与典型案例

一、中国（辽宁）自由贸易试验区大连片区

中国（辽宁）自由贸易试验区于2016年8月31日申办成功，2017年3月31日国务院印发《中国（辽宁）自由贸易试验区总体方案》，确定实施范围为119.89 km^2。中国（辽宁）自由贸易试验区大连片区于2017年4月10日在大连市金普新区正式挂牌，整合了大连原有的保税区、出口加工区、保税港区等海关特殊监管区。

中国（辽宁）自由贸易试验区由大连片区、沈阳片区和营口片区三个片区组成，实施范围共119.89km^2。其中的大连片区具体包括了大连保税区、大窑湾保税港区、大连出口加工区A区、大连汽车物流城、专业化港区、后方扩展区域。其中，占地面积为1.25km^{2}的大连保税区位于其核心地带，是东北地区开放层次最高、政策功能最全和区位优势最突出的综合经济区；占地面积为6.88km^{2}的大窑湾保税港区，可按我国退保税的相关特殊政策，发挥岸、物流、加工、展示的一体化职能，保税港区和保税区"区港联动"发展；占地面积为1.5km^{2}的大连出口加工区A区（大连出口加工区B区也已经设立，但其主要服务对象为大连英特尔项目）广泛开展出口加工业务，并享受保税、入区退税、区内加工不征增值税等优惠政策；大连汽车物流城（占地面积为188km^2）逐步形成汽车零部件的产业集群，并着力打造配套的生活区，有望建成30万人口的生态宜居型新城区；占地面积为53km^{2}的专业化港区及后方拓展区域，现已建设各类码头泊位100多个，其中，集装箱、粮食、矿石、油品、汽车、LNG等专业化、深水化码头已达到国内领先水平（图9-4）。

二、中国图们江区域（珲春）国际合作示范区

2012年4月13日，国务院正式批准在吉林省珲春市设立中国图们江区域（珲春）国际合作示范区，并印发了《国务院办公厅关于支持中国图们江区域（珲春）国际合作示范区建设的若干意见》（国办发〔2012〕19号），意味着全国首个以"中国"冠名的国际合作示范区获批设立，旨在建设成为中国面向东北亚合作与开发开放的重要平台，东北亚地区重要的综合交通运输枢纽和商贸物流中心，经济繁荣、环境优美的宜居生态型新城区，以及我国东北地区重要的经济增长极。珲春国际合作示范区范围约90km^2，包括国际产业合作区、边境贸易合作区、中朝珲春经济合作区和中俄珲春经济合作区等功能区。

珲春的地缘优势明显，地处东北亚几何中心，位于中国、朝鲜、俄罗斯三国陆路交汇之处，又是中国、朝鲜、俄罗斯、韩国、日本五国水路相通之地。珲春是中国面向东北亚的新门户和欧亚大陆桥的起点之一，是长吉图开发开放的桥头堡，更是东北亚海上丝绸之路的重要节点城市。

中国图们江区域（珲春）国际合作示范区，包括国际产业合作区、边境贸易合作区、中朝珲春经济合作区及中俄珲春经济合作区四大板块。该示范区的设立标志着图们江区域国际合作和珲春开发开放进入一个新阶段。在合作示范区的开发过程中，要逐步完善基础设施，畅通人流及物流通道，大力发展对外贸易，深化国际产业合作，不断提升对外合作水平，构建起与图们江区域合作开发相适应的现代产业体系。为此，珲春国际合作示范区将重点发展以下产业。

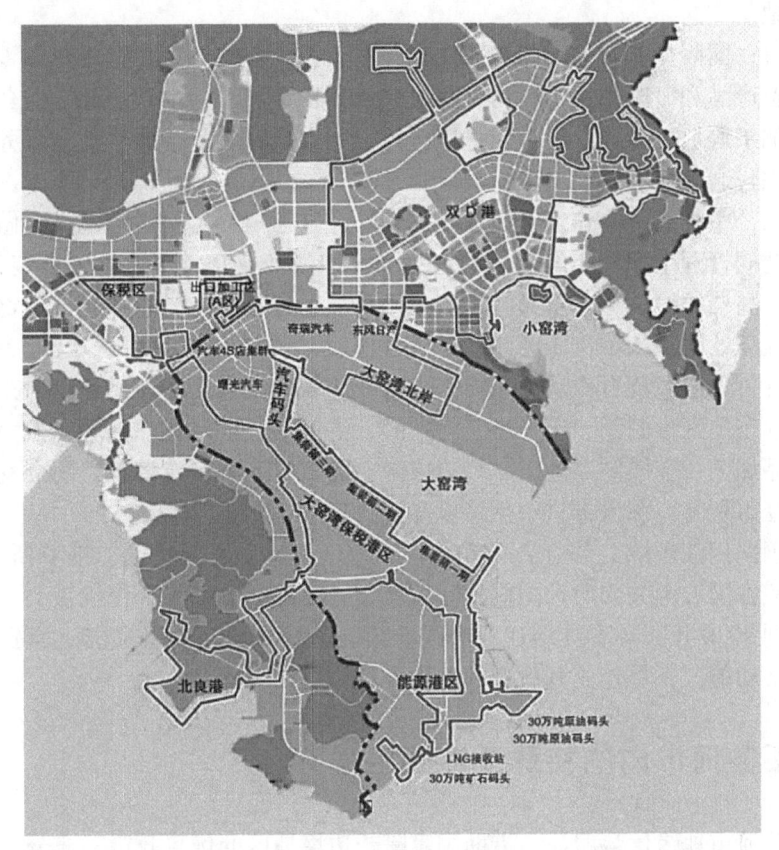

◎ 第九章 东北海关特殊监管区与边境经济合作区

图 9-4 中国（辽宁）自由贸易试验区大连片区规划示意图

大连片区：59.96km²（含大连保税区 1.25km²、大连出口加工区 2.95km²、大连大窑湾保税港区 6.88km²）重点发展港航物流、金融商贸、先进装备制造、高新技术、循环经济、航运服务等产业，推动东北亚国际航运中心、国际物流中心建设进程，形成面向东北亚开放合作的战略高地

第一，基础设施建设。在交通线路方面，加快建设吉林-图们-珲春铁路、珲春市区至边境口岸高等级公路、珲春-东宁铁路，改造扩展圈河口岸、珲春口岸、珲春铁路口岸换装站、圈河口岸至罗津港公路、圈河-元汀口岸跨境桥、罗津港和扎鲁比诺港等；在城市治理上，则需要进一步完善道路、供水、供热、供电、通信、污水处理、垃圾处理等设施，全面提升珲春国际合作示范区功能。

第二，对外贸易合作。重点依托珲春中俄互市贸易区开展贸易；积极利用陆海联运国际运输通道，扩大内贸货物跨境运输规模，打造南北物流新通道；针对东北亚国家的资源条件和优势互补特点，重点拓展经珲春口岸进出的矿产品、农畜产品及各类精深加工产品贸易与物流服务，建设成为图们江区域重要的国际物流集散地。

第三，国际产业合作。面向东北亚，扩大投资合作，大力发展汽车零部件制造、农畜产品和海产品加工、新材料与矿产品精深加工、电子产品、医药、纺织和服装加工等加工产业，以及商务服务、金融保险、国际会展、信息服务和文化创意等现代服务业。

第四，中朝经济合作。突出抓好中朝陆海联运国际运输通道建设，做好共同开发和共同管理中朝罗先经济贸易区工作，加强产业合作，大力发展装备制造、新材料、高档纺织、绿色食品等中高端产品加工贸易产业与总部经济、物流服务等现代服务业，深入推进中朝跨境经济合作。

第五，中俄经济合作。突出抓好中俄陆海联运国际运输通道建设，充分发挥俄罗斯远东地区木制品、矿产品、海产品、港口及旅游等资源优势，大力发展高端木制品加工、金属制品加工、跨境旅游、商贸服务和口岸经济，配套发展临港物流和互市贸易，深入推进中俄跨境经济合作。

中国图们江区域（珲春）国际合作示范区的建立，是中国、俄罗斯、朝鲜、韩国、蒙古国五国共同启动图们江区域合作开发项目以来，合作成效的一次集中展现。到 2020 年，珲春计划建成布局合理、功能齐全、服务完善、商贸繁荣的重要经济功能区，奠定其开放型的经济发展格局。

三、绥芬河市内的特殊功能园区

绥芬河市地缘优势明显，借助国家赋予边境地区的优惠政策，充分发挥口岸战略地位，已经建成一批特殊功能园区，如综合保税区、边境经济合作区、绥芬河—东宁重点开发开放试验区、绥芬河–波格拉尼奇内互市贸易区等，拥有 1 个国家级铁路口岸和 2 个国家级公路口岸。

绥芬河市逐渐形成了以商贸物流、进出口加工、跨境旅游等为特色的外向型经济体系，木材、俄粮、水产品、食品等实体产业加快发展，同时互市贸易、俄货贸易、跨境电商等新业态方兴未艾，现已成为中俄两国边境线上最大的商品集散地，形成了服装鞋帽、日用百货、五金家电、建筑装饰材料、木材集散、果菜肉类、俄货商品等多个专业市场，年交易额及卢布现钞市场流通量，位居我国对俄边境口岸的首位。

绥芬河边境经济合作区于 1992 年获得国务院批准成立，起初规划面积为 $5km^2$，规划占地面积扩展至 $14.7km^2$，总体规划为"三园一基地"，即中俄现代物流产业园、龙江进出口加工园、中俄电子商务产业园和国家木材储备加工交易示范基地。重点发展现代物流、食品海产品加工、跨境电商、木材精深加工等多个产业。园区入驻企业有中国林业集团有限公司、航天信息股份有限公司、曲美家居股份有限公司、首信易支付等。园区配套及产业链完整，已经形成了境内外、上下游、产供销、金融服务、物流服务等一条龙园区服务平台（图9-5）。

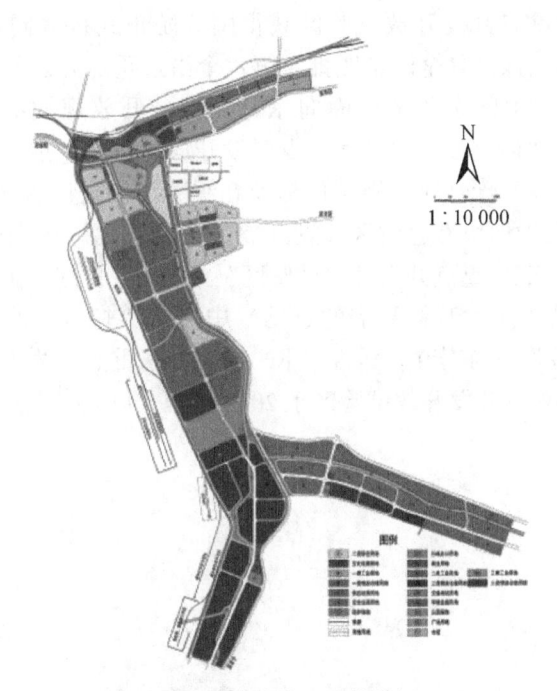

图9-5 绥芬河边境经济合作区总体规划（2012—2030）

园区的建设采取政府引导、市场化运作、统一规划、分区建设、流动发展的模式。园区的定位是打造中俄产业第一城，形成产城联动的发展模式，构建中、俄、日、韩、朝资源互补，生产要素和资本流动的重要渠道，推动中俄跨境产业链生成，挖掘国际国内"两种资源""两个市场"，推进实现"出口抓加工、进口抓落地"的战略定位。

绥芬河综合保税区于2009年4月21日经国务院批准设立，2010年8月31日通过国家验收，2010年12月22日正式封关运营，是全国第六个综合保税区。该综合保税区规划控制面积为$1.8km^2$，以保税加工立区，仓储物流兴区，国际贸易强区，以大贸易带动大物流，以大物流拉动大加工，以大加工推动大贸易。扩大对外开放，做强实体经济，壮大新兴业态，实现俄粮加工高端化，水产品加工规模化，食品加工品牌化，进境电商便捷化。不断放大和拓展政策功能，助推全市经济发展，打造吸引境内外投资重要载体、促进加工贸易发展的"先导区",牵动绥芬河经济从对外贸易向落地加工转型发展的"龙头"。绥芬河综合保税区的发展吸引了国内及世界各地知名企业投资洽谈。目前,已有俄粮加工、绿色食品加工、水产品加工、酒类加工、龙关通跨境电商、铁路互市贸易点等项目入区。

绥芬河-东宁重点开发开放试验区获得国务院正式批复同意设立的时间是2016年4月19日,该区是全国第四批、第六个沿边重点开发开放试验区。早在2012年7月,在《中国东北地区面向东北亚区域开放规划纲要(2012—2020年)》中已经提到"研究设立绥芬河重点开发开放试验区,推进绥芬河、东宁一体化发展";之后多个政府规范性文件提及在绥芬河设立试验区,如2013年12月,在《国务院关于加快沿边地区开发开放的若干意见》中则明确提出了"研究设立绥芬河(东宁)重点开发开放试验区";2014年8月,在《国务院关于近期支持东北振兴若干重大政策举措的意见》中提出"打造一批重大开放合作平台,研究设立绥芬河(东宁)、延吉(长白)、丹东重点开发开放试验区"。最终,绥芬河-东宁重点开发开放试验区于2016年正式设立(图9-6)。

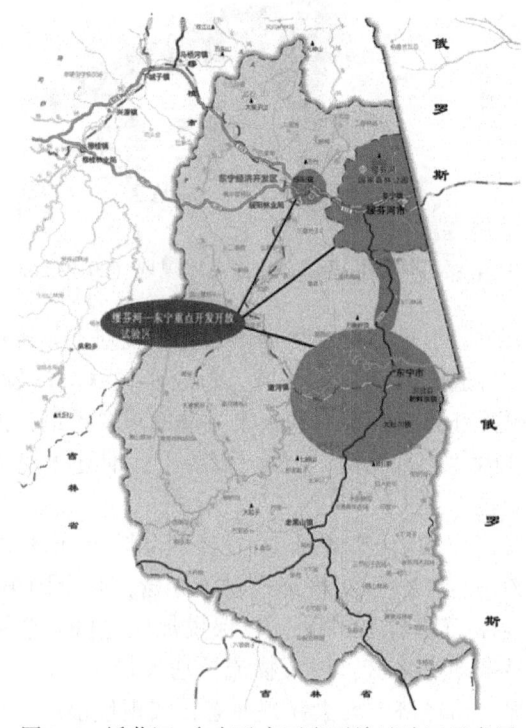

图9-6 绥芬河-东宁重点开发开放试验区示意图

中俄绥芬河-波格拉尼奇内贸易综合体（绥-波互市贸易区）位于黑龙江省绥芬河市公路口岸与俄滨海边疆区波格拉尼奇内区边境线两侧，面积为4.53km²（中方1.53km²，俄方3km²），其前身是绥芬河互市贸易区，始建于20世纪90年代初期，2011年8月9日哈尔滨海关批准设立绥芬河互市贸易点，2012年2月8日互市贸易点正式启动运营。2016年1月起，绥芬河互贸区实施了"四真"（真边民、真交易、真俄货、真实惠）和"四到"（人到、证到、货到、钱到）的全新运营模式。

2018年中俄两国领导人商定开始在"绥芬河-波格拉尼奇内"口岸地区成立跨境经济合作区，园区规划面积为3km²，拟建设六大功能区（国际商贸区、旅游休闲区、进出口加工区、对俄跨境电子商务服务区、保税物流园区及国际金融服务区），中方投资主体是世茂集团，俄方投资主体为俄罗斯滨海信息分析封闭式股份公司。绥芬河市集聚了一系列对外开放优惠政策，包括卢布现钞使用试点、跨境电子商务试点、中俄海关监管结果互认试点、俄公民入境免签、境外旅客购物离境退税等，在我国"一带一路"与俄罗斯"欧亚经济联盟"互动对接的背景下，在建设跨境经济合作区方面，具备其他地区无法比拟的优势。

第四节　海关特殊监管区与边境经济合作区存在的问题与对策

一、海关特殊监管区

1. 存在的主要问题

经过多年发展，我国的海关特殊监管区在布局上和数量上不断优化，监管模式不断完善，为我国承接国际产能转移、转变外贸增长方式、提高我国对外开放水平、提升区域竞争力等方面做出积极贡献。在东北地区，我国目前已经设立保税区、出口加工区、保税港区、综合保税区4类9家海关特殊监管区。目前，我国的海关特殊监管区以综合保税区为主，这些综合保税区均在2009年之后成立。综合保税区整合了原有的保税区、保税物流园区、出口加工区等多种外向型功能区，是设立在内陆地区具有保税港区功能的海关特殊监管区。海关特殊监管区在发挥拉动经济增长和各国经贸合作加深作用的同时，也存在种类过多、功能单一、重申请设立轻建设发展等问题。

第一，各海关特殊监管区功能交叉，定位模糊。海关特殊监管区共有6种模式，在设立的执行过程中，存在一地设立多个职责相似、业务同质的海关特殊监管区的问题，在造成地方资源浪费的同时，也给国际经济合作的管理带来了诸多混乱。以大连市为例，大连地区现有海关特殊监管区3种，即由最初的保税区和出口加工区到保税港区。从地理位置上看，大连保税区与大连出口加工区仅一路之隔，但其功能却有一定程度的重合和欠缺，这在一定程度上互相制约了两者的发展，又由于新建保税港区的政策竞争，两者的发展不断趋于缓慢。大连保税区、保税港区及出口加工区之间的监管、运营甚至统计均存在交叉，难以在法律层面对保税产业进行保障。保税区政策的实施与监管缺乏持续性与稳定性，宽松的税收政策与管理体制的确能够让监督区域在建设前期得到迅速的发展，但却让部分盲目趋利的企业有机可乘，利用政策，采取虚假采购、虚假信用等方式骗取退税，造成了区内的税收管理混乱。

第二，海关特殊监管区的布局未能全面发挥优势，影响资源的整体利用效率。海关特殊监管区主要集中在东北地区的南部和东部，北部和西部出现短板。例如，在黑龙江省，目前仅有位于南部的哈尔滨市和绥芬河市设立了海关特殊监管区，齐齐哈尔市、大庆市等矿产、林木资源丰富的区域尚未建立这一特定经济功能区域。在已建立的海关特殊监管区中，存在腹地相对分割，甚至相互竞争的问题。一些保税区在20世纪90年代设立之初，并没有遵循国际上正规的先立法、后建区的步骤，只是在探索的过程中参照海关监管法规陆续出台了一些地方性、区域性的地方法规与管理条例，不但没有上升到国家法律层面，在监管层面上也没有形成规范法规，对各级海关特殊监管区的功能没有明确界定，地区与城市之间存在"见利建区"的跟风现象，对建区的各项标准没有提早明确。这导致一方面，海关特殊监管区在功能分工、产业布局等方面存在着一定的重复布局和同质竞争；另一方面，有的海关监管区域由于选址存在一定的偏误，招商引资难度较大，难以在短时间内建设成进出口贸易的优质载体。海关特殊监管区尚未实现有效的整合，内部竞争无谓的消耗不仅对地区经济缺乏推动作用，同时对保税物流网络的建设与现代物流业的发展也存在着制约作用。

第三，海关特殊监管区的产业特色不突出和产业配套能力较弱，尚未充分发挥应该起到的带动作用。现有的海关特殊监管区入园企业数量、规模和层次达不到期望水平，引进部分质量不高的项目占用了宝贵的空间，导致海关特殊监管区的发展趋于被动。此外，海关特殊监管区存在一定程度的产业链不完善问题，部分大企业的上游配套企业主要分配在外地，本地产业链缺失。例如，大连保税区内某规模较大的加工企业，配套企业几乎全在长三角地区，增加了企业的运营成本。与国内其他已形成鲜明产业特色的海关监管区相比存在一定的差距。

2. 主要对策建议

第一，稳步推进整合中发展，从外延扩张向内涵优化转变。整合现有海关特殊监管区建设的类型、功能、政策和管理模式，实现海关特殊监管区和海港、空港等主要物流枢纽的连接贯通，空间连片，组团发展。对目前存在的各种海关特殊监管区，首先，在基本不突破原规划面积的前提下，逐步将现有出口加工区、保税物流园区、跨境工业区、保税港区及符合条件的保税区整合为综合保税区；其次，将符合条件的综合保税区再整合，发展成为自由贸易试验区。自由贸易试验区是对综合保税区的升级，而且与综合保税区最大的区别是"境内关外"的特殊海关监管制度，即"一线放开，二线管住"。境外货物可以自由地、不受海关监管地运出境外；货物从自由贸易区进入国内非自由贸易区时，海关人员必须依据本国海关法规定，征收相应的税收。在整合工作开展过程中，也要从实际出发，目前不具备整合条件的特殊监管区域，可暂予保留。

第二，适应东北腹地经济发展的需要，使海关特殊监管区的布局和建设能够充分发挥区位、产业、口岸和腹地优势。在设立海关特殊监管区的过程中，应从国内经济转型升级、东北振兴的大格局考虑，战略性地选取海关特殊监管区的设置区位。例如，将大连贸易园区发展成为东北亚地区的商品集散地和物资分拨中心，在辽宁省西部、吉林省西部、黑龙江省的北部地区选取合适的区位设立海关特殊监管区。利用海关特殊监管区的资源整合和规模经济效应，实现区域协调化发展。此外，在海关特殊监管区的设立过程中，各项政策与各部门的监管方式应更加协调，避免海关特殊监管区的功能与经济开发区等出现雷同与交叉，致使在划分监督责任时，在海关与其他相关政府部门之间出现模糊地带，从而降低了区域经济运行的效率。

第三，扩展海关特殊监管区的业务类型，成为产业结构层次较高和创新能力较强的区域。建设区域开放型经济的枢纽和高端现代产业集群发展的重要平台，形成先进制造业的集聚区、国际物流的集散区和服务外包的承接区。引导加工贸易和保税物流业务向海关特殊监管区和周边集中，鼓励有条件的特殊监管区推进功能创新，从单一的保税加工、简单的贴牌生产发展等附加值较低的业务转向研发、设计、创立品牌、物流及检测维修等高技术含量、高附加值的业务项目。注重发展保税业物流业务，发展国际分拨配送中心，满足区内外加工制造业对现代物流的需求，此外，带动服务贸易的规模扩大和结构优化，包括依托大连商品交易所发展期货保税交割等新兴功能。加快形成产业聚集，通过海关特殊监管区的龙头企业带动关联配套企业联动发展，逐步形成"高端入区、周边配套、辐射带动、集聚发展"的新格局。

二、边境经济合作区

1. 存在的主要问题

边境经济合作是相关国家或经济主体利用自身优势,通过制度安排和组织创新促进劳动、资金、技术和信息等生产要素在边境区域范围内自由流动从而降低交易成本,达到资源有效配置和效益最大化的目的。2012 年,商务部、财政部、国土资源部、住房和城乡建设部、海关总署、国家税务总局六部门联合制定的《关于规范和促进边境经济合作区发展的意见》出台了 10 项措施助推其发展。在东北地区沿边的黑河、绥芬河、珲春、丹东、和龙设立了 5 家边境经济合作区,集中开展与俄罗斯、朝鲜两国的经贸合作,形成各国优势互补、带动区域发展的开放区域。目前,我国东北地区的边境经济合作区已经基本形成了具有自己特色的产业园区,推动了经济的发展,但仍存在以下问题。

第一,东北地区的边境合作区外贸的发展多以对自然资源的依赖和消耗为基础。其主导产业仍集中在石油、天然气、煤炭、有色金属、水电开发等领域,且区域经济增长仍然以工业增长为带动,和其他地区相比,在产业结构、技术含量、创新能力方面都存在较大差距。现有经济发展对当地自然资源禀赋优势的依赖过重。在过分依靠原始资源的开发的单一发展模式下,若出现资源枯竭、市场低迷或其他不可抗因素,将会对当地经济发展带来毁灭性的冲击,所以建立其他经济发展模式十分必要。

第二,产业集聚效果并不十分明显,吸引同行业投资能力不强。目前,东北地区边境经济合作区吸引技术、资金和人力资本的能力不是很高,使得区域内资源流动和产业汇聚效益并不明显;同时,区域内经济规模不大,技术溢出效应不明显,没有体现出对周边经济的带动作用。总体而言,区域在生产力发展和技术进步等方面尚存在很大优化空间。东北地区的边境经济合作区均在经济体量较小、工业基础相对薄弱的边境城市建立。但是仍然存在着企业规模不大、效益不突出的问题,没有形成明显的产业集群优势,使产业聚集和技术溢出的效果不十分明显,由此影响了招商引资的发展,不能很好地吸引和调动同行业投资的积极性,在一定程度上降低了吸引投资的能力。

2. 主要对策建议

第一,因地制宜,推进边境经济合作区实现特色化、整合化、升级化发展。东北地区位于中、俄、朝三国交界,并有中、朝、俄、韩、日五国水路相通。根据边境经济合作区的区位优势和相邻国家经济、社会和文化特点,大力吸引国内外资金和技术,着力发展特色产业,延伸配套产业链,积极发展边境贸易和商贸旅游、优化综合投资环境、完善区域功能定位，逐步推进边合区的建设。由于我国东南沿海人工成本、土地资源等方面的比较优势正在不断消失，相比之下，目前东北地区在区位、资源、成本、政策等方面的优势日益显现，可以将基础设施供给、农业和林业合作、跨境旅游合作、推进边境自由贸易区发展为重点合作领域，整合国内东部及国际（特别是东北亚地区）区域发展的资源，成为承接东南沿海产业转移过程中的重要资源整合平台。

第二，利用政策招商引资，转变招商理念，完善招商机制，全方位开展招商引资工作。尽快实现由政策优惠型招商向优质服务型招商转变，由注重资本引进向引资引智并重转变。促进产业对接招商、区域对接招商、企业对接招商、资源对接招商、人才对接招商，积极引进战略投资者、知名企业和名牌产品。首先，要依靠主导产业进行招商。根据国家产业政策，围绕延边地区支柱产业和优势产业，发挥比较优势，有针对性地开展招商活动。其次，依靠重点企业进行招商。依靠重点企业引进资本、技术、项目、人才和管理经验，多渠道寻找合作伙伴。最后，依靠优惠政策进行招商。充分利用西部大开发、振兴东北老工业基地等政策吸引项目和资本。同时，建设服务型政府，改善软、硬环境，既能招商、亲商又能安商、富商。此外，建立精简、统一、高效的政府运行机制。提高社会服务的功能与透明度，不断完善服务功能，切实转变工作作风，深化行政审批制度改革，提高工作效率。推行首问责任制、服务承诺制、一次性告知制、限时办结制、岗位责任制、责任追究制等制度。

第三，鼓励和引导金融机构在风险可控的前提下，全面加强和改善对边境经济合作区的金融服务。对符合国家级产业政策和信贷条件的产业发展、基础设施和交通物流等项目，积极提供信贷支持。拓展新型融资方式，多渠道融资，广泛吸收社会闲散资金，如通过融资贷款或土地滚动开发解决资金问题，将开发建设与经营捆绑在一起吸收社会资金的投入等。

三、境外园区

1. 存在的主要问题

第一，缺乏整体规划，一哄而上。在建设境外园区、帮助企业"走出去"、有效增强应对风险能力的同时，也面临着众多挑战与困境。总体看，目前我国境外园区建设缺乏具有战略性、系统性的规划，政策支持还不够明晰。同时，随着"一带一路"建设的推进，东北地区将"走出去"指标化，出现了一些盲目鼓励企业创建境外园区的苗头。同时，由于政府对境外园区有优惠政策，如外经贸专项资金、优惠贷款、税收优惠、招标制度等，国内许多企业忽视面临的困难和重

第十章 东北省级开发区

省级开发区则是各省积极响应改革开放的省域空间经济组织模式之一，是推动区域经济发展的重要方式。同时，大量的省级开发区在实践探索中存在着跟风建设、盲目发展、浪费土地等诸多问题，短期内大量重复建设带来的是低质量的增长。在供给侧结构性改革的大背景下，东北地区省级开发区能否为经济制度的转型持续贡献力量，已经成为一个需要深入探讨的问题。东北地区共有省级开发区184家，虽然在管理级别、政策扶持、经济体量上无法与国家级开发区媲美，但省级开发区胜在数量与发展潜力。本章在梳理东北地区省级开发区设置时序与空间特征的基础上，重点分析了其产业特征与典型案例，并提出了主要问题与相应对策。省级开发区的未来发展方向在于创建特色产业，以独特的产业区带动县市发展，真正成为东北发展的新成长空间。

第一节 设置时序与空间特征

东北地区省级开发区设置历程具有明显的波动性，大致出现过四个阶段：萌发起步阶段（1992~2002年）、改革限制阶段（2003~2008年）、优化提质阶段（2009~2012年）、持续发展阶段（2013~2016年）（图10-1）。影响每个阶段的

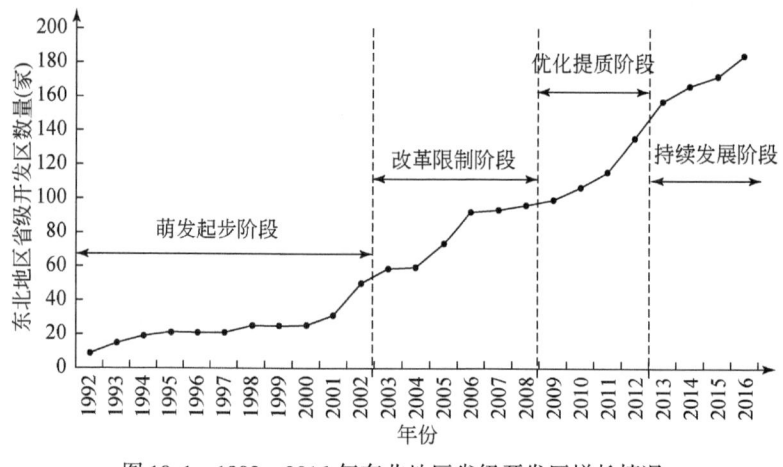

图10-1 1992~2016年东北地区省级开发区增长情况

政策及时代背景不同，所以，在每个阶段中所表现出来的特征也不同。

一、萌发起步阶段

国家在1988年开始允许国务院各部门及省级行政单位批设开发区，随后从1992年开始全国省级开发区出现井喷式增长。黑龙江省率先在佳木斯市（1992.1）、黑河市逊克县（1992.5）、密山市（1992.6）成立3家省级开发区，随后吉林省成立吉林德惠经济开发区（1992.8），同年间黑龙江省和吉林省又依次成立了黑龙江双城经济开发区、黑龙江北大荒经济开发区、黑龙江同江经济开发区、吉林长白经济开发区、吉林临江经济开发区，这是东北地区第一批省级开发区（图10-2）。

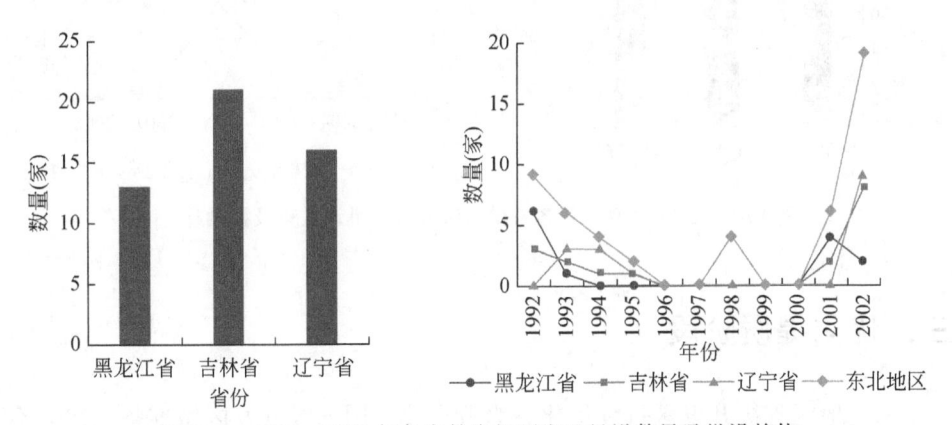

图10-2 1992~2002年各省份省级开发区批设数量及批设趋势

二、改革限制阶段

"开发区热"出现了产业集聚规律混乱，招商引资恶性竞争，侵占农民土地等问题。国家在2003年开始对全国开发区进行集中清理整顿、规划审核、设立审核及落实四至范围等几个阶段的开发区清理整顿工作。同时，对中西部地区、东北老工业基地的资源枯竭型城市，部分老、少、边、穷地区的开发区，在入园企业个数、基础设施建设水平、产业发展规模等具体审核条件上给予了一定倾斜。受国家开发区清理整顿的影响，东北省级开发区的设立短时间内批设较少，但依赖于国家对东北老工业基地的政策倾斜，清理整顿考核标准适当放宽，省级开发区的批设很快恢复并加快，直到《中国开发区审核公告目录》（2006年版）

公布，2007年、2008年开始重质量，批设放缓。

在清理整顿期间东北地区省级开发区总体上的年批设数量在2005年、2006年达到高峰。其中，黑龙江省的省级开发区多批设于2006年，吉林省的省级开发区多批设于2005年，辽宁省的省级开发区多批设于2006年（图10-3）。

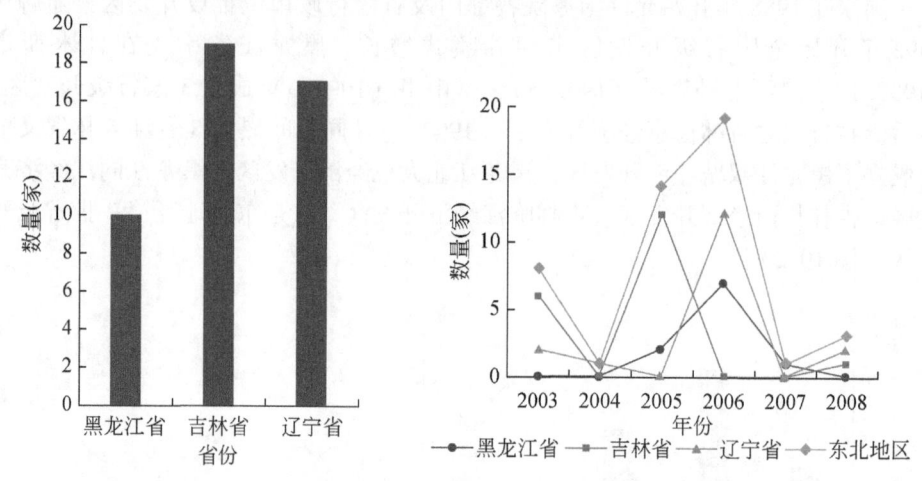

图10-3　2003~2008年各省份省级开发区批设数量及批设趋势

三、优化提质阶段

东北地区省级开发区持续优化，为晋升成为国家级开发区做准备。2009年国家开始实行省级开发区考核升级制度，即按照省级开发区综合发展情况，对符合升级条件的省级开发区按照流程进行申报、批准、升级，随后2010年出现一股"升级热"。东北地区在2010年升级的省级开发区就有7家，升级制度是2010年之后东北地区国家级经济技术开发区数量猛增的直接原因。这一阶段省级开发区的主要任务是进行质量提升，同时批设数量呈现逐年上升趋势（图10-4）。

四、持续发展阶段

2012年党的十八大召开，将全面深化经济体制改革，推进经济结构战略性调整，全面提高开放型经济水平作为重要任务，以推进城镇化为重点，着力解决制约经济持续健康发展的重大结构性问题为主要目标。国家针对东北振兴颁发了

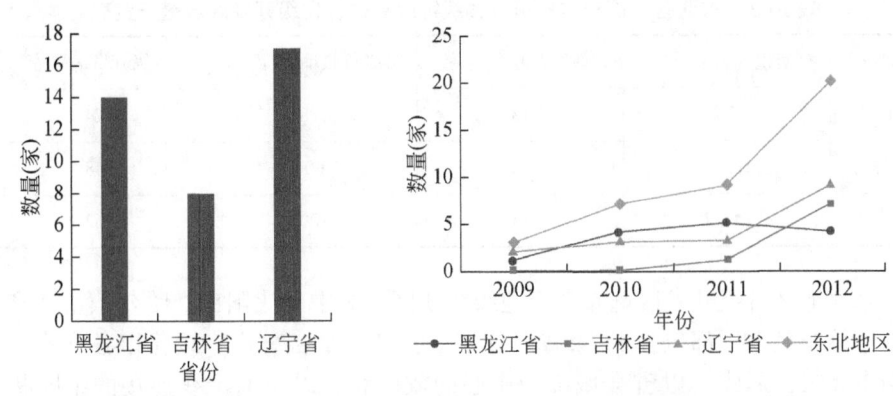

图 10-4　2009～2012 年东北各省份省级开发区批设数量及批设趋势

多项政策，省级开发区数量迎来高速增长并开始趋于饱和。黑龙江省的省级开发区以每年平均 9 家的速度上涨，主要批设于 2013 年，达到 15 家，辽宁省也主要批设于 2013 年，达到 7 家。东北最后一批省级开发区批设于 2016 年，黑龙江省批设了 9 家，辽宁省在朝阳市批设了 4 家。至此，4 个时期的波动形成了目前东北地区省级开发区的总体形式（图 10-5）。

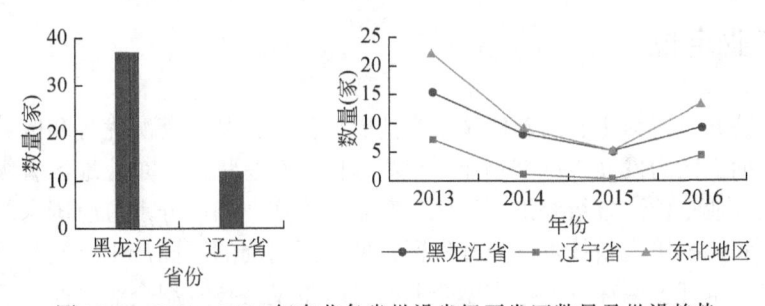

图 10-5　2013～2016 年东北各省批设省级开发区数量及批设趋势

东北地区的省级开发区，以黑龙江省数量最多，达到 74 家，辽宁省有 62 家，吉林省有 48 家。省级开发区一般设立在较大的市、地级市或县级行政单位，并与其辐射的地理范围有很大的关联。前三个阶段各省批设开发区的进度受地方政府的积极性影响，而到开发区数量增长的中后期，各省的开发区容量将成为其持续批设开发区的主要限制因素。省域面积及县级行政单位数量都是影响开发区容量的主要因素，因此每个省份拥有省级开发区的数量多少，有很大一部分原因取决于其面积大小及地级行政单位和县级行政单位的数量多少（表 10-1）。

表 10-1　东北各省面积与地级、县级行政单位、省级开发区数量一览表

省份	面积（万 km²）	地级行政单位（家）	县级行政单位（家）	省级开发区（家）
黑龙江省	45.4	13	128	74
吉林省	18.74	9	60	48
辽宁省	14.57	14	100	62

东北地区省级开发区遍布各个地级行政区，其中以沈阳市、哈尔滨市、齐齐哈尔市分布最多，都包含 11 家省级开发区；其次是吉林市、绥化市各 9 家、佳木斯市 8 家，形成了以省会城市为中心的放射状、以交通干线连接的组团状布局。省级开发区呈不均衡分布，因地方的经济发展程度、资源禀赋特点及人力资本丰富性、交通发达程度等因素的不同，各区域省级开发区的分布密度产生较大的差异性。

第二节　省级开发区的经济与产业特征

一、产业定位

以经济开发区为主、高新区技术产业园区为辅，基于资源优势和区域分工协作两个方面，大力发展生产型企业，提高地区经济总量，是东北地区省级开发区整体上的产业定位。省级经济开发区和高新技术产业园区分别对应国家级经济技术开发区和国家级高新技术产业开发区，但又因格局的不同产生差别。例如，国家级经济技术开发区在发展生产型企业的同时也发展技术型企业，而省级开发区主要发展生产型企业，国家级高新技术产业开发区依托大学和科研单位承担技术研发，而省级高新技术产业园区主要是成熟技术的生产性转化。

省级经济开发区与高新技术产业园区在功能定位和区位依托等方面都有很大的差别。经济开发区的区位选择侧重于交通状况、产业基础和市场空间等地理资源优势，主要目的是积极吸引投资和先进技术，提升区域的工业化水平和经济实力。高新技术产业园区则主要依托科研院所、高等院校等科研实力雄厚的区域，但在省级开发区的小范围区域尺度上，科研院所和高等院校的集聚极其有限，它们多为国家级高新技术产业开发区服务，所以省级高新技术产业园区数量少、水平弱。

东北地区 184 家开发区中，只有 7 家高新技术产业园区，分别是盘锦高新技

术产业开发区、朝阳高新技术产业开发区、佳木斯高新技术产业开发区、抚顺高新技术产业开发区、铁岭高新技术产业开发区、绥中高新技术产业开发区、牡丹江高新技术产业开发区，主要位于辽宁省和黑龙江省（表10-2）。从主导产业的类型来看，每家高新技术产业园区都涉及一种技术密集型产业，如盘锦高新技术产业开发区、绥中高新技术产业开发区、牡丹江高新技术产业开发区的电子信息业，朝阳高新技术产业开发区的新能源电器业、佳木斯高新技术产业开发区、铁岭高新技术产业开发区的新材料业，抚顺高新技术产业开发区的精细化工业。

表10-2 东北省级高新技术产业园区

开发区名称	批准时间（年、月）	省份	所在城市	主导产业
盘锦高新技术产业开发区	2013.11	辽宁省	盘锦市	石油化工业、石油装备业、电子信息业
朝阳高新技术产业开发区	2011.12	辽宁省	朝阳市	新能源电器业、装备制造业、包装业
佳木斯高新技术产业开发区	2010.05	黑龙江省	佳木斯市	装备制造业、食品加工业、新材料业
抚顺高新技术产业开发区	2010.04	辽宁省	抚顺市	石油化工业、精细化工业、化工制品业
铁岭高新技术产业开发区	2010.04	辽宁省	铁岭市	装备制造业、新材料业、农副产品加工业
绥中高新技术产业开发区	2008.04	辽宁省	葫芦岛市	装备制造业、电子信息业、生物医药业
牡丹江高新技术产业开发区	2006.08	黑龙江省	牡丹江市	机电一体化业、电子信息业、医药业

二、三大主导产业

东北地区共有184家省级开发区，每家开发区涉及1~4项主导产业，其中除了吉林集安经济开发区的主导产业比较特殊，涉及采矿业之外，对其他183家省级开发区主导产业涉及行业进行梳理（分类标准同上）发现，东北省级开发区主导产业主要涉及16个行业，分别是装备制造业、化工行业、食品加工业、农产品加工业、汽车制造业、生物医药业、建材行业、新材料行业、商贸物流业、新材料行业、木材家具制造业、新能源行业、电子信息技术业、金属加工业、一般加工行业。其中因省级开发区中农产品加工绝大多数为农副食品加工，因此将农产品加工归到食品加工业中。东北地区省级开发区主导产业成分如图10-6所示。

东北地区省级开发区主导产业具有鲜明的特色。食品加工业占比最多，达到25%；装备制造业次之，达16%；生物医药业再次之，达10%。

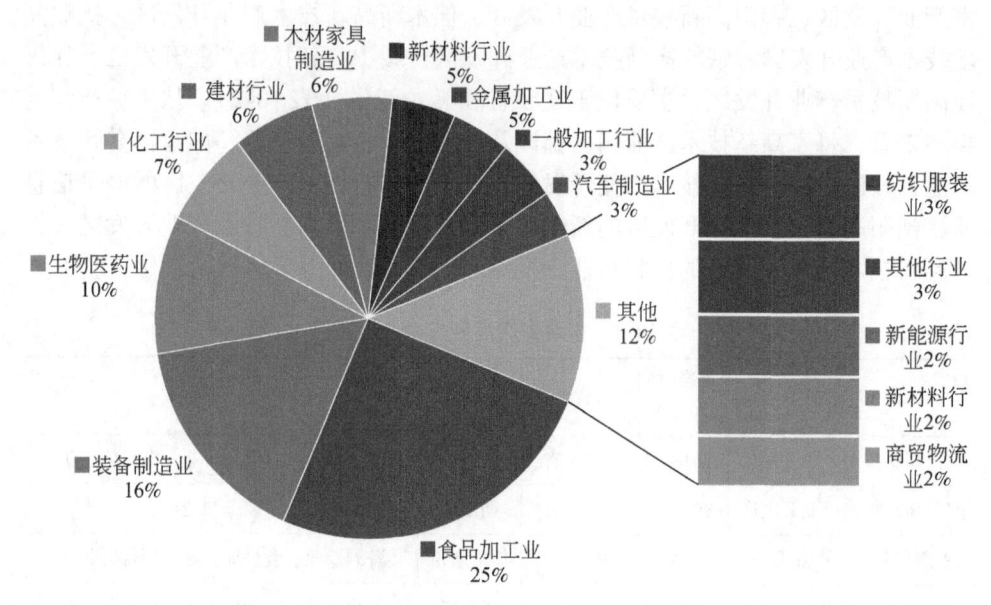

图 10-6　东北省级开发区主导产业成分

1. 食品加工业

东北地区土地肥沃，物产丰富，粮食产量长期居全国前列，生产水稻、玉米、大豆等粮食作物，食品工业发达，大多数的开发区以食品加工业为主导产业，更有一些开发区只发展食品加工业，如黑龙江北大荒经济开发区、黑龙江建三江经济开发区、黑龙江九三经济开发区、甘南县工业示范基地、黑龙江龙江经济开发区、哈尔滨木兰工业园区、拜泉工业示范基地、五大连池矿泉工业园区、塔河工业示范基地、漠河工业示范基地、克山县马铃薯产业园区、嘉荫工业示范基地、黑龙江巴彦经济开发区、黑龙江富裕经济开发区、孙吴工业示范基地、黑龙江讷河经济开发区，这16家开发区只以食品加工业为主导产业发展，并且全部位于黑龙江省，体现出食品加工业对东北地区尤其是黑龙江省地方经济的重要支持程度。

2. 装备制造业

东北地区省级开发区中的装备制造业主要位于老工业区城市县级行政单位，一般体量较小，主要作用是承接上游国家级开发区产业空间溢出效应，促进县级区域工业产业发展。主要所在地级市为齐齐哈尔市、佳木斯市、长春市、吉林市、辽源市、白城市、葫芦岛市、大连市、铁岭市、营口市、鞍山市、沈阳市、盘锦市，其中，辽宁省占比最大。

3. 生物医药业

东北地区省级开发区中的生物医药业主要位于通化市、吉林市、白山市、延边朝鲜族自治州、本溪市、绥化市、牡丹江市、哈尔滨市、鸡西市，其中，吉林省占比最多，单通化市就有6家以医药为主导产业的省级开发区：吉林集安经济开发区、吉林梅河口经济开发区、柳河工业集中区、通化聚鑫经济开发区、吉林辉南经济开发区、吉林二道江经济开发区。通化市是享誉海内外的"中国医药城"，中药现代化和生物制药是这座城市改造传统制药产业的发展方向和目标，拥有3个中国名牌、79个吉林省名牌、6个中国驰名商标、53个吉林省著名商标。2016年通化市医药工业完成增加值365.0亿元，占全市规模以上工业增加值的比重达到58.1%，是名副其实的"北方医药之都"。通化市是依靠各类医药开发区积极发展特色产业，从而在东北老工业基地转型成功的城市之一。

三、省域尺度产业结构化差异

东北地区省级开发区产业发展的总体特征是产业同构，集中于三大主导产业，即食品加工业（25%）、装备制造业（16%）、生物医药业（10%）。但通过省级尺度研究发现，东北省级开发区的主导产业存在鲜明的省域尺度结构化差异，黑龙江省的省级开发区支柱产业首位为食品加工业，达到全省开发区的38%，其次是木材家具制造业（10%）和生物医药业（9%）；吉林省在发展食品加工业（23%）的同时，其生物医药业同样占比较多，达到20%，其次是装备制造业（13%）；辽宁省的省级开发区主导产业则为装备制造业，达到全省开发区的28%，其优势为依托辽宁省老工业区的产业基础及承接省内国家级开发区的产业转移；其次是化工行业（12%）及食品加工业（10%）（图10-7）。

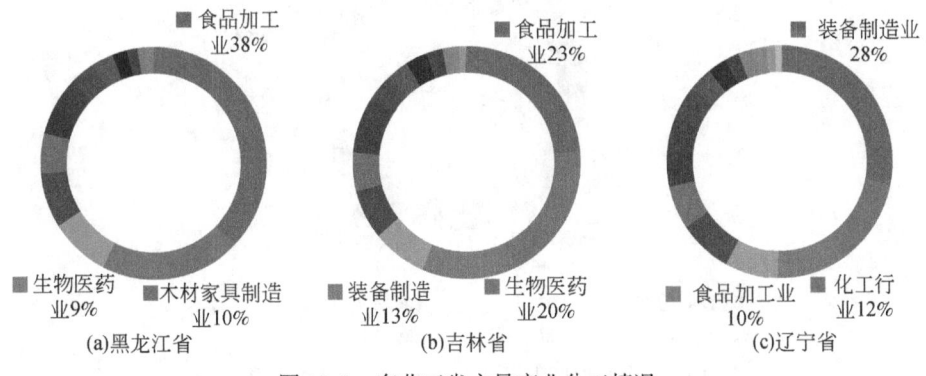

图 10-7 东北三省主导产业分工情况

东北地区省级开发区主导产业在省域尺度的结构化差异,是由各省自然资源禀赋、区位优势、产业基础等因素不同所形成的,三个层次的分工有利于加强东北地区内部之间的产业互动,对招商引资具有明确的对接性,避免了省际竞争。经济带中各区域的产业布局具有两种形式,分别是区域间产业同构和区域间产业分工,是基于区域自身因素及政策引导的结果,这两种布局方式对区域整体经济一体化发展的影响需视区域发展的情况而定。结合东北实际情况来看,黑吉辽三省的资源禀赋、区位优势及产业基础存在差异,进而在东北经济圈中的产业定位分层次更为有利,黑龙江省拥有16家只以食品加工业为主导产业的省级开发区,黑龙江省的省级开发区定位趋向于劳动密集型产业加工区,吉林省医药类资源发达,其省级开发区定位则为技术密集型产业加工区,辽宁省工业基础最为发达,装备制造型企业居多,其省级开发区定位更符合承接上游产业转移的资本密集型开发区。

四、产业依赖要素类型

对东北地区省级开发区主导产业按照要素依赖类型进行分类(分类标准同上),以劳动要素为依赖类型的行业主要有食品加工业、纺织服装业、木材家具制造业等;以技术要素为依赖类型的行业主要有装备制造业、汽车制造业件、生物医药业等;以资本要素为依赖类型的行业主要有化工行业、金属加工业、商贸物流业等,发现东北地区省级开发区主导产业的主要依赖类型为技术–劳动型(图10-8)。

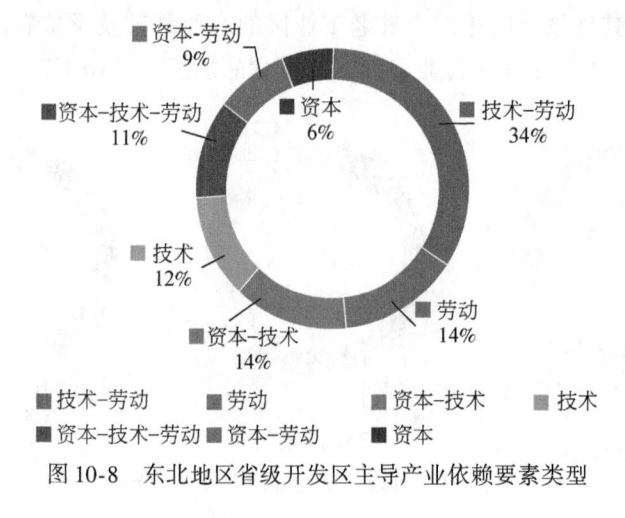

图10-8 东北地区省级开发区主导产业依赖要素类型

东北地区省级开发区主导产业主要依赖类型为复合型，首先以技术–劳动型为主，其次是资本–技术型、资本–技术–劳动三因素复合型，资本–劳动型占比最少。从单因素依赖类型来看，呈现明显的劳动型多于技术型，技术型又多于资本型的分工趋势。

劳动密集型产业与资本密集型产业是两种互相对应的生产方式，前者借助于多投入人力劳动，后者借助于多投入物化劳动，而技术密集型产业介于两者之间。东北省级开发区产生此种分工的主要因素分为两种，从复合要素的角度来看，技术–劳动型是当今最有利于东北实际生产力的发展方式，大力发展技术含量高的劳动密集型产业及技术密集型产业中劳动密集型生产环节，符合省级开发区定位优势，可以就地取材及解决大量当地的就业问题。从单要素的角度来看，食品加工业、服装纺织业、木材家具制造业等典型的劳动密集型要素行业具有很强的灵活性，技术密集型要素行业多承接其他地区的产业转移及成熟技术的标准化生产，资本密集型要素行业，如化工行业、金属加工等需要大型配套装置，以省级开发区的规模难以实现。

五、省级开发区的发展潜力

对东北地区已公布 GDP 数据的省级开发区进行排名，发现东北省级开发区个体发展程度悬殊，多数开发区经济体量较小，年度地区生产总值只有千万元水平，但还有一部分省级开发区发展较好，年度 GDP 超过了一些国家级开发区，在地区间起到的经济拉动作用不可小觑。例如，已公布 GDP 的省级开发区，截至各开发区公布 GDP 的时间节点，GDP 达到或超过 100 亿元的开发区共有 17 家（表 10-3）。而在收集到数据的省级开发区当中，有 32 家开发区的产值不足 100 亿元（表 10-4）。可见，省级开发区的潜力巨大。盘锦高新技术产业开发区 2015 年 GDP 达到 503 亿元，在国家级开发区中也居于中上等水平，沈阳金融商贸开发区、辽宁盘锦精细化工产业园区、辽宁丹东东港经济开发区、辽宁北票经济开发区的年度 GDP 都达到或超过 300 亿元，在国家级开发区中也能达到中等水平。

表 10-3　东北地区 2015 年、2016 年 GDP 达到或超过 100 亿元的省级开发区

开发区名称	所在城市	主导产业1	主导产业2	主导产业3	GDP（亿元）	数据年份
盘锦高新技术产业开发区	盘锦市	石油化工业	石油装备业	电子信息业	503	2015
沈阳金融商贸开发区	沈阳市	金融业			392	2015

续表

开发区名称	所在城市	主导产业1	主导产业2	主导产业3	GDP（亿元）	数据年份
辽宁盘锦精细化工产业园区	盘锦市	精细化工业			354.5	2016
辽宁丹东东港经济开发区	丹东市	机电设备及零部件业	食品加工业	再生资源利用业	320	2015
辽宁北票经济开发区	朝阳市	农产品加工业	冶金业	轻工业	300	2015
辽宁丹东前阳经济开发区	丹东市	服装纺织业	食品加工业	机械制造业	275	2011
黑龙江双城经济开发区	哈尔滨市	食品加工业	机械制造业		249.46	2015
吉林敦化经济开发区	延边朝鲜族自治州	木制品加工业	食品加工业	医药业	224	2016
辽宁法库经济开发区	沈阳市	陶瓷业			210	2015
朝阳凌源经济开发区	朝阳市	汽车及零部件业	钢铁加工业	玻璃制品业	162	2016
肇源工业园区	大庆市	食品加工业	粮食加工业	物流业	158.6	2016
黑龙江肇东经济开发区	绥化市	农副产品加工业	生物医药业	新材料业	144.75	2015
黑龙江肇州经济开发区	大庆市	食品加工业	生物科技业		128	2016
朝阳高新技术产业开发区	朝阳市	新能源电器业	装备制造业	包装业	108.6	2016
吉林白山经济开发区	白山市	医药业	矿产品开发业	能源业	108	2016
佳木斯高新技术产业开发区	佳木斯市	装备制造业	食品加工业	新材料业	105.3	
锦州七里河经济开发区	锦州市	机电装备业	食品加工业		100	2015

表10-4 东北地区2015年、2016年GDP不足100亿元的国家级开发区

开发区名称	所在城市	主导产业1	主导产业2	主导产业3	GDP（亿元）	数据年份
黑河边境经济合作区	黑河市	边境贸易业	木材加工业	轻工产品加工业	9.51	2015
阜新高新技术产业开发区	阜新市	液压装备业	农产品加工业	电子信息业	9.6	2016
大连金石滩国家旅游度假区	大连市	滨海运动业	娱乐业	文化旅游业	20	2016
锦州高新技术产业开发区	锦州市	汽车零部件业	精细化工业	食品加工业 电子信息业	37.2	2011
绥化经济技术开发区	绥化市	食品加工业	商贸物流业	机械电子业	40.058	2014
鞍山高新技术产业开发区	鞍山市	工业自动化业	系统控制业	激光业	51	2015
绥芬河边境经济合作区	绥芬河市	边境贸易业	服装业	木材加工业	54.34	2015
齐齐哈尔高新技术产业开发区	齐齐哈尔市	装备制造业	食品加工业		61.4	2015
盘锦辽滨沿海经济技术开发区	盘锦市	石油化工业	精细化工业	装备制造业	66.3	2015

续表

开发区名称	所在城市	主导产业1	主导产业2	主导产业3	GDP（亿元）	数据年份
本溪高新技术产业开发区	本溪市	生物医药业			71.6	2015
大连长兴岛经济技术开发区	大连市	石油化工业	船舶海工业	装备制造业	89.5	2016
旅顺经济技术开发区	大连市	船舶业	装备制造业	轨道交通装备业	98.6	2016

第三节 省级开发区的典型案例

东北地区省级开发区以其所处区域要素禀赋因地制宜发展，没有固定的开发模式。在东北184家省级开发区中不乏成功的案例，更有些发展态势良好的省级开发区在经济建设、模式创新、人才优势等方面已经赶超了部分国家级开发区，为区域经济的建设做出了卓越贡献，这为省级开发区的总体发展坚定了信心，并积累了宝贵的经验。纵观省级开发区的发展之路，发现"创新"与"特色"是发展良好的开发区的共性，也是东北省级开发区未来发展的主题和挑战（表10-5）。

表10-5 东北地区省级开发区部分经典案例

开发区名称	所属地区	主导产业	开发模式	经验借鉴
沈阳金融商贸开发区	沈阳市沈河区	金融业	依据经济重镇高标准、高定位重规划、大手笔	开放程度、品牌力量、良好信誉高标准、大手笔、国际化原则
辽宁法库经济开发区	沈阳市法库县	陶瓷业	以瓷为主、完善地区产业创新优势、提高产品附加值	大力发展地方特色产业经济，努力打造自身品牌 敢于填补区域产业空白，打开自身销售市场，加强投资吸引力 借助主导产业优势，全面发展多种类别产品，深入延长产业链
黑龙江建三江经济开发区	农垦建三江分局	食品加工业	确立主导产业地位 以绝对的主导产业优势带动企业 招商引资紧紧围绕主导产业展开	上规模、引技术 整合分散资源，培育地区龙头企业 向产业链上游、中游两头延伸

283

一、沈阳金融商贸开发区

1. 园区概况

沈阳金融商贸开发区位于东北中心城市沈阳的都市走廊核心地段，成立于1991年，总规划面积为2.97km²，是沈阳中央商务区的核心区及除上海陆家嘴外唯一以金融商贸为属性的开发区。"以沈阳金融商贸开发区为主体，开展国家优化金融生态综合试验，加快建设区域性金融中心"是其发展目标。该开发区获得金融改革创新先行先试权，优化金融生态改革试验正式进入组织实施阶段，区域性金融中心建设上升为国家战略，其将担负起国家优化金融生态综合试验、建设东北区域金融中心、引领东北金融业多元化发展的重任。

2. 开发模式

"依据经济重镇，高标准、高定位，重规划、大手笔"是沈阳金融商贸开发区的开发特点，这在省级开发区中是一种模式创新。省级开发区一般以拉动地方经济为自身定位，辐射范围一般达到区县或地级市尺度，而沈阳金融商贸开发区则以东北地区乃至全国为目标定位，是东北经济发展到一定程度所衍生出的金融需求，在沈阳经济区、辽宁省和东北亚三个层面上都占据着独特的区位优势。

地理位置优越。开发区地处东北地区最大的中心城市——沈阳市的CBD核心区，地处东北亚经济圈和环渤海经济圈的中心，连接日本、韩国、俄罗斯等诸多国家和地区，具有不可替代的金融服务区位优势和重要的战略地位。经济腹地广阔。开发区所在的沈阳市是沈阳经济区的龙头城市，以沈阳市为核心，两小时车程内，集聚了8座拥有百万人口以上的城市，区域面积为7.5万km²，占全省的50.9%；人口为2362万人，占全省的54.9%。经济区内经济基础雄厚，装备制造、冶金、石化、煤炭等产业在全国占有重要的位置，沈阳经济区将建设成为世界级先进装备制造业基地，全国重要精品钢材基地、石油化工基地、农副产品生产加工基地、高新技术产业基地，以及东北亚商贸物流金融服务中心。对外交通便利。拥有东北地区最大的国际航空港——沈阳桃仙机场；拥有全国最大的铁路组编站和全国最高等级的"一环五射"高速公路网，以沈阳市为中心的东北高速铁路网正在建设，是东北地区的陆路交通枢纽（图10-9）。

3. 产业组织

沈阳金融商贸开发区的主导产业为金融业，战略定位是建设东北地区的金融门户，发展目标是建立一套成熟的金融体系，发展参照是香港中环、上海陆家嘴等发展完备的金融区域，东北金融功能区的发展已经上升到国家战略层面。正因为其具有的金融体系特殊性，开放程度和品牌力量是与其他省级开发区的最明显

◎ 第十章 东北省级开发区

地理位置优越

地处东北地区最大的中心城市——沈阳市的CBD核心区，地处东北亚经济圈和环渤海经济圈的中心，连接日本、韩国、俄罗斯等诸多国家和地区，具有不可替代的金融服务区位优势和重要的战略地位

经济腹地广阔

两小时车程内，集聚了8座拥有百万以上人口的城市，经济区内经济基础雄厚，装备制造、冶金、石化、煤炭等产业在全国占有重要的位置。沈阳经济区将建设成为东北亚商贸物流金融服务中心

对外交通便利

拥有东北地区最大的国际航空港——沈阳桃仙机场；拥有全国最大的铁路编组站和全国最高等级的"一环五射"高速公路网，以沈阳市为中心的东北高速铁高网正在建设，是东北地区的陆路交通枢纽

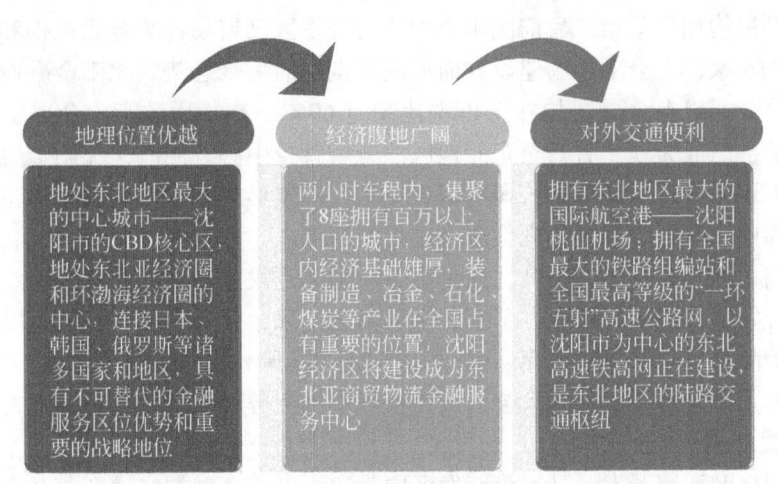

图 10-9 沈阳金融商贸开发区优势

的差异，也成为其最大的竞争特色。打造开放式经济区，逐步带动东北金融体系，是东北金融功能区的产业组织倾向。目前，东北金融功能区已经形成了较为完备的产业组织模式，在基础竞争优势、品牌带动能力、经济开放程度三方面发展态势良好（图 10-10）。

经济开放程度
影响力、知名度不断提升

品牌带动能力
金融机构加速集聚

基础竞争优势
经济运行良好
基础设施建设不断提速

图 10-10 沈阳金融商贸开发区产业组织

经济运行稳健良好。目前，沈阳金融商贸开发区的各项经济指标在辽宁省省级开发区中名列前茅。沈阳金融商贸开发区已成为东北地区单位面积投资强度、利用外资密度、财政收入和安置就业人数最高的地区，呈现出明显的产业集聚效应。基础设施建设不断提速。高标准推进基础设施建设，沈阳金融商贸开发区商务楼宇档次和聚集度居东北地区前列，已经成为国内外知名企业进军东北地区的首选之地。

金融机构加速集聚。目前沈阳金融商贸开发区已聚集各类金融机构和金融相关企业516家，在金融市场建设方面形成了良好的集聚态势。沈阳金融商贸开发区分行分公司以上金融机构在全市占比超过60%，在货币政策、金融稳定和金融服务上，已成为辽宁省乃至东北地区的金融管控中心。同时，沈阳金融商贸开发区还汇聚了成长型区域性公司总部224家，基本形成了以金融服务为主导、总部经济和中介服务为两翼的现代服务业发展格局。

影响力和知名度不断提升，这是影响金融类开发区发展的重要因素。沈阳金融商贸开发区已连续几年承办了东北金融高层论坛，并成为东北区域金融中心建设的一个品牌，与法国拉德芳斯中央商务区和英国伦敦金融城都建立了合作关系，参加了世界中央商务区大会，成为世界中央商务区联盟的发起城市之一。

4. 发展规划

沈阳金融商贸开发区是省级开发区中为数不多的金融类主导产业开发区，对地方经济起到高水平的调节作用。金融类开发区在开放程度、品牌力量、良好信誉等方面尤为充满活力，这对开发区发展很重要，但往往被管理者忽略。

除此之外，重规划、谋发展也是沈阳金融商贸开发区的发展特色，只有明确各类开发区自身的目标定位，并科学合理地规划，才能把握住开发区今后的发展道路和方向。坚持规划引领，高标准、大手笔、国际化原则是东北金融功能区的开发特点。东北金融功能区聘请国内外知名规划设计机构，系统规划开发区发展空间和主导产业，为金融中心核心区可持续发展提供保障。

二、辽宁法库经济开发区

1. 园区概况

辽宁法库经济开发区始建于2001年，是东北地区最大的领军型陶瓷生产、研发、销售基地，综合排名全国第四、东北第一。陶瓷产业是法库主导产业，也是沈阳市重点产业集群之一、辽宁省12个示范产业集群之一。

园区规划面积为30km^2，建成区面积为20km^2，建有中国陶瓷谷大市场和陶瓷文化创意中心，已落户域内外企业242家，形成了以建筑瓷为主，包含12个大类200多个品种的现代陶瓷生产体系，包括建筑陶瓷、日用瓷、艺术瓷、工业瓷、电瓷、特种瓷和卫生洁具等。园区内知名品牌有新中源陶瓷、苏泊尔卫浴、日本骊住建材、五洲震耀陶瓷等，法库地产陶瓷已取得市级以上各类品牌近100个。

2. 开发模式

以瓷为主、填补东北地区产业空白；创新优势、提高产品附加值，是辽宁法库经济开发区的主要开发模式。辽宁法库经济开发区以其独特的北方陶瓷产业弥补了东北地区在该产业上的空白,发展多种陶瓷产业,丰富产品种类,产业链不断延长,附加值不断提升。独特的创新模式使辽宁法库经济开发区不断取得良好的经济发展成就,2015年,实现工业产值210亿元,公共财政预算收入超过1亿元,安排就业7万人左右。法库的陶瓷原料种类多、储量大,原料产地分布在园区半径300km以内;交通便利,物流发达;陶瓷产品质量检验中心(国家级)及法库陶瓷工程技术研究中心(省级)能为陶瓷企业提供强有力的技术支持;陶瓷职业技术学校及专业陶瓷批发市场等平台的建设,使园区成为北方地区投资陶瓷的首选之地。

3. 产业组织

辽宁法库经济开发区以陶瓷产业为主导,大力发展陶瓷制造业与相关服务业,目前大致形成了以销售与服务为中心的两大创意理念:一是中国陶瓷谷大市场;二是陶瓷文化创意中心,两者相辅相成,共同支持着辽宁法库经济开发区陶瓷产业与陶瓷文化的发展(图10-11)。

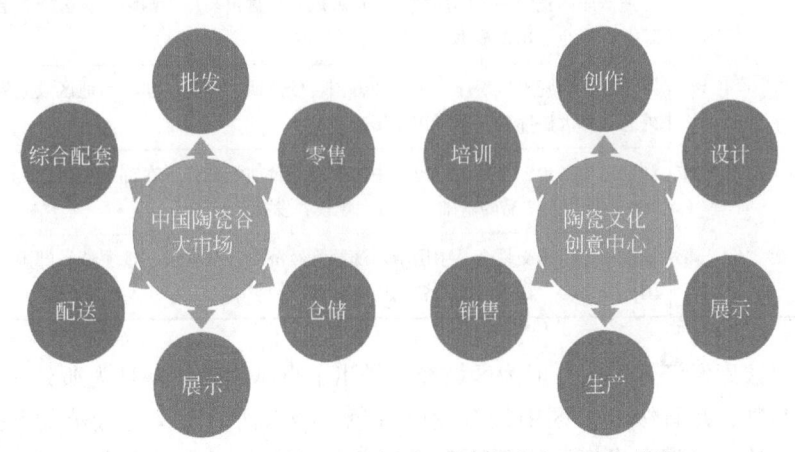

图10-11 中国陶瓷谷大市场和陶瓷创意中心功能分类

中国陶瓷谷大市场是东北地区最大的集群式、现代化专业陶瓷市场,汇集了全国众多建筑陶瓷、卫生洁具名优品牌,市场覆盖东北、华北等地区,产品远销美、俄、日、韩等国家及我国香港、澳门地区,年销售额突破100亿元。陶瓷文化创意中心是以国内外陶瓷工艺美术大师创作为主体的陶瓷艺术产业基地。该创意中心分创作展示馆和标准化厂房两部分,创作展示馆是艺术大师的创作基地,同时提供信息交流、商务洽谈、产品展示等服务;标准化厂房是艺术陶瓷产品的生产区,台湾新永德陶瓷刀、辽金源日用瓷、沈阳鸿蒙艺术品加工等项目现已入驻运营。

4. 发展规划

"十三五"期间，辽宁法库经济开发区将主动适应新常态，抓住沈阳市全面创新改革试验区建设的有利契机，重点抓好陶瓷出口、人才引进、品牌提升等工作，促进陶瓷产业健康发展（表10-6）。

表10-6　辽宁法库经济开发区发展规划

主抓创新改革	增强产业发展动力，积极引进陶瓷配套、环保利废及品牌企业，完善产业链条，优化产业结构
推进国家级循环化改造示范试点园区建设	做好清洁能源推广工作，大力发展循环经济，发展日用瓷、艺术瓷，逐步淘汰落后产能，实现清洁生产、绿色生产
大力开拓国际市场	成立辽宁陶瓷企业联盟，实施价格联盟机制，稳定陶瓷销售市场秩序
	组建法库陶瓷出口集团，设立至少1000万元专项引导基金，为法库陶瓷产品"走出去"搭建平台
	打造法库陶瓷统一国际品牌，引进或成立托盘包装厂、国际物流公司、会展公司等，降低企业出口成本
	筹建法库陶瓷外贸展厅，重点在韩国、俄罗斯、中东、非洲等地区设立展厅、海外仓，扩大法库陶瓷国际市场影响力
	利用电商平台，与阿里巴巴、中东贸易平台加强合作，在首批推出30余个品牌、270余种建陶产品的基础上，放大规模，发挥渠道作用
	积极参加广州交易会、中国哈尔滨国际经济贸易洽谈会、俄罗斯、韩国、朝鲜等国内外展会，提升法库陶瓷的国际知名度和影响力

辽宁法库经济开发区不但为区域经济做出了卓越贡献，并且为所处区域打造了高端品牌，是省级开发区中最有发展特色、经济活力与文化底蕴的开发区之一。辽宁法库经济开发区紧紧围绕陶瓷产业，打造出"北方陶瓷之都"的区域品牌，为当地创造了经济加文化的双重发展机遇。敢于填补区域产业空白，并能够借助区域优势打开自身销售市场，加强投资吸引力。辽宁法库经济开发区能够在东北地区经济发展水平不活跃、产业僵化及生产方式落后的区域背景之下勇于创新，以陶瓷及相关产业填补东北地区在该产业的空缺，并积极打开东北亚市场，在自身做大做强后利用独特的地理区域优势承接招商引资，这种成功的发展模式除了要有敢于创新的勇气，更离不开科学合理的产业布局和规划。借助主导产业优势，全面发展多种类别产品，深入延长产业链。积极发展能够提高产品附加值的综合配套服务业，尤其是文化创意产业，积极鼓励企业创新发展，鼓励产品的创新及发展模式的创新，直至带动经济制度的创新。

三、黑龙江建三江经济开发区

1. 园区概况

黑龙江建三江经济开发区 2001 年由省政府批准成立，规划面积为 759.01hm^2，位于"北大荒·中国绿色米都"建三江管理局局直铁南和前进农场场直东部。下辖 15 个大型国有农场，人口为 20 万人，总控制面积为 1.24 万 km^2，耕地面积为 1100 万亩，其中，种植优质绿色水稻 1000 万亩。年粮食生产能力在 70 亿 kg 以上，年生产水稻在 130 亿 kg 以上。其是国家商品粮生产战略基地，全国最大的粳稻米生产、加工、经销中心和全国闻名的"中国绿色米都"。

其产业格局为"一个主导产业"（新型工业化食品加工产业）和"六个专项工业园"（原料、原浆加工区，农副产品深加工区，新型经济区，中央商务区，金融服务区，高新技术研发区）。交通运输发达，已建成铁海联运、陆路联运的集装箱受理站，与哈尔滨铁路局合作经营口港开通了直达南方粮食主销区的铁海联运。

2. 开发模式

确立主导产业地位、以产业优势带动企业、招商引资紧紧围绕主导产业展开是黑龙江建三江经济开发区的开发模式。黑龙江建三江经济开发区主导产业为稻谷加工，粮食商品率已达 95% 以上，被国家批准为绿色食品生产基地，被联合国工业发展组织绿色产业专家委员会批准为"建三江国际绿色产业经开区"。目前开发区内"建三江"品牌及"北大荒"品牌附加值较大，地理标志产品建三江大米黑龙江省地方标准已正式发布实施。招商引资主要围绕确定的专业园区展开，使同类和相关企业能够相对集中，产业链条能够相对延长，主导产业更加突出。因此，根据产业体系构建要求及产业经济发展规律，在招商对象上有的放矢，引进主导产业的配套产业、可以与现有产业形成关联的产业、可以与园区产业形成集群的产业（图 10-12）。

3. 产业组织

黑龙江建三江经济开发区现有企业 66 家，其中，大米加工企业 43 家，水稻年加工能力 150 万 t；仓储、干燥企业 4 家；物流企业 3 家；生物质发电企业 2 家；米糠油企业 1 家；面粉及挂面企业 1 家；大豆油脂企业 1 家；其他企业 11 家。

（1）重点项目情况

开发区坚持以大项目拉动大投入、大投入推动大发展的工作原则，积极开展招商引资工作。通过广泛宣传和多次参加各种大型招商活动，开发区全年共进行招商引资项目 5 个，项目引进后，预计总投资近 30 亿元。主要围绕农业生产机械设施项目开展，其中，青岛格兰德新能源有限公司的农田灌溉泵水系统项目落

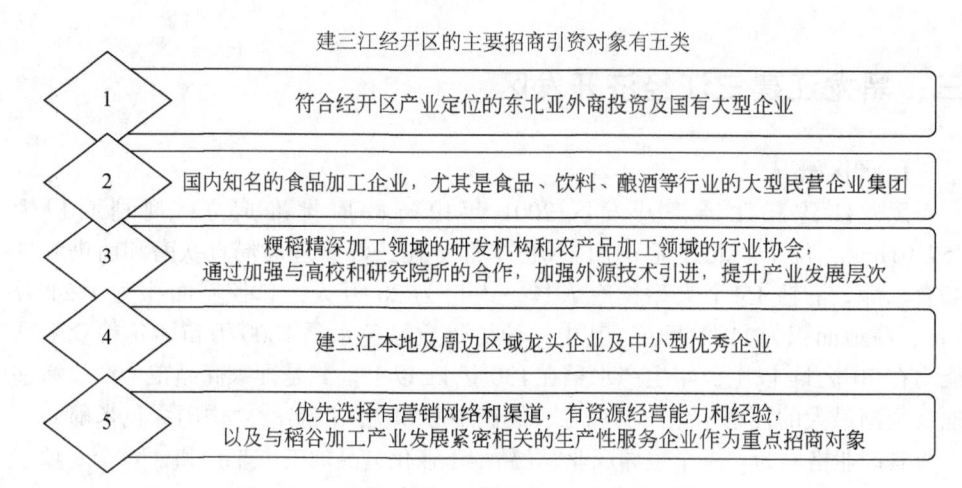

建三江经开区的主要招商引资对象有五类

1. 符合经开区产业定位的东北亚外商投资及国有大型企业

2. 国内知名的食品加工企业，尤其是食品、饮料、酿酒等行业的大型民营企业集团

3. 粳稻精深加工领域的研发机构和农产品加工领域的行业协会，通过加强与高校和研究院所的合作，加强外源技术引进，提升产业发展层次

4. 建三江本地及周边区域龙头企业及中小型优秀企业

5. 优先选择有营销网络和渠道，有资源经营能力和经验，以及与稻谷加工产业发展紧密相关的生产性服务企业作为重点招商对象

图 10-12　黑龙江建三江经济开发区招商引资原则

地后规模可解决全局农田灌溉、工业生产、供水供暖所需能源问题。

（2）重点企业情况

黑龙江建三江经济开发区重点企业见表 10-7。

表 10-7　黑龙江建三江经济开发区重点企业情况

序号	企业名称	企业类型	企业简介
1	北大荒米业三江制米厂	稻谷加工	年产优质精洁米 20.4 万 t，米糠油 1 万 t，米糠粕 2.4 万 t，是黑龙江建三江经济开发区稻米加工企业的龙头和当今亚洲最大的稻米综合加工企业
2	黑龙江省建三江农垦伍峰工贸有限公司	稻谷加工	投资 1.4 亿元，新建占地面积 7.35 万 m²，年加工能力为 20 万 t 的稻米综合加工项目
3	黑龙江省建三江农垦鑫盛源粮油工贸有限公司	稻谷加工	积极开拓外部市场，成功打造出了"极冬""鑫盛源""建三江"三个大米品牌，已同国内各大城市多家销售客户形成了稳定的销售网络
4	黑龙江省建三江农垦嘉良米业有限公司	稻谷加工	集水稻加工、玉米大豆销售及粮食烘干、储存、代收、代运为一体的股份制企业，年可加工稻谷 10 万 t
5	黑龙江省建三江农垦北斗星粮油工贸有限责任公司	稻谷加工	集水稻收购、生产加工销售及其副产品深加工于一体的现代化民营企业，进行集粮食收储、烘干存储、加工销售于一体的综合性粮食加工
6	黑龙江省建三江农垦建三江米业有限公司	稻谷加工	有五个产品被国家绿色食品发展中心许可在大米上使用 A 级绿色食品标志，2007 年 4 月"建三江"大米商标被黑龙江省认定为省著名商标

续表

序号	企业名称	企业类型	企业简介
7	黑龙江农垦建三江粮库有限责任公司	物流仓储	有效实现了粮库的收购、储存优势和米厂的加工、市场优势的结合，做到了强强联合，优势互补
8	黑龙江省建三江农垦金满昌科技工贸有限公司	米糠油加工	集植物食用油脂生产加工销售、生产资料、粮食物流于一体的大型现代化民营企业，每年粮食贸易10万余吨
9	黑龙江省农垦胜利粮油食品有限责任公司	面制品加工	以"长乐"牌挂面为龙头产品，集粮油加工与贸易于一体的省级农业产业化重点龙头企业
10	黑龙江省建三江农垦三江热电有限责任公司	生物质发电	发展清洁能源和循环经济，实现节能减排、保护环境，对燃煤锅炉进行了生物质改造，燃料为散稻壳和稻壳颗粒燃料

4. 发展规划

根据对建三江基本区情的分析和对未来区域产业发展需求的判断，确立了以稻谷精深加工业为主导产业的发展规划。依托建三江丰富的粮食资源，在经开区内规划建设稻谷粗级、精深加工及物流基地，引入和培育一批规模大、带动力强的产业化龙头企业，开发系列市场潜力大的绿色、有机产品，争创名优品牌；打开产品销售渠道，提高产品的市场转化率；重点引进生产技术及工艺攻克稻谷现存深加工转化难题，提高稻谷产业的综合效益（图10-13）。

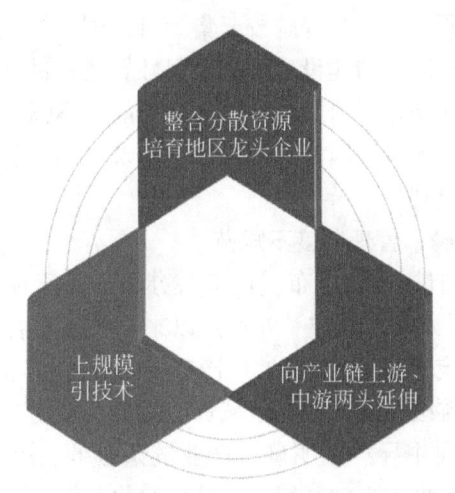

图10-13 黑龙江建三江经济开发区规划特色

黑龙江建三江经济开发区的成功是在以稻谷加工为主导产业的基础之上大力发展龙头企业的结果，其产业的发展除了依赖于区域本身为稻谷盛产区之外，还得益于对产业发展的明确规划。加快建三江地区粮食加工企业的资源整合，组建龙头企业。一是在建三江米业集团的基础上，构建及完善现代企业制度。二是以建三江米业集团及 15 个工业园区为主线，对稻谷加工的中小企业进行整合，对其各自的市场资源进行整合。同时大力改造和引进先进的加工技术和设备，提高粮食精深加工能力，提高资源的综合利用率。三是政府在财政、税收和金融等方面对农业产业化龙头企业给予重点扶持，并加强对龙头企业的引导和监督，完善产业化经营利益联结机制。以稻谷产业加工为中心节点，产业链要向上游稻谷种子、生产、收购等各流程延伸，同时向仓储、物流、交易等下游拓展。

第四节　省级开发区存在的主要问题与对策

一、主要问题

1. 对外交流条件差，对内创新能力低

开发区作为改革开放的直接产物，对外合作是终身使命，随着科学技术发展的趋势，大城市的科研院所、高等院校云集为科技创新提供条件。然而对东北地区的省级开发区来说，区位与建设层次的局限性导致其过于封闭，缺少对外交流的便利条件，其内部又缺乏科研载体，整体创新能力不强，这两个因素成为制约东北省级开发区发展的根本性因素，通过政策的宏观调控及企业的自主创新，可以在一定程度上进行改观。

2. 发展规划不明确，管理制度不规范

自 2017 年 2 月 6 日国务院发布《国务院办公厅关于促进开发区改革和创新发展的若干意见》（国办发〔2017〕7 号）以来，各省及各开发区管委会纷纷以省或开发区为单位制定开发区发展的"十三五规划"。经济开发区、工业园区、高新技术产业园区等省级开发区依托区域资源优势，推动产业要素集聚，提升营商环境国际化水平，向主导产业明确、产业链条延伸、综合配套完备的方向发展，成为区域经济增长极，带动区域经济结构优化升级。国家对各类开发区提出要求，督促其进一步明确发展方向，省级开发区融入了更重要的发展理念，而在东北地区省级开发区中，绝大多数没有制定规范性的发展规划。

3. 招商引资碎片化，产业集聚非自然

较小的经济规模难以支撑其内部多种关联程度较低的主导产业，开发区产业缺乏特色性，是东北地区省级开发区中存在的普遍现象。此种现象主要是由开发区在建立初期缺乏规划所导致。如果说国家级开发区的布局策略是一整套从沿海开放城市试点到内陆重点城市布局再到全国推进的整体策略，那么省级开发区的发展则毫无规律可言，它们是在国家允许、国务院各部委及各省行政单位批设开发区之后，各地区为快速提高经济发展而迅速建立起来的利益引导性区域，它们大部分没有自身发展特色，多数相邻地区省级开发区所扶持的主导产业相似度极高，反而使招商引资变得混乱，这种为维护自身利益的政策引导产生对同一资源的竞争性，反而使企业投资、产业发展违背传统自然选择优势，而呈现碎片化分布格局。

4. 政府主导占优势，市场调节能力弱

目前，东北地区的省级开发区多为由政府划定、为竞争招商引资而大力发展区域主导产业的地方性工业集中区，其优惠政策由政府直接制定。所在地区的产业规模较小，主导产业种类单一，很难形成产业集聚效应和较为完整的产业链，所以对企业的优惠政策大多是由政府主导的土地利用政策、"先征后返"等与市场经济规律相违背的优惠，其使市场的作用变弱。此外，成立省级开发区能够大幅增加所在县的工业经济规模特别是主导产业的经济规模，但并不能促进工业生产效率的提升。这表明，依靠优惠政策和廉价要素投入的开发区发展模式难以促进区域工业的持续增长，转型和升级已刻不容缓。

二、问题剖析

1. 宏观区位的相对劣势与相对封闭状态

开发区载体地区的外向性直接影响开发区的产业发展规模，开发区呈现出的"所处城市级别越高，开发区 GDP 越高"的经济特点也与之相关。东北地区绝大部分属于内陆地区，但又不及中部地区路网发达、交通枢纽密集，城市间的联结密度与人口密度都处于较低水平，除了哈长沈大交通干线沿线分布的中心城市经济辐射范围较大，与其他地区交流合作较多之外，大部分区域是地广人稀、经济密度也较低的小范围区域，省级开发区处于这种相对封闭的状态不利于自身的开放发展，因此限制了省级开发区的产品供应范围，缩减了开发区的经济效益。

2. 创新主体偏弱，政策红利持续性堪忧

科学研发载体的缺失导致东北省级开发区中经济开发区与高新技术产业园区的比例严重失调。省级开发区所处地区经济体量较小，且处在对外开放的次开发区域，缺乏科研院所及高等院校的支撑，以经济开发区为绝对主力、高新技术产业园区数量稀少的环境导致东北省级开发区整体科技创新能力不足。

当政策红利因省级开发区数量的大幅度增加而逐渐耗尽时，优惠政策带给每个开发区的竞争优势逐渐减弱。依靠大量要素和资金投入、税收减免等优惠政策来吸引资本建立起来的开发区必将面临转型的需求，开发区内部的制度优势将逐渐代替政策优惠成为未来时期省级开发区生存发展的重要因素。位于区县及地级市的开发区只是将原本区域内的产业进行搬迁转移，将能够产生经济效益的工业产业进行基于位置的规范化，由于省级开发区的所在区域一般经济体量较小，位置集聚后的开发区产业难以形成规模经济，产生了基于企业位置的开发区经济高速增长。开发区中产业的高密度性，使其成为所在区县的经济增长驱动引擎，然而从区县总体上来看，这种区域的资本和生产要素内部流动所产生的主体中某一部分经济效益的明显增长具有区域整体上的制衡性，并不能使整个区域的经济水平得到明显提升。

3. 体量偏小、难以形成规模经济效应

由于省级开发区缺乏完整的开发经验，并且体量小、主导产业单一，对市场的抵抗能力弱，因此，政府与市场的不协调性要比国家级开发区更加显现。东北每个省级开发区都具有1~4项主导产业，然而，每个开发区内部的主导产业在生产环节上关联度较低，较为无序化。例如，辽宁丹东前阳经济开发区以服装纺织业、食品加工业、机械制造业为主导产业；吉林敦化经济开发区，以木制品加工业、食品加工业、生物医药业为主导产业；黑龙江肇东经济开发区以农副产品加工业、生物医药业、新材料业为主导产业等。在众多省级开发区中还有许多家开发区以较小的开发强度和经济体量支撑着种类较多且产业关联度较低的主导产业，这违背了经济自然集聚的规律，难以产生规模经济效应。

三、解决策略

第一，充分利用好东北地区与东部地区部分省（自治区、直辖市）对口合作契机，积极融入交流氛围，不但要学习先进经验做法，推进体制机制创新，更要开展产业务实合作，加快结构调整步伐，以及共促科技成果转化，提升创业创新水平，尤其是合作园区共建，搭建合作平台载体。国家支持在东北地区建设对口合作示范园区，引进东部沿海地区的先进经验、管理团队，创新管理体制和运行机制，吸引优势产业集聚。支持东部地区重点园区在东北地区设立分园区，鼓励东北地区与东部沿海地区合作发展"飞地经济"，探索跨地区利益分享机制。

第二，省级开发区虽然体量较小，但发挥着区域增长极的作用，因此各阶段的目标设定应更加科学合理。省级政府一般会制定较为笼统的中短期发展规划，为全省各层次、各类型开发区把握发展方向，一些国家级开发区也会制定单独的发展规划，唯独省级开发区较少制定正式且详细的发展规划，省级开发区数量庞大的，国家和省级层面难以全面深入到个体进行指导，建议各开发区能够对全国市场需求、区域发展形势、自身发展潜力有具体的把握，在发展目标、产业转型、具体实施方面能够有一套完备的理论体系，从而制定科学详细的发展规划。

第三，对内加强经济体制改革，促使资本和生产要素产生新的分配方式，加快产业转型升级；对外加强改革开放，吸引外资及发达地区的投资，打破省级开发区传统的经济效益在开发区聚集但区域内整体制衡的低效率现状。开发区传统依赖的发展要素主要为外部优惠政策，这种方式会随着开发区数量增多、建设的日渐完善及落地企业的逐渐饱和而弱化，转型升级在于产业结构的转型，但在这一时期更在于由制度转型而产生的经济运行机制的合理化，因此，在开发区发展驱动要素更替的背景下，完善经济体制改革是提升省级开发区工业生产效率的关键因素。省级开发区属于对外开放的次水平区域，无论是开发强度还是吸引外资的能力都较弱，又因其大多地处区县等经济体量较小的区域，产业的空间集聚难以达到形成规模经济的程度，因此需要加强开放、吸引投资，让省级开发区所在区域经济水平在整体上有所提高。

第四，省级开发区可持续发展的首要任务就是形成独具特色、区别于周边地区的产业园区，避免参与政策趋同、产业趋同的恶性竞争。目前在省级开发区的三大分类中，东北地区具有177家经济开发区、7家高新技术产业园区、而特色工业园区的数量为零。要想改变这种重经济、轻建设的局面，应该建立引导性机制，出台经济开发区转型升级走向特色工业园区的奖励办法及考核机制，积极引导省级经济开发区向省级特色工业园区的转变，加强开发区的创新发展导向与支持，弥补东北地区在省级特色工业园区的空白，促进三种开发区均衡、协调发展。省级开发区的经济体量一般较小，只有发展出自身的工业特色，才能形成竞争力，弥补建设前期因缺乏规划所导致的招商引资碎片化，才能在较小的经济体量上形成产业集聚效应。

第五，加强省级开发区之间的区域合作，积极融入地区间开发区产业分工协作氛围，构建省级开发区产业衔接、分工协作体系。东北省级开发区遍布各区县，资源禀赋不尽相同，利于构建互相流通的"产品-市场"生产消费互补网络，以政府为主导的建设削弱了开发区之间关联体系的形成。建议加强市场流通，让省级开发区在生产环节上的分工以市场为导向，以创建自然形成的市场经济体系，加强自身调节能力。从宏观来说，东北地区的省级开发区是促进东北经济融入东北亚的坚实后盾，省级开发区分工协作体系的形成与稳定有利于东北地区面向东北亚的次区域增长极建设，并能够为长吉图城市群、哈牡绥城市群、沈大城市群及呼包鄂城市群的经济建设提供基础支持，保证地方经济的稳定发展。

第十一章 国内外开发区的典型模式及经验借鉴

随着全球经济一体化发展进程加快及国内全面深化改革的不断推进,开发区传统的发展理念及产业战略、组织及管理模式、功能定位等诸多方面已不能完全适应新时期的发展要求及时代潮流。同时,不同开发区之间无序竞争、成长乏力、资源环境负面效应等问题也日渐暴露。如何规范园区秩序、提升产业活力、协调人地关系,已成为东北开发区持续健康发展的重大挑战。放眼全球,不乏一些具有不同组织模式和不同发展路径开发区的成功案例。因而,通过归纳国内外典型开发区的发展模式,总结其成功经验,可为东北开发区取精用宏,开拓持续发展道路提供有益启示。为此,本章将从全球视野,梳理总结不同发展程度的国家/地区、不同产业导向和不同组织模式的典型开发区的发展实践及核心特征,以期为东北开发区的发展提供系统的经验借鉴。

第一节 国外开发区的典型模式及经验借鉴

一、美国硅谷

硅谷是以信息产业为核心,集研究、开发和销售为一体的高科技园区,是组织及发展完全依靠市场化的典型代表。政府力量仅发挥宏观方面的公共职能,更多发挥的是中介功能。

1. 园区概况

硅谷位于美国加利福尼亚州旧金山以南的一条狭长地带,总面积为 1854 km^2,总人口为305万人(2017年),是加利福尼亚州经济社会发展的重要引擎。根据《2017硅谷指数》,2017年硅谷以占全州1.19%的土地面积供养了7.8%的人口,贡献了10.4%的经济增长和9.5%的就业岗位。作为世界信息技术革命的发祥地,目前的硅谷已经成为世界一流园区的典型代表,是其他国家和地区发展高新技术产业竞相效仿的对象,甚至已经成为一种社会现象及世界各国高科技集聚区的代名词,如中国的"硅谷"——中关村、印度的"硅谷"——班塞罗那等。

硅谷最早是由研究和生产以硅为基础的半导体芯片起家,由此得名。它是以斯坦福研究园为基础发展壮大起来的。1951年为留住毕业生在当地就业,斯坦福大学以租赁土地的方式,将7.5%的校园土地提供给瓦里安公司发展高科技,成立了世界上第一个大学科学园(斯坦福研究园)。经过近70年发展,园区已经成长为世界闻名的硅谷。客观地说,硅谷的诞生和发展有一定的偶然因素,当初仅是为留住高校毕业生在当地就业而划定的一片产业用地,并未附加特别明确的带动示范目的。但它迎合了世界性科技革命的时代特征,在全球范围内树立起科技园区建设的成功典范。

20世纪60年代是硅谷的草创期,"学术研究+工业生产"的组织模式及风险资本和创新公司的结合发展初步定型。1971年微处理器的发明使得微机生产成为可能,由此使硅谷乃至整个美国进入了微电子时代,之后历经近20年时间直到20世纪80年代中期,承借微电子信息技术的快速发展潮流,硅谷实现了巨大发展。90年代,软件业的崛起又一次促进了硅谷的非物质化进程,使其率先步入了"信息社会"。21世纪初期,软件业和网络业齐头并进,硅谷已经大规模进入网络时代,网络时代又反过来促进了软件业的昌盛。总体而言,硅谷顺应微电子信息技术的发展,自主地有机成长,形成了独特的文化氛围和发展模式,持续着创新和创业的浪潮。现如今已经成长为美国重要的电子工业基地及全球高新技术创新和发展中心,尤其在半导体、软件和互联网服务等行业享有世界盛名,目前已经有规模不等的电子公司近万家,所产半导体集成电路和电子计算机约占全美的1/3和1/6。同时,也吸引了包括谷歌、英特尔、苹果、Facebook、雅虎、特斯拉等高科技知名企业总部的落户发展,"总部经济"也日渐彰显。

专栏11-1 硅谷指数

硅谷指数是由硅谷联合投资(创建于1992年的非营利机构)首创,后和硅谷社区基金会联合编著并发布的包含人口、经济、社会、空间和地方行政等内容的综合性区域发展评价报告。1995年首次发布,之后每年年初进行发布,是研究硅谷地区发展情况的相对权威且全面的参考资料。

专栏11-2 世界科技工业园区的发展概况

21世纪初期,全球范围内发展相对成熟、具有一定规模、产业特征突出、效益明显且世界公认的开发区有近万家。其中,成为国际科学工业园协会成员的1994年为490家,1995年为580家。其中超过100家的IASP成员有德国(162家)和美国(131家);超过20家的有英国(45家)、法国(33家);超过10家的有加拿大(18家)、俄罗斯(11家)、澳大利亚(18家)、印度(15家)、意大利(12家)、瑞典(12家)、西班牙(10家)、芬兰(11家);超过5家的有奥地利(5家)、比利时(5家)、挪威(9家)、葡萄牙(6家),其余26个国家和地区均不超过4家,其中,中国台湾地区1家,日本4家。在不同地域、不同体制下,各个开发区的产业核心有所差异,格局也各有侧重,在多年的发展历程中逐渐形成了自己的特色。

世界十大著名科技工业园区的基本情况

国别	园区名称	创办年份	主要特点
美国	斯坦福科学园(硅谷)	1951	集聚1000多家电脑、半导体生产企业。园区生产的电子集成电路产品占世界总量的25%,年产值达440亿美元
日本	筑波科技园区	1964	46所大学,1万多名科技人员,其中博士以上学历人员2500人
俄罗斯	新西伯利亚科技园区	1957	20多个国立科研机构,科技人员1.8万名,是世界上规模最大的科学园区
德国	慕尼黑科技园区	1984	拥有300多家电子公司,闻名于世的西门子公司设在该园区
法国	格勒诺布尔科技园区	1984	拥有8000多家生产电子产品的基地,电脑、电子、科学技术开发中心
加拿大	卡尔顿科技园区	2001	拥有350家高科技公司,专门从事半导体器件的研究开发,技术人员有2.5万名
意大利	蒂布尔蒂纳科学园区		曾参加62颗通信卫星的生产和74个地面站建设
英国	苏格兰科学园区		300余家电子公司,生产占英国80%的集成电路和50%的电脑及其附属产品
新加坡	新加坡科学园区	1994	占地108hm^2,40多家高科技公司,研究人员有1万名,主要从事生物技术、微电子学、机器人等方面的研究开发工作
瑞典	希斯达科学园区		方圆7km^{2}内集中了全国70%的电子工业。在10余家企业中,50%以上为电子工业

2. 发展模式及核心特征

硅谷的核心发展模式是凝聚"科学研究—技术应用—产业发展"的中坚力量，持续碰撞创新理念的同时，实现研究成果的转化应用。其中，高校/科研机构、政府、风险资本投资及创新企业家的革新等方面在其中发挥着重要作用。具体包括以下几方面。

从组织机制来看，硅谷首创了高科技产业发展的新形态，即"科、技、产"三位一体的发展模式。这种模式在三个方面改造了硅谷旧貌：①改变了硅谷的生产力结构，真正地促进了知识（高科技）成为生产力中的关键因素；②改变了硅谷的经济结构，助推硅谷从农业社会到后工业社会的跨越式发展，使得非物质生产在硅谷创造的价值远超越了物质生产的部分，成就了硅谷的"大脑经济"；③改变了硅谷的阶级和就业结构，产生了包括科学家、工程师及其他技术人员在内的新型中产阶级，这些技术专家阶层已经替代农场主成了硅谷的核心劳动力。所以，三位一体的发展模式是硅谷快速发展的核心驱动力，也是一种顺应时代需求的浑然一体的网络式合作模式，可以为社会发展的核心力量架通多层级、多渠道的合作途径。例如，将大学、研究机构和风险企业聚集在一起，形成密切联系，并由此引起知识和信息的汇集与交流，成为高技术发展的重要源泉。

遵循以中小企业为核心的发展模式。中小企业是知识经济时代的中坚力量，也是硅谷地区最具活力的群体。因为在知识经济时代，企业更多地依赖智力资源而非自然资源创造价值，所以规模大小并不能成为衡量企业价值的决定性因素，反而能够实现模块或定制化生产及弹性、开发式的组织经营模式能够更加迎合时代的发展需求。在硅谷的发展历程中，中小型企业一直占据主导地位。在新产品的生产过程中，不同类型的中小企业之间优势互补，保持竞争和合作的关系，既能维持原有规模，又能提升自身竞争力。一旦公司规模变大，硅谷则采取裂变的方式，将高新技术工业中标准化产品的制造部门派遣到其他国家或地区，仅保留硅谷地区的研究和开发功能。这也是硅谷能够持续保持创新创业活力的关键因素。

极力凝聚人力资源要素。人才是盘活知识经济时代第一位生产力的关键因素，也是硅谷兴盛的核心要素。依托斯坦福大学和加利福尼亚大学伯克利分校等世界一流名校和其他数十所专业院校培育的高端人才，以及从世界各国不断输入的精英分子，硅谷的知识和技术密度居美国之首，甚至已经占领全世界的人才高地。目前已有40多位诺贝尔奖获得者、上千名科学家及20多万名来自世界各地的优秀工程师，83%的常住人口接受过大专以上或专业技术教育。现如今仍然保有对外界高端人士的强势吸引力，仅2016年就新增45 621个就业岗位，其中绝大多数集中于生物科技、互联网和计算机等时代前沿行业。高校/科研院所内大多数的研究合同来自企业，它们共同研究新技术，开发新产品，由此促使研究成果快速地转换成有效的物质生产力。除了技术及创新人员外，硅谷富有冒险精神的创业家也比比皆是，一旦发现出色的创意或技术成果，他们能够迅速拉拢风险投资，把新发明应用于新产品，并快速投入市场。

灵活而富有弹性的组织结构。和传统企业相比，硅谷大多数企业不是用组织结构来安排工作，而是用工作来确定组织结构。灵活、有弹性、可渗透、易流动且联系相对松散的班组结构是硅谷企业最常见的工作组织方式，随时可以形成新的组织以迎接最新的挑战。这种看似"宽松"的工作氛围，实质上充分利用了自然界适者生存的规律，在提高从业人员工作安排自由度的同时，无形中也增添了竞争压力，督促员工自我提升和管理，从而提高团队的工作效率。

庞大的风险资金支持和成熟的风险投融资模式。硅谷衍生新技术企业的能力如此强大的关键因素是，背后有围绕风险投资顺畅的融资模式及良好的金融环境。一方面，有敢于冒险的创业精神和容忍失败的创业环境。在硅谷成功的企业中，学生占有极大的比例和地位，学生型风险企业家具有勇于冒险、敢于创新和失败率高的特点，他们在风险资本的支持下和理解失败的创意环境中，会积极尝试将自己的高技术发明商品化。另一方面，有成熟的风险投资和融资模式，风险资本家不仅向有潜力的高技术公司提供必要的资金支持，还提供管理和技术方面的咨询，向企业家推荐人才，这对初创型公司来说，可能是比资金支持更有价值的无形财富。

3. 经验总结及启示

硅谷模式最核心的特点是以大学或科研机构为中心，科研与生产相结合，科研成果迅速转化为生产力或商品，形成高技术综合体。它是继科学技术的个人研究、研究单位的集体研究、国家组织的大规模项目研究之后，人类研究发展科学技术的又一种重要方式，是当代发展高技术产业的成功方式，是一种自组织系统。在高技术领域，技术越来越多地表现为物化的科学知识，也越来越要求科学、技术与生产趋于同步，硅谷模式正是这种最新趋势的集中体现。从硅谷的发展历程及组织模式中可以得到一些成功经验，给东北开发区的转型发展带来有益启示。

首先，结合产业基础明确自我发展定位，并能坚定执行。虽然硅谷的成功离不开偶然因素（无心插柳的结果），但它能够抓住时代机遇，明晰产业发展定位，并且坚定的执行力度更是决定性因素。一旦结合时代潮流确定产业定位之后，能够不被其他利益吸引，朝着一个明确的方向坚定执行下去，才有可能跟上时代步伐甚至引领时代潮流。

其次，重视生产要素市场的培育，提升企业的自主创新和自我造血能力。硅谷的形成和发展基本是源于自身的生机和活力。它最重要的竞争力就是富有创造性，在孵化新企业、培育和集聚人才、创造新产品等方面都充分重视市场规则。注重基础科学研究，更注重高新技术及其产品的开发和应用。硅谷的技术和产品以快、新、尖、优为前提，公司的生存和发展也以此为基础。对人力资源而言，硅谷是培养和锻炼人才的地方，不管是企业还是个人，优胜劣汰在这里体现得最为充分。鼓励人才流动，注重人才集聚，由此延长知识价值链，培育核心竞争力也是硅谷模式的明显特点。

再次，明确政府的定位，主要依赖于市场机制。硅谷是完全市场化的产物，政府只在宏观方面提供一些公共职能，中介功能较强，这和美国自身的市场条件及管理体制有关。我国及我国东北地区发展环境也具有独特性，因而不能照搬美国政府的具体行为，但可学习政府对自我定位的精准和明确及"不越雷池"的执行力度。

最后，为开发区适当"减负"。结合开发区的定位附加适当的头衔即可，我们不应该将开发区看成"万能药方"，使其背负过多的职能和发展目标。硅谷从诞生之日起，就确立了"单一"的发展目标，即带动当地就业，并围绕该目标制定了发展路径，这也是硅谷发展至今能够成为高精尖人才集聚高地的重要因素之一。而我国开发区在发展历程中背负的头衔越来越多，逐渐偏离最核心的发展路径，最终结果是目标不明、规划不清。日后可尝试给开发区"做减法"，避免其成为套取政策红利的幌子，进而恢复并执行明晰的发展目标，真正发挥开发区的预期效果。

二、德国慕尼黑高科技工业园区

和英美国家相比，德国开发区的建设之路虽然起步较晚，但后期发展迅猛，是西欧开发区发展最快的国家。目前，已在全世界开发区的发展版图中占据了重要地位。慕尼黑高科技工业园区是德国最为突出的鼓励高科技产业创新发展的科技园区，也是德国应对英美两国经济和科技发展挑战的重要空间载体之一。它的组织和发展受到了"有形之手"和"无形之手"的双手提携，是政府和市场合作促进园区发展的典型案例。

1. 园区概况

慕尼黑高科技工业园区位于德国巴伐利亚州的首府、德国第三大城市——慕尼黑市。1984年，园区创建初始总面积仅为 $2km^2$。但由于符合资助高科技企业的发展形势而受到企业界普遍欢迎，发展十分迅速。1990年，园区面积扩展 2

倍。1992年，为打破狭小空间对企业发展的限制，投资建设了高新技术企业孵化大楼以帮助企业降低科技孵化成本，集中发展工业产业、激光技术、纳米技术和生物技术等前沿领域。同时还配置了世界最先进的信息装备，科技人员在区内即可快速且完整地了解整个西欧地区的产业发展和科研动态。一般情况下，德国新企业或新领域的起步，首先会在这里进行试验，成功后再移植到其他地区创建一个小型的工业园区。例如，慕尼黑生态科技园、绿色食品科技园和信息产业科技园等，均是对慕尼黑高科技工业园的"拷贝"或"克隆"。由此，进一步提升了区内高科技产业的集聚和研发活力，奠定了其作为全国高科技产业孵化中心的地位。园区内入驻且保持长久活力的企业数目不断增加，创造了大量的就业岗位。世界著名的电子企业、德国最大的私立企业——西门子公司总部就位于慕尼黑市，园区内仅西门子公司一家生产的电子表、集成电路等产品的产量就占到全世界的30%左右，是德国集电子、微电子和机电产业的研究与开发中心，被称为"巴伐利亚硅谷"。

2. 发展模式及核心特征

慕尼黑高科技工业园区在规划初始，就确立了"现代+传统"两条腿走路的发展模式，即"重视现代科技开发"的同时，也"积极提携传统产业"。该发展模式促使园区在日渐沉淀壮大旧动能的同时也能够源源不断地输入新鲜血液，加上政府的直接参与（仍以市场力量占据主导，政府参与相对较少）、大学及科研机构的研发后盾及以市场力量为主推动的园区服务体系的日臻完善，园区保持着相对长久的发展活力，成功挤入世界著名开发区行列。该园区发展及组织模式的核心特征可以概括如下。

政府和市场明确分工，合力筹建促发展。慕尼黑高科技工业园区是政府和市场共同合作的产物，两者力量是园区持续发展的潜在动力。政府主要着力于监督园区的管理模式、营造良好的政策环境及构建完善的服务体系等宏观方面，虽然政府也直接参与园区的建设和管理，但仍是以市场力量主导园区内产业及企业的发展。政府的作用主要体现在：①监督管理模式。慕尼黑高科技工业园是由慕尼黑市政府和慕尼黑商会共同投资筹建的，为促进园区发展，慕尼黑市专门成立了慕尼黑高科技工业园区管理招商中心（隶属慕尼黑市政府和慕尼黑商会），代表政府全程服务于进区企业。中心实行企业化管理方式，制定每年保证10个公司进区，并确保科技孵化楼入住率达到80%以上的考核目标，但所有重大战略及支出均由监管会最终决定。②营造政策环境，平衡传统产业与现代科技的发展力量。例如，通过降低租金和税收等鼓励创新的优惠政策吸引现代高科技公司入驻园区。同时，通过降低地租，提供培训经费等方式扶持传统产业的发展。慕尼黑市政府每年划拨25万欧元给慕尼黑高科技工业园区管理招商中心，用于资助传统企业的员工培训，把传统产业在转型过程中的风险降到最低。③制定法律条文，规范并促进园区发展。例如，政府明文规定，政府投资类大学必须与企业开展合作，从而加快科技研发及成果转化速度。而在高新技术开发方面，则实行以企业为主体，以民间和社会力量投入研发，市场化运作的方式。园区采取降低房租和提供科技孵化场地等措施，鼓励高新技术企业进区研发。但规定凡进入科技孵化楼的企业，在有科技成果之后，必须搬出科技孵化楼，创办新的科技工业园。政府和市场相对明确的分工和合作，避免了权责不明及职能交叉带来的效率低下问题。

以孵化创新企业及提高就业率为明确的发展目标。与包括我国在内的世界上其他国家不同，慕尼黑高科技产业园发展的一个重要目的是促进就业。实践证明，在"现代+传统"的总体发展模式引导下，高度发达的园区确实为当地甚至全国提供了大量的就业和创业机会。首先，作为德国最为鼓励的集研发与生产为一体的科技园区，慕尼黑高科技工业园吸引了大批初创型的高科技公司入驻孵化，而这些企业平均成功率高达90%及以上。孵化成功的新企业在另辟园区逐渐壮大规模之际，使得很多寻找就业机会的人从中受益。其次，园区对传统产业的扶持也为区内企业提供了稳定发展的保障，这对培育本土知名企业是极大利好的发展模式。在集聚效应的带动下，区内企业逐步延伸产业链条，扩大对外影响力，进而产生相对稳定的用工需求。目前，在慕尼黑高科技工业园区内集聚了600多家生产电子元件和电子系统的企业，与区内外2400多家公司产生密切合作关系。电子工业公司在20世纪末期已经多达3000多家，创造了近3万个就业机会。

"科研机构-企业"联合，提升核心竞争力。高新技术产业园区的核心优势在于其科技实力较强，同时也有一批相对有活力的企业为其占据市场。一流大学，尤其是一流研发型大学/科研机构，是科技园区建设最基本的依托，也是许多科技园区的倡导者甚至主导者。慕尼黑市内及周边区域布局有多个研发实力雄厚的大学/科研机构，加上当地政府对"科研机构-企业"必须合作的"限制条款"，为慕尼黑高科技工业园区发展孵化产业，进而发展成为高科技初创企业集聚高地，发挥了举足轻重的作用。例如，慕尼黑大学、慕尼黑工业大学、慕尼黑理工大学，以及近郊的麦克斯普朗克离子研究所、辐射与环境研究会、航空航天研究所等都为园区的发展提供了大量的科研人才及研究成果。科研机构与区内企业保持密切联系，在帮助企业开展研发活动的同时也促进了科研成果的转化，取得了双赢效果，也提升了区域整体的核心竞争力（图11-1）。

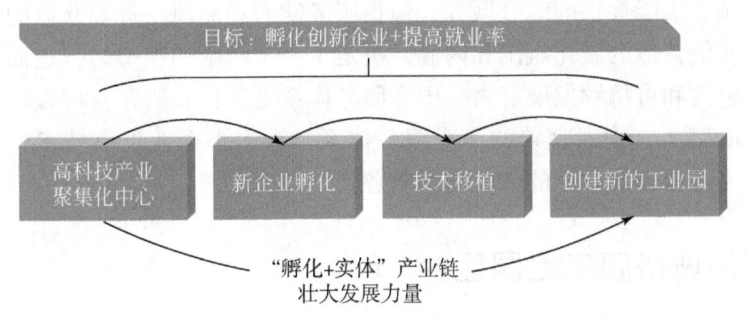

◎ 第十一章 国内外开发区的典型模式及经验借鉴

图 11-1 慕尼黑高科技工业园区的发展模式

3. 经验借鉴

注重提升传统产业的技术水平，而不是一边倒地吹捧新兴产业。由于传统产业是相对成熟的产业，它不仅对高新技术企业的发展具有较强的互补性，而且可以保证地方经济发展具有较强的稳定性。慕尼黑高科技产业园区在发展新兴产业的同时，也十分重视提高传统产业的发展水平，制定鼓励传统产业发展的政策与科技园区建设几乎是在同一时期。此外，慕尼黑高科技工业园区的发展经验表明，通过鼓励和支持科研结构对传统产业的开发和改造，传统产业也可以通过科技园区的二次孵化再上新台阶，其采取的"现代+传统"的发展模式值得东北开发区积极借鉴。科学技术突飞猛进的今天，只有"夕阳技术，没有夕阳产业"。传统产业在东北经济发展过程中的作用应该被更加重视。此外，高新技术产业政策针对的对象不应该仅仅限定于少数被划定的高新技术产业，而是应包括促进高新技术在传统产业中的应用和推广。

把鼓励外来投资和注重本地企业发展摆在同等重要的位置。东北大多数开发区招商引资工作的重点服务对象是开发区所在地以外的投资企业，通常忽略培植本地企业进区发展。外来企业能够享受的优惠政策，本地企业也通常不能享受。然而，在稳定区域经济发展及培育知名品牌方面，本地企业可能更具优势。慕尼黑高科技工业园区的管理经验带给我们深刻的启示：按照国际管理公平竞争的原则，东北开发区应把扶持本地企业进区开发与引进外来投资企业进区开发摆在同等重要的位置。

明确政府职责，构建完善的中介服务体系。政府对开发区的发展具有重要作用，尤其在营造总体投资环境方面。在社会主义市场经济体制下，发展开发区需要政府的直接推动。政府可以参与开发区的投资建设，但是要有明确的行为界限，其定位应该是中介服务机构，更多的是从宏观视角发挥辅助作用，如在规划立法、投资、管理和服务等方面发挥作用。慕尼黑高科技工业园区的经验告诫我们：一个园区所能提供的综合服务，包括服务能力和品质、资源获取的难易程度及层次，所能营造的文化氛围和内涵，决定了一个园区的吸引力，进而影响园区的核心竞争力和可持续发展能力。中介服务体系是其核心所在，可以以政府为媒介或者政府牵头，构建完善的中介服务体系，为中小企业提供技术、资金、咨询，甚至人才培训等方面的综合支撑服务。

三、新加坡裕廊工业园区

新加坡裕廊工业园区是亚洲最早成立的开发区之一，被认为是亚洲工业园区的成功典范，也是新加坡目前最大的现代化工业基地。第二次世界大战结束后，新加坡只是一个资源匮乏、工业基础落后、失业率极高的"弹丸之国"。基于这一现状，政府于1961年在裕廊划定6000余公顷土地并划拨1亿新元拉开了工业园区的筹建序幕，也由此开启了新加坡的工业化发展之路。裕廊工业园区的开发和管理过程都有政府的直接参与，某些方面甚至是垄断性操作，是政府深度主导开发区发展建设的典型案例。

1. 园区概况

裕廊工业园区位于新加坡岛西南部的海滨地带，距市区10多公里，总面积约$65km^2$，始建于1962年。在此之前，园区所在地还是一片荒芜景象，大部分被沼泽和丘陵覆盖。但因靠近国际航道的深水港，具备建设现代化工业区的良好自然地理条件和海陆空交通条件，而被政府选中作为工业园区建设基地。1968年，园区实现了多通一平，厂房、港口、码头、道路、电力、供水等基础设计建设基本完工。同年6月，政府成立了裕廊镇管理局，专门代表政府负责经营管理园区发展。到2003年底，区内已经包含30多个专业型工业园区，容纳7000余家跨国公司和本地的高技术制造公司。经过近60年的发展，园区基本形成了以石化、修造船、机械工程、一般制造业和现代物流等为主导产业的产业格局，并由初期的出口加工制造逐步向通信技术、生命科学等众多高新技术产业方向演化。园区范围内的裕廊港通过各个国家的货轮与印度、欧洲、地中海、远东、非洲等地区建立了发展的贸易运输网络。截至2018年底，它依然是新加坡最大的综合工业基地、世界第三大石化炼油中心和工业港，在带动区域经济提升的同时也提供了大量的就业机会。工业产值占新加坡的近2/3，对GDP的直接贡献率高达25%左右，雇用了全国1/3以上的劳动力。随着产城融合的发展趋势，园区又增添了居住、办公等城市功能，正在成为港区城一体化的综合产业新城。

从1962年正式建设至今，裕廊工业园区经历了五个明显的发展阶段：

①1962~1968年的起步阶段（基础设施建设），最先在14.5km^{2}的土地上兴建标准厂房，重点建设港口、码头、铁路、公路、电力、供水等各项基础设施。因当时实行进口替代战略，加上政局不稳，起步阶段园区内仅有150多家企业入驻，且多为本国资本。②1968~1990年的初具规模阶段，自1968年园区的开发管理开始进入专业模式，进口替代战略也逐步转向出口加工战略，国外资本大量涌入，石化区大量跨国企业进驻，为园区带来了极大的经济效益，奠定了园区发展建立的基础。③1990~1997年的产业转型阶段，由于制造业成本上升，园区作为海外制造基地的优势逐步削弱。在新加坡总体经济转型之际，高科技企业和高附加值企业被重点扶持，园区设立了专门的科技工业园区和国际商务区对接，并开始了国外项目的操作（如苏州新加坡工业园区）。④1997~2001年的管理转型阶段，面对产业转型及全球经济低迷的挑战，管理重心也从对业务的管理转变到服务上，把改善对客户的服务作为重点工作，通过改善运输系统、为外来人员提供住房租金、为企业提供一站式服务等完善配套服务的方式提高园区的竞争力。⑤2001年至今创新发展机制阶段，也是园区的成熟发展阶段，整个园区开始从制造基地、服务基地向创新基地转变，使园区成为一个创新源泉，强调面向未来的开发，宜产宜居的新城渐露新容（图11-2）。

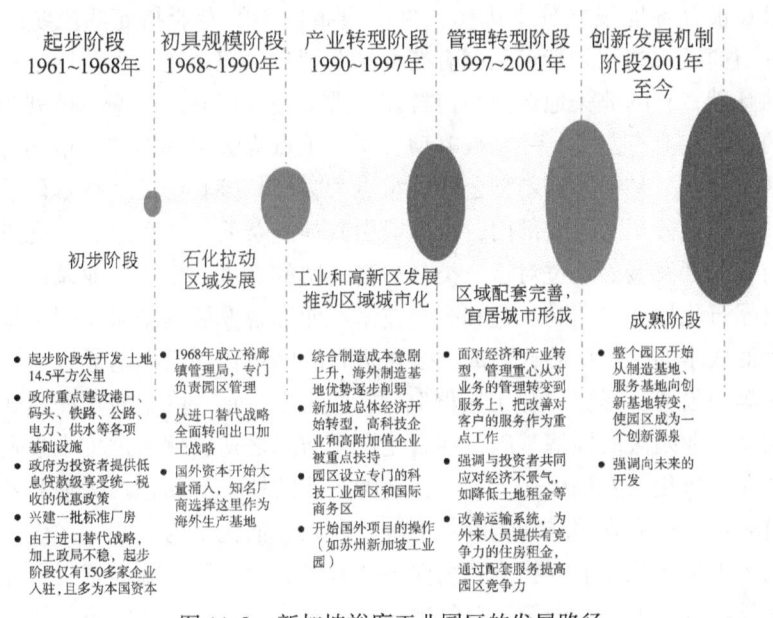

图11-2 新加坡裕廊工业园区的发展路径

2. 发展模式及核心特征

不同于前面两个典型案例，政府主导的开发运营模式和全球范围内的集中招商引资是新加坡裕廊工业园区最核心的发展及组织模式。

政府主导的开发运营模式。新加坡裕廊工业园区的开发运营主要是由政府垄断。不论是在最初的管理机构设置和经济发展布局方面，还是后来独立设置裕廊管理局开展专业管理（裕廊镇管理局实质是代表政府负责园区的全面开发管理，它又通过若干分支机构，形成了一个非常专业化的子系统，专门负责园区开发建设），裕廊工业园区的公共物品特性很强。在园区的整个开发过程中，资金筹集、土地征用、招商引资、战略制定等方面均是采用一级政府统一规划，专业化分工建设、管理和服务协调相配合的发展模式。虽然园区的后期资金来源呈现多样化趋向，但项目建设的初期投入资金仍然主要来源于政府。因而政府始终拥有较多的话语权。此外，政府用法律制度来安排土地的开发利用，由政府派出公结构——裕廊集团统一控制全国工业用地和各类园区的供给。这种模式的明显优势是能够保证园区项目的快速启动并尽快达到规模经济，快速并以较低的成本获取私人土地，有效地平衡园区内部的产业结构以减少恶性竞争。

全球范围内的集中招商引资模式。裕廊工业园区采取公司总部统一招商的策略，通过在世界各地设立分支机构，再由遍布世界的专业招商队伍统一负责招商。这种招商模式的主要特点是拥有高度的营销自主权，奠定为跨国公司提供优质服务的基础，有的放矢地选择客户群体，大大提高招商成功率。被列为目标客户群体的公司主要有三类，一是战略型公司，重点为吸引其财务、市场等重要部门到园区发展；二是技术创新型公司，重点为吸引其核心产品及技术研发部门到园区发展；三是公司的重要部门，重点吸引其最复杂的生产程序和最先进的生产技术部门到园区发展。通过对这三类公司高效率的引进，裕廊工业园区的快速发展不再仅靠石化拉动，而是工业和高新技术产业综合发展的结果。园区也不再仅仅是一个低成本的生产中心，而成为公司进行战略运作的长期基地。

通过集中投资，形成"化工簇群"，即上下游产业一体化的发展模式。石化产业是裕廊工业园区的经济基础，在石化产业布局之初，就通过集中投资形成了上下游产业一体化的发展模式。其中，上游产业的核心产品包括炼油和乙烯，代表企业有著名的埃克森美孚和壳牌；下游产业以石油化工为核心，代表企业有伊斯曼公司等大型石化企业；物流和仓储主要有码头和仓储设施经营者、化学品仓库和化工储罐及管道经营者等。总的来说，该模式完善了产业链条，将石化区的经济效益逐步放大，最终奠定了整个园区的经济基础，同时吸引了产业、人口，引导园区功能逐步向生产、居住功能兼备的产业新城方向演进。

3. 成功经验借鉴

近年来，裕廊工业园区的开发运营模式对亚洲各发展中国家，特别是周边国家的影响日益深远。新加坡在实施其"区域经济发展战略"、推进海外开发进程中，也多次输出"裕廊模式"，并大获成功。其中，印度的班加罗尔国际科技园、菲律宾的卡梅尔第二工业园、越南的新加坡工业园、中国的苏州工业园区均堪称表率。裕廊工业园区的成功起步于良好的区位条件，昌盛于合理的规划及明确的目标。此外，举国之力的支持也是裕廊工业园区的坚实后盾。经营良好，管理井然，尤其是园区和政府的关系十分融洽，颇有如鱼得水之感。新加坡裕廊工业园区的发展模式和我国东北地区部分开发区类似，也受较强的政府主导影响。东北开发区在明确目标、创新管理体制、管理机构权限等诸多方面都应从该案例中受到启发。其成功的经验具体包括以下几方面。

明确的发展目标。新加坡裕廊工业园区成功的一个重要因素是，把握了工业园区的设立目的和建设目标。新加坡20世纪60年代初期设立和发展裕廊工业园区的主要目的是带动和促进全国的工业化进程，而不仅是发展裕廊这一地区。园区建设之初就十分明确带动全国工业发展的目标，并明确了以吸引跨国公司投资为主的发展道路，由此承担起促进全国工业发展的职能。

循序渐进的发展策略。结合园区的本底基础及时代产业发展的潮流，裕廊工业园区细分成了五大功能区，即中心区（居住、商业、办公）、新兴工业和无污染工业区、轻工业和一般工业区、港口和重工业区自由贸易区、石化区，并整体采取渐进式的发展策略，遵循产业动态发展组织的规律来落实工业产业的空间布局。即由点到面，由启动区发展建设逐步延伸到整个综合产业区，以组团的方式不断向外拓展延伸。该策略无疑是成功的，园区经历了最初利用石化带动，到中期石化产业链的形成，到中后期复合型工业区发展，再到高新产业园区的成熟的发展过程，目前，裕廊工业园区已经发展成为集科技工业、居住、办公、商业于一体的配套完整的综合工业区。

切实合理的制度安排。裕廊工业园区的制度安排有两个重要特色。第一，与政府相关的交易成本很低，包括投资许可、营业执照、城市规划与建设设计许可、税收、进出口报关服务等多个方面。特别是在一些特殊工业领域的政府投资、集群政策、人力资本政策、资本合作和劳动力合作，不同机构之间的沟通协作被极度简化，信息流动环节也被大大精简，使得交易速度快于包括我国香港在内的几乎世界上所有地区。由此，极大地提升了园区的运转效率。第二，管理体制和管理职能不断创新，园区管理人员很早就产生了"园区不是政策特区，而重在为入区企业创造最优越的制度环境和法律环境"的意识，并着力构建和实施了一整套稳定有序的运行机制和合理高效的操作规程，为园区发展奠定了良好的制度保障。

工业园区管理机构自主权限较大。裕廊工业园区被政府直属机构——裕廊镇管理局全面监管，该局依然拥有很高的自主权，只要符合政府的工业政策，就有权吸引各种类型的投资者。园区管理委员会也拥有批准项目、城市规划及园区规划的权力，同时也能发放居民暂住证、管理贸易和市场、征税、发放商业许可证等。此外，裕廊镇管理局还控制着工业用地、科技园区和商业园区设施的供给。这种组织和管理方式有效地避免了公用设施的重复投资建设及因管理部门的权责交叉而带来的效能低下问题。

精准选定核心产业，注重延伸产业链条。裕廊工业园区在发展过程中，总能深度剖析自我的优劣势，紧跟时代潮流拓展发展路径。20世纪60年代，针对劳动力技能低下、失业率高的现状，园区重点发展劳动密集型产业；70年代，抓住电子产业快速增长的机遇，集中发展技能密集型产业；80年代，以技术与资本密集型产业为主导，吸引高附加值的资本与技术密集型产业入驻园区。进入21世纪，又瞄准世界产业转型发展的潮流，极力壮大电子信息等知识密集型经济。园区对自我定位的深刻认知，以及精准把握时代脉络不断地推动产业转型升级，也是其成功进入全球最具影响力工业园区行列的重要因素（图11-3）。

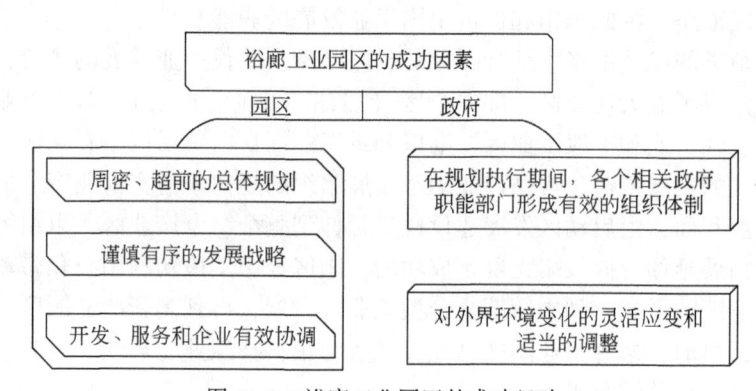

图11-3　裕廊工业园区的成功经验

第二节　国内开发区的典型模式及经验借鉴

一、苏州工业园区

1. 园区概况

苏州工业园区位于苏州古城区东部，以发达的高速公路、铁路、水路及航空网与世界各主要城市相连，轨道交通 20 分钟到达上海、60 分钟到达南京，与沪宁杭融入同城轨道化生活（图11-4）。苏州工业园区是我国和新加坡两国政府间的重要合作项目，1994 年 2 月经国务院批准设立，同年 5 月实施启动。园区总面积为278km^2，其中，中新合作区面积为80km^2。在苏州市新制定的城市总体设计中，明确了苏州工业园区在"双城双片区"格局中的"苏州新城"地位，即把园区建设成为长三角地区重要的总部经济和商务文化活动中心之一。2017 年，园区实现地区生产总值 2350 亿元，进出口总额 858 亿美元，实际利用外资 9.3 亿美元，R&D 投入占 GDP 的比重高达 3.5%。在全国经济技术开发区综合考评中，苏州工业园区摘获第一，在全国百强产业园区中排名第三，在全国高新技术产业开发区中的排名也上升到第五位。总体来说，苏州工业园区在国内开发区中的核心竞争力越发强劲。

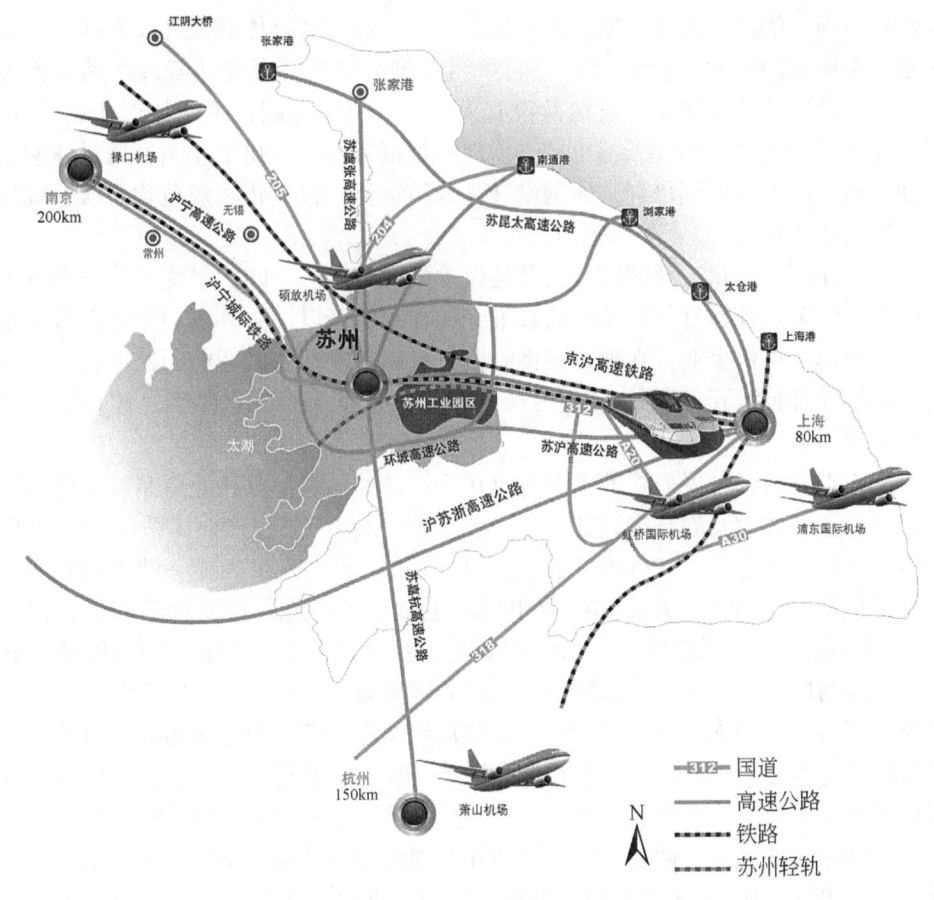

图 11-4　苏州工业园区区位

2. 核心发展模式

苏州工业园区将新加坡的成功经验和中国国情及园区实际结合起来，积极探索建立适应社会主义市场经济的管理体制和运行机制，使园区既能高效运作又能实现社会公平。

苏州工业园区的开发建设是典型的企业开发模式，比一般国家级经济技术开发区的总公司模式更为清晰明确。苏州工业园区开发机构为中新苏州工业园区开发集团股份有限公司，其承担苏州工业园区规划区内的成片开发、招商引资及基础设施建设。苏州工业园区设党工委和管委会，分别为苏州市委、市政府的派出机构。管委会承担了开发区内全部经济管理和服务职能，为投资者从企业设立、开工建设、劳动用工到生产经营各阶段提供"一站式"的快速服务。

苏州工业园区承担着高速发展的任务，体制设置强调效率。苏州工业园区管委会主任由专职副市长兼任。苏州工业园区在机构层级、管制授权、政策安排等方面较明确，超过了普通国家级开发区。苏州工业园区的体制设计没有违反开发区超自主体制的要求。但党政合一的组织安排，较难体现公共管理的透明性原则。地方政府首脑兼职于开发区及没有人大、政协等建制，更增加了非透明性。开发区体制频于创新和突破，也易于出现不规范行为。苏州工业园区通过体制学习和移植，使人员得到培训，体制设计进入精细化、程序化和规范化层次，提高了体制的透明性。

政府保证了苏州工业园区开发和建设中的政策待遇。园区享受经济技术开发区的全部政策，并享有部分特区的政策，如在园区可以设立外资、中外合资的金融机构和商业零售企业。在项目审批方面，远超过江苏省的职能园区的权力，超过国家级经济技术开发区的3000万美元权限，保证了开发区招商、建设服务过程中的交易速度。

苏州工业园区发展模式的主要特色在于：一是构筑特色产业体系。坚持引进和培育并举，大力发展高端高新产业，形成了"2+3"特色产业体系（"2"即电子信息、机械制造两大主导产业；"3"即生物医药、人工智能、纳米技术应用三大特色新兴产业）。主动对接"中国制造2025"，大力发展智能制造，促进"工业化+信息化"深度融合，积极推动制造业向"制造+研发+营销+服务"转型，推动制造工厂向企业总部转型。二是实施聚力创新战略。制定出台《园区党工委 管委会关于答好"创新四问"，加快建设国内一流、国际知名的高科技产业园区的实施意见》，启动实施创新产业引领、原创成果转化、标志品牌创建、创新生态建设四大工程，加快形成以创新为主要引领和支撑的经济体系和发展模式。三是深入推进开放创新。统筹推进开放创新综合试验，每年确定一批重点改革任务，累计形成79项改革创新举措，其中一批改革试点成果在国家和省（自治区、直辖市）不同层面得到复制推广；坚持问题导向，找准改革"靶点"，破解发展瓶颈，积极开展先行先试探索，主动对接复制上海等自由贸易区改革创新经验，开展开放型经济新体制综合试点试验，综合保税区企业一般纳税人资格、贸易多元化等试点有效开展。四是持续优化宜居环境。牢固确立并坚持"无规划、不开发"的理念，坚持"先规划后建设、先地下后地上""一张蓝图绘到底"，制定完善了300多项专业规划，并配套制定了一系列严格的规划管理制度，确保规划得到严格执行。坚持产城融合发展，金融商贸区、科教创新区、国际商务区、旅游度假区等重点板块加快建设，服务经济加速繁荣，集聚金融类机构894多家，服务业增加值占GDP的比重达44%。

3. 经验总结

苏州工业园区伴随着我国改革开放大潮经历了从洼田密布、阡陌纵横到现代化产业新城的历史巨变。一大批外资企业、国际研发机构入驻，一大批企业在这里发展壮大、走向全球。这里是"世界工厂"，更是创新高地，全球高端人才在这里碰撞，全球创新资源在这里汇聚。这里生动的创新实践，打造了我国对外开放和国际合作的成功范例。

高起点规划，借鉴国外先进经验。结合我国国情，借鉴新加坡的先进经验，立足以人为本，全面、协调、可持续发展的高起点规划，得以成为国内园区建设的"领头羊"。园区在开发之初编制完成富有前瞻性和科学性的总体发展规划，先后制定300余项专业规划，形成了严密完善的规划体系。园区规划注重实施，坚持以规划引导建设、以城市设计指导地块开发，强调规划执行的权威性与强制性，对不符合规划要求的项目，坚决实行"一票否决制"。

管建分离，创新工业园区建设新模式。苏州工业园区以新加坡经验为鉴，建立政企分开的管理体制。苏州工业园区的管理主体是苏州工业园区管委会，是政府的一级下设机构，其按照精干、高效的原则设置管理机构，按照国际惯例实现"有限"政府，提供各项公共服务，在服务中体现管理理念、依法行政，创造良好的投资硬软环境，不干预企业生产经营活动。而它的开发主体则是中新苏州工业园区开发股份有限公司，园区在建设初期，苏州政府仅投资100万元，园区建设资金完全由该公司以市场化运作方式筹融资而来。苏州工业园区建管分离、企业化运作的模式为开发区、工业区建设提供了新的借鉴模式。一方面可有效解决先期建设资金的不足问题，另一方面可最大限度地实现工业园区专业化建设、专业化招商，同时还能有效规避效率、公平等体制弊端。

创新招商方式，不断促进产业优化升级。始终突出招商工作的龙头地位，拓展招商思路，构建招商网络，创新招商方式，坚持大小项目并举、内资外资并举、二三产业并举、存量升级与增量引进并举的方针，形成严密高效的招商网络资源。园区倡导"择商选资"理念，将资本密集、技术密集、基地型、旗舰型项目作为招商重点，瞄准世界500强及其关联项目，引进位于产业核心地位的公投项目，带动相关配套项目进驻。

产城融合发展，重视配套建设。苏州工业园区从建设初期就开始贯彻产业发展与城市建设并进，奉行产业发展与城镇建设同步的现代化发展理念，从一开始就摒弃单一发展工业的模式。在工业园区发展早期，就明确提出了建设"具有国际竞争力的高科技工业园区和国际化、现代化、园林化的新城区"发展目标。近些年，根据苏州中心城市发展新格局和工业园区城市发展新变化，又将发展目标进一步提升为建设"具有全球竞争力的国际化、现代化、信息化高科技园区和可持续发展的创新型、生态型、幸福型综合商务城区"。

二、中关村国家自主创新示范区

1. 园区概况

中关村科技园是我国第一个国家级高新技术产业开发区，第一个国家自主创新示范区，第一个国家级人才特区，是我国体制机制创新的试验田，也被誉为"中国的硅谷"。中关村起源于20世纪80年代初期的电子一条街，是我国改革开放的产物。1980年10月，此前曾两次到美国硅谷考察的中国科学院物理研究所研究员陈春先与6名科技人员一起，在北京市科学技术协会的支持下，成立了北京等离子体学会先进技术发展服务部。这一举动拉开了科技人员面向市场、自主创业的序幕。1988年5月，国务院批准成立北京市高新技术产业开发试验区，也就是中关村科技园的前身。在随后近30年的发展历程中，经过若干次政策调整，中关村从海淀园先后发展成"一区3园""一区5园""一区7园""一区10园"的空间格局。2012年10月，国务院批复同意调整中关村国家自主创新示范区空间规模和布局，由原来的一区10园增加为一区16园，包括东城园、西城园、朝阳园、海淀园、丰台园、石景山园、门头沟园、房山园、通州园、顺义园、大兴-亦庄园、昌平园、平谷园、怀柔园、密云园、延庆园。中关村国家自主创新示范区体现出示范自主创新的国家意志和带动建设创新型国家的历史使命，它的定位是全球科技创新中心和世界一流科技园区，努力建设成高端人才聚集地、源头创新政策地、孵化衍生示范区、战略产业培育区、创新发展先行区、配套改革试验区。

中关村是北京市科技、智力、人才和信息资源最密集的区域，园区内有以清华大学、北京大学等为代表的高科技院校近41所，在校大学生约40万人；以中国科学院为代表的各级各类科研机构206家；拥有国家级重点实验室67个，国家工程研究中心 27 个，国家工程技术研究中心 28 个；大学科技园 26 家，留学人员创业园 34 家。中关村围绕国家战略需求和北京市社会经济发展需要，取得了大量的关键技术突破和创新成果，获得国家科技进步一等奖超过 50 项，承接的国家 "863" 项目占全国的 1/4，国家 "973" 项目占全国的 1/3，创制 86 项重要国际标准，798 项国家、地方和行业标准。另外，中关村技术交易额达到全国的 1/3 以上，其中 80% 以上输出到了北京以外地区，在一定程度上带动了全国的技术创新及成果转化。

2. 核心发展模式

中关村是典型的政府主导型管理模式，实现了"官、产、学、研"一体化合作机制。各分园的整体发展规划、空间规划、产业布局、项目准入标准等重要业务均由中关村科技园管理委员会统一领导，而分园管委会又隶属相应的区（县）政府。同时，中关村集聚了众多大专院校、科研机构及高水平的专业技术人才，荟萃了一大批勇于创新的企业家和教育家，正是这些高科技人才为高技术企业技术创新活动的开展创造了非常便利的高质量技术平台，吸引了大量高新技术企业集聚于此。中关村发展的最核心特征便是人才集聚和产业集聚。

在人才集聚方面，中关村的主要做法有五点：第一，金融与科技紧密结合。中关村建立了创业投资、天使投资、境内外上市、代办股份转让、并购重组、技术产权交易、担保贷款、信用贷款、企业债券和信托计划 9 条投融资渠道，健全了资本随科技、人才、创新要素流动的机制。第二，促进同质产业的集群式发展，培育了一大批重点领域的产业技术联盟，集聚了数字电视、下一代互联网等新兴产业集群，创造了人才发展的集成优势。第三，服务体制刺激国内外人才的共同发展，鼓励和支持非公有制经济组织的高端人才参与国家和北京市的重大科技专项、重点工程项目，并为企业提供一定额度的配套支持资金，拓展人才事业平台。第四，实施了"十百千工程""高端领军人才集聚工程"，鼓励创业企业做大做强，加快扶持一批产值上百亿元乃至上千亿元的企业。第五，管委会在负责搭建吸引和聚集高端领军人才创新创业的服务平台，吸引国际一流人才团队和科研机构，推动建立有利于创新工作的学术环境和与国际接轨的创新创业服务体系等方面，成效显著，影响久远。

在产业集聚方面，中关村科技园是国内最大的科技集聚平台，它是高等学校、科研院所和企业相结合的产物，是科、工、贸为一体，产学研结合的一种模式。目前，中关村科技园区企业与大学、科研院所的合作关系也逐渐密切，诞生了一大批高新技术产业，形成了教学、科研、生产一条龙的产学研密切结合体系。以北大方正集团有限公司为例，上游是北京大学计算机科学技术研究所和文字信息处理技术国家重点实验室，中游是电子出版高技术国家工程研究中心和北大方正技术研究院,下游是方正集团公司,上游的基础研究成果通过中游的应用研究在下游实现产业化。这种将科研教学、生产、管理相结合的利益关系,为研究水平的提高提供了很好的资源条件,同时也对人才的培养起到至关重要的作用。建设专业园是近年来该科技园区发展的一大特点。专业园有利于引导人才、资金和技术向产业基地集中,从而形成从研发、产业化到规模发展的产业链,对培育壮大特色产业链、提高土地的综合利用水平等都有显著效果。

3. 经验总结

中关村从海淀区的电子一条街发展成为一区多园的国家级自主创新示范区,肩负着国家战略使命,坚守创新引领的战略和理念,把握趋势和规律,在思想观念、体制机制、产业发展、创新服务等方面始终引领方向和潮流。中关村的成功经验可归结为人才集聚、企业成长、市场拉动、平台协同。

完善人才发展机制,汇聚创新创业人才。人才是科技创新活动中的核心要素。北京市在汇聚高端创新创业人才方面,"海聚"工程引进人才612名,首都百名领军人才工程评出领军人才118名,入选中央"千人计划"人才为全国第一,回国人才达10万人,占全国的1/4。北京市特别重视发挥中关村的"人才特区"作用,成长出一批国内外有影响的新老企业家,人才特区"特"在特殊区域、特殊政策、特殊机制和特殊平台,吸引和聚集各类人才,搭建多层次的创新创业平台。

发挥企业主体作用,增强自主创新能力。企业是技术创新的主体,在促进企业创新发展上,园区有认识、有行动、有投入,引导创新资源更多向企业聚集,由此大力提升了企业的自主创新能力。除了加大研发项目的支持力度之外,还开展高新技术企业认定试点,放宽认定企业的设立年限、产值等条件限制。截至2013年底,中关村高新技术企业累计数量达到7425家。同时,还推行"十百千"工程,建立了"一企一策"支持机制和联合工作推进机制,集中政策资源给予重点支持,培育形成一批具有全球影响力的千亿元规模企业、产业带动力大的百亿元规模企业和高成长的十亿元规模企业。另外,支持高科技企业上市。中关村大力支持创投机构发展,每年出现的创业投资案例和实现的投资金额平均占到全国的1/3左右。企业在政府的大力支持下,自我造血能力大大提升,由此也带动了整个区域的发展。

强化市场拉动作用,推动创新成果转化。市场拉动是科技创新成果转化的动力源,也是科技创新价值实现的主要途径。北京市采取了行之有效的方法来强化市场拉动作用,促进创新产品的推广应用。例如,通过政府采购,探索建立面向全国的新技术新产品(服务)采购平台。北京市政府专门设立中关村自主创新产品采购平台,每年都有几十亿元的政府采购数额,引导大气污染防治、垃圾污水处理、交通拥堵等民生领域技术创新成果的示范推广，鼓励新能源汽车租赁、合同能源管理、电子商务等商业模式创新。同时，推进技术交易市场发展，中关村技术交易额逐年增长，基本占到全国的40%。目前，园区已成为国家技术转移集聚区和相对成熟的技术转移公共服务平台。

聚焦中关村创新资源平台建设，形成协同创新合力。中关村在促进科技金融上的主要特色是"投信联动"，"投"即加强创业投资引导，"信"即加强信用金融机制建设。在加强创业投资引导上，主要抓手是中关村发展集团。该集团一方面进行战略性新兴产业集群的产业链重点环节、重点项目的投资，集中力量投资和服务落地大项目；另一方面为创新型中小企业提供天使投资引导下的高效金融服务，打造形成了创业投资、科技担保、小额贷款、科技租赁等多元化科技金融服务体系。该集团的国资投资功能起到了引导社会资本投向高科技项目的杠杆作用。在加强信用金融机制建设上，中关村在全国率先建立信用体系，试行中关村企业信用报告制度，并将有关支持科技企业发展的政策与对企业信用的要求叠加，在中关村科技园区企业中推广使用信用报告。

第三节 国际产业合作园区的典型案例及经验借鉴

一、新加坡海外园区建设经验

20世纪90年代，新加坡由于自然资源条件限制，制定了"区域化2000"计划（Regional 2000 Program）。90年代初，新加坡传统的经济发展方式受到挑战，发展空间和水资源有限使得原有的依赖劳动密集型产业发展的道路难以为继。1993年新加坡政府成立的海外企业促进委员会，决定充分利用亚洲新兴工业化国家发展机遇，将低附加值的生产环节转移出去，为知识密集型产业和总部经济提供发展空间。

与以往其他国家的全球化战略不同，"区域化2000"计划鼓励新加坡企业参与亚洲国家工业化，通过由新加坡政府牵头，与相关亚洲国家共同建设海外工业园区，为新加坡跨国公司拓展外部发展空间，以实现产业转移和转型升级。新加坡政府出台了一系列鼓励企业进行海外投资的税收减免政策，并放松管制，鼓励新加坡公司将低附加值生产活动转移到海外。同时，新加坡跨国公司和东道国联手，严格按照新加坡本土园区标准，加强基础设施建设，实行廉洁高效的行政管理，营造出类似新加坡的营商环境，吸引了大批海外投资者。

据不完全统计，新加坡已在中国、印度尼西亚、越南和印度等国家建立了十多个海外工业园区（表11-1）。新加坡在海外共建工业园区的建设中运用了自身先进的园区组织方式和管理理念，提高了园区所在国家吸引外资的能力。在海外园区建设中，新加坡政府充分利用了本国在亚洲的地缘政治优势和新加坡国有大型公司的资本优势，形成了国际上有名的新加坡海外园区模式。新加坡海外工业园区的创建一般取得了新加坡和东道国政府的大力支持。首先，由两国政府领导洽谈合作协议。其次，成立两国政府高层协调委员会负责协商合作协议、投资政策等体制框架。在操作层面上，新加坡国有公司与东道国建立合资公司负责园区的运营和管理。其中，新加坡合作方主要负责园区设计、市场营销、国际招商和土地运营，亚洲东道国主要提供土地资源。

表11-1　新加坡部分海外共建工业园区概况

工业园区名	时间（年）	占地面积（hm²）	所在国家
印尼峇淡印都工业园	1992	320	印度尼西亚
印尼民丹工业区	1994	500	印度尼西亚
苏州中新工业园	1994	8 000	中国
无锡新加坡工业园	1994	290	中国
越南新加坡工业园Ⅰ	1996	500	越南
印尼克里曼海洋及工业区	1997	155	印度尼西亚
印度班加罗尔国际科技园	1998	28	印度
越南新加坡工业园Ⅱ	2006	345	越南
越南新加坡工业园-北宁省	2007	700	越南
越南新加坡工业园-海防市	2007	1 600	越南
天津中新生态城	2007	3 123	中国
中新广州知识城	2010	12 300	中国
新川创新科技园	2012	1 034	中国

资料来源：根据《中新境外工业园区比较及启示》及胜科集团官网信息整理

在海外园区建设与营运过程中，新加坡政府部门与企业分工明确又配合密切，高效廉洁的行政制度为园区建设保驾护航。新加坡政府充当新加坡企业对外投资和海外园区建设的先锋，积极与亚洲国家磋商经贸合作协议，签订自由贸易协议（FTA）、投资保证协议（IGA）和避免双重征税协议（DTA），为新加坡企业海外发展提供了良好的制度保障。同时，具有丰富园区建设经验的专业化的新加坡国有公司也积极参与了海外工业园区的开发和营运。新加坡贸易与工业部下属的新加坡国际企业发展局主要负责协助新加坡本地企业"走出去"和海外投资。裕廊集团是新加坡贸易与工业部下属的国有公司，是新加坡园区的早期开发者，目前掌管了39个工业园和专业园区的建设，拥有丰富的工业地产开发和运营经验。胜科工业集团是城市综合体和工业园区的重要开发商和厂房供应商，其全资子公司——胜科工业园，是印尼峇淡和民丹工业园、无锡新加坡工业园和越南新加坡工业园的主要股东之一，同时还负责各个园区的总体规划、开发、招商及管理等事务。

二、中德（沈阳）高端装备制造产业园建设经验

在欧洲经济普遍低迷的大形势下，德国经济却独领风骚，这很大程度上归功于德国制造业的发达。近年来，为进一步推动德国与我国经济的共同发展，中德两国政府加大合作力度。2014年中德双方签署《中德合作行动纲要》，积极探索合作新模式和新途径。其中，形式多样的合作园区是重要的合作内容，这里的合作园区既包括中小企业产业园，也包括高端装备制造业园和生态园。近日，已被国家工业和信息化部正式批复的中德中小企业合作区分别位于江苏省太仓市和连云港市、广东省揭阳市、安徽省芜湖市和四川省蒲江市。这些园区主要通过引进具有技术优势的德国中小企业，服务于中德中小企业发展。青岛中德生态园位于青岛西海岸新区，规划面积共11.6km^2，是2010年由中德两国政府按照"德国标准"共同筹建的可持续发展示范生态园区，发展的重点产业包括节能环保、环保建材、绿色能源、高端装备制造、数字科技和智慧系统等。2014年8月，国务院出台《关于近期支持东北振兴若干重大政策举措的意见》，提出"推动中德两国在沈阳共建高端装备制造业园区"。2015年12月，经国务院批复，中德（沈阳）高端装备制造产业园成立，成为我国第一个以中德高端装备制造产业合作为主题的战略平台。为此，下面重点介绍中德（沈阳）高端装备制造产业园。

中德（沈阳）高端装备制造产业园位于沈阳市铁西区，规划面积为48km^2。铁西区是东北著名的老工业区，以装备制造业为主。沈阳市已与德国具有良好的合作基础：8家德国世界500强企业先后落户沈阳市；2010年6月开工建设的华晨宝马沈阳铁西厂是宝马集团打造的全球示范性工厂；华晨宝马研发中心是宝马集团在德国本土之外唯一的研发中心，目前已有研发人员500多名。中德（沈阳）高端装备制造产业园是中德政府间高层共同协商的结果，我国政府希

望能够利用德国技术改善我国老工业区，德国政府则希望能够借助中国市场推动德国经济发展，实现德国技术与中国市场的完美结合。中德（沈阳）高端装备制造产业园重点承接德国高端制造业转移，发展智能制造、高端装备、汽车制造及新一代信息技术、新材料和新能源等战略性新兴产业和金融、科技研发、工业设计、电子商务等生产性服务业。

中德（沈阳）高端装备制造产业园是中德两国领导高度关切、两国政府共同打造的国家级合作项目，由国家发展和改革委员会牵头与指导，我国外交部、工业和信息化部，以及德国经济和能源部、外交部和国际合作机构多次对接，共同协商中德（沈阳）高端装备制造产业园建立合作机制。在国家部委指导支持下，辽宁省和沈阳市分别成立了中德（沈阳）高端装备制造产业园建设工作领导小组，负责园区规划编制、宣传推介、招商引资、配套建设等工作，并特意成立了园区管理委员会负责具体推进园区规划建设。中德（沈阳）高端装备制造产业园试图实现"中国制造2025"与"德国工业4.0"战略对接，拉动沈阳市转型发展，创新与发达国家合作模式，探索东北地区开放型经济新体制。

为了推进中德（沈阳）高端装备制造产业园发展，国家给予了大量的优惠政策，并鼓励探索体制机制创新，具体内容包括：复制上海自由贸易区等投资和贸易便利化措施；在知识产权领域与德国和其他欧洲国家进行合作，通过完善人才激励机制，吸引高端制造业人才；鼓励德国企业的区域研发机构落户园区；引进国内外的金融机构，支持开展跨境人民币业务，并设立园区专项资金，用于基础设施和产业项目的建设；通过设立产业和创业投资基金，促进园区智能制造领域的创新创业。

从前面案例的介绍和分析来看，越是市场经济发达、法制完善的国家或地区，其开发区的发展模式越倾向于市场的自然选择；开发区的自身目标和定位越是比较单一，越是倾向于经济利益的发展目标。此外，每个国家的基础科技产业都有其特殊性，都必须取决于其国民经济的需求，纯粹地抄袭和模仿硅谷模式意义不大。成功的高科技园区的鲜明特点应该是：专业特点明确，功能比较单一；创新体制健全，服务体系完善；政府优惠政策明确，对所有企业一视同仁；远离大城市中心，创业成本和研究、开发费用较低。而失败的高科技园区的主要弊端是：专业分散，功能综合；缺乏创新文化和竞争机制；政府干预过强，优惠政策只向大企业倾斜；园区建设标准过高，国家投入过多，创业成本太高，科研、开发费用上升，整体竞争力下降。

附　　表

附表1　中国开发区的省（自治区、直辖市）分布统计

排名	省（自治区、直辖市）	国家级+省级 总数（家）	比例（%）	国家级开发区 数量（家）	比例（%）	省级开发区 数量（家）	比例（%）	区域
1	山东省	174	6.84	38	6.88	136	6.83	华东
2	江苏省	170	6.68	67	12.14	103	5.17	华东
3	河北省	153	6.02	15	2.72	138	6.93	华北
4	河南省	150	5.90	19	3.44	131	6.58	华中
5	四川省	134	5.27	18	3.26	116	5.83	西南
6	广东省	132	5.19	30	5.44	102	5.12	华南
7	湖南省	129	5.07	20	3.62	109	5.48	华中
8	浙江省	120	4.72	38	6.88	82	4.12	华东
9	安徽省	117	4.60	21	3.80	96	4.82	华东
10	湖北省	103	4.05	19	3.44	84	4.22	华中
11	江西省	99	3.89	21	3.80	78	3.92	华东
12	福建省	97	3.81	30	5.43	67	3.37	华东
13	黑龙江省	90	3.54	16	2.90	74	3.72	东北
14	辽宁省	89	3.50	27	4.89	62	3.11	东北
15	新疆维吾尔自治区	84	3.30	23	4.17	61	3.06	西北
16	内蒙古自治区	81	3.18	12	2.17	69	3.47	华北
17	云南省	78	3.07	15	2.72	63	3.16	西南
18	甘肃省	66	2.60	8	1.45	58	2.91	西北
19	广西壮族自治区	65	2.55	15	2.72	50	2.51	华南
20	贵州省	64	2.52	7	1.27	57	2.86	西南
21	吉林省	61	2.40	13	2.36	48	2.41	东北
22	上海市	59	2.32	20	3.62	39	1.96	华东
23	陕西省	56	2.20	16	2.90	40	2.01	西北
24	重庆市	49	1.93	8	1.45	41	2.06	西南
25	天津市	33	1.30	12	2.17	21	1.06	华北

续表

排名	省（自治区、直辖市）	国家级+省级 总数（家）	国家级+省级 比例（%）	国家级开发区 数量（家）	国家级开发区 比例（%）	省级开发区 数量（家）	省级开发区 比例（%）	区域
26	山西省	27	1.06	7	1.27	20	1.00	华北
27	北京市	19	0.75	3	0.54	16	0.80	华北
28	宁夏回族自治区	17	0.67	5	0.91	12	0.60	西北
29	青海省	15	0.59	3	0.54	12	0.60	西北
30	海南省	7	0.28	5	0.91	2	0.10	华南
31	西藏自治区	5	0.20	1	0.18	4	0.20	西南

附表2　2016年国家级经开区主要经济指标一览表　（单位：亿元）

开发区名称	地区生产总值	财政收入	进口总额	出口总额	实际利用外商投资	税收收入
北京经济技术开发区	1172.63	496.07	695.48	281.70	19.73	443.48
东丽经济技术开发区	109.85	14.31	15.46	18.49	1.84	13.60
天津经济技术开发区	3049.83	468.08	1172.94	1090.56	212.52	435.4
西青经济技术开发区	421.81	93.27	98.33	98.97	35.31	87.77
北辰经济技术开发区	291.77	51.72	23.08	76.36	23.70	44.40
武清经济技术开发区	550.89	140.86	56.78	130.48	31.40	140.04
天津子牙经济技术开发区	41.14	10.08	35.26	1.30	0	9.97
石家庄经济技术开发区	248.70	58.21	0.83	17.64	9.21	53.55
唐山曹妃甸经济技术开发区	247.53	87.46	23.33	36.42	9.86	51.77
秦皇岛经济技术开发区	266.75	42.28	81.02	121.18	14.50	40.22
邯郸经济技术开发区	247.45	13.88	10.37	22.96	5.66	11.85
沧州临港经济技术开发区	183.18	39.27	1.80	9.12	6.25	38.56
廊坊经济技术开发区	392.29	72.70	53.00	51.36	26.98	70.03
太原经济技术开发区	249.58	44.74	224.86	402.50	24.46	43.25
大同经济技术开发区	48.52	9.62	0.04	13.73	—	9.23
晋城经济技术开发区	78.21	12.06	13.12	6.99	12.93	11.43
晋中经济技术开发区	51.55	19.15	0.08	2.24	2.47	17.56
呼和浩特经济技术开发区	112.23	33.80	14.41	12.27	0.12	17.29
呼伦贝尔经济技术开发区	286.12	2.80	6.46	13.82		2.77
巴彦淖尔经济技术开发区	179.57	6.56	0.8	11.50	1.28	5.62

续表

开发区名称	地区生产总值	财政收入	进口总额	出口总额	实际利用外商投资	税收收入
沈阳经济技术开发区	774.54	137.97	64.21	88.15	14.96	85.18
沈阳辉山经济技术开发区	293.65	38.58	3.17	32.33	3.90	25.09
旅顺经济技术开发区	98.65	14.41	21.81	56.99	1.74	11.79
大连经济技术开发区	1127.93	79.14	650.89	454.50	23.96	155.87
大连长兴岛经济技术开发区	89.53	37.35	165.86	12.47	0.53	20.85
锦州经济技术开发区	62.09	15.75	12.99	19.97	0.84	11.79
营口经济技术开发区	365.08	45.77	46.5	100.03	1.23	42.82
盘锦辽滨沿海经济技术开发区	128.60	60.00	114.94	9.30	5.59	26.98
铁岭经济技术开发区	20.68	4.34	0.47	0.90		4.14
长春经济技术开发区	675.89	72.22	94.17	32.46	136.84	66.10
长春汽车经济技术开发区	570.83	111.37	230.42	18.10	54.35	106.09
吉林经济技术开发区	129.49	9.73	3.28	11.86	7.30	8.79
四平红嘴经济技术开发区	68.35	21.36	0.03	0.22	0.97	21.06
松原经济技术开发区	191.23	11.33	0.09	6.59	8.12	8.50
哈尔滨经济技术开发区	950.10	135.30	120.16	65.10	72.72	111.61
哈尔滨利民经济技术开发区	185.80	8.33	0.02	0.32	9.10	16.40
宾西经济技术开发区	67.49	4.50	1.78	1.11	11.11	4.40
双鸭山经济技术开发区	96.22	6.52	2.41	4.08	0.78	6.45
大庆经济技术开发区	112.99	16.94	3.99	2.33	1.92	15.17
牡丹江经济技术开发区	110.77	25.72	7.72	3.84	3.69	24.39
海林经济技术开发区	103.34	9.89	0.59	4.92	5.14	8.58
绥化经济技术开发区	101.91	18.59	1.76	8.81	3.38	17.08
漕河泾新兴技术开发区	955.47	0	240.23	320.11	20.67	102.32
虹桥经济技术开发区	206.15	15.04	30.49	8.09	2.97	15.04
闵行经济技术开发区	199.63	0	56.69	72.45	0.46	41.82
上海金桥经济技术开发区		44.37	339.03	263.82	37.35	287.19
上海化学工业经济技术开发区		0	103.23	79.39	12.14	73.40
松江经济技术开发区	355.81	45.77	130.73	257.22	13.02	104.94
南京经济技术开发区	850.59	250.61	387.95	251.86	32.38	250.31
江宁经济技术开发区	1200.66	296.18	229.88	428.24	42.21	276.41

续表

开发区名称	地区生产总值	财政收入	进口总额	出口总额	实际利用外商投资	税收收入
锡山经济技术开发区	521.01	84.34	49.35	150.93	20.60	68.86
宜兴经济技术开发区	525.06	55.86	28.75	110.28	5.78	50.55
徐州经济技术开发区	675.81	67.59	31.97	123.42	37.70	62.16
苏州浒墅关经济技术开发区	321.64	88.22	322.9	668.58	9.38	47.88
苏州工业园区	2150.62	659.67	2409.27	2493.73	67.86	521.53
吴中经济技术开发区	357.20	114.09	116.82	187.81	8.95	90.79
相城经济技术开发区	499.88	76.00	63.38	170.58	6.19	73.38
吴江经济技术开发区	400.83	150.59	374.77	608.18	20.20	73.45
常熟经济技术开发区	828.15	145.68	282.52	464.24	29.76	141.14
张家港经济技术开发区	777.84	142.36	100.11	447.68	6.74	125.71
昆山经济技术开发区	1451.22	246.52	1248.83	2343.95	22.94	223.62
太仓港经济技术开发区	589.19	147.08	284.55	273.07	28.91	146.68
南通经济技术开发区	615.14	93.62	147.90	202.15	33.67	69.26
海安经济技术开发区	550.65	110.25	2.37	12.50	10.95	64.66
如皋经济技术开发区	542.45	91.32	29.60	86.64	13.48	84.73
海门经济技术开发区	617.97	80.49	21.66	65.67	18.38	66.34
连云港经济技术开发区	348.50	71.63	97.36	61.91	8.02	63.76
淮安经济技术开发区	555.27	66.70	38.04	67.78	16.11	42.95
盐城经济技术开发区	364.75	85.41	124.52	48.16	9.40	77.35
扬州经济技术开发区	560.39	52.66	53.82	156.17	29.54	44.56
镇江经济技术开发区	582.13	82.93	142.76	121.18	29.15	68.35
靖江经济技术开发区	601.32	42.75	46.44	123.09	0.88	42.44
宿迁经济技术开发区	294.67	77.93	6.78	19.84	5.19	63.15
沭阳经济技术开发区	222.09	40.13	7.91	27.27	8.09	38.13
杭州经济技术开发区	731.60	173.70	257.10	377.52	63.92	168.08
萧山经济技术开发区	346.88	76.01	61.99	183.91	31.40	73.09
杭州余杭经济技术开发区	492.88	124.87	19.79	234.85	33.22	100.65
富阳经济技术开发区	481.51	72.70	79.21	83.03	17.56	58.53
宁波经济技术开发区	833.13	252.25	504.25	631.53	81.90	228.45
宁波大榭开发区	234.97	120.90	125.48	63.77	8.33	114.42

续表

开发区名称	地区生产总值	财政收入	进口总额	出口总额	实际利用外商投资	税收收入
宁波石化经济技术开发区	487.39	16.12	120.20	78.62	7.82	233.89
宁波杭州湾经济技术开发区	323.46	100.13	34.35	84.49	15.78	93.31
温州经济技术开发区	412.66	90.47	15.02	252.75	4.77	71.86
嘉兴经济技术开发区	1072.76	208.23	233.17	467.95	58.90	169.03
嘉善经济技术开发区	379.97	104.22	51.20	160.69	31.16	63.02
平湖经济技术开发区	244.49	45.53	79.06	203.11	22.51	45.53
湖州经济技术开发区	305.30	67.26	31.24	144.13	12.62	65.86
长兴经济技术开发区	232.71	45.79	16.94	101.73	6.34	45.79
绍兴袍江经济技术开发区	227.93	51.73	35.90	167.09	3.41	50.85
绍兴柯桥经济技术开发区	318.37	47.75	9.39	142.61	11.77	47.75
杭州湾上虞经济技术开发区	375.88	65.34	19.39	153.19	6.10	54.34
金华经济技术开发区	260.85	75.96	2.34	69.82	4.72	45.82
义乌经济技术开发区	639.51	53.88	26.51	219.41	0.14	42.54
衢州经济技术开发区	226.28	50.94	62.45	74.79	1.49	42.10
丽水经济技术开发区	140.01	33.96	7.80	19.45	3.73	33.96
合肥经济技术开发区	1337.23	145.11	194.58	323.08	31.47	132.67
芜湖经济技术开发区	989.67	149.04	52.65	152.82	41.34	123.03
淮南经济技术开发区	108.27	17.25	1.94	10.27	3.98	17.25
马鞍山经济技术开发区	297.86	47.76	80.42	44.81	55.84	41.12
铜陵经济技术开发区	252.57	33.76	16.34	18.39	5.83	31.42
安庆经济技术开发区	330.93	20.61	8.05	12.71	2.16	11.20
桐城经济技术开发区	134.45	12.09	1.26	11.67	0.68	10.25
滁州经济技术开发区	194.19	35.72	22.90	30.51	19.46	33.23
六安经济技术开发区	98.48	16.48	0.60	11.85	3.25	14.94
池州经济技术开发区	127.20	24.53	5.73	5.48	9.11	22.00
宣城经济技术开发区	126.57	18.33	3.83	15.76	13.46	16.28
宁国经济技术开发区	153.83	20.49	2.48	31.78	13.72	19.55
福州经济技术开发区	446.54	74.70	88.05	184.10	18.95	58.29
福清融侨经济技术开发区	329.94	35.92	82.26	245.44	7.39	35.92
厦门海沧台商投资区	543.66	164.09	176.18	321.72	17.48	155.29

续表

开发区名称	地区生产总值	财政收入	进口总额	出口总额	实际利用外商投资	税收收入
泉州经济技术开发区	136.33	12.67	0.79	33.63	4.10	15.36
泉州台商投资区	231.38	12.45	5.88	25.97	1.86	11.50
东山经济技术开发区	81.16	7.51	0.66	51.73	0.14	6.26
漳州招商局经济技术开发区	36.85	21.00	11.54	13.68	3.55	19.36
漳州台商投资区	232.08	29.12	25.65	58.69	9.37	27.49
龙岩经济技术开发区	147.48	15.85	0.31	22.06	1.61	15.40
东侨经济技术开发区	142.39	28.16	20.31	53.26	9.11	27.26
南昌经济技术开发区	357.96	53.58	30.65	29.27	36.43	51.47
南昌小蓝经济技术开发区	376.72	51.87	23.35	43.80	28.56	51.80
萍乡经济技术开发区	190.80	21.01	0.98	36.79	4.29	16.76
九江经济技术开发区	399.45	60.68	33.30	78.46	15.38	56.99
赣州经济技术开发区	222.01	36.36	21.54	45.80	11.35	31.41
龙南经济技术开发区	110.64	12.56	5.62	37.85	6.66	8.86
瑞金经济技术开发区	53.81	5.02	0.25	17.12	3.35	5.22
井冈山经济技术开发区	195.32	17.27	2.90	45.79	12.82	16.38
宜春经济技术开发区	130.52	20.65	2.05	41.53	5.50	20.32
上饶经济技术开发区	203.60	25.57	27.79	140.73	25.85	19.36
明水经济技术开发区	501.04	51.07	13.51	44.22	14.91	41.05
青岛经济技术开发区	1930.28	372.63	878.49	667.98	73.70	342.51
胶州经济技术开发区	618.60	71.55	68.77	250.65	33.68	62.53
东营经济技术开发区	363.15	20.41	235.67	24.78	0	21.98
烟台经济技术开发区	1290.79	246.46	774.08	874.17	38.79	210.31
招远经济技术开发区	528.47	81.97	50.80	81.24	9.88	44.60
潍坊滨海经济技术开发区	585.73	99.75	22.56	141.51	13.24	91.42
威海经济技术开发区	225.24	40.73	201.53	114.37	10.72	39.09
威海临港经济技术开发区	155.24	20.44	34.33	99.33	16.24	20.14
日照经济技术开发区	332.87	36.83	194.95	51.71	20.46	33.18
临沂经济技术开发区	480.35	54.43	38.32	46.59	2.39	48.61
德州经济技术开发区	306.67	47.66	16.59	29.26	1.84	44.79
聊城经济技术开发区	196.16	31.79	11.75	30.22	4.98	26.60

续表

开发区名称	地区生产总值	财政收入	进口总额	出口总额	实际利用外商投资	税收收入
滨州经济技术开发区	164.79	21.00	5.38	10.03	3.28	20.96
邹平经济技术开发区	524.56	40.32	114.09	38.17	11.73	38.85
郑州经济技术开发区	655.05	197.85	75.96	151.93	35.61	180.09
开封经济技术开发区	165.99	59.34	3.67	2.41	10.93	28.68
洛阳经济技术开发区	67.58	15.19	0.55	10.30	3.65	14.76
红旗渠经济技术开发区	221.26	13.63	25.99	2.59	3.57	11.46
鹤壁经济技术开发区	163.15	18.46	0.67	1.56	15.47	16.85
新乡经济技术开发区	103.13	9.29	8.25	10.71	7.87	8.79
濮阳经济技术开发区	177.70	8.37	4.39	18.14	6.12	7.87
许昌经济技术开发区	83.49	15.33	2.73	12.90	1.13	14.34
漯河经济技术开发区	189.86	9.13	7.22	4.86	14.36	31.89
武汉临空港经济技术开发区	655.65	218.39	18.26	22.69	6.58	160.63
武汉经济技术开发区	1289.65	324.14	89.39	64.66	20.52	294.73
黄石经济技术开发区	433.93	49.68	25.78	38.57	49.30	39.39
十堰经济技术开发区	553.88	54.05	0.78	28.13	13.33	53.68
襄阳经济技术开发区	428.20	48.20	6.24	12.79	4.86	45.60
鄂州葛店经济技术开发区	325.63	27.11	14.99	8.07	7.26	21.20
荆州经济技术开发区	369.60	51.98	4.52	25.81	2.28	26.96
望城经济技术开发区	331.25	36.42	1.94	10.44	9.30	25.81
长沙经济技术开发区	890.36	137.86	114.39	66.16	33.30	116.35
宁乡经济技术开发区	340.13	36.23	0.97	4.69	10.43	30.44
浏阳经济技术开发区	434.59	35.27	22.01	55.03	8.55	28.80
湘潭经济技术开发区	339.20	37.61	4.40	54.43	21.91	26.81
岳阳经济技术开发区	226.35	34.14	2.46	3.82	6.20	25.33
常德经济技术开发区	101.46	17.03	13.82	5.60	9.21	11.25
娄底经济技术开发区	168.48	16.53	28.79	3.01	6.15	14.12
广州经济技术开发区	2471.19	624.01	1099.95	1132.40	133.05	536.75
广州南沙经济技术开发区	1278.76	487.17	637.10	1057.18	40.37	241.33
增城经济技术开发区	327.12	78.99	15.53	56.83	1.88	69.39
珠海经济技术开发区	233.07	56.50	169.10	142.16	29.11	51.60

续表

开发区名称	地区生产总值	财政收入	进口总额	出口总额	实际利用外商投资	税收收入
湛江经济技术开发区	377.18	50.31	61.07	49.51	0.61	28.09
惠州大亚湾经济技术开发区	437.85	265.52	63.10	107.81	12.92	191.72
南宁经济技术开发区	255.91	34.66	2.80	10.91	0.92	32.03
广西—东盟经济技术开发区	80.13	10.50	4.20	3.46	0.13	8.71
钦州港经济技术开发区	150.50	100.27	174.56	86.99	1.54	94.89
中国—马来西亚钦州产业园区	4.51	0.73	15.28	0	0	0.42
海南洋浦经济开发区	218.85	173.50	350.40	58.20	2.74	167.55
万州经济技术开发区	245.64	21.36	1.57	5.03	0.86	10.91
重庆经济技术开发区	406.80	74.60	65.96	77.80	42.70	64.57
长寿经济技术开发区	326.76	23.38	8.93	60.32	12.94	33.09
成都经济技术开发区	1039.22	224.50	76.96	30.32	42.84	217.99
德阳经济技术开发区	500.08	32.10	12.67	26.37	3.29	24.77
绵阳经济技术开发区	211.22	21.14	13.23	24.54	6.92	15.09
广元经济技术开发区	225.04	24.82	0.26	4.00	0.85	23.51
遂宁经济技术开发区	252.17	11.13	9.93	9.04	2.90	20.91
内江经济技术开发区	190.11	17.49	1.92	2.62	1.94	16.78
宜宾临港经济技术开发区	250.49	38.08	23.00	275.56	1.05	79.80
广安经济技术开发区	305.99	16.95	0.13	8.17	2.18	8.97
贵阳经济技术开发区	213.81	34.32	1.53	3.49	6.74	29.26
遵义经济技术开发区	285.15	55.93	0.91	3.97	3.93	52.20
昆明经济技术开发区	340.29	72.27	9.10	25.77	5.18	58.65
嵩明杨林经济技术开发区	88.26	14.54	6.01	6.94	13.27	13.52
曲靖经济技术开发区	329.59	20.35	0.91	22.43		15.35
蒙自经济技术开发区	225.37	3.66	33.50	29.34	0.19	2.29
大理经济技术开发区	179.80	13.97		6.34	1.94	11.32
拉萨经济技术开发区	63.18	23.12	11.91	0.03		58.33
西安经济技术开发区	1046.02	272.65	123.89	98.21	83.44	210.94
陕西航空经济技术开发区	82.32	28.02	4.99	1.57	2.70	9.13
陕西航天经济技术开发区	73.08	34.76	26.87	29.05	2.95	11.90
汉中经济技术开发区	127.51	13.65	0.15	3.38	0.60	13.04

续表

开发区名称	地区生产总值	财政收入	进口总额	出口总额	实际利用外商投资	税收收入
榆林经济技术开发区	90.04	2.11				2.11
兰州经济技术开发区	246.04	35.02	0.09	0.44		27.91
金昌经济技术开发区	104.40	27.35	73.35	3.49		26.32
天水经济技术开发区	99.57	19.81	1.25	8.95		17.36
张掖经济技术开发区	83.52	5.04		0.15		4.84
酒泉经济技术开发区	38.34	4.89	1.12	1.19	0.15	4.77
西宁经济技术开发区	445.36	35.84	3.16	9.54		32.33
格尔木昆仑经济技术开发区	51.69	14.54	1.38	0.21	4.34	14.19
银川经济技术开发区	150.72	32.34	8.07	8.44	1.08	27.98
石嘴山经济技术开发区	150.90	12.42	0.33	6.06	0.26	11.24
乌鲁木齐经济技术开发区	428.17	174.22	10.82	102.42	2.08	128.72
乌鲁木齐甘泉堡经济技术开发区	85.97	11.34	0.44	0.60		11.34
新疆准东经济技术开发区	99.57	14.04		0.23		7.45
库尔勒经济技术开发区	57.33	8.20	13.99	3.75		7.86
库车经济技术开发区	66.00	0.73		0.21		62.05
新疆奎屯—独山子经济技术开发区	89.94	5.82	3.59	2.24		5.79
阿拉尔经济技术开发区	24.70		4.31	1.30		1.60
新疆五家渠经济技术开发区	83.49	10.19	0.05	10.01		10.19
石河子经济技术开发区	215.61	21.07	0.99	22.30	0.11	44.57

附表3 2016年国家级高新区主要经济指标一览表

高新区	企业数（家）	年末从业人员（万人）	营业收入（亿元）	工业总产值（亿元）	上缴税费（亿元）	净利润（亿元）	出口总额（亿元）
中关村	19 869	248.3	46 047.6	9 937.7	2 314.1	3 170.3	1 747.0
天津	4 005	37.3	7 177.8	4 665.7	255.7	565.8	489.8
石家庄	762	11.9	1 712.7	1 040.3	93.5	106.5	65.6
唐山	184	1.7	94.2	94.1	6.9	3.9	7.9
保定	291	11.4	1 476.9	1 334.2	93.1	132.2	48.1
承德	42	1.2	149.5	134.8	8.9	6.3	1.2
燕郊	220	3.6	593.0	488.9	30.3	23.3	3.5

续表

高新区	企业数（家）	年末从业人员（万人）	营业收入（亿元）	工业总产值（亿元）	上缴税费（亿元）	净利润（亿元）	出口总额（亿元）
太原	1 110	11.9	1 930.8	1 616.9	51.0	26.0	15.2
长治	94	5.1	264.2	242.6	13.5	20.6	0.7
呼和浩特	26	5.9	636.8	161.1	57.8	54.3	0.0
包头	545	9.1	1 112.3	1 098.6	38.0	67.5	19.2
沈阳	727	11.0	1 197.0	547.7	69.4	82.5	38.8
大连	881	18.1	1 844.9	894.1	88.1	94.2	213.9
鞍山	284	3.8	680.7	626.3	48.2	73.3	27.2
本溪	59	0.9	36.3	33.3	3.5	1.5	3.4
锦州	73	2.1	210.1	195.9	12.0	10.0	23.0
营口	193	3.4	400.9	426.2	14.0	10.9	78.3
阜新	141	1.7	98.7	99.0	3.7	3.6	5.8
辽阳	49	3.9	963.5	451.5	59.3	37.1	65.2
长春	852	17.1	4 717.9	4 745.3	631.9	443.6	345.0
长春净月	796	13.5	1 056.2	733.4	59.0	124.1	64.5
吉林	436	6.8	888.4	853.6	139.8	16.3	8.6
通化	63	7.9	761.2	800.4	15.5	55.1	0.4
延吉	207	1.3	262.3	269.4	71.2	13.7	0.3
哈尔滨	321	9.7	1 628.7	970.1	112.5	61.2	68.3
齐齐哈尔	63	2.6	127.8	143.5	7.0	1.9	8.3
大庆	526	11.2	2 493.3	2 100.3	161.2	177.2	18.4
上海张江	4 244	91.3	15 455.1	9 938.5	898.0	1 609.0	1 983.2
上海紫竹	115	2.2	516.2	154.0	35.1	64.2	35.0
南京	1 037	24.9	4 395.4	3 862.9	306.2	283.6	462.0
无锡	1 163	24.8	3 359.9	3 138.9	175.3	224.0	932.9
江阴	204	9.3	1 497.5	1 223.1	56.0	51.1	241.3
徐州	109	4.1	843.9	766.1	65.7	72.7	20.3
常州	1 108	16.4	2 182.5	2 035.4	109.7	145.5	408.1
武进	403	10.8	1 280.1	1 008.4	81.4	107.5	147.8
苏州	1 176	22.5	2 812.5	2 678.7	102.6	142.4	1 471.4
昆山	771	18.7	1 725.4	1 696.1	69.4	87.6	480.1

续表

高新区	企业数（家）	年末从业人员（万人）	营业收入（亿元）	工业总产值（亿元）	上缴税费（亿元）	净利润（亿元）	出口总额（亿元）
常熟	450	7.7	889.0	869.5	41.3	43.6	239.2
南通	420	9.6	2 197.6	1 589.6	99.8	258.6	332.1
连云港	104	4.1	409.6	454.2	57.5	79.8	25.2
盐城	207	5.5	602.2	614.6	31.4	62.7	46.0
扬州	115	3.8	472.1	497.4	27.3	29.5	20.5
镇江	409	6.5	692.6	533.7	24.7	23.8	73.6
泰州	312	4.7	993.6	1 003.1	55.2	51.1	13.2
杭州	1 950	29.2	4 399.9	2 425.8	287.7	466.6	382.6
萧山临江	403	7.1	1 208.0	1 137.3	71.0	61.8	45.0
宁波	544	17.1	3 113.2	1 652.2	228.4	165.7	353.6
温州	503	10.9	485.2	500.6	25.3	22.6	49.7
嘉兴	123	5.2	538.5	467.8	36.6	74.4	133.6
莫干山	224	3.8	372.3	360.9	17.2	22.7	86.8
绍兴	245	5.5	492.3	484.4	22.7	28.9	102.6
衢州	227	6.4	788.0	723.7	30.0	46.0	58.4
合肥	1 074	22.0	4 110.5	3 317.7	427.5	350.9	491.8
芜湖	255	8.4	1 219.5	1 303.8	55.8	93.1	50.4
蚌埠	344	6.3	1 094.7	1 128.0	63.1	81.0	26.4
马鞍山慈湖	178	3.6	825.4	636.3	23.3	21.5	41.7
福州	188	6.7	882.0	879.0	26.3	52.6	311.2
厦门	727	18.2	2 288.9	2 165.5	115.1	110.2	918.8
莆田	147	4.8	560.5	553.6	8.2	47.6	32.8
三明	110	1.7	330.9	341.5	6.2	6.3	3.9
泉州	213	7.4	650.8	716.1	29.0	53.1	41.3
漳州	390	9.9	909.6	935.4	42.8	73.6	150.8
龙岩	200	3.9	334.1	350.8	14.1	13.7	9.6
南昌	418	12.7	2 425.9	2 019.0	185.1	120.6	203.1
景德镇	175	6.6	949.6	968.4	38.4	28.7	63.1
新余	232	5.7	1 062.2	1 060.6	27.1	44.7	51.0
鹰潭	113	2.7	574.1	573.7	17.8	26.8	12.0

续表

高新区	企业数（家）	年末从业人员（万人）	营业收入（亿元）	工业总产值（亿元）	上缴税费（亿元）	净利润（亿元）	出口总额（亿元）
赣州	119	2.4	351.7	353.3	7.4	16.1	23.1
吉安	127	4.0	355.4	357.1	19.6	22.7	65.6
抚州	182	3.4	463.5	462.1	27.8	25.9	20.0
济南	807	25.9	3 499.3	2 239.7	291.3	218.6	385.5
青岛	330	12.8	2 532.1	2 030.8	171.3	202.6	374.4
淄博	456	11.3	2 330.6	2 206.4	214.7	143.2	174.8
枣庄	140	3.4	303.3	279.1	6.5	15.2	9.0
黄河三角洲	30	0.4	276.5	187.6	4.9	9.4	0.0
烟台	282	6.0	600.2	432.9	30.8	37.1	45.0
潍坊	553	15.6	1 937.1	1 400.4	144.1	152.1	262.5
济宁	566	17.3	2 237.4	2 123.6	68.6	94.2	141.6
泰安	306	5.2	435.5	438.1	21.4	38.6	22.7
威海	295	11.8	1 393.6	1 390.3	82.0	125.0	247.5
莱芜	115	1.7	390.0	414.1	5.3	12.6	9.9
临沂	390	6.9	1 340.7	1 348.4	41.8	78.6	75.9
德州	150	2.3	295.9	293.7	9.4	12.8	17.8
郑州	727	32.5	4 702.0	3 976.2	109.4	206.8	1 965.1
洛阳	667	11.2	1 553.3	1 234.4	116.5	118.8	62.3
平顶山	43	1.1	275.5	212.4	8.5	11.0	1.2
安阳	268	6.4	780.3	600.4	67.6	46.0	17.3
新乡	207	6.1	787.9	769.0	23.2	99.1	39.3
焦作	122	4.1	448.8	420.0	5.1	17.5	1.0
南阳	191	4.8	329.6	303.7	14.9	24.2	27.1
武汉	3 215	54.9	11 368.8	7 778.5	497.6	706.0	981.6
宜昌	257	11.2	1 919.2	1 738.9	60.5	75.2	61.8
襄阳	808	16.9	3 010.8	2 909.5	135.1	244.9	59.3
荆门	424	10.2	1 242.2	1 320.5	50.9	109.6	44.9
孝感	465	8.8	1 169.0	1 183.3	58.7	42.9	21.7
随州	130	2.8	291.1	298.6	7.0	11.5	27.1
仙桃	314	8.9	734.2	747.7	13.0	36.0	34.6

续表

高新区	企业数（家）	年末从业人员（万人）	营业收入（亿元）	工业总产值（亿元）	上缴税费（亿元）	净利润（亿元）	出口总额（亿元）
长沙	1 106	30.0	4 837.4	4 292.8	252.0	331.1	411.8
株洲	268	12.4	1 908.5	1 817.5	95.0	103.6	58.2
湘潭	328	7.3	1 420.9	1 268.9	22.8	31.7	256.7
衡阳	137	5.2	731.7	736.3	19.0	28.6	99.4
益阳	322	4.1	715.0	660.7	21.7	24.0	26.4
郴州	55	1.7	202.9	191.4	3.9	3.3	28.2
广州	2 868	47.0	6 024.2	3 903.5	291.7	441.7	751.3
深圳	1 874	48.5	6 208.5	4 292.4	462.1	747.1	1 294.7
珠海	589	21.4	2 083.4	2 224.1	138.0	195.9	717.9
佛山	995	28.8	3 866.6	3 805.0	179.3	290.2	507.3
江门	314	7.7	601.2	603.1	27.2	39.0	158.7
肇庆	178	5.5	872.9	919.1	13.6	28.2	45.8
惠州	392	19.0	2 383.8	2 313.4	124.3	93.0	1 266.9
源城	105	4.6	460.5	467.6	14.5	12.3	99.7
清远	141	6.0	433.0	352.7	17.5	23.1	43.2
东莞	497	8.3	2 552.3	2 260.1	59.6	68.8	645.3
中山	484	13.8	2 068.3	2 112.9	67.4	75.2	581.8
南宁	746	20.9	2 231.4	1 717.6	85.8	177.3	158.3
柳州	279	10.5	2 144.2	1 877.2	119.7	73.1	26.5
桂林	470	13.4	940.4	1 002.5	41.2	73.7	39.5
北海	63	2.9	595.7	611.4	8.1	55.3	113.0
海口	159	3.4	369.8	370.8	41.1	22.5	18.7
重庆	1 055	20.0	2 203.3	1 858.7	89.8	172.9	218.6
璧山	210	8.1	778.1	794.3	27.7	47.1	38.7
成都	1 762	37.9	5 743.9	4 224.6	248.1	331.8	1 054.0
自贡	160	3.7	481.5	501.3	27.5	22.8	27.6
攀枝花	61	1.1	136.7	210.8	3.9	-17.1	0.3
泸州	327	5.5	579.4	453.2	21.8	27.1	0.5
德阳	200	3.1	522.8	519.1	15.2	36.0	14.1
绵阳	177	12.2	1 205.5	1 533.0	41.3	31.2	137.8

续表

高新区	企业数（家）	年末从业人员（万人）	营业收入（亿元）	工业总产值（亿元）	上缴税费（亿元）	净利润（亿元）	出口总额（亿元）
乐山	153	4.5	415.7	429.7	18.2	21.7	36.5
贵阳	733	26.8	3 042.3	2 182.3	326.5	180.1	79.9
昆明	309	7.1	1 819.0	901.8	85.1	-119.5	16.2
玉溪	75	2.1	873.1	811.1	467.3	67.6	0.8
西安	3 882	41.5	10 031.6	7 258.3	728.4	645.1	850.6
宝鸡	600	15.1	1 803.6	1 909.3	114.6	77.1	73.9
杨凌	201	2.7	194.2	155.2	5.3	10.0	2.9
咸阳	83	2.0	429.3	427.9	102.0	23.1	9.9
渭南	76	2.7	360.0	378.0	19.3	31.5	26.3
榆林	22	1.4	304.8	290.6	24.4	42.6	0.0
安康	211	2.3	267.4	256.2	12.1	40.8	0.8
兰州	564	12.2	1 750.6	969.7	174.5	140.6	13.0
白银	187	6.6	827.8	572.9	26.8	3.4	4.1
青海	88	1.5	108.2	159.6	3.1	4.2	0.4
银川	72	1.3	198.1	236.8	1.1	5.4	16.6
石嘴山	72	2.1	174.1	155.8	9.5	9.9	12.1
乌鲁木齐	450	11.2	2 196.2	359.2	74.4	22.4	6.3
昌吉	138	1.4	277.9	274.3	9.5	28.6	15.9
石河子	20	1.5	320.9	292.4	17.3	22.8	0.2

附表4 2017年国家级新区主要经济指标一览表

新区名称	GDP（亿元）	占所在城市比例（%）	固定资产投资（亿元）	财政一般公共预算收入（亿元）	社会消费品零售总额（亿元）
浦东新区	9651.39	32.03	1899.55	996.26	2201.34
滨海新区	7050.00	37.91	2401.00	529.00	1200.00
西海岸新区	3212.71	28.54	2262.00	231.29	579.50
两江新区	2532.57	12.97	2166.69	314.81	1233.02
天府新区	2384.90	17.17	2301.26	104.96	548.18
金普新区	2342.90	31.82	465.10	152.50	702.30
江北新区	2218.00	18.93	1633.00	235.04	761.00

续表

新区名称	GDP（亿元）	占所在城市比例（%）	固定资产投资（亿元）	财政一般公共预算收入（亿元）	社会消费品零售总额（亿元）
湘江新区	2208.85	21.66	2313.37	181.08	679.14
福州新区	1648.17	23.12	1359.69	225.94	736.00
南沙新区	1391.89	6.47	744.93	70.68	249.80
舟山群岛新区	1219.00	13.45	1450.00	125.76	110.87
长春新区	889.30	13.45	714.30	13.40	82.50
哈尔滨新区	764.33	11.56	743.60	49.50	219.90
赣江新区	667.29	13.35	1161.36	51.80	197.41
滇中新区	574.43	11.83	731.10	91.90	156.06
贵安新区	350.00	9.95	204.39	16.04	5.72
西咸新区	332.25	4.61	2094.05	35.06	249.44
兰州新区	175.10	7.16	271.80	13.16	32.68

资料来源：赛迪顾问股份有限公司。其中，江北新区社会消费品零售总额为估算值，未包括雄安新区